〈부산모임〉
제2권

삶 속에 임재한 예수 그리스도

〈부산모임〉
제2권

삶 속에 임재한 예수 그리스도

발행일	2015년 12월 12일
발행인	김재현
저 자	장기려
엮은이	KIATS
편 집	류명균, 최선화, 장민지, 서은혜, 김다미
디자인	박송화
펴낸곳	한국고등신학연구원(KIATS)
주 소	서울시 용산구 한강로 1가 228 한준빌딩 1층
전 화	02-766-2019
팩 스	0505-116-2019
E-mail	kiats2019@gmail.com
ISBN	978-89-93447-79-8 (04230)

- 본 출판물의 저작권은 한국고등신학연구원(KIATS)에 있습니다.
- 사전동의 없이 무단으로 복사 또는 전재하여 사용할 수 없습니다.

이 도서의 국립중앙도서관 출판예정도서목록(CIP)은 서지정보유통지원시스템 홈페이지(http://seoji.nl.go.kr)와 국가자료공동목록시스템(http://www.nl.go.kr/kolisnet)에서 이용하실 수 있습니다. (CIP제어번호: CIP2015032479)

⟨부산모임⟩
제2권

삶 속에 임재한 예수 그리스도

KIATS

2015

목차

〈예수〉 ◆ 8
이 세대를 구원하시는 주 예수 그리스도
예수님의 사명
예수 그리스도는 나[우리]의 구주
역사의 주님, 예수 그리스도

〈예수님의 인격〉 ◆ 46
예수님의 인격
만남
인격의 주체성
자기 인격의 완성의 길

〈고난과 부활〉 ◆ 77
예수님의 십자가의 고난의 뜻
예수님의 죽음의 뜻
기도의 사람, 예수
기도하자[1, 2]
예수님의 부활과 나의 믿음
부활절과 예수님의 인격
영과 혼과 몸의 보전
부활 신앙과 사명
예수님의 고난과 부활
예수님의 부활체에 대하여

〈믿음과 때〉 ◆ 132
때가 찼다
징조와 표적

세월을 아끼라, 때가 악하니라
때와 시기
그리스도의 재림을 기다린다
열명의 믿는 사람
복음에 합당한 생활
죽을 뻔 했다가 살아난 사람

〈성령〉 ◆ 158

성령론
성령님과 나
성령에 관한 고찰
성령의 구원 사역에 있어서 성도들의 역할

〈기독교 이상주의〉 ◆ 195

인생과 신앙
삶과 종교
건전한 종교
진실과 종교의식
기독교 이상주의
성별聖別의 사상과 차별하지 않는 기독교
현실주의와 이상주의

〈기독인 지도자〉 ◆ 244

지도자론
교사의 모범이신 예수
주를 향한 등불을 켜라
기독 청년의 윤리
청년들의 신앙생활
대학생 그리스도인으로서의 생활

목차

〈가정〉 ◆ 293

성서의 결혼관
그리스도인의 순결
크리스천의 가정 교육

〈기독의사〉 ◆ 310

기독의사로서 본 죽음
불치병과 의사
병원 전도
기독의사의 교육연구 윤리면에서
청십자의료보험조합을 창립하면서
한국 기독의사회 제8회 총회를 보고
한국 선교 100주년 기념 의료선교의 회고와 전망
선교 100주년을 맞이하여, 의료선교의 전망
새 시대를 향한 참다운 봉사
사회봉사의 참 뜻
내 이웃은 누구인가
문둥이와 예수님

〈평화〉 ◆ 385

마틴 루터 킹 박사의 죽음
착하고 충성된 종, 마틴 루터 킹
로버트 케네디의 죽음
화목케 하는 자
구원, 평화, 믿음
평화에 관한 일 1〈참 평화, 예수 그리스도〉
평화에 관한 일 2〈평화의 열쇠, 예수 그리스도의 십자가〉

평화에 관한 일 3 〈평화의 근본, 종교 숙청〉
평화의 복음
평화와 주님

〈사랑과 생명〉 ◆ 443

바울의 사랑의 찬미 1
바울의 사랑의 찬미 2
사랑이란 무엇인가 〈요한의 사랑의 철학〉
유물론자에게 전하고 싶은 요한의 사랑의 철학
생명과 사랑

〈단상〉 ◆ 494

우리들
공동체적 삶
우리는 주 안에서의 평화공동체
인간윤리
사람의 생명
정상頂上
성공적 생활을 위하여
인생과 신앙
인생은 모순인가 조화인가
회개
극기克己를 연습하자
성서적 면에서 본 인권
악령을 이기기 위한 새 계명

에필로그

연보

〈부산모임〉 전체목차

〈예수〉

너희는 마음에 근심하지 말라 하나님을 믿으니 또 나를 믿으라

요 14:1

이 세대를 구원하시는 주 예수 그리스도

부산모임 여름 수양회 환영사

여러분의 오심을 환영한다. 특히 멀리 일본에서 오신 여러분을 감사한 마음으로 환영한다.

이번 주제를 "이 세대를 구원하시는 주 예수 그리스도"라고 정하게 된 것은 작년(1983년)의 칼KAL기 피격사건과 미얀마 양곤Yangon에서의 폭발 사건을 접하고서 '이 세대가 이렇게도 험악한가, 어떻게 하면 이 세대를 구원할 수 있을까'를 생각하다가 다만 주 예수 그리스도의 능력만이 이 악한 세대를 구원할 수 있겠다고 생각되어 이 주제를 선택하게 되었다.

예수님은 1984년 전 이 땅에 오셔서 하나님 나라의 복음을 전파하시고, 인류의 죄를 십자가 위에서 대속하여 주시고, 한 번 무덤에까지 내려가셨다가 3일 만에 부활하셔서 인류의 구령사업을 완성하셨다. 그 후 예수님을 구주로 믿는 제자들의 전도와 신앙생활을 통해 주님의 교훈이 전달되었다. 그 역사는 많은 변천을 거쳐 지금까지 이르고 있다. 그러나 초대교회에서는 많은 고난과 핍박에도 불구하고 신앙만큼은 견지되어 왔다고 할 수 있다.

기원 후 300년경 콘스탄티누스Flavius V. Constantinus대제가 기독교를 국교로 삼은 이후 기독교의 외세는 융성해진 것같이 보였으나, 내부는 부패하고 타락하여 로마 제국은 동과 서로 분열되었다. 그리고 로마 제국의 붕괴와 더불어 중세 기독교는 소위 암흑시대로 접어들게 되었다.

그 후 문예 부흥시대에 이르러 눈에 보이지 않는 하나님이 실제로도 존재하지 않는다는 생각이 널리 통용되어, 사람의 오감으로 느낄 수 있는 것만을 진실한 것으로 추구하게 되었다. 그래서 사람은 자기의 지식과 생산물만을 가지고도 충분히 사람답게 살 수 있다고 자만해서는 하나님으로부터 멀어지게 된 것이다.

16세기 마틴 루터Martin Luther(1483-1546)에 의해 종교개혁이 단행되어 속죄론은 확실히 정립되었지만, 그 시대의 인생철학과 물질문명은 인간 본위로 되었다. 특히 18세기 산업혁명 이후 영국에서는 제레미 벤담Jeremy Bentham(1748-1832)과 존 스튜어트 밀John S. Mill(1806-1873) 등에 의하여 공리주의功利主義 : 자기 사랑에서 행복을 찾는 것을 도덕의 근본으로 함가 일어나고, 프랑스에서는 생 시몽Saint-Simon((1760-1825)과 오귀스트 콩트Auguste Comte(1798-1857) 등에 의하여 실증주의實證主義가 선행되었다. 또한 미국에서는 윌리암 제임스William James(1842-1910)와 존 듀이John Dewey(1859-1952) 등에 의하여 실용주의實用主義철학이 강조되어 어느 것이나 현실적 물질주의가 과학주의와 더불어 인간 생활을 지도하게 되었다. 한국에 있는 기독신도들도 이상의 현실적 물질주의에 현혹되어 기독교의 인격적 이상주의에서 떠나 버리고 말았다.

최근 한국에서 일어나고 있는 부조리, 부정, 부패는 이상의 것을 논증하는 것이라고 생각한다. 즉, 청소년의 비행은 세계적 경향이라고 하지만 그 범행의 악랄함, 폭력에 의한 살인·강도·난륜亂倫등은 증가 일로에 있다. 또 여인들의 허영심에 의한 범죄, 예를 들면 장영자의 큰 손, 중매인으로서의 마담뚜, 비밀남창이라고 하는 제비족, 재벌의 부동산 매점, 정치인들의 부정축재, 대구 어떤 사립중고등학교 이사장의 거액의 부정사건, 종교인들의 교권다툼, 이름있는 목사의 달러 반출의 기도손圖 등은 참으로 한심함을 금할 길이 없다. 이 뿐만이 아니다. 한국에서는 적그리스도의 징후가 일어났다. 문선명과 박태선은 자기들이 그리스도라고 자칭하고 있다.

중동에서는 이란과 이라크의 전쟁이 그치지 않고, 소련과 미국은 무장경쟁을 계속 진행하고 있다. 평화의 소리는 극히 미약할 따름이다. 이때 우리는 스스로를 반성하고 회개할 길 밖에 다른 도리가 없다.

나는 여기서 우리가 잘 알고 있는 시편 51편의 다윗의 회개의 시를 소개하려고 한다.

¹하나님이여 주의 인자를 따라 내게 은혜를 베푸시며 주의 많은 긍휼을 따라 내 죄악을 지워 주소서
²나의 죄악을 말갛게 씻으시며 나의 죄를 깨끗이 제하소서
⁴내가 주께만 범죄하여 주의 목전에 악을 행하였사오니 주께서 말씀하실 때에 의로우시다 하고 주께서 심판하실 때에 순전하시다 하리이다
⁷우슬초로 나를 정결하게 하소서 내가 정하리이다 나의 죄를 씻어 주소서 내가 눈보다 희리이다
⁹주의 얼굴을 내 죄에서 돌이키시고 내 모든 죄악을 지워

주소서

¹⁰하나님이여 내 속에 정한 마음을 창조하시고 내 안에 정직한 영을 새롭게 하소서

¹¹나를 주 앞에서 쫓아내지 마시며 주의 성령을 내게서 거두지 마소서

¹²주의 구원의 즐거움을 내게 회복시켜 주시고 자원하는 심령을 주사 나를 붙드소서

¹⁷하나님께서 구하시는 제사는 상한 심령이라 하나님이여 상하고 통회하는 마음을 주께서 멸시하지 아니하시리이다

나는 현실의 우리나라의 죄악을 생각할 때에 니느웨 성의 회개를 생각하게 된다. 즉, 요나는 하나님의 명령을 니느웨 성에 가서 전했다. "사십 일이 지나면 니느웨가 무너지리라"욘 3:4라고 외쳤다. 그랬더니 니느웨 사람들은 하나님을 믿고, 단식을 명하고, 큰 자로부터 작은 자에 이르기까지 베옷을 입었다. 이 소문이 니느웨 왕에게 들리니 왕은 왕좌에서 일어나 조복을 벗고, 베옷을 입고 재 중에 앉아서 왕과 대신들의 포고를 가지고 니느웨 온 도성에 이것을 반포하게 했다.

즉, "각기 악한 길과 손으로 행한 강포에서 떠날 것이라 하나님이 혹시 뜻을 돌이키시고 그 진노를 그치사 우리가 멸망하지 않게 하시리라 그렇지 않을 줄을 누가 알겠느냐"욘 3:8-9고 하였다. 그러자 하나님께서는 "하나님이 그들이 행한 것 곧 그 악한 길에서 돌이켜 떠난 것을 보시고 하나님이 뜻을 돌이키사 그들에게 내리리라고 말씀하신 재앙을 내리지 아니하시니라"욘 3:10라는 말씀처럼 그들에게 재앙을 내리지 않으셨다.

현재 우리에게는 이와 같은 회개가 바람직하다. 그런데 무신론자는 물론 하나님과 그리스도를 믿는다고 하는 사람들까지도 마음과 입으로는 그렇게 말하면서도 회개의 행동과 생활의 징후가 보이지 않으니 답답할 뿐이다. 현대의 기독교 지도자들은 예수님 당시의 유대교 지도자들 못지 않은 위선자가 되어 있다.

"화 있을진저 외식하는 서기관들과 바리새인들이여 너희가 박하와 회향과 근채의 십일조는 드리되 율법의 더 중한 바 정의와 긍휼과 믿음은 버렸도다 그러나 이것도 행하고 저것도 버리지 말아야 할지니라 맹인 된 인도자여 하루살이는 걸러 내고 낙타는 삼키는도다"마 23:23-24라는 말씀이 현 기독교의 목사들과 장로들에게 적당한 책망의 말씀이 아니겠는가?

현 위정자들의 부정부패, 경제인들의 탐욕, 교육계의 쇠퇴, 기독교의 분열 모두 다 우리 그리스도인의 책임이다. 즉, 이기주의적 탐심, 우상숭배의 결과이다. 우리는 역사를 통하여 몇 번이나 되풀이하여 배우고 경험하였지 않은가? 이러고서도 어찌 멸망하지 않을 수 있겠는가? 마치 예레미야 때와 마찬가지로 모세, 사무엘과 같은 기도의 용장들이 합심기도 한다고 해도 듣지 아니하시겠다고 말씀하시지 않겠는가?렘 15:1-10

이상의 모든 죄악의 결국은 사람의 탐심, 정욕 및 소유욕에 사단이 틈타고 들어와 우리의 인격을 포로로 해서 활동한 결과임에 틀림이 없는 것이다.

예수 그리스도께서는 이러한 근본 죄악을 모두 소멸해 주셨는데 우리 신도들은 어찌하여 이와 같이 타락해 있는지 도무지 모를 일이어서 한심할 뿐이다.

그렇다고 우리가 낙망하고 좌절할 것이 있겠는가? 아니다. 오늘 우리와 같은 조그마한 그룹이 매일 회개하며, 그리스도의 구원을 바라고 정진하고 있다. 언제나 바알에게 무릎을 꿇지 않는 7천인이 있다.

나는 여기서 예수님께서 제자들에게 결별 유훈으로 주신 말씀을 요약해서 교훈을 삼고자 한다. 요한복음 14장 이하를 보면 1절에 "너희는 마음에 근심하지 말라 하나님을 믿으니 또 나를 믿으라" 또 7절에는 "너희가 나를 알았더면 내 아버지도 알았으리로다 이제부터는 너희가 그를 알았고 또 보았느니라"고 선언 했다. 이때 제자 빌립은 예수님에게 "주여 아버지를 우리에게 보여주옵소서 그리하면 족하겠나이다"요 14:8하고 말했다.

예수께서 대답하시기를 "빌립아 내가 이렇게 오래 너희와 함께 있으되 네가 나를 알지 못하느냐 나를 본 자는 아버지를 보았거늘 어찌하여 아버지를 보이라 하느냐 내가 아버지 안에 거하고 아버지는 내 안에 계신것을 네가 믿지 아니하느냐 내가 너희에게 이르는 말은 스스로 하는 것이 아니라 아버지께서 내 안에 계셔서 그의 일을 하시는 것이라 내가 아버지 안에 거하고 아버지께서 내 안에 계심을 믿으라 그렇지 못하겠거든 행하는 그 일로 말미암아 나를 믿으라"요 14:9-11고 말씀하셨다.

여기서 믿으라고 하신 것은 생명을 같이 한다는 뜻이다. 우리가 예수님을 구주로 영접할 때, 우리의 심령은 그리스도의 심령과 하나가 된다. 그렇게 되면 우리의 언행심사가 성령의 활동으로 행해지는 고로 주의 이름으로 원하는 바는 무엇이든지 아버지 뜻에 적합하게 되는 것이다. 그러므로 예수님의 이름으로 구하면 다 이루어지게 되는 것이다. 이것은 예수님이 아버지의 뜻 곧 속죄구령을 이뤄 아버지로 하여금 아들 예수로 인하여 영광을 얻으시게 하려함인 것이다. "내 이름으로 무엇이든지 내게 구하면 내가 행하리라"요 14:14

그리스도의 십자가는 하나님의 의와 사랑을 나타내고 있다. 그래서 제자들과 예수님이 하나가 된 증거는 제자들이 예수님의 계명을 지키는 것으로 나타나게 될 것이다. 다시 말하면 제자들이 주님의 사랑을 체험해서 그와 같은 사랑으로 서로 사랑하는 일이다. 예수님의 사랑은 원수까지 사랑하는 희생적 사랑이므로 자연인으로서는 불가능하지만, 예수를 믿게 되면 성령께서 이 사랑의 실천을 도와 주시게 된다. 그래서 예수님은 "내가 아버지께 구하겠으니 그가 또 다른 보혜사를 너희에게 주사 영원토록 너희와 함께 있게 하리니 그는 진리의 영이라"요 14:16-17고 말씀하셨다.

그리고 이것에 덧붙여서 "보혜사 곧 아버지께서 내 이름으로 보내실 성령 그가 너희에게 모든 것을 가르치고 내가 너희에게 말한 모든 것을 생각나게 하리라"요 14:26고 하셨다. 그리고 이 성령을 받는 날에는, "내가 아버지 안에, 너희가 내 안에, 내가 너희 안에 있는 것을 너희가 알리라"요 14:20고 하셨고, 계속해서 "나의 계명을 가지고 지키는 자라야 나를 사랑하는 자니 나를 사랑하는 자는 내 아버지께 사랑을 받을 것이요 나도 그를 사랑하여 그에게 나를 나타내리라"요 14:21고 말씀하셨다. 이 말씀은 아버지 하나님과 그 아들 예수 그리스도와 또한 그를 믿는 제자들이 내면일체^{內面一體}가 되는 것을 밝히신 것이다.

그다음 예수님과 제자들이 하나가 되어 열매를 맺는 일에 대해서는 포도나무와 그 가지의 관계로 설명해 주셨다. "사람이 내 안에 거하지 아니하면 가지처럼 밖에 버려져 마르나니 사람들이 그것을 모아다가 불에 던져 사르느니라"요 15:6고 가르쳐 주셨다. "너희가 열매를 많이 맺으면 내 아버지께서 영광을 받으실 것이요 너희는 내 제자가 되리라 아버지께서 나를 사랑하신 것 같이 나도 너희를 사랑하였으니 나의 사랑 안에 거하라"요 15:8-9고 내면일체설을 다시 강조하셨다. 사랑하는 자는 계명을 지키게 되며, 계명을 지키는 자는 곧 사랑 안에 거하는 자이므로 내면일체가 되어 열매가 많이 맺게 된다는 것이다.

다음에는 "너희가 세상에 속하였으면 세상이 자기의 것을 사랑할 것이나 너희는 세상에 속한 자가 아니요 도리어 내가 너희를 세상에서 택하였기 때문에 세상이 너희를 미워하느니라 …… 나를 미워하는 자는 또 내 아버지를 미워하느니라"요 15:19, 23라고 하시면서 수난공동체受難共同體에 관해서 말씀하셨다. 실제로 예수님의 제자들은 주님의 말씀을 지키고, 성령의 인도로 아버지와 아들이신 예수님과 하나로서의 공동생활을 하게 됨으로써 사단에게 속한 세상 사람들로부터 미움과 핍박을 받게 되는 것이다. 이러한 사실이 그의 제자가 된 우리가 예수님과 하나가 된 제일의 증거이다.

교회에서도 예수님의 교훈을 지키고 실행할 때에는 교권자들에 의해 출교를 당하고 제명이 된다. 또한 죽임을 당하게 될 것이다. 그리고 죽이는 자가 도리어 하나님을 위해서 일한다고 생각하게 된다. 마치 그리스도께서 유대의 율법학자와 바리새인들에게 잡혀 죽임을 당하신 것과 같다. "그러나 진리의 성령이 오시면 그가 너희를 모든 진리 가운데로 인도하시리니 그가 스스로 말하지 않고 오직 들은 것을 말하며 장래 일을 너희에게 알리시리라 그가 내 영광을 나타내리니 내 것을 가지고 너희에게 알리시겠음이라"요 16:13-14라고 말씀하셨다.

수난공동체는 오래지 않아 영광공동체^{榮光共同體}로 있는 것을 알게 될 것이다. 사도 바울 선생은 "생각하건대 현재의 고난은 장차 우리에게 나타날 영광과 비교할 수 없도다"롬 8:18라고 말했다. 지금도 영광공동체를 바라보고, 수난공동체의 생활을 하게 되면 성령의 인도 하심을 따라 현재의 고통도, 근심도 변하여 마음의 기쁨이 될 것이다. 이와 같은 기쁨은 빼앗을 자가 없다. 왜냐하면 그날에는 우리가 그리스도의 성품을 가지고 아버지께 구하게 될 것이므로 소원대로 다 이루어질 것이기 때문이다.

즉, 원수도 사랑하게 되고, 또 원수를 위하여 기도하면 원수도 회개하고 돌아와 구원을 얻게 될 것이다. 나는 이 소망을 늘 가지고 기도한다. 주님께서 제자들에게 "내가 진실로 진실로 너희에게 이르노니 나를 믿는 자는 내가 하는 일을 그도 할 것이요 또한 그보다 큰 일도 하리니"요 14:12라고 하셨는데, 나는 이러한 뜻이 아닌가 하고 생각해 본다.

현재 우리가 간절히 바라는 것은 무신론자와 위정자들이 하나님의 뜻을 깨닫고 폭력으로 통일하려는 생각을 버리는 일이다. 즉, 재력, 권력, 폭력을 가지고 생각하는 것은 모두 다 사람을 자유가 있는 인격자로 여기지 않는 것이며, 따라서 이 사회를 자유, 평등, 평화로 만들 수 없는 것이다. 그래서 오직 예수 그리스도의 은혜와 사랑을 기대할 도리밖에 없다고 믿는다.

마지막으로 예수님의 기도에 주의하고자 한다.

영광 공동체

아버지여 때가 이르렀사오니 아들을 영화롭게 하사 아들로 아버지를 영화롭게 하게 하옵소서 아버지께서 아들에게 주신 모든 사람에게 영생을 주게 하시려고 만민을 다스리는 권세를 아들에게 주셨음이로소이다 영생은 곧 유일하신 참 하나님과 그가 보내신 자 예수 그리스도를 아는 것이니이다 아버지께서 내게 하라고 주신 일을 내가 이루어 아버지를 이 세상에서 영화롭게 하였사오니 아버지여 창세 전에 내가 아버지와 함께 가졌던 영화로써 지금도 아버지와 함께 나를 영화롭게 하옵소서 세상 중에서 내게 주신 사람들에게 내가 아버지의 이름을 나타내었나이다 그들은 아버지의 것이었는데 내게 주셨으며 그들은 아버지의 말씀을 지키었나이다 …… 나는 아버지께서 내게 주신 것이 다 아버지로부터 온 것인 줄 알았나이다 …… 그들은 아버지의 것이로소이다 내 것은 다 아버지의 것이요 아버지의 것은 내 것이온데 내가 그들로 말미암아 영광을 받았나이다 요 17:1-10

예수님의 기도는 "아들을 영화롭게 하사 아버지를 영화롭게 해달라"는 영광공동체에 관한 기도이다.

진리공동체

그들을 보전하사 우리와 같이 그들도 하나가 되게 하옵소서

…… 내가 아버지의 말씀을 그들에게 주었사오매 세상이 그들을 미워하였사오니 이는 내가 세상에 속하지 아니함 같이 그들도 세상에 속하지 아니함으로 인함이니이다 내가 비옵는 것은 그들을 세상에서 데려가시기를 위함이 아니요 다만 악에 빠지지 않게 보전하시기를 위함이니이다 …… 그들을 진리로 거룩하게 하옵소서 아버지의 말씀은 진리니이다 …… 또 그들을 위하여 내가 나를 거룩하게 하오니 이는 그들도 진리로 거룩함을 얻게 하려 함이니이다" 요 17:11-19

우리는 예수님의 기도를 통해 진리 공동체에 대해 알 수 있다.

생명공동체

내가 비옵는 것은 이 사람들만 위함이 아니요 또 그들의 말로 말미암아 나를 믿는 사람들도 위함이니 아버지여, 아버지께서 내 안에, 내가 아버지 안에 있는 것 같이 그들도 다 하나가 되어 우리 안에 있게 하사 세상으로 아버지께서 나를 보내신 것을 믿게 하옵소서 내게 주신 영광을 내가 그들에게 주었사오니 이는 우리가 하나가 된 것 같이 그들도 하나가 되게 하려 함이니이다 …… 아버지여 내게 주신 자도 나 있는 곳에 나와 함께 있어 아버지께서 창세 전부터 나를 사랑하시므로 내게 주신 나의 영광을 그들로 보게 하시기를 원하옵나이다 …… 이는 나를 사랑하신 사랑이 그들 안에 있고 나도 그들 안에 있게 하려 함이니이다 요 17:20-26

위의 기도는 아버지와 아들과 그의 제자들과 또 제자들의 전도를 듣고 예수를 구주로 믿는 모든 성도가 생명과 진리의 공동체가 되어 현실에서는 환난공동체의 경과를 취하고, 장래 또는 영적으로는 영광공동체로서 생명이 충일充溢한 생활로 사단의 궤계를 타파하는 것을 사명으로 삼고 있다는 것이다.

사도 바울 선생은 에베소인에게 보내는 편지에서 "끝으로 너희가 주 안에서와 그 힘의 능력으로 강건하여지고 마귀의 간계를 능히 대적하기 위하여 하나님의 전신 갑주를 입으라 우리의 씨름은 혈과 육을 상대하는 것이 아니요 통치자들과 권세들과 이 어둠의 세상 주관자들과 하늘에 있는 악의 영들을 상대함이라"엡 6:10-13라고 말하고 있다.

이 전신갑주는 "진리로 허리 띠를 띠고, 의의 호심경을 붙이고, 평안의 복음이 준비한 것으로 신을 신고, 모든 것 위에 믿음의 방패를 가지고 이로써 능히 악한 자의 모든 불화살을 소멸하고, 구원의 투구와 성령의 검 곧 하나님의 말씀"엡 6:14-17을 가지고 싸우는 것을 의미한다.

또한 항상 성령 안에서 기도하고, 깨어 구하기를 힘쓰며, 성도들을 위하여 구하라고 격려해 주셨다. 즉, 사단의 군대를 이기기 위해서는 진리의 허리 띠, 의의 호심경, 복음의 신, 믿음의 방패, 구원의 투구, 성령의 검을 가지고 성령 안에서 기도로서 싸워야 한다.

결국, 이 세상의 싸움은 계시록에서 보는 대로 사단과 용, 거짓 예언자라 할 수 있는 짐승의 집단과 하나님, 그리스도, 예언자, 성도들의 집단과의 결전이다. 사단의 집단이 현실에서 일시적으로 성도들의 집단을 괴롭히고, 육의 생명을 빼앗을 수 있을지라도, 부활하신 그리스도는 성령으로 찾아오셔서 예언자와 성도들을 도와 거짓 예언자와 용과 사단을 멸망시키시고, 지옥에 던져 넣으실 것이다.

우리는 그리스도의 신도들이므로 성령의 역사로 최후 승리를 향해 전진해야 한다. 이 모임이 예수 그리스도를 중심으로 아버지와 아들 그리스도와 성령과 일체를 이루어 사단의 궤계를 능히 타파하고 승리하게 되기를 바란다.

〈부산모임〉 1984년 8월호[99:17-4]

예수님의 사명

예수님의 탄생절 때마다 예수님의 사명에 대해 생각해 본다. 예수님은 이스라엘 역사, 곧 인류의 역사가 어두운 시대에 탄생하셨다. 하나님께서는 인류가 죄에 침륜되었을 때, 홍수로 심판하셨고, 소돔과 고모라는 불로 심판하셨다.

그러나 한 편으로는 아브라함과 이삭과 야곱에게 언약을 세우시고 그 자손들을 특별하게 교육하셨다. 그 자손들이 가나안 땅에서 살도록 허락하셨으나, 그보다 먼저 애굽에서 400년간 종살이로 훈련하시고, 모세와 아론을 택해서 그 백성들을 애굽에서 나오게 하셨으며, 40년동안 광야에서 더 훈련하신 후에 여호수아, 갈렙으로 하여금 그 백성들을 인도하여 가나안 땅에 들어가게 하셨다.

하나님께서는 가나안 땅에서 살 때, 이스라엘 백성들이 모세를 통해 주신 계명과 율례와 법도를 지켜 순종한 때에는 형통케 하셨지만, 육의 정욕과 탐심으로 여호와의 계명을 지키지 않고, 우상숭배와 음란을 자행했을 때에는 여지없이 벌을 내리셨다. 여호와께서는 많은 선지자를 보내셔서 경고하시고 회개를 촉구하셨지만, 또 징계를 받는 역사가 반복되었다.

바벨론에 포로 되었다가 70년 후에 고향 예루살렘으로 돌아와 다시 성전을 짓고 전과 같이 예배를 드렸으나, 무기력하고 소망 없이 침체한 생활이 계속 되던 때, 이사야서 40장-60장이 나오게 되었다. 이사야서에는 이스라엘 백성들에게 징벌을 내리시고, 회개시키고, 훈련을 시켜도 그들이 구원되지 못하고 소망 없이 무기력해졌을 때, "너희는 위로하라 내 백성을 위로하라 너희는 예루살렘의 마음에 닿도록 말하며 그것에게 외치라 그 노역의 때가 끝났고 그 죄악이 사함을 받았느니라 그의 모든 죄로 말미암아 여호와의 손에서 벌을 배나 받았느니라 할지니라 하시니라."사 40:1-2 라던지, "내가 붙드는 나의 종, 내 마음에 기뻐하는 자 곧 내가 택한 사람을 보라 내가 나의 영을 그에게 주었은즉 그가 이방에 정의를 베풀리라 그는 외치지 아니하며 목소리를 높이지 아니하며 그 소리를 거리에 들리게 하지 아니하며 상한 갈대를 꺾지 아니하며 꺼져가는 등불을 끄지 아니하고 진실로 정의를 시행할 것이며 그는 쇠하지 아니하며 낙담하지 아니하고 세상에 정의를 세우기에 이르리니 섬들이 그 교훈을 앙망하리라"사 42:1-4, "야곱아 이스라엘아 이 일을 기억하라 너는 내 종이니라 내가 너를 지었으니 너는 내 종이니라 이스라엘아 너는 나에게 잊혀지지 아니하리라 내가 네 허물을 빽빽한 구름 같이, 네 죄를 안개 같이 없이하였으니 너는 내게로 돌아오라 내가 너를 구속하였음이니라 여호와께서 이 일을 행하셨으니 하늘아 노래할지어다 땅의 깊은 곳들아 높이 부를지어다 산들아 숲과 그 가운데의 모든 나무들아 소리 내어 노래할지어다 여호와께서 야곱을 구속하셨으니 이스라엘 중에 자기의 영광을 나타내실 것임이로다"사 44: 21-23, "이스라엘은 여호와께 구원을 받아 영원한 구원을 얻으리니 너희가 영원히 부끄러움을 당하거나 욕을 받지 아니하리로다"사 45:17,

"그가 이르시되 네가 나의 종이 되어 야곱의 지파들을 일으키며 이스라엘 중에 보전된 자를 돌아오게 할 것은 매우 쉬운 일이라 내가 또 너를 이방의 빛으로 삼아 나의 구원을 베풀어서 땅 끝까지 이르게 하리라"사 49:6, "그는 실로 우리의 질고를 지고 우리의 슬픔을 당하였거늘 우리는 생각하기를 그는 징벌을 받아 하나님께 맞으며 고난을 당한다 하였노라 그가 찔림은 우리의 허물 때문이요 그가 상함은 우리의 죄악 때문이라 그가 징계를 받으므로 우리는 평화를 누리고 그가 채찍에 맞으므로 우리는 나음을 받았도다 우리는 다 양 같아서 그릇 행하여 각기 제 길로 갔거늘 여호와께서는 우리 모두의 죄악을 그에게 담당시키셨도다"사 53:4-6, "여호와의 말씀이니라 구속자가 시온에 임하며 야곱의 자손 가운데에서 죄과를 떠나는 자에게 임하리라"사 59:20, "일어나라 빛을 발하라 이는 네 빛이 이르렀고 여호와의 영광이 네 위에 임하였음이니라 보라 어둠이 땅을 덮을 것이며 캄캄함이 만민을 가리려니와 오직 여호와께서 네 위에 임하실 것이며 그의 영광이 네 위에 나타나리니 나라들은 네 빛으로, 왕들은 비치는 네 광명으로 나아오리라"사 60:1-3와 같은 하나님의 긍휼이 더욱 진하게 나타나고 있다.

마지막으로 주의 은혜의 해, 곧 최후심판을 통해 하늘 나라가 임하게 될 때, 현실의 모든 불의와 부조리는 물러가고, 하나님의 진리와 사랑의 질서가 확립되는 하나님의 나라에 임하시는 은혜의 해를 전파하도록 하셨다. 이것은 성령이 우리에게 가르쳐 주시고 위로해 주시는 말씀이다.

불의의 세상에서 우리 믿는 자들은 눌려 있어서 불편한 것이 많다. 그러나 성령께서는 일을 이렇게 끝내지 않으신다. 올바른 질서가 올 때가 있다. 기다리고 바라고 위로해 주신다. 이 위로와 소망이 없었다면 우리의 믿음은 위축되고 말았을 것이다. 아! 그러나, 하나님의 나라는 가까이 와 있다. 예수님은 이 사명을 다 이루셨다. 우리는 다만 예수 안에 있으면 하나니 자녀의 열매를 맺어 드릴 수 있다. 예수께서 선구자로서 달려갈 길을 다 가시고 하나님 나라의 문을 지나가셨다. 바울, 베드로, 믿음의 선배들이 이 길을 달려 천국으로 갔다.

우리도 이 믿음을 굳게 잡고 다른 사람의 인격과 영혼을 귀히 여기고 섬기면서 주님을 따라 달려 가자. 승리는 우리의 것이다.

〈부산모임〉 1979년 12월호[74:12-6]

예수 그리스도는 나(우리)의 구주

매년 12월 25일이 오면 세계에서는 크리스마스를 경축한다. 성경에 예수님의 탄일은 기록되어 있지 않다. 아마도 이 세상 사람들의 생일과 같이 축하하는 것을 원치 않으신 것이 아닌가 생각된다. 현실에서의 축하는 무엇인가 충실하지 못한 느낌이 많다.

그러나 만일 예수 그리스도께서 1980여 년 전에 탄생하지 않으셨다면, 역사는 어둠 속에서 빛을 볼 수 없었을 것이며, 우리는 죄와 사망에서 해방되지 못했을 것이다. 나는 이러한 절기를 맞이할 때, 예수 그리스도가 우리의 구주이심을 새삼 느끼게 되고, 하나님께 감사와 찬송을 드리게 된다.

예수 그리스도

예수님은 우주와 만물이 창조 되기 전부터 말씀으로 계셨고, 이 말씀이 하나님과 같이 계셨을 뿐 아니라 이 말씀은 곧 하나님, 진리셨다.

예수님은 태초 전부터 하나님과 함께 계셔서 사랑으로 만물을 창조하셨다. 곧, 하나님은 아들 되신 그리스도에게 주시려고 하신 뜻으로, 사랑으로 만물을 창조하셨다. 독생자이신 그리스도는 말씀으로 만물을 창조하셔서 아버지께 바쳐드리고자 하는 사랑, 즉 성령의 역사로 우주와 만물을 창조하셨다. 그러므로 만물

창조에는 목적과 뜻이 있었다.

말씀이신 그리스도 안에는 생명이 있었다. 이 생명은 사람들의 빛이다. 이 빛 가운데 그리스도의 생명은 존재하였고, 인식되었으며 지속된 것이다.

그런데 이 빛이 어둠에 비추었으나 이 어둠이 깨닫지 못하고 필연적으로 빛을 누르려 하였지만 누를 수가 없었다. 이 빛 되신 예수 그리스도가 우리와 꼭 같은 몸을 입고 오셨기 때문에 하나님께 나온 것을 증거하는 증거자가 필요했다. 그는 곧 세례 요한이었다. 세례 요한은 이 빛이 아니었고, 이 빛에 관하여 증거하러 온 자였다. 세례 요한의 증거와 예수 그리스도의 말씀, 그리고 그 기이한 일을 통해 예수를 그리스도로 영접한 자가 있었으니 이는 혈통으로나 육정으로나 사람의 뜻으로 나지 않고, 오직 하나님께로부터 난 자들이다.

세례 요한은 예수 그리스도를 증거하기를 "이 분은 성령으로 세례를 베푸시는 자로 어린 양의 피로 임하셨고, 인류의 죄를 대속하기 위해 십자가에 달려 돌아가셨다가 3일 만에 부활하셔서 그와 결합하는 자는 영생을 얻게 하셨다."요 1:1-18고 하였다.

그가 세상에 계실 때 하늘 나라의 복음을 전하셨는데, 산 위에서 제자들에게 팔복을 말씀하시고, 천국시민의 자격과 임무에 대하여 설명하셨으며, 율법의 정신을 교육하셨다. 또 구약에 나타난 메시아의 사명을 실천하사 여러 가지 병든 자를 고치시고, 마귀를 내어 쫓으셨으며, 문둥이를 성하게 하시고, 눈먼 자를 보게 하셨으며, 앉은뱅이를 걷게 하시고, 눌린 자를 자유케 하셨으며, 가난한 자에게 기쁜 복음을 전파하셨다.

이 세상을 떠나시기 전에는 제자들을 모아 놓으시고 친히 발을 씻기시며, "너희가 서로 사랑하라! 서로 사랑하기를 내가 너희를 사랑한 것 같이 하라."고 새 계명을 주셨다. 또 제자들에게 분부하시기를 "너희는 예루살렘을 떠나지 말고 오직 성령의 강림을 위하여 합심 기도하라."고 명하시고 부활 승천하신 지 50일 후, 곧 오순절에 성신이 임하여서 제자들은 하나님과 예수 그리스도와 성령이 하나되심과 같이 예수께서 제자들 안에 있고, 또 제자들을 통해 복음이신 예수 그리스도를 받아 드린 신자들도 하나님 안에서 생명공동체로 사는 것을 깨닫게 하셨다.

다음에는 예수님이 세상에서 핍박을 받으신 것과 같이 그의 제자들도 환란을 당할 것이라고 말씀하심으로써 환난공동체로 살 것을 말씀하셨으며, 또 제자들에게 평안을 주시면서 이 세상에서 주는 것과 다른 영적 세계에서의 평안을 누릴 것을 말씀하셨다.

또 주님께서는 십자가를 지시기로 각오하시고 아버지 하나님의 뜻을 다 이루어 드려서 그의 영광을 드러내셨다. 또한 그것이 영원 전부터 하나님과 계시던 영광을 얻는 것이라고 설명하시고, 제자들도 같은 고난을 경험하면서 영광을 받는 영광공동체를 말씀하셔서 위로 하셨다. 이 예수님은 진리 자체셨다.

하나님께서 아브라함에게 약속하신 것을 그대로 성취하시는 것이 진리인데, 예수님을 통해 만민을 구속하시겠다고 하신 약속이 이루어진 것이다. 예수님은 길이요, 진리요, 생명이시다.

나, 그리고 우리는 누구인가?

나, 그리고 우리는 역사적으로 생각할 때에 비로소 정당하게 자인할 수 있으며, 진리 앞에 나타날 때 비로소 자기의 정체를 발견한다고 생각한다. 우리는 사람이다. 곧, 아담과 이브를 조상으로 하는 자들이다. 다시 말해서, 하나님의 약속을 거역하고 그의 품을 떠난 자들이다. 곧 죄인이다.

나는 바울 선생이 로마서 1장 29절에 기록한 곧, 모든 불의, 추악, 탐욕, 악의 충만, 시기, 살인, 분쟁, 사기, 악독 충만, 수군수군자, 비방자, 능욕자, 교만자, 자랑자, 악을 도모하는 자, 부모 거역자, 우매자, 무정자, 무자비자들의 죄 가운데서 그런 죄를 하나도 범하지 않았다고 장담할 수 없다.

4, 5세 정도 되었던 어렸을 때에 팽이를 도둑질한 것을 비롯해서 15세 때 시간을 허비하고 부모님께 잘못한 죄, 거짓 증거한 죄, 과실을 범한 죄 등, 이러한 것들이 생각날 때마다 '나 행한 것 죄뿐이니' 하는 찬송이 저절로 우러나온다. 부끄러움과 더불어 하늘 아버지의 용서하심과 살려주신 은혜에 감격하게 된다.

그러면서도 나는 때때로 속 사람의 갈등을 어떻게도 해결할 수 없는 상태에 빠지는 때가 많다. 그래서 사도 바울이 로마서 7장 15절 이하에서 지적한 바와 같이 "내가 행하는 것을 내가 알지 못하노니 곧 내가 원하는 것은 행하지 아니하고 도리어 미워하는 것을 행함이라…… 이제는 그것을 행하는 자가 내가 아니요 내 속에 거하는 죄니라"롬 7:15-17라고 말한 것이 조금은 이해가 된다.

7장 18절에는 "내 속 곧 내 육신에 선한 것이 거하지 아니하는 줄을 아노니 원함은 내게 있으나 선을 행하는 것은 없노라"고 고

백했다. 7장 21절에는 "그러므로 내가 한 법을 깨달았노니 곧 선을 행하기 원하는 나에게 악이 함께 있는 것이로다" 또 7장 24절에는 "오호라 나는 곤고한 사람이로다 이 사망의 몸에서 누가 나를 건져내랴", 7장 25절에는 "우리 주 예수 그리스도로 말미암아 하나님께 감사하리로다 그런즉 내 자신이 마음으로는 하나님의 법을 육신으로는 죄의 법을 섬기노라"고 하신 말씀이 나를 위로하고 격려한다.

내가 육에서 살고 있을 때에는 나의 마음과 영이 곧 나를 대표하고 있는 것이며, 육신은 나의 심령에 복종할 때에만 곧 나를 표현하는 것이라고 생각한다. 나의 심령이 성령의 인도대로 순종할 때에 참 인간다운 인간, 또는 하나님의 자녀다운 생활을 한다고 믿는다.

예수는 그리스도, 곧 우리 구주이시다.

해방의 주님 롬 8:1-11

그러므로 이제 그리스도 예수 안에 있는 자에게는 결코 정죄함이 없다. 이는 그리스도 예수 안에 있는 생명의 성령의 법이 죄와 사망의 법에서 우리를 해방한 까닭이다. 율법이 우리의 연약한 육신 때문에 할 수 없는 그것을 하나님께서는 이루셨다.

곧, 죄 때문에 자기 품 속에 계시던 독생자를 죄 있는 육신의 모양으로 보내서서 육신에 죄를 깨끗케 하셔서 그를 십자가에서 속죄제물로 받으셨다. 이제 육신을 좇지 않고, 그 성령을 좇아 행하는 우리에게 율법의 요구를 이루어지게 하셨다. 육신을 좇는 자는 육신의 일을 생각하고, 영을 좇는 자는 영의 일을 생각하게 되므로 육신의 생각은 사망을 자취하게 되고, 영의 생각은 생명과 평안함에 이르게 된다.

  육의 생각과 그 일은 하나님의 생각과 그 일에 서로 반대가 되어 하나님의 법에 굴복하지 않을 뿐 아니라 할 수도 없다. 그래서 육에 있는 자들은 하나님을 기쁘시게 할 수 없으며, 하나님의 성령이 우리 안에 거하시면 우리는 육신을 좇지 않고, 성령을 좇아 행하므로 그리스도의 사람으로 살게 된다. 그리하여 우리의 몸은 죄로 인하여 죽은 것이 되고, 영은 성령으로 인하여 산 것이 된다.

  예수를 죽은 자 가운데서 살리신 성령이 우리 안에 거하시면 우리는 그의 영으로 말미암아 우리의 육도 살아나서 영과 몸이 자유케 된다. 즉, 우리의 믿음이 성장하면 우리의 인격은 자유와 평화로 충만하여 그리스도의 제자와 같이 살 수 있다.

성화 생활 롬 8:12-17

  우리가 사회 생활을 할 때, 형제들에게 서로 빚을 지고 살고 있다고 생각한다. 현실적으로 육체에 마음이 이끌려서 육신에 빚을 지고 육신으로 살면 반드시 죽을 것이지만, 영으로 몸의 행실을 죽이면 우리의 인격은 심령으로 살게 될 것이다. 즉, 하나님 영의 인도로 순종하는 자는 하나님의 자녀로 사는 자로서 담대히 하나님 앞에 나아가 '아바 아버지'라고 부를 수 있는 것이다. 그러면 우리는 항상 죄사함 받은 은혜에 대해 감사드리고, 성령의 증거로 양자의 영을 받아 그리스도와 함께 하나님의 후사가 되어 사는 소망과 기쁨으로 살게 될 것이다.

그러므로 그리스도와 함께 영광을 받기 위하여 고난도 함께 받아야 한다. 즉, 우리는 그리스도와 같이 환난공동체로 살면서 하나님의 영광을 나타내고, 또한 주님과 함께 영화를 누리게 된다.

기대 생활 롬 8:18-30

현실에서 우리의 몸이 고난을 받는 것은 장차 우리에게 나타날 영광과 비교하면 아무 것도 아니다.

피조물들이 고대하고 있는 것은 하나님의 뭇 아들들이 나타나는 것이다. 현재 피조물이 잘못된 자연법칙에 굴복하여 양육 강식, 자연 도태를 참으면서 바라고 있는 것은 썩어짐의 종 노릇한데서 해방되어 하나님의 자녀들의 영광의 자유함에 참여하기를 기대하고 있다.

피조물이 다 이제까지 탄식하며 함께 고통을 받고 있을 뿐 아니라 성령의 처음 익은 열매를 받은 우리까지도 속으로 탄식하면서 우리의 몸이 구속되어 양자될 것을 기다리고 있다.

즉, 우리는 소망으로 구원을 얻은 자들이다. 우리가 이 세상에서 살면서 어떻게 기도할 바를 알지 못하지만, 성령이 우리 안에 계셔서 말할 수 없는 탄식으로 우리를 위하여 친히 간구하고 계심을 우리는 느낄 수 있다.

우리의 마음을 감찰하시는 하나님께서 성령의 마음을 아시고 계실 뿐 아니라 성령이 하나님의 뜻대로 성도들을 위하여 간구하신다. 그러므로 하나님을 사랑하고, 그의 뜻대로 부르심을 입은 자들에게는 모든 것이 합력하여 선을 이루는 것이다. 즉, 하나님께서 미리 아신 자들을 미리 정하사 그 아들을 본받게 하시고, 또 미리 정하신 자들을 부르시고, 부르신 그들을 의롭다 하시고, 의롭다 하신 그들을 영화롭게 하심을 믿는다.

예수 그리스도를 미리 정하신 형제 중에서 맏아들이 되게 하셔서 우리 믿는 모든 사람의 첫 열매가 되게 하신 것을 믿고, 우리도 그를 좇으면 그와 같이 영생의 후사를 기대하는 삶을 사는 것이다.

승리 생활 롬 8:31-39

위에서와 같은 신앙 논리에 서서 신앙 생활을 할 때, 누가 우리를 대적할 수 있겠는가, 하나님이 우리의 아버지가 되시고 우리를 위하시는데 사단인들 어찌 할 수 있으랴.

자기의 아들을 아끼지 않으시고, 우리 모든 사람을 위하여 내어 주신 그 하나님이 어찌 그 아들과 함께 모든 것을 우리에게 은사로 주시지 않겠는가. 누가 능히 하나님의 택하신 자를 송사할 수 있으랴.

하나님이 의로 정하셨는데 누가 정죄할 수 있으며, 죽으셨다가 다시 살아 나셔서 우리에게 영생을 주신 이는 예수 그리스도이시고, 지금도 하나님 우편에 계시면서 우리를 위하여 간구하고 계시는데, 누가 우리를 그리스도의 사랑에서 끊겠는가, 환란, 곤고, 핍박, 기근, 적신, 위험, 칼이겠는가.

시편 44편 22절에 "우리가 종일 주를 위하여 죽임을 당하게 되고 도살할 양 같이 여김을 받았나이다"함과 같다. 그러나 이 모든 일에 우리를 사랑하시는 그리스도로 말미암아 우리가 넉넉히 이길 수 있다.

　우리는 사도 바울과 더불어 사망, 생명, 천사, 권세자, 현재 일, 장래 일, 능력, 높음, 깊음, 다른 어떤 아무 피조물이라도 우리를 우리 주 예수 그리스도 안에 있는 하나님의 사랑에서 끊을 수 없다고 확신한다.

　우리는 이제부터 바울과 같이 예수 그리스도는 우리의 구주이심을 증거하는 생활로 나아가리로다. 할렐루야! 아멘.

〈부산모임〉 1987년 12월호[119:20-6]

역사의 주님, 예수 그리스도

1985년도 크리스마스를 맞이하여 소감을 쓰려고 한다. 예수님의 탄생일은 성경에 기록이 없어서 알 수 없으나 역사가들은 주전$^{B.C.}$ 4년, 혹은 그 이전 12년 무렵, 봄에서 가을 사이의 양을 먹이는 풀이 있을 때가 아니었겠는가 추측한다. 12월 25일이 정확한 생일이 아니더라도, 매년 한 번씩 주님이 오신 날을 기념하는 것이 매우 뜻있는 일이라고 믿는다.

역사의 처음이신 예수 그리스도

그리스도는 역사의 처음이셔서 만물을 창조하시고, 섭리하시는 주님이시다. "태초에 말씀$_{로고스}$이 계시니라 이 말씀이 하나님과 함께 계셨으니 이 말씀은 곧 하나님이시니라"$^{요\ 1:1}$. 여기에서 태초라고 한 것은 창세기 1장 1절에서 말하는 태초보다 더 오래전 태초라고 본다.

유물론자들은 태초에 물질이 있었다고 믿는 것 같다. 물질이 있어서 그것에서부터 발생, 발전의 법칙을 통해 현재에 이르렀다고 생각한다.

그러나 우리 기독신도들은 성경이 가르치는 대로 태초에 말씀이 하나님과 같이, 사랑이신 성령과 더불어 삼위일체로, 영원한 자존자^{自存者}로 계셔서, 사랑이 실존을 내는 원리에 의해 물질이 창조되었다고 믿는다. 다시 말하면 하나님께서 우주 만물과 인류를 지으셔서 아들에게 주시고자 하는 뜻이 있을 때, 말씀이신 아들 그리스도는 우주 만물과 사람을 지으신 것이다.

그래서 아버지 하나님께 바쳐 드리고자 하는 아들의 사랑(성령)의 동기에서 물질이 창조되었다고 믿는다. 때문에 지어진 물질은 말씀 없이 지어진 것이 하나도 없다고 기록하고 있다.요 1:3

"그 안에 생명이 있었으니 이 생명은 사람들의 빛이라"요 1:4라는 말씀처럼 예수 그리스도는 생명을 소유하고 계셨고, 그 생명을 사람들에게 주시려고 빛으로 오셨다. 생명은 빛 가운데서 사는 것이다. 어둠에는 생명이 없을 뿐 아니라 생명이 살지 못한다.

예수 그리스도께서는 "빛이 어두움에 비춰되 어두움이 깨닫지 못하더라"요 1:5라는 말씀처럼 생명을 주시려고 이 세상에 오셨지만, 이 세상 사람들은 그가 생명 자체이시며 생명의 주님이심을 깨닫지 못했다. 아니 어둠에 살면서 사단의 유혹에 지고 있는 사람들은 사단과 같이 이 생명인 주님을 배척했다. 그러나 현실적으로 육의 향락을 위해 사는 사람들은 예수님을 그리스도로 영접하여 빛되신 성령 가운데 살고자 한 사람의 신앙생활을 이기지 못했다.

그러나 이 빛과 생명의 주님께서 육체를 입고 어둠에 사는 사람과 그 모양이 같이 되어서 오셨으므로, 그 빛을 증거하는 자가 필요했다. 그래서 세례 요한이 6개월 먼저 와서 이 빛에 대하여 증거했다. 당시에 유대 백성은 메시아를 몹시 갈급하고 있었다. 세례 요한이 회개하는 세례를 요단강에서 베풀고 있었을 때, 백성들은 세례 요한을 보고 메시아가 아닌가 하고 생각했다. 이에 세례 요한은 자기는 참 빛, 곧 메시아가 아니고, 이 빛에 대하여 증거하러 온 자라고 확언하였다.

참 빛되신 예수 그리스도께서 세상에 와서 각 사람에게 비취는 빛이 되셨지만, 자기 백성들은 영접하지 않았다.

그러나 그 이름을 믿고 인격적으로 영접하는 소수가 있었으니, 그들에게는 하나님의 자녀가 되는 권세를 주셨다. 이와 같이 그를 메시아로 영접하는 자는 혈통으로나, 육정으로나, 사람의 뜻으로 된 것이 아니고 오직 하나님께로부터 난 것이다. 이들은 오늘에도 예수 그리스도를 역사의 원점으로 받아들이고 믿고 사는 자들이다.

말씀이 육신이 되어 그들 가운데 거하시므로, 그들이 그 영광, 곧 자연의 모습을 보았더니 하나님 아버지의 독생자의 영광이었다. 또한 그분에게 은혜와 진리, 곧 '무조건적 구원'과 '하나님의 약속의 성취'가 충만한 것을 그들과 사도 요한은 감명 깊이 느꼈다. 이렇게 그들이 다 그의 충만한 은혜를 믿음으로 받았더니, 은혜는 더욱더 충만해지고 더 풍성하게 되었음을 사도 요한은 증거하였다.

율법은 모세로 말미암아 주신 것이요, 은혜와 진리는 예수 그리스도로 말미암아 온 것이다. 본래 하나님을 본 사람이 없었지만, 아버지 품속에 있는 독생하신 하나님이 나타나신 것이다. 즉, 예수 그리스도는 하나님과 함께 역사의 처음이시다.

역사의 중심이신 예수 그리스도

예수 그리스도는 역사의 중심도 되신다. 예수님은 이 세상에 육신을 입고 내려오셔서 약 30세가 될 때까지 육의 아버지 요셉의 목수 일을 도우셨다. 그리고 광야에서 사탄에게 시험을 받으셨으나 모두 다 하나님의 말씀으로 이기시고, 요단강에서 세례 요한에게 세례를 받으셨다.

세례 요한이 헤롯에게 잡힌 뒤에 하나님의 나라가 가까워졌으니 회개하고 복음을 믿으라 하시며, 전도 생활로 공생애에 들어가셨다. 먼저 열 두 제자들을 택하시고, 그들에게 천국 시민의 자격과 그 의무를 가르치셨으며, 율법의 정신을 교훈하시면서 마귀를 내어 쫓으시고 모든 병을 고치고 죽은 자를 살리셨다.

그러나 하나님의 섭리는 죄가 없으신 예수께서 죄인들을 대신해 십자가에서 피 흘려 속죄하심으로 죄인들을 구원하시고, 무덤에까지 내려가셨다가 부활하셔서 믿는 자들을 살리시도록 하신 데 있었다. 예수님은 하나님 아버지의 뜻에 순종하심으로 하나님의 역사를 이루셨다.

역사의 방향은 하나님이 자기의 뜻을 배반한 자를 살리시기 위하여 자신이 친히 희생 제물이 되셔서 인류를 살리시는 것임을 증거하셨다. 그래서 예수 그리스도는 역사의 중심이 되셨다. 4복음서는 예수님의 행적이요, 사도행전은 그 복음을 전한 성령의 역사를 나타냈고, 고린도전서부터는 사도바울과 교역자들이 각 교회에 보내는 편지인데 그리스도의 구원을 논증하고 있다.

역사의 끝이신 예수 그리스도

예수 그리스도는 역사의 맨 마지막으로 하나님의 나라를 성취하시는 주님이시다. 16세기 종교개혁 이후 루터는 묵시문학에는 예수님의 십자가와 부활, 즉 구원의 기사가 희박하기 때문에 그 가치가 적다고 보았다. 그러나 독일 신학자 Ernst Käsemann(1906-1998)은 묵시문학이야말로 '모든 그리스도 신학의 어머니'라고 말하며 묵시문학의 중요성을 인정하였다.

예수 그리스도께서 죽으셨다가 부활하신 이후에는 말하는 논조가 현재 완료형으로 되어 있다. 바울은 "누구든지 그리스도 안에 있으면 새로운 피조물이라 이전것은 지나갔으니[완료형] 보라 새 것이 되었도다[완료형]"고후 5:17라고 하였고, 에베소서 2장 4-6절에는 "긍휼이 풍성하신 하나님이 …… 허물로 죽었던 우리를 그리스도와 함께 살리셨고 …… 그리스도 예수와 같이 다시 살게 하사 같이 하늘 보좌에 앉게 하신 것이다"라고 했다. 강조점을 찍은 데는 완료형으로 되어 있다.

골로새서 2장 12-13절에도 "너희가 세례로 그리스도와 함께 장사되고 동시에 그를 죽은 사람 가운데서 부활케 하셨다[완료형]"고 하는 것을 보면 그리스도의 신도들이 그리스도의 죽음에 동참해서 그와 같이 장사된 일은 명확히 완료된 것으로 말하고 있고, 그의 부활에 참여하는 일은 장래에 기대하는 목표로 되어 있다.

바울에게도 묵시문학적 사상의 영향이 명백히 발견된다. "사망이 한 사람으로 말미암았으니 죽은 자의 부활도 한 사람으로 말미암는도다 아담 안에서 모든 사람이 죽은 것 같이 그리스도 안에서 모든 사람이 삶을 얻으리라 그러나 각가가 자기 차례대로 되리니 먼저는 첫 열매인 그리스도요 다음에는 그가 강림하실 때에 그리스도에게 속한 자요 그 후에는 마지막이니 그가 모든 통치와 모든 권세와 능력을 멸하시고 나라를 아버지 하나님께 바칠 때라"고전 15:21-24는 것이 한 예라고 할 수 있다.

주님의 재림으로 하나님의 지배가 최종적으로 확립한다고 하는 것은 전형적인 묵시문학적 종말관이다. 끝날에는 '최후의 원수인 사망'도 멸망된다고 한다고전 15:26. 이러한 사상은 요한계시록 20장 14절에도 나타나 있다.

계시록은 우리 시대를 향하여 다음과 같이 말하고 있다. 계시록 12장 이하에는 메시아에 대한 악령의 반항이 대대적으로 전개되고 있는데, 19장의 대결전에서 이 세력이 홀연히 격파되어 버린다. 그 정세를 그리는 19장 19절을 직역하면 다음과 같다.

또 나는 짐승과 세상의 왕들과 그 군대들이 흰 말을 타신 분과 그의 군대에 대항해서 싸우려고 모여 있는 것을 보았다. 그러나 그 짐승은 붙잡혔고, 또 그 앞에서 기이한 일들을 행하던 그 거짓 예언자도 그와 함께 붙잡혔다. 그는 짐승의 표를 받은 자들과 그 짐승 우상에게 절하는 자들을 이런 기이한 일로 미혹시킨 자이다. 그 둘은 산 채로, 유황이 타오르는 불바다로 던져졌다계 19:19-20.

이처럼 요한은 그리스도의 권위가 절대적이며 압도적으로 우월한 것을 보았다. 또 계시록 20장 10절에서도 악의 삼위일체, 곧 사탄과 적그리스도와 거짓 예언자는 완전히 괴멸된다.

한편, 계시록 14장 1-3절에는 하나님에게 뽑혀서 속죄된 성도들, 곧 하나님과 어린양에게 속한 성도들이 우레 소리와 같이 하늘에서 나는 소리에 화답하여 새 찬미를 노래하는 장면이 있다. 이 144,000명의 성도는 짐승의 상에 절하고 오른손 또는 이마에 그 표를 받은 사람들계 13:15-16에게 대응하고 있다.

이 두 무리는 각각 하나님과 사탄에게 속해 있는데, 이 소속된 대상의 차이로 인해 그들이 사는 방식도 결정적으로 달라진다. 이러한 차이로 인해서 각각 두 생명권으로 나뉘게 되는 것이다. 그래서 성도들의 편에는 승리의 찬송가가 울려 나오는 반면, 짐승과 그 상에 절하고 이마나 손에 표를 받은 자들은 불과 유황불에서 괴로워하게 된다계 14:10. 그리고 "어린 양"계 14:1이 신도의 구주로 나타나신 데 반하여, 이 "인자와 같은 자"계 14:14는 전 인류의 심판자로 나타난다. 이 둘은 같은 이가 각각 다른 기능을 행하는 것으로 서술상에서만 따로 구별되어 있는지도 모른다.

계시록 19장 1-8절은 하나님의 진실하신 심판이 관철되는 것과 구주이신 어린 양과 선택받은 성도와의 사랑의 결합 관계가 '어린 양의 혼인'으로 완성되는 것을 서술하고 있다. 그리고 이 두 가지를 인류 역사의 궁극적 목표로 노래하고 있다. 이것에 계속해서 "또 내가 하늘이 열린 것을 보니 보라 백마와 그것을 탄 자가 있으니 그 이름은 충신과 진실이라 그가 공의로 심판하며 싸우더라"계 19:11고 서술되어 있다. 결국 천개天開의 소식이 다시 계시된 것인데, 승리의 주님이신 그리스도께서 백마를 타시고, 이기고, 이기시기 위하여 전진하신다.

계시록 19장 12-16절에는 그리스도의 전진과 심판이 엄숙하고도 장대한 붓으로 묘사되어 있어 악의 삼위일체와의 경합관계가 점점 전개되고 있다. 그 가운데 신도들에게 요구되는 것은 먼저 싸움과 고난 중에 끝까지 신앙을 지키는 인내이다. 그리고 악한 세상에서 이탈할 것과 죄의 연대에서 탈출할 것을 권하고 있다. 그리고 그 신뢰와 대망에 응하여 "또 내가 새 하늘과 새 땅을 보니 처음 하늘과 처음 땅이 없어졌고 바다도 다시 있지 않더라 또 내가 보매 거룩한 성 새 예루살렘이 하나님께로부터 하늘에서 내려오니 그 준비한 것이 신부가 남편을 위하여 단장한 것 같더라 내가 들으니 보좌에서 큰 음성이 나서 이르되 보라 하나님의 장막이 사람들과 함께 있으매 하나님이 그들과 함께 계시리니 그들은 하나님의 백성이 되고 하나님은 친히 그들과 함께 계셔서 모든 눈물을 그 눈에서 닦아 주시니 다시는 사망이 없고 애통하는 것이나 곡하는 것이나 아픈 것이 다시 있지 아니하리니 처음 것들이 다 지나갔음이러라"계 21:1-4라는 말씀처럼 새 하늘과 새 땅이 완성되는 웅대한 비전이 보이게 된다.

이 비전은 구원의 완성이란 새로운 창조라는 것을 선명하게 보여 준다. 인류의 역사는 하나님의 손에 의한 새 창조를 목표로 해서 위로부터 은혜의 손에 의해 진행되고 있다. 이 은혜에 대한 올바른 응답이야말로 신앙생활의 가장 중요한 점이라고 믿는다.

그런데 신앙의 결단을 하지 못하고 싸움을 회피하는 비겁한 자나 믿지 않는 자, 우상 숭배자, 또 살인하는 자, 간음하는 자, 복술과 우상 숭배와 같은 종교적 죄에 침륜된 자, 그리고 전체적으로 거짓의 죄를 물 마시듯 하는 자는 새 예루살렘 성에 들어가지 못한다고 밝히고 있다.

묵시록의 역사관은 불교의 윤회사상과는 달리 역사의 순환, 곧 '만물은 돌고 돌기 때문에, 역사는 하나의 원운동을 하면서 영원히 돌아간다.'는 생각을 인정하지 않는다. 이와 반대로 유대교의 묵시문학과 계시록에 나타난 역사관은 역사가 어디까지나 단순한 순환 운동을 반복하는 것이 아니라 말하자면 직선적으로 궁극의 목적을 향하여 나아간다고 본다.

역사의 맨 마지막에 대한 인식은 오직 신앙에 의해서만 얻어진다. 다시 말해서 역사의 맨 마지막은 그리스도의 십자가와 부활, 곧 벌써 성취된 구원의 사실을 통해서 볼 수 있다. 그러므로 이 묵시록에서도 계시 신앙의 입장을 명확하게 하고 있는 것이다. 단적으로 말해서, 그리스도의 재림 신앙이란 한 번 생긴 저 구원의 사실이 역사의 맨 마지막을 결정하고, 이것을 완성으로 인도한다고 하는 신앙과 다름이 없다.

그런데 이러한 계시 신앙의 입장과 달리해서 사람이 과학적 방법으로 역사의 맨 마지막을 연역演繹할 수 있다고 믿는 자들이 있다. 즉, 과거의 여러 역사적 사실, 그중에서도 경제적 생산과 분배의 여러 가지 관계에 대한 운동법칙을 상세히 관찰·기술하고, 거기에서 발견된 법칙에 따라 금후今後의 전개를 예측하고, 그 연장선상에 역사의 맨 마지막이 있다고 추정하는 자들이 있다.

공산주의 이론에 의하면 그것은 프롤레타리아의 독재를 지나 계급이 없는 이상적 사회가 완성된다는 것이다. 이러한 관찰과 추론을 과학적 유물변증법이라고 부르고 있지만, 거기에 많은 잘못과 이론적 결함이 있음을 부정할 수 없다. 또 역사의 전도前途를 엄밀히 과학적 방법으로 확정한다는 것은 원리적으로 보아도 불가능에 속한다.

그리고 이와 같은 불확정 요인 이외에도 마르크스의 유물사관과 성서적 종말론 사이에는 큰 차이가 있다. 그것은 유물사관에는 이 묵시록에 명시된 것과 같은 역사의 이중구조에 대한 인식이 없기 때문이다. 즉, 묵시록에는 하나님, 그리스도, 성령이라고 하는 삼위일체의 하나님과 악의 삼위일체인 악마가 정면으로 대립하여 싸우는 구조로 역사가 전개되고 있다. 이 이중구조 속에 다 설명할 수 없는 역사의 수수께끼가 들어 있다.

이는 에베소서 6장 12절의 말씀대로 "우리의 씨름은 혈과 육을 상대하는 것이 아니요 통치자들과 권세들과 이 어둠의 세상 주관자들과 하늘에 있는 악의 영들을 상대함이라" 함과 같다. 이것은 하나님의 주권의 발동과 그리스도의 영의 도움이 없이는 우리가 결코 이길 수 없는 싸움이다. 참으로 이와 같은 사태 중에 깊은 죄의 힘이 있는 까닭이다.

악의 삼위일체의 힘을 아는 자와 역사의 맨 마지막에 대한 신앙적 인식을 가진 자는 모두 하나의 기도를 드리지 않을 수 없다. 왜냐하면 역사의 맨 마지막에 대한 인식은 자신의 완전 무력에 대한 인식과 하나님의 전능에 대한 신뢰 없이는 얻을 수 없기 때문이다. 그러므로 이 묵시록의 맨 나중은 "보라 내가 속히 오리니 이 예언의 말씀을 지키는 자는 복이 있다"계 22:7, "그렇다 내가 속히 오리라 하시거늘 아멘 주 예수여 속히 오시옵소서"계 22:20 하는 신도의 기도로 끝나고 있다. 즉, 그리스도의 재림 신앙과 '죄와 죽음의 섬멸'에 의하여 완성되는 역사의 종말에 대한 신앙이다.

결론

예수 그리스도는 역사의 처음이 되셔서 우주 만물과 사람을 창조하시고, 십자가와 부활로 인류의 죄와 사망을 섬멸하셔서 역사의 중심 역할을 하셨고, 하나님의 나라를 이루어 주심으로 역사의 맨 마지막이 되신 주님이시다.

〈부산모임〉1986년 2월호[108:19-1]

〈예수님의 인격〉

아버지께서 나를 사랑하신 것 같이 나도 너희를 사랑하였으니 나의 사랑 안에 거하라. 내가 아버지의 계명을 지켜 그의 사랑 안에 거하는 것 같이 너희도 내 계명을 지키면 내 사랑 안에 거하리라

요 15:9-10

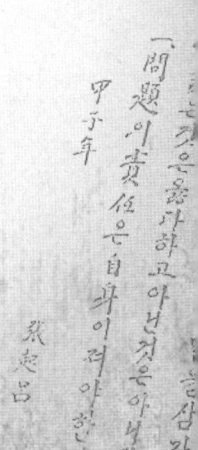

예수님의 인격

예수님의 본질과 출생

예수님의 본질은 우주 만물이 창조되기 전에 말씀으로 하나님과 같이 계셔서 우주 만물을 창조하신 초자연적 영적 존재자였다요 1:1. 예수님은 마리아가 요셉과 정혼하고 동거하기 전에 성령으로 잉태되어 도성인신道成人身(말씀이 육신이 됨) 또는 화육化肉(육이 됨)한 것이다마 1:18, 눅 1:35. 이 잉태의 사실이 기이하였고, 또 그를 잉태한 마리아는 "내 영혼이 주를 찬양하며 내 마음이 하나님 내 구주를 기뻐하였음은 그의 여종의 비천함을 돌보셨음이라 보라 이제 후로는 만세에 나를 복이 있다 일컬으리로다 능하신 이가 큰 일을 내게 행하셨으니 그 이름이 거룩하시며 긍휼하심이 두려워하는 자에게 대대로 이르는도다"눅 1:46-50라고 찬양했다.

이 말씀은 마리아가 잉태한 후의 신념이며 태아의 사명을 영감으로 노래한 것이다. 플라톤도 인격 형성에 태아의 교육이 중요하다는 것을 말했다. 예수님이 탄생하셔서 성장하실 때 8일 만에 할례를 행하셨고눅 2:2, 그 후에 "아기가 자라며 강하여지고 지혜가 충만하며 하나님의 은혜가 그 위에 있더라"눅 2:40고 하였다. 그리고 "예수는 지혜와 키가 자라가며 하나님과 사람에게 더욱 사랑스러워 가시더라"눅 2:52는 기사로 예수님의 성장의 축복을 엿볼 수 있다.

예수님은 자랄 때에 육의 아버지 의인 요셉과 자기 어머니 마리아의 가정에서 항상 하나님을 섬기며, 모세 5경과 시편, 예언서를 읽으며 메시야의 소명에 대해서 깊이 생각했다.

사명에 나타나신 예수님의 인격

예수께서 12세 되었을 때, 부모님과 같이 유월절에 예루살렘에 올라갔다가 그 절기를 마치고 돌아갈 때에 예수님은 예루살렘에 머무셨다. 그런데 부모님은 이 일을 알지 못하고 동행 중인 줄로 생각하였다. 그러나 하룻길을 간 후에 친척과 아는 사람 중에서 찾다가 만나지 못하여, 예루살렘으로 다시 돌아왔다.

사흘 후에 성전에서 만나게 되었는데 예수님은 당시의 선생 중에 앉아서 저희에게 듣기도 하고 묻기도 하면서 계셨다. 그런데 그 듣는 자들이 예수님의 지혜와 대답을 기이하게 여겼는데, 그 지혜는 성령의 지혜였다.

예수님은 그의 부모가 근심하면서 찾았다는 말에 "어찌하여 나를 찾으셨나이까 내가 내 아버지 집에 있어야 될 줄을 알지 못하셨나이까"하고 자기가 하나님의 아들이심을 대답하였다눅 2:41-50. 이처럼 예수는 인격적 자각이 점점 높아 갔다. 그러나 그 후에 30세가 될 때까지는 목수의 일을 하셨다막 6:3, 눅 4:22.

예수님의 준비

그 당시 유대에서는 구원에 관한 새로운 운동이 일어났다. 쿰란 교단Qumran 敎團[1]이라고 해서 인격의 완성을 위해서는 반드시 죄를 회개해야만 한다고 믿고, 매일 같이 회개의 세례를 베푸는 단체가 있었다. 세례 요한도 회개의 세례를 통해 전 이스라엘 국민이 구원되기를 바랬다. 그러나 요한에게 세례는 단 한 번으로 충분한 것이었으며, 그는 진정한 마음의 회개를 원했다.

그때에 예수님께서 갈릴리에서 요단강으로 요한에게 세례를 받으러 오셨다. 세례 요한은 황송하여 "내가 당신에게서 세례를 받아야 할 터인데 당신이 내게로 오시나이까"마 3:14라고 했다. 그러자 예수님께서는 "이제 허락하라 우리가 이와 같이 하여 모든 의를 이루는 것이 합당하니라"마 3:15하시고 세례를 받으셨다.

예수님께서 세례를 받으시고 물에서 올라오시니 하늘이 열리고 하나님의 성령이 비둘기같이 내려 예수님 위에 임하시면서 하늘로서 소리가 있어 "이는 내 사랑하는 아들이요 내 기뻐하는 자라 하시니라"마 3:17고 말씀하셨다.

예수님은 한 번도 하나님으로부터 떠나 계시지 않으셨고, 죄를 범한 일이 전혀 없으셨다. 그러므로 당연히 회개하는 세례를 받으실 필요가 없었다. 그럼에도 불구하고 세례를 자청해서 받으신 것은 인류의 죄는 연대적 책임이기 때문에 예수님 자신이 인류의 모든 죄를 친히 짊어지시고 회개의 세례를 받으시는 것을 하나님의 뜻으로 받아들이셨던 까닭이라고 생각한다. 즉, 회개와 사죄는 무죄한 사람이 다른 사람의 죄를 짊어지고 회개하고 속죄하는 일에 있다고 믿으셨던 까닭이다. 여기에서 우리는

---

[1]. B.C. 1세기 경 사해 북서쪽 해안의 쿰란이란 지역에서 주로 활동한 유대교의 한 분파로써 광야에서 집단 금욕 생활을 했다.

예수님의 인격이 신격(神格)의 반영임을 느낄 수 있다.

예수님은 세례를 받으시고 물에서 올라오실 때 하늘로부터 "이는 내 사랑하는 아들이요 내 기뻐하는 자라"마 3:17는 말씀을 듣고 난 후, 성령에 이끌려 광야에 나가 거니시면서 깊은 생각에 잠기셨다. 사십 주야를 주리시면서 기도하셨다.

그러자 마귀는 사람의 대표이신 예수님을 시험하였다. 그곳에는 돌들이 많이 널려 있었는데, 먼저 "네가 만일 하나님의 아들이어든 명하여 이 돌들로 떡덩이가 되게 하라"마 4:3고 시험했다. 배를 주리신 예수님은 육신의 생명을 보존하기 위해서 떡이 필요했다. 이것은 사람의 생물학적 생명을 살리게 하는 첫 번째 본능적 욕구이다. 또한, 인류를 구원하는데 있어서도 첫째 요건일는지 모른다. 그러나 예수님은 사람의 생명은 그 기관인 육체의 중요성에 있는 것이 아니고, 그 영혼에 있음을 직감하시고, 마귀에게 "사람이 떡으로만 살 것이 아니요 하나님의 입으로부터 나오는 모든 말씀으로 살 것이라"마 4:4고 대답하시고 마귀의 시험을 이기셨다. 이것은 생명의 근원은 하나님의 말씀, 곧 예수님에게 있음을 뜻하신 것이다.

두 번째로 마귀는 예수님을 거룩한 성으로 데려다가 성전 꼭대기에 세우고 "네가 만일 하나님의 아들이어든 뛰어내리라 기록되었으되 그가 너를 위하여 그의 사자들을 명하시니 그들이 손으로 너를 받들어 발이 돌에 부딪치지 않게 하리로다 하였느니라"마 4:5-6고 말하며 성경 말씀으로 시험하였다. 이에 예수님은 "너희의 하나님 여호와를 시험하지 말라"신 6:16고 하시며 성경 말씀으로 물리치셨다.

인자이신 예수님은 자신이 하나님의 아들임을 다른 사람들에게 인정받기 위해 하나님의 능력을 직접 보여주는 것에 대해서 한 번쯤 생각해 보셨을지도 모른다. 인간의 감정대로라면 충분히 유혹받았을 것이다. 그러나 늘 하나님과 동행하시는 예수님은 신명기 6장 16절에 '너희의 하나님 여호와를 시험하지 말고'라는 한가지 말씀으로 단번에 마귀를 물리치셨다.

세 번째로 마귀는 예수님을 지극히 높은 산으로 데리고 가서 천하 만국과 그 영광을 보여주면서 "만일 내게 엎드려 경배하면 이 모든 것을 네게 주리라"마 4:8-9고 시험했다. 이에 예수님은 "네 하나님 여호와를 경외하며 그를 섬기며 그의 이름으로 맹세할 것이니라"신 6:13고 하신 말씀으로 즉시 물리치셨다. 과연 천하 만국과 그 영광은 아직도 공중의 권세 잡은 자, 곧 마귀에게 맡겨져 있는 것이다.

현재도 이 마귀에게 속하여 이 생의 부귀영화를 붙잡으려고 따르는 자가 어찌나 많은지! 예수님은 여호와 하나님께만 경배하고 이 세상 권력자, 명예자, 기타 어떤 부귀영화에도 머리를 숙이지 않으셨다. 여호와 하나님만 섬기셨기 때문에 악마의 시험에 완승하셨고, 여기에서 이미 하나님의 위업을 성취하실 인격자로 드러나셨다. 이에 마귀는 떠나가고 천사들이 나아와 수종을 들었다마 4:8-11.

예수님의 전도

예수님께서 사탄의 시험을 이기시고 전도 계획을 세우고 계신 때였다. 세례 요한이 헤롯 왕의 잘못을 꾸짖은 일로 붙잡혔을 때, 예수님은 나사렛을 떠나 가버나움에 가서 살게 되었다. 그곳에서 예수님은 비로소 "천국이 가까왔으니 회개하고 복음을 믿으라"고 전파하셨다. 복음은 하나님께서 보내신 자, 예수를 그리스도로 영접하는 자가 영생을 얻는다는 말씀이다요 3:16. 그리고 천국이란 사회의 이상理想인 하나님의 나라를 말하는데, 예수 그리스도께서 성취하시는 나라이다. 그 예수님이 현실적으로 이 세상에 오셔서 우리와 함께 계시며, 또한 그의 영이 우리 안에 계실 때에 우리 안에 천국이 이루어지는 것이다.

예수님은 복음 전파를 위해 제자들을 택하셨다. 먼저 갈릴리 해변에 다니시다가 시몬과 안드레, 야고보와 요한 등 어부를 택하시고, 빌립, 바돌로매, 세리 마태, 도마, 알패오의 아들 야고보, 다대오, 가나안 사람 시몬 그리고 가룟 유다 등 12인의 제자들을 선택하셨다.

예수님의 교훈에 나타나신 인격

예수님은 제자들을 택하시고 산상에서 수훈垂訓(후세에 가르침을 남김. 또는 그 가르침)하셨다.

천국 시민의 자격

심령이 가난한 자는 복이 있나니 천국이 저희 것 임이요마 5:3

심령이 가난한 자는 도道의 젖을 사모하는 자이고, 진리를 탐구하는 심령이며, 이 세상에서 물질을 가진 것이 없는 자이다. 그래서 누가복음에는 단순히 가난한 자라고 했다. 현실적 소유가 적은 자가 천국 시민의 자격이 있다.

애통하는 자는 복이 있나니 저희가 위로를 받을 것임이요^{마 5:4}

이 세상에서 부모 처자를 먼저 이별한 자의 애통은 이 세상의 것으로는 위로를 받을 수 없다. 하늘나라의 소망과 성령의 위로가 없다면 애인을 잃은 자는 낙심하게 될 것이다. 또 자기의 죄, 가정의 죄, 민족의 죄, 인류의 죄를 밝히 보고 개탄하며 슬퍼하는 자는 그리스도의 십자가와 그의 부활하셨음을 믿고 위로를 받게 된다. 천국 시민은 현실적 인류의 죄를 보고 염려하며 근심한다. 과학 기술은 발전해도 인류애는 쇠퇴하는 것을 보고도 무심한 자는 천국 시민의 자격이 없다.

온유한 자는 복이 있나니 저희가 땅을 기업으로 받을 것 임이요^{마 5:5}

이 세상에서 권세자들에게 짓밟히고 모욕을 받으면서도 꾸준히 참고, 용서하는 마음으로 핍박을 참고 기도하는 사람은 하나님의 나라가 임할 때에 그 땅을 기업으로 받게 된다. 예수님께서 십자가에 달리실 때, 못 박는 자들을 위하여 기도하셨다. "저들을 사하여 주옵소서 자기들이 하는 것을 알지 못함이니이다"^{눅 23:34} 스데반도 돌에 맞아 죽을 때에 "주여 이 죄를 그들에게 돌리지 마옵소서"^{행 7:60}라고 하였다. 이것은 온유한 자의 발언이었다.

의에 주리고 목마른 자는 복이 있나니 저희가 배부를 것 임이요^{마 5:6}

사회 정의를 위하여 옳은 것은 옳다 하고, 아닌 것은 아니라 하는 자는 하나님의 의를 맛보고 배부름을 얻을 것이다. 무릇 이들은 사랑을 가지고 의를 주장한다. 옛날 일제시대에 정부가 신사참배를 요구했을 때, 신사참배를 우상숭배로 규정하고 반대했던 목사들은 우상숭배를 하면 일본이 망하는 것이 확실하므로

예수님의 인격 ◆ 53

애국심에서 반대한다고 했다.

  역사 과정의 원리를 아는 역사가들은 집정자들과 자본가들의 장래를 알 수 있으므로 사랑을 가지고 저희에게 하나님의 의를 주장한다. 그런데 현실적인 사람들은 하나님의 공의를 무시할 뿐만 아니라, 그의 나라와 그의 의를 주장하는 자들을 도리어 핍박한다. 하지만 그러한 핍박을 잘 견뎌내고, 그러한 환경 가운데서도 하늘나라를 사모하는 자는 하나님의 나라가 임할 때에 배부르게 되는 것이다.

  긍휼이 여기는 자는 복이 있나니 저희가 긍휼히 여김을 받을 것 임이요 마 5:7

  사람은 하나님께서 긍휼히 여겨주시지 않는다면 결코 하나님의 심판대 앞에 설 수 없다. 우리는 그저 예수 그리스도의 긍휼로 말미암아 구원을 얻는 것이기 때문이다. 만일 우리가 우리에게 빚진 자의 빚을 탕감해 주지 않는다면 우리의 죄 또한 용서 받을 수 없다. 우리가 우리 이웃의 곤란과 환난에 긍휼과 자비의 마음을 가지고 살아야 천국 시민의 자격을 갖추었다고 말할 수 있다.

  마음이 청결한 자는 복이 있나니 저희가 하나님을 볼 것 임이요 마 5:8

  마음이 청결한 자는 순수한 마음을 가진 사람이다. 이 세상의 잡념과 욕심이 없는 사람이다. 다만 진실만을 사랑하는 사람이다. 이러한 사람이 진리를 발견하게 되며, 또한 진실을 맞이하게 되는 것이다.

화평케 하는 자는 복이 있나니 저희가 하나님의 아들이라 일컬음을 받을 것 임이요^{마 5:9}

화평케 하는 사람이란 자기가 먼저 자기의 죄를 깨닫고 회개하여 예수님을 구주로 영접한 사람이다. 그러므로 하나님과의 사이에 죄의 담이 없어져서 하나님과 하나를 이룬 사람이다. 그런 사람에게는 평화가 있고, 더 나아가 예수님에게 받은 평화를 이웃에게 전달함으로써 화평케 하는 사람이다. 이렇게 하나님과 화평을 이룬 사람은 원수를 사랑하고, 핍박하는 자를 위하여 기도함으로써 화평케 하는 것이다.

의를 위하여 핍박을 받은 자는 복이 있나니 천국이 저희 것 임이라^{마 5:10}

무릇 경건하게 살고자 하는 자는 핍박을 받는다^{딤후 3:12}. 경건하게 사는 사람은 하나님의 명령을 준수하는 것을 제1주의로 하는 사람이다. 즉, 예수님을 그리스도로 믿음으로 의를 얻고자 하는 사람은 그리스도께서 핍박을 받으신 것처럼 핍박을 받게 된다.

예수님은 위의 모든 교훈을 몸소 실천하셔서 본을 보이시고, 인격 완성의 길을 제시하셨다. 우리도 그 교훈을 명심하고 천국 시민의 자격을 갖춰야 할 것이다.

제자의 의무

다음에 예수님은 그의 제자들에게 그들의 의무를 가르치셨다.

너희는 세상의 소금이니 소금이 만일 그 맛을 잃으면 무엇으로 짜게 하리요 후에는 아무 쓸 데 없어 다만 밖에 버려져 사람에게 밟힐 뿐이니라

> 너희는 세상의 빛이라 산 위에 있는 동네가 숨겨지지 못할 것이요 사람이 등불을 켜서 말 아래에 두지 아니하고 등경 위에 두나니 이러므로 집안 모든 사람에게 비치느니라 이같이 너희 빛이 사람 앞에 비치게 하여 그들로 너희 착한 행실을 보고 하늘에 계신 너희 아버지께 영광을 돌리게 하라 마 5:13-16

사람의 인격 완성은 자기의 의무와 책임을 분명히 알고 실천하는 데 있는데, 예수님은 그 방향을 밝히 보여 주셨다.

예수님은 또 율법의 완성을 고조高調하셨다. 인자가 온 것은 율법을 완전케 하려 함이라고 하셨다 마 5:17. 옛 계명에는 "살인하지 말라, 살인하면 심판을 받게 되리라!" 하였으나 예수님은 "형제에게 노하는 자마다 심판을 받게 되고 형제를 대하여 라가라 하는 자는 공회에 잡혀가게 되고 미련한 놈이라 하는 자는 지옥 불에 들어가게 되리라" 마 5:21-22고 하셨다. 또 간음하지 말라 하였으나 예수님은 말씀하시기를 "음욕을 품고 여자를 보는 자마다 마음에 이미 간음하였느니라" 마 5:27-28고 경계하셨다. 그리고 일체 맹세하는 것을 금하시고 "오직 너희 말은 옳다 옳다, 아니라 아니라 하라 이에서 지나는 것은 악으로부터 나느니라" 마 5:37고 하셨다. 이것이 인격의 표현이다.

예수님은 "너희 원수를 사랑하며 너희를 박해하는 자를 위하여 기도하라" 마 5:44 이같이 하여 "하늘에 계신 너희 아버지의 온전하심과 같이 너희도 온전하라" 마 5:48고 하셨다. 이것이 바로 인격 완성의 길이다.

그 밖에도 우리는 예수님의 교훈이 진리이심을 잘 알고 있다.

종교생활에서 기도와 구제를 은밀히 하라고 하신 것이든지, 의·식·주에 대해 염려하지 말고 먼저 주의 나라와 그의 의를 구하라고 하심마 6장과 또 무엇이든지 남에게 대접을 받고자 하는 대로 남을 대접하라고 하신 말씀마 7:12, 그리고 자기 목숨을 얻는 자는 잃을 것이고 그리스도를 위하여 자기 목숨을 잃는 자는 얻을 것이라마 10:39고 하신 말씀 등은 참된 진리의 말씀이다. 천국을 비유로 가르치신 말씀, 즉 씨 뿌리는 비유, 겨자씨 비유, 누룩 비유, 가라지 비유, 감추인 보배 비유, 진주 비유, 그물 비유 등도 다 진리에 충만한 교훈이다마 13장.

예수님의 행적에 나타난 인격

예수님께서 처음으로 낫게 하신 병자는 한센인이었다. 당시에 한센인들은 천벌을 받은 것이라고 여겨져 성 안에서는 살 수가 없었고, 성 밖 다리 아래 같은 곳에서 걸식하는 것이 일반적이었다. 그런데 한센인 한 명이 예수님께 나아와, "주여 원하시면 저를 깨끗케 하실 수 있나이다"하고 병을 낫게 해 주시기를 간구했다. 그 당시의 사람들은 그들을 피해 멀리 도망가거나, 그들을 멀리 쫓아 보내는 것이 일반적이었는데, 예수님은 한센인들을 자기와 같이 여기시고 손을 내밀어 그 상처를 만지시며 "내가 하고자 하노니 깨끗함을 받으라"고 하셨다. 그러자 즉시로 그의 병이 사라졌다. 그는 곧 이것을 증거하려는 기색이 있었던 것 같았습니다. 그래서 예수님은 "엄히 경고하사마 1:43 삼가 아무에게 아무 말도 하지 말고 가서 네 몸을 제사장에게 보이고 네가 깨끗하게 되었으니 모세가 명한 것을 드려 그들에게 입증하라"고 하셨다마 8:2-4. 또 예수님께서 회당장 야이로의 딸을 살리신 뒤에도 그 부모에게 경계하사 이 일을 아무에게도 말하지 말라고 하셨다눅 8:56.

이것은 예수님의 인격이 진실하신 데에 기인하는 것이다. 요사이 소위 신유의 능력을 받았다고 하는 사람들이 병자들을 위해 기도해 주고 나서, 실제로 그 병이 나으면 자기를 선전케 하며 금품을 청구하는 등의 경거망동을 하는 현실을 볼 때 예수님의 진실하신 인격에 더욱 감동하게 된다.

예수님의 행적 중에서 두 번째로 감동을 주는 인격적인 행위는 어느 날 바리새인들이 간음하는 현장에서 붙잡힌 여인을 예수님 앞에 데려다 놓고 소송한 일에 관한 것이다. 바리새인들과 군중은 모세의 율법을 가지고 대들었다. "음행의 현행범은 돌로 치라 하였는데 선생은 무엇이라고 말씀하겠습니까?" 예수님은 이때에 돌아앉아 땅에 글씨를 쓰실 뿐이었다. 그것은 아마도 대드는 무리의 마음이 강퍅하심을 알아차린 예수님께서 마음이 완악한 사람들에게서 자연으로 향하셨던 것 같다. 그래서 땅에 글씨를 쓰시면서 생각하시며 기도하셨다고 생각한다.

그런데 너무도 완강하게 "돌로 치리이까, 어떻게 하리이까?" 하고 대드는 바람에 예수님은 천천히 일어나셔서 "너희 중에 죄 없는 자가 먼저 돌로 치라"요 8:3-7고 대답하셨다. 그랬더니 분별력 있는 노인들부터 하나씩 물러가고 아이들까지 도망쳐 버렸다. 그제야 예수님은 홀로 있는 여인을 보시고 "너를 고소하던 그들이 어디 있느냐? 너를 정죄하는 자가 없느냐?"하시며 "나도 너를 정죄하지 아니하노니 가서 다시는 죄를 범치 말라"고 하셨다. 이것이 구원의 말씀이 아니고 무엇이겠는가? 나는 지금까지 이런 인격의 소유자를 다른 그 어떤 곳에서도 보지 못했다.

그 죄를 대신 짊어지실 각오를 하지 않고서는 다시 말해 하나님의 의를 성취하실 결심을 하지 않고는 결코 이러한 발언을 할 수 없었다고 생각한다. 예수님께서 친히 말씀하시기를 "나는 길이요 진리요 생명이라"고 하셨는데 우리는 그의 인격에서 그 말씀의 성취를 깨달을 수 있다. 일찍이 아버지 하나님을 본 사람이 없었다. 그러나 우리는 예수님의 인격을 통해 하나님의 의와 사랑을 체험할 수 있다. 그 생을 통해 예수님께서 진리 그 자체이심을 발견할 수 있다. 예수님의 사랑에 감격하여 그와 같이 이웃을 사랑하고, 이웃을 위해 희생함으로써 우리는 또한 영생에 들어가는 것을 체험할 수 있다.

사도 바울의 증언

예수님의 인격이 진리 그 자체이신 것은 세 번째로 사도 바울의 증언을 통해서도 알 수 있다. 사도 바울은 예수님께서 모든 일을 "예"로 성취하시는 즉, 영원 긍정의 인격자이심을 고린도후서 1장 19-20절에 "너희 가운데 전파된 하나님의 아들 예수 그리스도는 예 하고 아니라 함이 되지 아니하셨으니 그에게는 예만 되었느니라 하나님의 약속은 얼마든지 그리스도 안에서 예가 되니 그런즉 그로 말미암아 우리가 아멘 하여 하나님께 영광을 돌리게 되느니라"고후 1:19-20고 밝히고 있다.

진리란 하나님께서 인류에게 하신 약속을 성취하시는 것을 뜻한다. 하나님께서 일찍이 아브라함에게 너의 자손을 하늘의 별과 같이 바닷가의 모래와 같이 많게 하겠다고 하신 약속, 즉 예수 그리스도를 통해 이루어 주겠다고 하신 그 약속을 예수님께서 이미 다 성취하셨다. 그것은 예수님께서 구원의 주님으로 오시고, 또 만민이 그 예수님을 믿음으로써 구원받는 것을 뜻한다. 모든 사람의 죄를 대신 짊어지시고, 우리의 모든 죄를 사하여 주신 예수님은 그 어떠한 흉악한 죄인도 다 긍정적으로 받아들여 구원해 주시는 주님이시다. 그러므로 하나님께서 아브라함에게 약속하신 모든 것을 예수님께서 친히 다 완성하심으로써 하나님의 진실, 곧 그 진리의 인격을 드러내셨던 것이다. 따라서 우리도 그 주님 안에 있으면 그와 같은 인격을 닮을 수 있다.

예수님은 우리 믿는 자들에게 말씀하시기를 "아버지께서 나를 사랑하신 것 같이 나도 너희를 사랑하였으니 나의 사랑 안에 거하라 내가 아버지의 계명을 지켜 그의 사랑 안에 거하는 것 같이 너희도 내 계명을 지키면 내 사랑 안에 거하리라"요 15:9-10고 하셨다. 즉 주님께서 우리를 사랑하셨듯이 우리가 서로 사랑하면 우리는 주님의 제자가 되어 주님을 닮는 인격자가 되는 것이다.

그러므로 인격 완성의 길은 자기 죄를 깨달아 회개하고 예수님을 그리스도로 영접하여 그의 계명을 지킴으로써, 서로 희생적 사랑의 삶을 살아서 예수님의 인격을 닮게 되는 데 있다. 이 일은 우리의 노력으로는 할 수 없지만, 예수 그리스도의 영, 곧 성령께서 우리와 함께하심으로 이루어 주시는 것이다. 더 확실히 말한다면 우리가 육체를 벗은 후 영체를 입고 영생하여, 또는 하나님의 나라가 임하실 때에 완성되는 것이라고 믿는다.

〈부산모임〉 1984년 2월호[96:17-1]

만남

만남의 필연성

오늘 우리가 이 자리에서 만나게 된 것은 우연이 아니다. 자연적이며 필연적이라고 생각한다. 수일 전에 오늘 이 자리에서 '만남'이란 제목으로 말해 달라는 청을 들었을 때, 내가 살아서 만날 수 있을까 하는 생각이 떠오르고, 만약 만나게 된다면 이것은 하나님의 섭리에서 되어지는 것이라고 생각했다.

우리의 만남은 인격적 만남인데 하나님의 임재를 생각지 않으면, 참 뜻을 모르게 될 것이다. 오늘 이 자리는 역사와 자연을 생각나게 한다. 즉, YWCA(Young Women's Christian Association)의 대학부 주최로 이 강당에 모이게 되었는데, 우리 개인의 역사와 YWCA 대학부의 역사, 그리고 이 대학부의 위치, 즉 부산, 한국, 세계 또한 태양계와 우주 그리고 이들을 창조하신 하나님을 생각지 않으면 이 모임의 의미를 바로 인식했다고 할 수 없을 것이다.

이 우주와 자연계는 얼마나 광대하고 무한한 것인가. 경이로움 없이는 생각할 수 없다. 이 식장에 있는 모든 물체는 자연계에서 나온 것이다. 그래서 만남에서 자연계를 생각하지 않을 수 없다. 그리고 우리 자신의 역사를 생각해 본다면, 우리는 다 부모님의 정자와 난자의 만남에서 나온 것이며, 또 우리의 선조들은 또 그 선조들에게서 나온 것이어서 계속 거슬러 올라가면 하나님이 지으신 아담에게까지 이르게 된다. 결국 우리는 하나님의 지으신 바 된 자들이요, 결코 우연적 존재가 아님을 알 수 있다고 생각한다. 그래서 우리의 만남은 우연이 아니고 하나님의 뜻에서 이루어진 자연적이며 필연적이라고 할 수 있다.

만남의 의의

우리는 사물을 원리적으로 인식하고 파악할 수 있는 동시에 더 구체적으로는 경험을 통해 실현한 역사 속에서 파악하고 인식하는 일이 더 많다고 생각한다. 그래서 나는 조그마한 나의 생에서 만남에 대한 경험을 말씀 드려서 만남의 의의를 생각해 보려고 한다.

나는 1911년 음력 8월 14일에 평안북도 용천군 양하면 입암동에서 출생했다. 어머님의 젖을 먹고 자라면서 할머님의 귀염을 받고, 할머님의 등에 업혀 예배당에 다녔다고 한다. 집에서는 할머님의 인도로 아침과 저녁으로 가족 예배를 드렸다. 그때마다 읽은 성경 말씀은 별로 생각나지 않으나, 할머님이 나를 위해 거의 빠지지 않고 드리신 기도 즉, 애칭으로 나를 부르시며 "금강석이는 앞으로 잘 자라서 하나님의 나라와 이 세상 나라에서 귀히 쓰이는 그릇이 되게 하여 주옵소서"하셨던 할머님의 기도 덕택으로 내가 회갑을 맞이해서 오늘까지 있는 것이라는 생각에 감사한다. 그리고 할머님은 지금도 그 기도를 계속하고 계신다고 믿는다.

성경 말씀은 어렸을 때 아버님께서 저녁에 누우셔서 요셉의 이야기와 다윗의 이야기를 들려주셔서 6세쯤 되었을 때에는 나는 이 다음에 요셉과 같이 되겠다고 동일화시켜 본 일이 생각난 다. 요셉의 꿈 이야기는 재미있었다.

보디발의 집에 종으로 팔려가 있으면서 주인 마누라의 유혹을 물리치고 감옥에 들어가 산 것, 또 그 속에서도 하나님과 같이 있으면서 그 곳에 들어왔던 관원, 즉 떡 맡았던 관원과 술 맡았던 관원들의 꿈을 잘 해몽해서 그들의 꿈이 그대로 이루어졌다는 것, 그리고 후에 바로의 꿈을 해몽해서 애굽의 재상이 되어 7년 흉년 때에 많은 애굽인을 살렸을 뿐 아니라 가나안에 있던 부모님과 형제들을 살렸다는 이야기는 어렸을 때에도 흥미진진했다. 그때 나는 확실히 요셉을 만났다고 생각한다. 만남이란 이와 같이 자기와 동일화시키는 데까지 가야 되는 것이라고 생각한다.

다윗에 대한 이야기는 8, 9세쯤 되었을 때 들었는데, 이때는 다윗과 같이 되어야 겠다고 생각하였다. 그것은 다윗이 물맷돌 한 알로 골리앗 대장의 이마를 맞혀서 쓰러뜨렸다고 하는 위업에도 마음이 쏠렸지만, 보다 더 마음을 끈 것은 사울이 자기를 죽이려고 하는데도 악기로서 그를 위로하고, 또 죽이려고 쫓아다닐 때 도리어 사울을 죽일 수 있었는데 하나님이 기름을 부은 자를 죽일 수 없다 하여 평안히 가게 하여준 그 관대한 마음이 나의 마음을 사로잡았다.

더욱이 하나님께서 다윗은 내 마음에 드는 사람이라고 한 것에 나를 다윗과 동일화 시켜서 생각했다. 나는 아버님께서 성경 말씀을 통하여 보여주신 구약시대의 인물 중에서 이들을 동일화시켜 생각하리만큼 친근히 만난 것이다.

예수 그리스도와의 만남

다음에 내가 만난 이는 예수 그리스도다. 어렸을 때부터 예수를 믿는다고 했지만, 참 그리스도로 영접하지 못하고 예배당에만 다니는 것으로 믿는다고 했다. 내가 14세 되던 해, 즉 송도고등보통학교 2학년 때의 일이었다. 학교에 갔다가 집에 돌아오면 저녁 먹고 친구의 집에 가서 10시에서 11시까지 화투놀이에 몰두했었다.

한 해를 그러한 노름으로 시간을 허비하고나니 부모님께 불효막심한 패륜의 자식임을 깨닫게 되었다. 왜냐하면 당시에 우리 집 가정형편이 어려워서 아버님께서 매월 학비로 20원에서 30원을 빚내어 보내시면서 대단히 곤란을 겪고 있었음을 알았던 까닭이었다. 그래서 나는 이러한 죄인의 모습으로는 도저히 하나님 앞에 설 수 없겠다고 생각하고 회개하는 기도를 드렸다.

이 때에 하나님은 내게 "예수 그리스도께서 너의 죄를 담당하셨으니 안심하라."고 가르쳐 주셨다. 이 때에 나는 예수님을 나의 죄를 속해주신 주님으로 영접하였으며, 예수님께서 그의 목숨을 버려 나를 구속해 주셨으니 나의 생명 전부를 그에게 바쳐드리겠다고 결심했다. 그리고 나의 생의 목표는 예수님을 닮는 생활을 하겠다는 생각과 죄에서 해방된 기쁨에 충만했다.

15세 때에 세례를 받고 예수님의 생애를 공부하니 예수님은 참으로 진리이시고, 생명이시며, 하나님 아버지께 가는 길이심을 알게 되었다.

이 세상에서 누가 예수님처럼 진실했는가. 예수님은 진리자체셨다. 그렇다면 진리란 무엇인가? 진리란 하나님이 사람들에게 약속하시고 그대로 실천하시는 것을 말한다. 하나님께서 아브라함과 이삭과 야곱에게 약속하신 말씀을 성취하시는 것을 말하는 것이다.

그 후손들을 구원하셔서 하늘에 별과 바다의 모래와 같이 많게 하시겠다고 약속하신 것을 예수 그리스도를 통해서 이루셨다. 하나님의 약속은 모두 다 예수님을 통해 이루어졌다. 그래서 예수님은 영원적 긍정, 곧 "예"로써 하나님의 뜻을 성취하셨다.

예수님은 생명 자체였다. 예수님은 죄와 사망의 권세를 이기시고 부활하셨다. 그는 인류의 죄를 짊어지시고 십자가에 달려 돌아가심으로써 하나님의 의와 사랑을 나타내시고, 또 그 사랑이 영원한 생명이심을 부활하심으로 증명했다. 그의 부활의 생명에 참여한 자는 하나님 본위의 생활을 살게 되며, 또한 하나님이 원하시는 선한 사업을 기쁨으로 하게 된다. 부활의 주님을 만난 이는 성령의 인도로 예수 그리스도의 증인이 되며, 또한 그리스도의 가신 그 길을 따라가게 되는 것이다. 이 예수님을 만난 다음부터는 이 세상 어느 누구에게도 머리를 숙이지 않게 되었음을 증거한다.

내가 만난 세 인격자

예수님을 만난 후 나는 잊지 못할 세 인격자를 만났다. 그 하나는 내 아내이다. 이 사람은 결혼할 때 나와 약속한 것을 다 지켰다. 가정 안에서 그리스도를 주님으로 모시고 살았다. 1941년 내가 평양연합기독병원에서 일하고 있을 때, 나는 사면초가의 입장에 서게 된 일이 있었다. 모든 직원이 나와 우리 집이 나가기를 바랐다. 나는 그 곳에서 더 일하기를 원했고, 또 사명을 느끼고 있었기 때문에 마음이 흔들리지 않았고, 외과의사로 일했다.

어느 날은 순경이 우리 사택에 들어와서 "아직 이 집에서 나가지 않았네."하고 비웃는 태도로 이야기 했었다고 하는 것을 나중에 듣고 알게 되었는데, 그 때 내 아내는 성도 내지 않고, 또 나에게 그것을 알려주지도 않았으며, 다만 하나님께서 판단해 주시기를 기도했다고 한다. 그 후에 나는 내세를 부인할 수 없는 신앙의 소유자가 되었고 나의 아내도 마찬가지로 신앙의 진보가 있었다.

어느 공휴일이었다. 나는 집안에서 원고를 쓰고 있었고, 아내는 마당 수돗가에서 빨래를 하고 있었는데, 내 마음속에 "나와 아내 사이에는 지금 사랑을 느끼고 있는데, 만일 이것이 누가 먼저 세상을 떠나거나, 또는 서로 멀리 떠나있게 된다고 해서 이 사랑이 식어지거나 없어진다고 하면 이 사랑도 참이 아닌가. 지금 내가 느끼고 있는 이사랑은 참인데."하는 생각을 하였다. 이와 같은 사랑을 우리는 어떻게 느낄 수 있을까 하고 생각해 보니 우리 가정에는 주님이 주인이 되어 계셨음을 믿게 되었다.

다음 두 사람 중 한 분은 나의 경성의전 3년 선배이신 기용숙 선생이고, 다른 한 분은 3년 후배인 전종휘 박사이다. 기용숙 선생은 서울의대의 미생물 교수였으며, 얼마나 진실하시고 노력가이었는지 모든 친구가 그의 진실하심에 경탄을 느끼지 않을 수 없었다. 그 선생님은 부인과 자식들이 여호와의 증인의 신앙을 가지고 가사를 돌보지 않는 일에 다소 불만을 가졌던 것 같았으나, 종교의 자유를 어디까지나 인정하고 불만을 토로하지 않았다.

그가 세상을 떠났을 때 나는 그분이 평소에 어떻게 진리를 사모하셨는지를 생각하고 진리이신 하나님과 예수 그리스도께로 가셨을 것이라고 그의 부인을 위로하였다. 예수님께서는 그러한 진실한 성격을 받아주실 것이라는 것을 그 분의 생애를 통해 배웠다.

전종휘 박사는 모든 지식과 판단하는 일에 원만하여 우리 나라 임상 전염병 학자로 세계에 알려져 있을 뿐 아니라 많은 제자를 양성한 위대한 학자이다. 이 분은 학교 성적이 우수 했을 뿐 아니라 모든 곤란을 잘 극복하고 인내하는 특징을 가지고 있다. 아마도 이 사랑은 예수 그리스도로부터 온 것이라고 나는 믿으며 승리하고 있다.

우리가 그들의 모습을 보면서 기도로 성령의 능력을 얻어 불신사회와 모든 부조리를 우리에게서 추방하는 일이 오늘 저녁에 우리의 만남을 통해서 이루어지기를 소원 하면서 강연을 끝내려고 한다.

〈부산모임〉 1982년 6월호[86:15-3]

인격의 주체성

　인간 형성이 모든 문제의 기본이 되는 것은 물론이다. 인간 형성이란 인격자 형성이라고 할 수 있다. 하나님께서 인간을 창조하실 때에는 인격자로 지으셨건만, 사람이 자기중심주의가 되어 인격자로서의 역할을 다하지 못하게 된 것이라고 생각한다.

　인간 형성은 어렸을 때 가정에서 자라면서부터 형성이 되는 것이다. 어려서 말을 배울 때 흉내를 내며 배우는 것을 흔히 보게 되는데, 이것은 그 아이가 자기 동일성을 찾고 있는 것을 말해준다. 만일 부모 사이에 사랑이 없고, 또 그 가정이 사회에 대한 책임을 못할 때, 그 아이는 자기 통일성을 찾지 못해 자기도 모르게 위축되게 된다. 그러나 그러면서도 그 가정이 종교 교육에 치중한다면 그 아이는 성경과 위인의 역사에서 자기 동일성을 구하는 인물을 발견하게 될 것이다.

　나는 어려서 구약성경의 말씀을 듣고 장차 요셉과 같이, 또는 다윗과 같이 되겠다고 생각했었다. 물론 그들 인격의 중심을 이해하고 그런 생각을 한 것은 아니지만, 가정에서 찾을 수 없는 인격의 위인들을 생각하면서 희망을 가지고 산 것은 유익하였다.

　사춘기에 들어서면 사랑의 대상자를 찾게 된다. 자기를 생각해주고 유익하게 돌보아주면, 그 사람에게 정이 쏠리게 된다. 즉,

연애의 감정을 느끼게 되는 것이다. 그런데 이때의 감정이나 사랑도 인격의 중심에 대한 것이 아니고, 육의 애정에 도취되는 것으로서 분별이 없는 애정의 표현으로 나타나기 쉽다. 그러므로 10대의 연애는 맹목적인 것이 되기 쉽다. 곧, 상대방의 인격을 존중해서 사모하는 것이 아니고, 감정에 사로잡혀 자기를 자기 마음대로 못하는 상태로 되기 쉽다. 그러므로 어떠한 인격의 주체성을 발견할 수 없을 것이다.

그 후 고등학교와 대학에서 인문과학을 공부하면서 인생관과 자연관, 종교관이 형성되는데, 이때에는 현실에 눈을 뜨게 되어 이론과 실제와의 사이에 일치가 없으므로 확립된 인생관을 갖지 못하고 현실에 치중하게 되는 경우가 많다. 그러므로 당대의 유행과 풍조에 휩쓸려 들어가 인격의 주체성 없이 사는 경우가 많다고 본다.

또 대학을 졸업하고 취직이 되어 사회에 나오게 되면 한층 더 현실과 타협하게 되고, 또 가정을 이루어 자식들을 낳게 되면 그 가정에 대한 책임에서 학생 때의 이상은 안개와 같이 다 사라지고, 현실의 노예로 살게 되는 것이 아닌가 싶다.

그러므로 대다수의 사람은 주체성을 가지고 사는 것 같으면서도 사이비似而非한 유사정체성類似主体性을 가지고 산다고 말할 수 있다. 다시 말하면 자기로서는 주체성을 가지고 사는 것 같지만, 객관적 사실로서는 다른 사람에게 조종을 받고 사는 사람이 대다수이다. 예를 들면 전쟁은 대중화된 인간이 소수의 지도자에게 로보트와 같이 조종되어 하나의 공포 분위기 속에 빠져 들어가 일어난다고 볼 수 있다. 또 우리는 텔레비전을 통하여 스포츠를 보게 될 때에 자기도 모르는 사이에 자기 민족에게 동일성을 찾게 되고, 또 귀속되게 된다.

이스라엘 민족의 신앙공동체의 주간主幹은 여호와께서 자기 백성을 애굽에서 구원하여 가나안 땅으로 인도해 내셨다는데 있었다. 그들은 바벨론에 포로로 잡혀 갔었을 때에도 예루살렘을 중심으로 하는 고향을 항상 생각했다. 망향의 노래시 137편, 예루살렘성에 올라가는 노래시 120-137편들을 보라. 저들은 자기 고향을 지키고, 그것으로서 자기의 역사적 존립을 지켰다. 이스라엘 백성은 한 사람 한 사람이 이 세상에 나서부터 죽을 때까지 자기 고향의 존립을 가지고 동일성으로 삼았다.

그런데 우리 젊은이들은 자기들의 본 고향을 잊어버리고 있지 않은가. 물론 이 사회는 깊이 병들었다. 어른들의 기만과 탐욕에 거의 절망한 까닭도 있으리라. 그러나 어른들과 젊은이들이 합심해서 가치를 창조하려고 하는 연대적 활동이 너무도 보이지 않는 것은 안타까운 일이다.

아이들이 가정에서 귀속감을 갖지 못할 때, 그 아이가 장차 어떻게 되겠는가. 불량소년은 이 귀속감을 잃었을 때 나타나는 것이 아닐까?

인격의 주체성을 올바르게 파악하는 데는 신앙의 확립이 무엇보다도 중요하다. 현대인들은 경제적 번영과 인생의 향락을 추구하면서 사이비한 자기 동일성에 빠져있다.

성경에서 인간의 자기 동일성을 올바르게 체득한 이의 소리를 들어보자. 사도 바울은 "내가 육체 가운데 사는 것은 나를 사랑하사 나를 위하여 자기 자신을 버리신 하나님의 아들을 믿는 민음 안에서 사는 것이라"갈 2:20고 했다. 바울은 자기 동일성을 그리스도에게서 찾았다. 바울도 유대교에 집착하여 그리스도교를 박멸하려고 했을 때에는 율법에 붙잡혀 있었고, 장로와 서기관, 제사장들에게 예속되어 있었다.

저들에게 공문을 받아서 다메섹으로 내려갈 때에는 자기 주체성을 가지고 활약하는 줄 생각하고 날뛰었으나 그것은 사이비한 유사주체성에 지나지 않았다. 그러나 다메섹 도상에서 부활하신 주님을 만난 후, 그는 변화하여 주님께 동일성을 찾았고, 또 주님 계신 하늘나라를 본 고향으로 알고 주님에게 전적으로 귀속되었다. 그래서 그는 말하기를 "그리스도의 사랑이 우리를 강권하시는도다 우리가 생각하건대 한 사람이 모든 사람을 대신하여 죽었은즉 모든 사람이 죽은 것이라 그가 모든 사람을 대신하여 죽으심은 살아 있는 자들로 하여금 다시는 그들 자신을 위하여 살지 않고 오직 그들을 대신하여 죽었다가 다시 살아나신 이를 위하여 살게 하려 함이라"고후 5:14-15라고 하였다.

바울은 옛 자기를 포기하고 그리스도안에서 새로운 자기의 동일성을 찾았다. 이 사도 바울의 전향은 육에서 영으로, 사람에서 하나님으로의 전환이다. 우리는 결단을 요구 당할 때가 있다. 즉, 이것인가 저것인가를 택하여야 한다. 하나님이냐 맘몬이냐, 이상이냐 현실이냐, 곧 신앙의 결단이 필요하다.

현대의 여러 가지 문제를 생각할 때, 기독교 신자들 중에서도 옛 아담인 육의 사람이 그대로 살아서 교회를 운영하고 있음을 개탄하지 않을 수 없다. 교회에 파벌의 싸움이 있고, 용서하는 마음이 없다. 그리고 저들은 성경의 말씀을 가지고 자기를 변호하며, 자기의 주장을 정당화하면서 싸움을 계속한다.

이들은 모두 올바른 인격의 주체성을 가지고 있다고 말할 수 없다. 참으로 정당한 주체성을 가지고 말한 예는 사도 베드로와 요한의 대답이었다. 저들은 대제사장과 장로 및 관원들이 도무지 예수의 이름으로 말하지도 말고, 가르치지도 말라고 할 때에 "하나님 앞에서 너희의 말을 듣는 것이 하나님의 말씀을 듣는 것보다 옳은가 판단하라"행 4:19라고 담대하게 대답했다. 저들은 어떻게 그렇게 담대했던가. 그것은 그들이 천국, 곧 이상 세계에 국적을 가진 자로서 살았던 까닭이다.

우리 크리스천은 이와 같이 현실에서 초월해서 살지만, 구체적으로 한국인으로서 이 나라를 사랑하고, 이 나라를 더 좋은 나라로 만들기 위해 힘쓰고 있는 것이다. 우리는 이 나라를 위하여 기도하지 않으면 안 된다. 그리고 하늘에 국적을 가지는 고로 여기에 하늘나라가 이루어지기를 기다리면서 싸우지 않으면 안 된다.

또 우리의 기도 모양을 보고 있는 젊은이들과 공동의 가치를 창조하기 위해 굳게 유대를 가져야 한다. 한국인으로서의 유대뿐 아니라 그리스도를 머리로 하는 전세계적 공동체로서의 에클레시아[교회] 중에 우리는 궁극적인 자기 동일성을 하나님께 부여 받고 있다.

이 교회의 일원으로 그리스도 안에서 살아가는데 우리의 참 주체성의 기반이 있는 것이 아니겠는가? 따라서 자기동일성을 확립하게 되면 이웃으로부터 인근 여러 나라에 이르기까지 사랑과 유대의 손을 뻗어야 한다. 결국 주체성의 기반이 확립되게 되면 건전한 인격을 가지고 중대한 기능을 하게 된다고 생각한다.

이상을 요약하면 주체성의 기반에 대한 문제는 '자기는 무엇이며 왜 살고 있는가'라고 하는 인간의 가장 기본적 문제 즉, 인격에 귀결되는 것이어서 이 문제를 내버려두면 뿌리없는 풀과 같이 무관심, 무감동, 무책임한 삶을 살게 된다. 그렇지 않으면 반대로 사이비한 유사 주체성에 속아 자기가 큰 일을 하는 것처럼 날뛰지만, 객관적으로는 파멸 중에 돌입하고 있는 것을 발견하게 될 것이다.

예수 그리스도의 복음이야말로 우리의 참 귀속의 대상, 곧 자기 동일성의 있을 곳을 말해 주는 것으로 하늘에 내 본향을 가짐으로써 땅에 참된 독립과 주체성을 가지고 살 수 있다고 믿는다.

〈부산모임〉 1974년 2월호[40:7-1]

자기 인격의 완성의 길

1984년 1월 어느 기업체의 직원교육에 "자기 인격의 완성의 길"이란 제목으로 강연해 달라는 요청을 받았다. 나는 지금으로부터 52년 전 경성의학전문학교를 졸업하고 의사로 일하면서 예수님을 그리스도로 믿고 살아 왔으므로 위의 제목을 생각할 때에 나의 일생을 회고하는 기회로 삼고자 하는 의욕을 갖게 되었다.

먼저 인격Personality의 단어를 국어대사전에서 찾아 보았더니 사랑의 품격, 개인의 지知·정精·의意와 육체면과의 전체적 통일체, 도덕적 행위의 주체로서의 개인, 인권의 주체로서 독자적 가치가 인정되는 자격, 신에 대하여 인성 갖춘 품격이라는 다섯 가지 뜻으로 풀이가 되어 있었다.

나는 다섯 번째 풀이가 가장 잘 된 풀이라고 생각한다. 왜냐하면 인격은 삼분성三分性 또는 이분성二分性이 되기 때문이다. 삼분성이라고 하면 육과 마음과 영을 말하고, 이분성이라고 하면 마음과 영을 정신으로 묶어서 인격은 정신과 육으로 되어 있다고 보는 것이다. 즉, 종교적 풀이에서 보는 바와 같이 자기 인격은 하나님神에 대하여 인성을 갖춘 품격이니만큼, 이 품격은 정신이 주체가 되고, 육체는 그 기관이 되는 것이다.

그러나 현실적으로 보면 정신적 생명이 육체적 생명에 들어 있으니, 이것은 통일체로서 활동하는 것이므로 하나님에 대한 인격은 정신이 육을 지배하는 품격이어야 한다. 그러므로 어떤 종교이든지 현실에서 자기 인격이 완성될 길을 찾고자 하고 또 그 길을 설파하고 있다.

즉, 기독교의 율법, 불교의 계율, 유교의 규범들은 인격 완성의 길을 제시하는 것이다. 기독교에서는 그 전신前身인 유대교의 십계명, 불교에서는 기독교의 십계명 중 인간에게 관계되는 부모공경, 살생금지, 간음금지, 속이지 말 것, 탐내지 말 것들에다가 술 취하지 말 것을 참가하여 계율로 선포하고 있다. 무릇 이런 것들은 사회질서 유지에도 필요한 계율이지만, 인격 완성에도 관계되는 도덕률이라고도 볼 수 있다.

유교에서는 공자가 친히 자기 인격의 완성의 길을 "십오이 지천학十吾而 志千學(15세 때 배우는데 뜻하고), 삼십이립三十而立(30세 때 독립하고), 사십이 불혹四十而 不惑(40세 때 미혹 받지 않고), 오십이 지천명五十而 知天命(50세 때 하늘의 명을 알고), 육십이 이순六十而 耳順(60세 때 귀가 순해졌으며), 칠십이 종심소욕 불유구七十而 從心所慾 不踰矩(70세 때에 마음에 원하는 대로 행하여, 규범에 넘어 가지 않더라)"라고 표현하였다.

위의 글로써 자기 인격의 완성 단계를 말한 것으로 이해할 수 있다. 그런데 나는 금년 만 72세가 되었고, 또 당뇨병이 심하여 음위陰痿가 심한데도 불구하고, 마음에서의 시험은 없어지지 않고 있으며, 본능은 전과 같이 계속되며, 먹는 음식에 대한 탐욕은 전과 같이 나를 괴롭히고 있음을 고백하지 않을 수 없다. 다음에도 기술하려고 하지만 인격의 완성이 인간의 노력으로 완성되었다고 장담하는 것은 고려할 여지가 있다고 생각한다.

결국 인격 완성의 길은 인간이 신격神格을 갖출 때에 완성되는 것으로 육체를 벗어 버리고 심령, 즉 정신이 영체를 입고 부활하는 때라고 믿는다.

그러므로 나는 나의 인격이 완성의 길로 간다고 하는 것은 예수 그리스도의 인격을 닮아 가는데 있다고 생각하고, 예수님의 인격에 대하여 공부하는 길이 그 첩경捷勁이라고 믿는다.

〈부산모임〉 1984년 2월호[96:17-1]

〈고난과 부활〉

그리스도 예수 안에 있는 속량으로 말미암아 하나님의 은혜로 값 없이 의롭다 하심을 얻은 자 되었느니라. 이 예수를 하나님이 그의 피로써 믿음으로 말미암는 화목제물로 세우셨으니 이는 하나님께서 길이 참으시는 중에 전에 지은 죄를 간과하심으로 자기의 의로우심을 나타내려 하심이니

롬 3:24-25

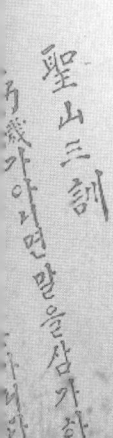

예수님의 십자가의 고난의 뜻

예수님 십자가의 두 가지 신앙적 의미

예수님 십자가의 신앙적 의미를 두 가지로 본다. 하나는 우리가 살고 죽는 일의 모범으로서의 완전한 사랑과 순종을 배우려고 하는 것이며, 다른 하나는 거기에서 우리의 죄를 속하심을 보는 것이다.

예수께서 왜 십자가에 달리셨는가 하면 유대인의 지도자들에게 미움을 당한 까닭이었다. 왜 미움을 당하셨는가 하면 안식일의 율법을 범하였다고 하고, 성전을 숙청한 일, 나사로를 살리신 일, 친히 하나님의 아들이라고 한 것들 때문이다.

그렇다면 안식일은 어떻게 범하셨는가? 그것은 안식일에 병자를 고치시고, 소경을 보게 하였고, 38년된 병자를 낫게 해서 자리를 가지고 걸어가게 하신 까닭이었다.

예수님의 가르침은 사랑의 교훈이었고, 그의 행위는 사랑의 실천이었다. 그는 율법의 강령은 하나님을 진심으로 사랑하고, 또 사람을 사랑하는 것이라고 하셨다. 특히 병자, 약한 자, 죄인을 사랑하시고, 원수를 사랑하셔서 자기를 꾸짖은 자를 위하여 기도하라고 교훈하신 그대로 그는 십자가 위에서도 "아버지여 저들을 사하여 주옵소서" 하시며 몸소 모범을 보이셨다.

그는 사람을 사랑하는 나머지 세상의 권력자와 충돌하여 결국 십자가에 달리게 되었고, 그의 죽음은 어머니가 그 살을 베어 아들을 기르고, 자녀를 위하여 자기 생명까지도 아끼지 않는 그러한 사랑이 가장 숭고하고도 순수하게 나타난 것이다.

예수님은 이 십자가를 하나님 아버지에 대한 완전한 순종으로 받으셨다. 그것을 아버지의 뜻으로 믿어 순종하셨다. 그 때문에 그는 아버지께는 기뻐하시는 바가 되고, 그를 따르는 자를 위하여 영원 구속의 근원이 되셨다.

이것을 요약하면 예수님이 십자가에 죽으심은 그렇게 사람을 사랑하시고, 또 하나님께 순종한 것으로 사람은 예수님의 십자가를 우러러 봄으로써 자기도 또한 사람을 사랑하고, 하나님께 순종하는 마음을 가지게 된다고 한다.

이 예수님의 사랑과 순종의 신비적 전승이 사람의 구원의 실체가 되어 있다고 이해하는 것이 알버트 슈바이처Albert Schweitzer(1875-1965)와 아놀드 토인비Arnold Toynbee(1889-1975)와 기타 근대 기독교도들의 근본사상인 것 같다.

신약에서 보는 예수님 십자가의 의미

그런데 성경에는 예수님의 십자가를 다른 각도로 보는 말씀과 사상이 적지 않다. 즉, 예수님은 "세상 죄를 지고 가는 하나님의 어린 양"요 1:29이라고 하며, 또 긴히 말씀하시기를 "인자가 온 것은 …… 자기 목숨을 많은 사람의 대속물로 주려 함이니라"마 20:28, 막 10:45라고 하셨다. 사도 바울은 로마서에 "그리스도 예수 안에 있는 속량으로 말미암아 하나님의 은혜로 값 없이 의롭다 하심을 얻은 자 되었느니라 이 예수를 하나님이 그의 피로써 믿음으로 말미암는 화목제물로 세우셨으니"롬 3:24-25라고 해석하여, "우리가 그의 피로 말미암아 의롭다 하심을 받았으니 …… 그의 아들의 죽으심으로 말미암아 하나님과 화목하게 되었은즉 화목하게 된 자로서는 ……"롬 5:9-10이라고 하였다.

그 밖에도 고린도후서 5장 21절에는 "하나님이 죄를 알지도 못하신 이를 우리를 대신하여 죄로 삼으셨다"라고 하였고, 골로새서 1장 14절에는 "그 아들 안에서 우리가 속량 곧 죄 사함을 얻었도다"라고 하였으며, 갈라디아서 3장 13절에는 "그리스도께서 우리를 위하여 저주를 받은 바 되사 율법의 저주에서 우리를 속량하셨다"고 하였다. 또 히브리서 9장 12절에서는 "염소와 송아지의 피로 하지 아니하고 오직 자기의 피로 영원한 속죄를 이루사 단번에 성소에 들어가 속죄를 이루셨다"고 기록하고 있다.

그 밖에도 하나하나 들기 어려울만큼 많이 있다. 이것들은 모두 하나님과 사람 사이에 불화가 있는 사실을 인정하는 것이며, 그 원인이 죄에 대한 하나님의 진노에 있다고 보는 것이다. 나아가 죄의 속박으로부터 사람을 해방하여 하나님과 화평하게 하려고 예수께서 십자가를 지셨다고 보는 입장이다.

이는 구약성경의 율법과 예언서에 나타나 있는 것으로 구약에 나타나 있는 것을 예수님에 의해 성취될 사실의 상징, 또는 예표로 보는 것이 유대사람 독특한 생각이었고, 또 그들의 논법이었다.

구약에서 보는 예수님 십자가의 의미

구약 성경에서 보면 다른 사람 손에 넘어갔던 상속 재산을 도로 사는 것을 '가아르'라 하고, 그 도로 살 권리가 있는 상속권자를 '고엘'이라고 하였다. 즉, 룻기에서 보면 보아스는 룻을 위한 '고엘'이었다룻 2:20; 3:1-10; 4:1-8. 대가를 지불하고 구출하는 것을 '가아르'라고 하는데, 나아가 압제, 포로, 죄, 병, 죽음들로부터 구출하는 것을 '가아르'라고 하게 되었다.

한편 구약성경에는 사람이 하나님께 나아가려고 하면 하나님과 사람 사이에 화평을 이루는 것이 필요하다는 사상이 있었다. 그것을 속죄atonement라고 하였는데, 이는 '하나로 한다'는 뜻이다. 이 사상은 근본 하나님은 거룩하셔서 그 본질상 죄에 대해 분노하신다는 것이다. 그러므로 하나님이 사람을 사랑하셔서 가까이 오시려고 하여도 사람의 죄가 장벽이 되어 올 수가 없는 것이다.

또 사람이 하나님 앞에 가까이 가려고 하여도 이 죄의 장벽 때문에 할 수 없다. 그래서 하나님과 사람이 하나가 되기 위하여는 사람의 죄가 없어야한다. 즉, 하나님의 성분과 진노를 유화하지 않고, 하나님 앞에 가까이 나아가면 그의 진노로 사람의 생명이 끊어질 염려가 있었다.

하나님과 사람 사이에 화평을 이루기 위하여, 혹은 속전출 30:15-16, 또는 모세의 기도출 32:30에 의한 때도 있으나, 주로 희생의 가축을 제물로 드리는 의식이었다레 1:4; 4:21; 16장. 레위기 16장에 기록된 속죄의 날의 제도는 가장 발달한 형식이었다. 즉, 희생이 될 가축 위에 손을 얹고, 또는 그것을 성단 위에 드리는 행위를 통해 자기와 희생이 될 가축을 동일화 한 뒤, 그 희생을 죽여서 피를 흘려 그 피를 하나님께 드리면 자기의 피를 드린것과 같은 효과를 낸다고 생각하였다.

죄의 값은 죽음이어서 사람이 죽어 피를 흘리지 않으면 죄의 속박으로부터 해방될 수 없다. 그것을 자기가 하는 대신에 희생의 가축의 죽음과 피로써 대신하였던 것이다. 이와 같이 하나님께 가까이 나아갈 길을 연 것이 레위기의 속죄의 제도이며, 그 가운데 죄인에 대한 하나님의 큰 사랑과 긍휼이 나타나 있는 것이다. 이렇게 제거된 죄를 아사셀의 산양에게 지워 멀리 광야로 보냄으로써 자신들의 죄가 아사셀에게 주어진 것으로 안심하였던 것이다레 16:20-22.

십자가의 고난의 의미

구약성경의 속죄의 사랑을 신약에 와서는 '그리스도는 속죄주로서 피를 흘리신 어린 양이시며, 대속물을 하나님께 드리고 기도하시는 대제사장이시며, 죄를 지고 광야로 보낸 아사셀의 산양도 되신다'는 의미로 이해할 수 있다.

그리스도의 십자가의 죽음은 하나님과 사람 사이에 완전한 화평을 실현하셨다. 구약시대의 사람이 완전한 가축의 희생을 하나님께 드려 속죄한 것처럼, 그리스도의 십자가의 죽음이 속죄한다는 것을 믿음으로써 사람이 죄의 속박으로부터 해방되며, 하나님의 분노가 유화되어 화평을 이루게 되므로 두려움 없이 '아빠 아버지'라고 부를 수 있고, 하나님께 가까이 갈 수 있게 되었다. 이것이 신약의 복음이다.

신약에 기재된 그리스도가 "죄를 지고 가는 하나님의 어린 양"이라던가, "그 피에 의하여 믿음에 의한 유화의 제물이 되었다"라는 표현은 단순히 구약에서부터 가져온 비유라고 생각할 수 없다. 죄에 대한 인간의 보편적인 자각과 체험에서 속죄 없이는 하나님 앞에 설 수 없다는 것은 진실한 말이다.

인류의 죄가 얼마나 깊고, 어떻게 하나님의 분노를 일으키는지를 알면 "전에 멀리 있던 너희가 그리스도 예수 안에서 그리스도의 피로 가까워졌느니라"엡 2:13라고 한 것이 단순한 비유나 시대에 뒤떨어진 유대적 표현이 아니고, 영원적 실질을 가진 구원의 근거임을 알 수 있다.

요컨대 예수님의 십자가의 죽음은 단순한 죄인에 대한 사랑의 표현으로서가 아니고, 사죄의 효력을 가진 대속이라고 믿는 것이 성경의 가르침이요, 또 우리의 신앙적 체험이다. 즉, 속죄로서 자기의 피를 흘리신 그 일 가운데 예수님의 사랑의 극치가 있다.

예수님의 죽음은 물론 사랑의 죽음이다. 그러나 그것은 속죄의 죽음을 부정하는 의미에서가 아니고, 오히려 대속의 죽음인 까닭에 가장 깊은 의미에서 사랑의 죽음이라고 말할 수 있다.

〈부산모임〉 1969년 12월호[16:2-6]

예수님의 죽음의 뜻

 예수님의 십자가의 고난에 대한 신앙적 의미는 두 가지로 볼 수 있다. 하나는 우리의 생사에 대한 모범으로 완전한 사랑과 순종을 보여 준 것이고, 다른 하나는 우리의 죄를 대속하신 것이다.

 예수님이 십자가에 달리셨던 것은 유대인의 지도계급에게 미움을 받은 결과이다. 왜 미움을 당했는가 하면 안식일에 율법을 범하고, 성전을 숙청하고, 나사로를 살리셨으며, 친히 하나님의 아들이라 한 일과 중풍병자를 낫게 하실 때 "너의 죄가 사함을 받았다"고 선언하신 일들 때문에 바리새인, 서기관 장로들에게 미움을 받았다.

 예수님의 교훈은 사랑이며, 그의 행적은 사랑의 실천이었다. 그래서 예수님께서 십자가에 달리신 것은 아버지 하나님에 대한 완전한 순종이었다. 그는 고난을 통해 순종을 배워 완전히 아버지께 순종하였다. 그 때문에 아버지가 기뻐하시는 바가 되었고, 자기를 따르는 자를 위하여 영원의 구원의 원천이 되셨다. 그래서 사람들은 예수님의 십자가를 우러러 보는 것을 통해 자기도 또한 사람을 사랑하고, 하나님께 순종하는 마음을 가지게 된다.

 그런데 성경에는 예수님의 고난을 위의 것과 별도로 보는 말씀이 적지 않다. 예수는 "세상 죄를 지고 가는 하나님의 어린 양" 요 1:29이라고 하며, 또 친히 "인자가 온 것은 …… 자기 목숨을 많은 사람의 대속물로 주기 위해서"마 20:28, 막 10:45라고 말씀하셨다. 또한 "그의 피로 말미암아 의롭다 하심을 받았으니 "롬 5:9, "그 아들 안에서 우리가 속량 곧 죄 사함을 얻었도다"골 1:14, "그리스도께서 우리를 위하여 저주를 받은 바 되사 율법의 저주에서 우리를 속량하셨다"갈 3:13, "그리스도는 또한 많은 사람의 죄를 담당하시려고 단번에 드리신 바 되셨도다"히 9:28라고 말씀하셨다.

이것들은 어느 것이나 하나님과 사람 사이에 불화가 존재하는 사실을 인정하는 것이며, 그 원인은 죄에 대해 하나님께서 진노하심을 보이는 것이다. 죄의 속박에서 사람을 해방시켜서 하나님과 화평케 하려고 예수님께서 십자가를 지신 것이다.

이 속죄의 사상은 구약에도 잘 나타나 있는데, 구약의 룻기는 이 사상이 잘 나타있다. 외숙부 보아스가 룻을 위한 대속이었다. 또 구약성경에는 사람이 하나님께 나아가려고 하면 하나님과 사람 사이에 평화를 이루어야 한다는 사상이 있었는데, 그것은 속죄라고 했다. 즉, "하나로 한다."는 뜻이었다. 이 사상이 신약에 와서는 그리스도는 속죄주로서 피를 흘린 양이시며, 대속물을 하나님께 드려 기도하시는 대제사장이심을 나타내고 있다. 그래서 우리는 하나님을 "아빠 아버지"라고 불러 가까이 갈수 있게 되었다. 이것이 신약의 복음이다.

결론적으로 예수님의 십자가의 죽음은 단순한 죄인에 대한 사랑의 표현이 아니고, 사죄의 효력을 가진 대속이다. 속죄로서 피를 흘리신 고로 사랑의 극치가 나타나있다고 나는 믿는다.

〈부산모임〉 1976년 2월호[52:9-1]

기도의 사람, 예수

예수님은 기도의 사람이셨다. 그분은 때때로 고요한 곳에 나아가시거나 혹은 산에서 홀로 기도하셨다. 하룻밤을 기도로 지내시는 때도 잦았다.

예수님의 생애에서 일어난 사건들 모두 다 기도의 결과로 이루어진 것이라고 말해도 지나치지 않는다. 누가복음에는 예수님의 기도에 대한 중요한 기록이 많이있다. 예를 들면, 예수님께서 요단강에 들어가 세례를 받으신 때에 기도하고 계셨다. 그때 하늘이 열리고, 성령이 비둘기 모양으로 내려 그 위에 임하시면서 하늘로부터 "너는 내 사랑하는 아들이라 내가 너를 기뻐하노라" 하는 소리가 들렸는데, 이 소리는 예수님의 기도에 대한 응답이었다눅 3:22.

열 두 사도를 택하시던 전날 밤에도 예수님은 산에서 기도하시면서 그 밤을 밝히셨다. 즉, 사도는 기도의 결과였다눅 6:12. 또 빌립보 가이사랴 지방에서 제자들에게 "너희는 나를 누구라고 생각하는가?"하고 물으신 때, 베드로가 "당신은 그리스도시요, 살아계신 하나님의 아들이십니다"라고 고백을 한 것도 여러 사람을 떠나 기도하시고 계시던 때에 된 일이었다눅 9:18.

헤르몬 산에 올라가 그 모습이 변화되셔서, 그 옷이 희기가 흰 빛과 같아진 것도, 그러한 영광 가운데 모세와 엘리야 두 사람이 나타나 예수님과 말씀을 나눈 것도 기도하는 때였다눅 9:29.

나사로를 다시 살게 하신 것도 기도의 결과였으며, 그 밖에 예수님의 마지막 설교 후 기도, 겟세마네 동산에서의 기도, 또 십자가 위에서의 기도와 같은 것은 성경을 읽고 들은 사람들은 다 잘 알고 있는 사실이다.

그러나 이러한 중대한 위기에서만이 아니고, 일이 있을 때마다 기도하셨다. 가장 가까운 마을에 가서 전도하려고 하실 때에도 예수님은 아침이 아직 밝기 전에 일찍이 일어나 고요한 곳에 가서서 거기에서도 기도하셨다막 1:35.

거리에서 한 한센병자를 낫게 하시고 "삼가 아무에게도 말하지 말라."고 엄히 경계하셨는데도 그 나음을 받은 사람이 나아가 예수께서 낫게 하셨다고 전하며 많은 사람이 예수님께로 모여들었을 때에도 예수님은 이 사람들을 피해 성 밖의 고요한 곳에 나아가 기도하셨다막 1:45, 눅 5:16.

70인의 제자들이 맨 처음 전도여행을 마치고 돌아올 때, 예수님은 기쁨에 넘쳐서 뜻깊은 감사의 기도를 드렸다눅 10:21. 세례 요한의 사망 소식이 들려온 때에도 사람들을 피해 배를 타시고 한적한 곳으로 가려고 하셨다. 그러나 그때 많은 무리가 성으로 걸어서 자기를 따라오는 것을 보시고 그들을 불쌍히 여기셔서 먼저 그들의 병을 고쳐주시고 그들의 주림을 채워주셨다.

그 뒤에 바로 제자들을 배에 타게 해서 저편 언덕에 가게 하시고는 자기는 무리를 떠나 기도하러 그윽이 산에 올라가서 저녁에 홀로 거기 계시면서 밤 네 시까지 계속 기도하셨다마 14:13-25. 이 세상을 떠나게 되셨을 때, 몇 사람의 헬라인이 예수님을 보려고 할 때에도 마음의 괴로움을 가지고 겟세마네 동산에서의 기도와 비슷한 기도를 하셨다 12:27-28.

또 어느 날 예수님께서 기도를 마치시매 제자 중 하나가 말하기를 "주여 우리에게 기도를 가르쳐 주옵소서"눅 11:1라고 하였다. 기도는 예수님의 습관이었다. 즉, 예수님께서 기도하실 때마다 제자들은 말로 다 할 수 없는 엄숙함과 아름다움을 느꼈던 것이다. 그래서 스스로 그 은혜에 참여하고 싶어서 그와 같은 기도를 가르쳐 달라고 소원하였다.

또 예수님께서는 자기의 일에 대하여 다음과 같이 말씀하셨다. "진실로 진실로 너희에게 이르노니 아들이 아버지께서 하시는 일을 보지 않고는 아무 것도 스스로 할 수 없나니"요 5:19 그리고 "우리는 본 것을 증언하노라"요 3:11라고 하여, 주님은 항상 기도하는 가운데 아버지 하나님의 인격에 접하고 또 그의 뜻대로 행하셨다.

예수님의 기도에는 아무 형식이 없었다. 그것은 그의 행동에서 보는 바와 같이 완전히 자유로우셨다. 그는 대체로 눈을 들어 하늘을 우러러보시는 모양으로 기도하셨던 것 같다요 17:1; 11:41. 그것은 아마도 하늘에 계신 아버지에게 말하는 영혼의 자연스러운 자세라고 생각한다. 형식이라고 볼 것이 아니다.

그는 또한 말로 다 할 수 없는 탄식을 할 때에 그와 같은 자세를 취하기도 하셨다막 7:34. 그는 또한 '아버지여' 또는 '아빠, 아버지여', '나의 아버지여', '천지의 주재이신 아버지여'라며 기도를 시작하셨다요 17:1, 눅 10:21, 막 14:36, 마 26:39; 11:25. 그러나 그 또한 아버지 하나님께 대한 자연스러운 부름으로 어떤 형식으로 하신 것이 아니다. 이러한 부름으로 시작하여 계속되는 기도의 말씀들은 모두 다 그때그때 그의 마음 그대로를 드러내어서 아무 장식이나 기탄이 없었다. 어둠이 그를 덮쳐서 마치 지옥으로 들어가는 것과 같은 느낌이셨을 때에는 저 다윗이 미친 듯이 말한 그대로 "나의 하나님, 나의 하나님, 왜 저를 버리시나이까"라고 외치시기도 하셨다.

헬라인 몇이 예수님께 보이려고 왔을 때에 하신 기도의 말씀은 예수님의 사람다움을 가장 유감없이 나타내셨다고 할 수 있다. 즉, 그때 처음에는 마음이 괴로우셔서 어떻게 기도해야 할지를 모르겠다고 기록되어 있다. 거진 혼잣말처럼 "지금 내 마음이 괴로우니 무슨 말을 하리요"요 12:27라고 하셨는데, 이는 바울 선생이 "우리가 마땅히 빌 바를 알지 못하나"롬 8:26라고 말한 경우와 비슷하다.

그러나 곧 예수님은 기도의 말씀을 찾아내셨다. "아버지여 나를 구원하여 이 때를 면하게 하여 주옵소서"요 12:27라고 한 것은 확실한 기도이다. 그러나 그것은 아직도 사람다운 자연의 기도에 지나지 않았다. 그것은 스스로 죽음의 길을 택해 나아가고 있지만, 아직 죽음에서 구원받고자 하는 소원이 마음 한구석 어딘가에 도사리고 있음을 부정할 수 없는 상태의 기도였다.

예수님은 그러한 마음을 솔직하게 드러내셨다. 물론 그 자연의 욕망이 그 기도의 마지막은 아니었다. 곧 영성이 자연성을 누르고 일어났다. 그 기도는 바로 최후의 단계에까지 나아갔다. 즉, "그러나 내가 이를 위하여 이 때에 왔나이다 아버지여, 아버지의 이름을 영광스럽게 하옵소서"요 12:27-28라고 하셨다. 이는 '아버지 하나님의 영광을 나타내기 위해서라면 어떻게 되어도 좋사오니 당신의 뜻을 이루소서'라는 생각이다.

이것이 예수님의 기도의 근본정신이었다. 예수님은 언제나 그 사람다움을 감추지 않으시고 있는 그대로를 나타내셨다. 그러나 마지막에는 결국 이러한 절대 신뢰의 상태에 이르셨다. "내 마음이 심히 고민하여 죽게 되었으니", "아빠 아버지여 아버지께는 모든 것이 가능하오니 이 잔을 내게서 옮기시옵소서 그러나 나의 원대로 마시옵고 아버지의 원대로 하옵소서"막 14:34-36와 같은 겟세마네 동산의 기도에서도 우리는 그와 같은 것을 확실히 볼 수 있다.

이 최후의 한 마디는 예수님의 모든 기도에 다 통하여 있었다고 보아야 할 것이다. 하나님의 뜻대로 이루어 주실 것을 원하는 것보다 더 나은 기도는 없다. 우리 자신의 뜻은 이루어지지 않아도 좋다. 하나님의 뜻이 이루어지기만 한다면 그때 우리를 위하여 가장 좋은 일이 이루어지는 것이다. 예수님께서는 항상 이 마음을 가지고 기도하셨다. 예수님의 생애는 절대 신뢰의 생애였다. 우리도 예수님과 같이 절대 신뢰의 생애를 살며 기도하는 인격자가 되어야 하겠다.

〈부산모임〉 1969년 3, 4, 5월호[12:2-2]

기도하자 [1, 2]

성경이 영혼의 양식이라면 기도는 영혼의 호흡이다. 양식은 3-4주간 먹지 못하고 사는 일이 있으나 호흡은 몇 시간도 하지 않고는 살 수 없다. 그만큼 우리의 영혼은 하나님과 대화하지 않고는 살 수 없다. 사람은 하나님의 영과의 교통으로 살 때에 사람답게 곧 하나님의 아들답게 산다. 이와 같이 기도의 생활로 일관하시고 하나님의 뜻을 다 이루어 드리신 이가 우리 주님이시다. 그는 선교하실 때, 병을 낫게 하실 때, 틈날 때, 십자가를 지실 때까지 항상 기도하셨다. 그는 제자들에게 기도를 가르쳐 주셨다. 그리고 기도를 간절히 하라고 권하셨다눅 18:1-8.

또 비유로 가르치시기를 자기를 의롭다고 믿는 바리새인의 기도는 하나님이 듣지 않으시고, 세리와 같이 자기의 죄를 고백하며 자기를 낮추는 자의 기도를 들어 주신다고 하셨다. 그는 겟세마네 동산에서 피땀 흘려 기도하시고 제자들에게 시험에 들지 않도록 기도하라고 하셨다. 또 환난이 제자들에게 임할 것을 내다 보시고, 장차 올 이 모든 일을 능히 피하고 인자 앞에 서도록 항상 기도하며 깨어 있으라 하셨다눅 21:36.

바울 선생도 무시로 성령 안에서 기도하시고엡 6:18, 기도를 항상 힘쓰고골 4:2, 쉬지 말고 기도하라살전 5:17고 자기의 체험을 통하여 간절히 권했다.

나는 오늘 여기에서는 야고보서 5장 13-18절의 "너희 중에 고난 당하는 자가 있느냐 그는 기도할 것이요 즐거워하는 자가 있느냐 그는 찬송할지니라 너희 중에 병든 자가 있느냐 그는 교회의 장로들을 청할 것이요 그들은 주의 이름으로 기름을 바르며 그를 위하여 기도할지니라 믿음의 기도는 병든자를 구원하리니 주께서 그를 일으키시리라 혹은 죄를 범하였을지라도 사하심을 받으리라 그러므로 너희 죄를 서로 고백하며 병이 낫기를 위하여 서로 기도하라 의인의 간구는 역사하는 힘이 큼이니라 엘리야는 우리와 성정이 같은 사람이로되 그가 비가 오지 않기를 간절히 기도한즉 삼 년 육 개월 동안 땅에 비가 오지 아니하고 다시 기도하니 하늘이 비를 주고 땅이 열매를 맺었느니라"라는 말씀을 생각하고자 한다.

나는 이 말씀을 읽고 나의 체험을 통하여 이해하고 있는 것을 써서 비판을 받고자 한다. 위의 말씀 네 가지로 나누어 생각할 수 있다. 곧 고난 당하는 자의 기도, 병든 자를 위한 기도, 믿음의 기도, 위인의 기도이다. 여기에서 고난 당하는 자의 기도와 병든 자를 위한 기도, 믿음의 기도와 위인의 기도는 각각 서로 포함시킬 수 있을 것이다.

고난 당하는 자의 기도

인생은 존속을 위한 고난을 당한다. 소위 인생고를 면할 수 없다. 사람이 육과 마음 또는 혼으로 되어 있으므로, 육의 고난과 마음의 고난으로 나눌 수 있지만, 이 둘은 통일체를 이루고 있으므로 서로 관련되어 있는 것도 사실이다. 육의 고난은 주로 의·

식·주에 대한 위협을 비롯해서 이것을 얻기 위한 조건의 결핍, 예를 들면 신체 건강의 상실, 사회활동의 터전 또는 직업이 없어서 받는 것들이다.

다음에 정신적 고통에는 육적 고난으로 일어나는 이차적인 것 이외에 일차적으로 일어나는 것이 있다. 이것이 주로 개인적으로 말하면 사람답게 살려고 하는 의욕은 있으나, 그것이 실현되지 못하여 번민하는 것으로부터 또 사회적으로 불의의 세력에 억압되어 자유를 얻지 못하여 오는 고난 또는 가정과 사회의 불화에서 오는 고난 등 낱낱이 들 수 없을만큼 많다. 여기에 고난 당하는 자는 복음을 위한 삶을 살기 위하여 그런 것이다. 진리 증거에는 반대가 있다. 무릇 경건하게 살고자 하는 자는 환난을 겸하여 받게 된다.

고난 중에서도 원인이 분명한 것은 단념이라도 하지만, 전혀 이해가 되지 않는 것도 있다. 즉, 성경에 나타난 욥은 고난이다. 욥은 하루 아침에 온 소유와 딸 일곱, 아들 셋을 다 잃었다. 자기의 몸에는 전신에 헌데가 나서 견디기 어려웠고, 오직 하나의 반신인 아내까지도 하나님을 저주하고 죽으라고 이야기 하고, 친한 친구 세 사람은 와서 하나님의 인과의 보응을 들어 반드시 너의 잘못으로 이렇게 되었을 것인즉 회개하라고 냉혹한 비판을 계속하는 고난을 당했다.

욥은 하나님의 얼굴을 볼 수 없었고, 그 뜻을 몰라 더 괴로웠다. 욥의 고난은 하나님께서 마귀에게 욥에 대해서 칭찬하신 것이 동기가 되었다. 마귀가 하나님께 참소하자 하나님께서는 욥의 믿음을 신뢰하셨고, 그 결과 욥에게 고난이 일시에 오게끔 하셨다. 고난은 사단이 사람에게 입게 한다.

　나도 나의 과오와 무지로 복음병원에서 형제들이 불화의 상태에 이른 것을 경험했다. 형제가 마음이 상하여 풀지 못할 때에 윗사람으로서의 고난이 적지 않음을 느꼈다. 가정에서 부모의 고난은 형제 불화임을 체험하게 되었다. 이 때 세상적인 수단과 방법으로 해결하는 것은 무익함을 잘 알게 되었다. 그래서 나는 기도할 수 밖에 없었다.

　'고통을 당하는 자들아 와서 기도하라.'고 하나님은 부르신다. 고난은 우리의 힘으로는 해결하지 못한다. 설령 해결방법을 알지라도 하나님께서 해결해 주시겠다고 하시면서 "기도하라"고 하신다. 기도하면 고난의 원인이 나에게 있음을 깨닫게 된다. 그 고난의 책임이 하나님의 뜻이라고 깨닫게 된다. 결국 나는 하나님의 소유, 하나님은 나의 아버지, 또한 우리 아버지, 나의 고난은 결국 하나님의 뜻, 인류의 것임을 깨닫고, 달게 받고, 승리하게 된다. "너희가 환난을 당하나 담대하라 내가 세상을 이기었노라"요 16:33라고 주님이 말씀하셨다.

　반대로 기도가 들려졌을 때, 죄를 회개하여 용서함을 받았을 때, 전쟁이 그치고 화해가 성립되었을 때에는 "기뻐하고 즐거워하라"는 찬송으로 나타난다. 시와 찬미로 화답할 것이다.

　내가 나의 민족의 고난을 붙잡고 기도할 때에 "아버지에게는 아들을, 아들에게는 아버지를 생각하게 하고 내가 하나님 인것을 알게 될 때에 해결될 것이다"라는 말씀을 듣고 '아멘'하였다.

병든 자를 위한 기도

사람은 다 병자이다. 한번은 병들어 죽는다. 그러나 육은 죽어도 영혼은 영생한다. 육의 병의 대다수는 자기 몸에서 저항하는 힘이 생겨서 병변病變을 제거하고, 회복하는 기전機轉(일어나는현상)으로 자연히 낫는다. 과학자들은 이것을 자연법칙에 의한다고 하지만 이 자연법칙을 운영하시는 하나님을 생각할 때에는 하나님의 법칙으로 낫는다고 말할 수 있다.

의사들은 그 자연법칙을 잘 알아 순종하므로, 건강을 회복하고 유지하도록 하는 지혜와 임무를 맡은 자들이다. 병중에는 특효약이라고 하는 것이 발견되어서 지금까지 낫지 못하던 병들이 낫게 되는 일도 있으나, 이것도 또한 몸에서 낫는 힘과 기전이 이루어져서 낫는 것이다. 어떤 유명한 의사도 100%진단을 바로 하거나 어떤 특효약도 100% 낫게 하는 것은 없다. 결국 몸에서 나을 수 있도록 되어서 낫는 것으로 그것이 과학적으로 설명되는 것이든지 설명되지 않는 것이든지 간에 하나님의 뜻과 능력으로 되는 것이라고 할 수 있다.

야고보가 이 글을 쓸 때에는 의사가 많지 않았고, 또 교회의 사명은 병자들에게 영원한 생명의 능력, 즉 믿음을 얻게 하는 데 있었으며, 또 그것으로 병이 낫게 되는 것을 경험했던 것으로 생각한다.

이제 나는 나의 경험을 들어 증거하려고 한다. 지금으로부터 약 35년 전의 일이다. 나의 둘째 딸 성용이는 출생 후부터 몸이 약하고 체중이 정상보다 적고, 때때로 기침과 설사를 자주하여 병이 많았다. 그 아이가 3세 때에 기침이 심하고, 가래가 끓고,

열도 높이 오르고, 숨이 차서 폐의 X-선 촬영을 하였더니 양쪽 폐에 혼탁한 음영이 많이 나타났다. 급성 폐렴이었다. 소아과 전문의사를 청해서 치료를 받았으나 효과가 나타나지 않았다. 나는 그때에 교회의 장로이자 담당 목회자인 방계성 장로님을 청해서 기도해 달라고 했다.

그런데 방 장로님은 병이 낫기를 구하지 않고, 하나님의 뜻이 이루어져서 아버지의 영광만이 나타나게 되기를 간구했다. 그 아이의 생명을 온전히 주님께 부탁드리는 기도였다. 그리고 자기집으로 돌아 가셨다.

그 후 몇 시간이 안되어 아이는 숨차던 것이 나아지기 시작하고, 열이 떨어지면서 땀이 나며, 조금씩 회복되어서 며칠 안에 완치 되었다. 이것은 과학적으로는 자연치유기 전에 의해서 나았다고도 할 수 있겠지만, 믿음에서 말한다면 하나님의 뜻과 능력으로 되었다고 할 것이다.

그 아이의 생명은 하나님의 것이며, 하나님께서 주장하심을 믿는 믿음이 더 확실하게 자라게 되었다. 나는 계속 기도하기를 소아과 의사에게 지혜를 주셔서 올바른 지도를 하게 해 달라고 하였고, 또 소아과 선생의 지시를 따랐다.

이렇게 하는 것이 그리스도 안에서 사는 사람의 믿음의 자세라고 할 수 있을까? 그리스도께서 선하신 뜻대로 이루어 주실 것을 믿고, 그의 영광이 나타나기 만을 기다리는 마음으로 기도하는 것이 믿음의 기도라 할 수 있을 것이다.

여기에 주의 이름으로 기름을 바르며 기도하라고 한 것은 주의 사랑으로, 긍휼히 여기는 마음으로 하라고 하신 것이다. 사랑은 옳은 방법을 찾아낸다. 이것이 의학 발전의 철학이다.

믿음의 기도

믿음의 기도는 "병든 자를 구원하리니 주께서 저를 일으키시리라."고 했다. 믿음의 기도라고 한 것은 주께서 저를 일으키실 줄로 믿고 하는 기도이다. 주님은 만민을 구원하시기 위하여 친히 십자가에 달려 속죄하여 주셨다. 병자를 일으키시고, 죄인을 대속하시기 위하여 지금도 믿는 자를 통하여 일하시고 계신다. 병자를 일으키시려고 기도하도록 하신 것이다.

병자가 병이 나아서 일어나는 것만을 뜻하는 것이 아니다. 하나님의 아들로서 일어나게 되는 것을 뜻한다. 주님이 일으키실 때에는 육의 건강과 아울러 구속된 인간으로 일어나게 된다. 병의 원인은 여러 가지여서 반드시 다 죄의 결과라고는 할 수 없다. 진리에 순종치 못한 결과로 되는 일이 많은 것도 사실이다.

병자가 병이 완쾌되어 건강을 회복하는 일도 귀하지만, 병상에 있으면서 하나님의 사랑을 저버리고 떠났던 죄를 깨달아 회개하고, 예수 그리스도를 영접하는 일은 더 근본적인 은혜이다. 왜냐하면 영혼이 건전하여 하나님의 자녀라고 확신하는 인격에 육의 건강이 필요하다.

육이 건강하고 영혼이 마귀에게 이끌릴 때, 쇠고랑으로도 제어 못할 정신병자와 같게 될까 두려운 것이다. 또 흔히는 몸이 건강하게 되면 예수를 믿겠다고 하나, 이렇게 말하는 사람은 건강하게 되어도 예수를 믿지 않는다.

먼저 예수를 영접하는 사람은 구원을 받아 영생한다. 믿음의 기도는 예수님의 마음과 그의 뜻대로 대화하는 것이어서 병자를 예수께로 인도하며, 예수님의 긍휼을 느끼게 한다. 그래서 병자는 예수님께 모든 것을 바쳐 드리고, 그와 연합하여 평안을 누리게 된다. 이것은 기도하는 사람의 능력이 아니고, 하나님의 은혜와 사랑의 능력이다. 그러므로 병자는 주님이 일으켜 주시는 능력으로 구원 받는다.

혹시 죄를 범하였을지라도 그 양심의 가책에서 해방되어 속죄의 은혜의 기쁨과 평안을 얻게 된다. 그것은 그리스도께서 자기의 죄를 십자가에서 다 처분해 주셨다는 확신을 갖게 되는 까닭이다. 죄를 기억하시지 않으시는 하나님 안에서 살게 되므로 죄의 기억도 없게 된다.

이렇게 그리스도를 영접하게 되면 자기 자신의 병이 죄의 문제가 되는 것이 아니고, 남의 병과 죄가 나의 것과 같이 느껴지고, 그의 생명을 사랑하게 되므로 서로서로 죄를 고하고, 용서함을 받아 완전한 인격자가 된다.

철저한 회개는 하나님 앞에 하는 일이어서 다시는 같은 죄를 범치 않는데 있다. 사람의 기도로 죄가 속해 진다고 하는 것은 그 사람의 기도로 병자의 마음이 감동이 되어, 예수를 구주로 영접하게 될 수 있음을 말함이며, 죄를 사하시는 원리는 그리스도의 대속에만 있는 것이다. 예수를 구주로 영접하게 하는 이는 성령이시다. 성령은 성경말씀을 깨닫게 하시며, 또 믿는 자들의 말과 행실 또는 기도로 예수님을 증거케 하여 믿게 하신다. 사람은 예수님의 인격에 접하게 될 때, 자기의 죄를 깨달아 회개하고, 그리스도에게 자기를 바쳐 드리게 된다.

의인의 기도

의인의 기도는 곧 믿음의 기도이다. 사람은 아무도 자기의 행실로 의롭다 함을 얻을 수 없다. 다만 예수를 구주로 믿어 예수님의 의를 얻은 사람을 의인이라고 부른다. 옛날 엘리야는 우리와 성정이 같은 사람이었으나, 그가 비 오지 않기를 간절히 기도한 즉 3년 6개월 동안 비가 오지 않고, 다시 기도한 즉 하늘이 비를 주고 땅이 열매를 내었다. 즉, 자연계가 순종했다.

의인이란 예수를 그리스도로 믿는 자이며, 그리스도 안에서 사는 사람이다. 그러므로 자연계가 그리스도께 순응하는 것처럼, 예수 안에서 사는 사람의 기도는 예수님의 말씀과 일치하게 되므로 자연계가 순종하는 것은 당연하다. 자연계의 이상은 이상세계 곧 하늘 나라에서 사람에게 순응하는 것이다. 즉, 하나님께 영광을 돌리고 그의 영광이 나타나기를 바라는 소원뿐이다.

그러므로 하나님과 자연과 사람은 서로 순응하여 대조화를 이루게 된다. 주님이 말씀하시기를 "너희에게 믿음이 겨자씨 한 알 만큼만 있어도 이 산을 명하여 여기서 저기로 옮겨지라 하면 옮겨질 것이요"마 17:20라고 하였다. 이렇게 이루어지는 것은 그 명하는 사람의 힘으로 되는 것이 아니고, 하나님의 뜻에 의한 능력으로 되는 것이다.

예수님이 행하신 기적 중에 바람과 파도를 잠잠케 하신 기사가 있는데, 이것은 자연현상이 예수님의 명령에 순종했다는 말이다. 원래 자연만물은 사람을 위하여 지어졌고, 자연현상도 사람의 뜻에 순종하도록 되어 있는 것이 창조의 원리였다. 그런데 아담과 하와로 대표된 사람이 하나님의 말씀인 진리에 불순종하므로 말미암아 자연계와 사람과의 부조화^{不調和}가 생겼다. 즉, 사람이 이기적으로 되고, 하나님의 명령을 저버렸으므로 자연계의 불순종이 나타났다.

이제 하나님의 뜻에 순종하는 믿음의 사람인 의인이 예수 안에서 순종하는 생활을 하며 기도하는 고로 그것이 곧 이루어지며 능력으로 나타난다. 그것을 기도의 능력이라고 한다. 그러므로 의인의 기도는 역사하는 힘이 많다.

열왕기상 17-18장의 기사는 이 기도의 능력을 보여 주고 있다. 즉, 하나님을 믿는 엘리야는 자기의 의사를 가지고, 하나님의 뜻에 순응하였으므로 그의 기도와 말은 예언이 되었고, 기사와 이적이 나타났다. 다시 말하면 이스라엘의 아합 왕과 그의 아내 이세벨의 회개를 바라고 이스라엘의 하나님이 참 하나님이심을 증거하기 위하여 하나님의 뜻을 따라 말한 것이 곧 예언이 되어 이루어졌다. 그는 하나님의 말씀대로 말했기 때문에 자연계가 순종했다.

그러나 아합과 이세벨은 회개하지 않았다. 이러한 자들은 하나님이 존중히 여기시는 자유의사를 가지고, 믿지 않는 것이므로 어떻게 할 도리가 없다. "그런즉 너는 이 백성을 위하여 기도하지 말라 그들을 위하여 부르짖어 구하지 말라 내게 간구하지 말라 내가 네게서 듣지 아니하리라"^{렘 7:16; 11:14; 14:11}는 말씀처럼 성령의 감동을 소멸하는 자들을 위하여는 기도하지 말라는 성경 말씀이 있다. 곧 이것은 음행과 우상숭배를 회개치 않는 자들에 대하여 하신 말씀이다.

아합은 엘리야가 보여준 여호와 하나님을 공경하지 않고, 여전히 이세벨이 가지고 들어온 바알 신을 섬기며, 또 나봇을 죽이고, 그의 포도원을 빼앗았다. 그러다가 거짓말하는 자들에게 속아 아랍왕을 치려고 길르앗 라못으로 올라가 싸우던 중 아랍 왕 군인의 화살에 맞아 죽었다. 그러나 엘리야는 이스라엘 백성들에게 살아계신 여호와 하나님을 증거하고 자기의 사명을 다 하였다.

우리는 여호와 하나님의 구원의 말씀을 증거하기 위해 기도하자. 예수 그리스도께서 평화의 주가 되심을 증거하는 생활을 하며 기도하자. 내 가정과 내 직장에 그리고 내 나라와 온 세계에 평화가 임할 것이다.

나는 벌써 세계의 평화를 받은 줄로 믿고 기도한다. 그것은 그리스도께서 다시 오셔서 성취하실 것이므로 나는 그리스도 예수 안에서 말한다.

〈부산모임〉 1973년 2월호[34:6-1]
〈부산모임〉 1973년 4월호[35:6-2]

예수님의 부활과 나의 믿음

예수님의 부활

예수님은 1900여 년 전에 한번 죽으셨다가 부활하셨다. 예수님의 죽음은 물론 생물학적 생명의 죽으심이었다. 그 증거는 군병들이 예수와 함께 못박힌 두 강도는 죽지 않았기 때문에 다리를 꺾고, 예수께 이르러서는 이미 죽은 것을 보고 다리를 꺾지 않고, 그 중 한 군병이 창으로 옆구리를 찌르니 곧 피와 물이 나왔다고 기록한 것을 통해 알 수 있다요 19:33-35. 그 옆에 서서 지켜보던 백부장도 예수님께서 그렇게 운명하시는 것을 보고 "이 사람은 진실로 하나님의 아들이었도다"고 말했다막 15:39.

예수님의 죽음은 육적인 죽음이기는 하지만, 인류의 죽음을 대표하는 뜻을 가지고 있다. 죄 없으신 예수님이 십자가에 달려 돌아가신 것은 속죄 곧, 대속을 의미하는 것이다.

그런데 예수님은 3일 후에 부활하셨다. 부활의 사실을 목격한 사람들의 증언이 너무도 확실하다. 부활 일에 막달라 마리아와 야고보의 어머니 마리아와 살로메에게마 28:1, 막 16:1, 엠마오로 가는 두 제자에게눅 24:13-15, 마 28:12-13, 그 날 저녁 도마가 없던 자리의 열 제자에게눅 24:36-42, 요 20:19-23, 그 다음 주일 도마가 열 제자와 같이 있을 때요 20:26-29, 그 후에 디베랴 바다에서 제자들이 고기를 잡을 때요 21:1-25, 또 승천하실 때에는 500여 신도들에게 나타나 보이시고 승천하셨다.마 28:16-17, 고전 15:6.

그 후에 야고보와 사울에게 나타나 보이셨는데, 사울이 예수교를 핍박하기 위하여 예루살렘에서 대제사장의 공문을 받아서 다메섹으로 내려갈 때, 그 길에서 부활하신 주님이 만나 주셔서 회심하게 하시고 바울로 변화시켜 주셨다.고전 15장.

순교자 스데반도 돌에 맞아 운명하게 될 때, 부활하신 예수님께서 하나님 우편에서 계신 것을 우러러 보았다.행 7:56. 그 밖에도 순교자들은 부활하신 주님을 만나 뵙고, 자신이 그 부활체내에서 사는 것을 체험하면서 승리생활을 했다.

1945년 4월 신사참배를 우상숭배로 단정하고 반대투쟁을 하다가 6년간을 감옥에서 고난 받았던 최권능 목사는 77세의 노령에 병 보석으로 출감 평양 기홀병원에 입원하고 계셨다. 그가 내가 그 옆에 가서 서 있을 때 말하기를 "70여 년 나를 보호하시고, 위로하시며, 내 기도를 들어 주시던 그 주님을 지금 나더러 모른다고 말하라고 해."하면서 그 옳지 못함을 여러 번 되풀이 하였다. 진정 크리스천은 부활하신 그리스도와 같이 사는 생활을 체험하는 것이다.

부활의 원리

만일 부활의 원리가 없다면 예수 그리스도께서도 부활하지 못했을 것이다. 부활의 원리는 현실에서도 얼마든지 볼 수 있지 않은가? 밀 한 알이 땅에 떨어져 죽지 아니하면 한 알 그대로 있고 그것이 죽어 분해되면 많은 열매를 맺는다. 시편 기자도 이 원리를 깨닫고 "이는 내 영혼을 음부에 버리지 아니하시며 주의 거룩한 자로 썩지 않게 하심이니이다"고 예언하였다. 예수님의 부활은 바로 이 원리, 예언의 성취이다. 원래 육체는 생명의 기관이다. 육체는 영의 활동을 위해서는 불완전한 기관이다. 즉, 육체는 시간과 공간의 제약을 받고 있는 기관으로 자유자재한 영의 활동에는 적당하지 못하다. 그러므로 육체는 영광스러운 몸으로 영화靈化되지 않으면 안 된다.

나는 현실에서도 예수님 품에서 영적 생활을 하다가 자유로 육체를 벗어버리고 하늘나라로 가는 사람을 보았다. 육체를 벗어버리는 것을 죽음이라고 하고, 예수님 품에 안기어 하늘나라의 생활을 자유로이 할 수 있는 몸을 입는 것을 부활이라고 한다.

과거에 아프리카 전도생활을 하다가 홀로 기도하다가 세상을 떠난 데이비드 리빙스턴David Livingston(1813-1873)의 삶과 죽음이라든지, 1944년 평양에서 세상을 떠난 주기철 목사님의 부인이신 오정모 집사의 모습이 바로 그것을 나타내 보여주었다.

오정모 집사는 유방암 수술 후 2년 만에 폐에 전위된 증상이 나타나서 10개월간 병상에 있었는데, 그동안 주님의 품에 안겨서 자는 모습을 보여 주었다. 항상 앉아서 눈을 감고 기도하는 것이었다. 그리고 세상을 떠나는 그 날에는 대단히 기쁘고, 평화로운 얼굴로 주위에서 시중하는 사람들을 다 각각 제 집으로 보내고 홀로 이 세상을 떠나갔다. 그 시체를 본 사람들은 그의 육체가 옷과 같이 느껴졌다. 그의 죽음은 바로 육체라는 옷을 벗어버리고, 그의 생명이 주님의 품에 영원히 안긴 것을 믿게 하여 주었다.

죽음이 진리를 반역한 한 사람의 죄로 말미암아 온 인류에게 미친 것과 같이 한 사람의 부활로 말미암아 온 인류에게 이루어지는 원리도 스스로 분명한 것이다. 이것에 대하여는 바울이 확실히 설명해줄 뿐 아니라 우리의 양심도 확증 하고 있다. 우리의 역사는 이 양심이 있어서 보존되며 나아가고 있다. 우리의 양심은 하나님께서 인도하시는 생명의 원리에 순종하려고 하고 있다. 순결한 양심을 가지고 생명의 욕구를 보라. 슈바이처와 같이 생명에 대한 경외를 느낄 것이다. 그뿐 아니라 부활의 원리를 확인하게 되고, 또 부활하신 그리스도로 말미암아 육체에 있으면서 영적 생명의 진실을 살게 될 것이다.

어떠한 몸으로 부활하셨나

무덤이 빈 것은 몸의 부활을 의미한다. 그러나 시간과 공간의 제한을 받는 육체 그대로 부활하셨는가? 아니다. 육체는 혈기의 몸이다. 혈기의 몸은 하늘나라를 유업으로 받기에 부족하다. 부활의 몸은 신령한 몸이다. 자유자재의 몸이다.

문이 닫혔을 때 그 모임 중에 문득 나타나셨다가 말씀을 마치고는 곧 보이지 않게 되는 몸이다. 엠마오로 가는 두 제자에게 성경말씀을 가르쳐 주실 때 저들의 마음을 뜨겁게 하셨고, 부활을 의심하는 도마에게는 네 손을 내밀어 내 손의 못 자국과 내 옆구리의 창 자국을 만져보고 믿으라 하셨고, 또 영이라고 두려워하는 자들에게는 먹을 것을 가져오라 하여 같이 잡수시기도 하신 영의 몸이다. 즉, 육의 욕구에 맞는 몸이 아니고, 영의 생명의 활동에 맞는 신령한 몸으로 부활하셨다.

성령은 바로 그의 영이시다. 예수님께서 잡히시기 바로 전날

밤에 제자들에게 "내가 갔다가 다시 와서 너희들을 영접하겠다" 하셨고, 또 "보혜사 성령을 보내셔서 너희를 진리 가운데로 인도하시겠다."고 약속하신 그러한 인격자로 부활하셨다. 진정 예수 그리스도를 구주로 믿게 되는 것이 바로 이 성령의 역사이다.

부활의 주님의 축복과 분부

부활의 주님은 제자들에게 찾아 오실 때마다 "너희에게 평강이 있을지어다"하시면서 여러 번 축복해 주셨다. 우리는 예수 그리스도를 통해 평강을 체험한다. 믿음 생활에서 얻는 매일의 축복이요, 은혜이다. 감사는 여기에서 우러나온다.

예수님은 베드로에게 "내 양을 먹이라", "너는 나를 사랑하는가?", "내 양을 먹이라"하시며 세 번이나 되풀이 하여 간절히 부탁하셨다요 21:15-17. 베드로와 온 인류를 이같이 사랑하셨다. 생명은 사랑이다.

"너희는 가서 모든 민족을 제자로 삼아 아버지와 아들과 성령의 이름으로 세례를 베풀고 내가 너희에게 분부한 모든 것을 가르쳐 지키게 하라 볼지어다 내가 세상 끝날까지 너희와 항상 함께 있으리라 하시니라"마 28:19-20라고 분부하셨다. 이 분부대로 이 복음은 세계에 전파되고 있다. 몇 세기 동안의 박해와 핍박을 받으면서도 이 생명은 사람의 양심을 살게 하고 있다.

나의 부활 신앙 체험

나의 믿음은 성경 말씀과 그 해석자들에게서 듣고, 보고, 또 스스로 체험을 통하여 확신에 이르게 된 것이다. 믿게 되는 것이나 자신에는 신기한 은혜라고 느껴진다. 흔히 사람들이 믿기 어렵다고 의심하는 모양인데, 나는 어찌하여 예수께서 하나님의 아들이시며, 만민의 구주이심이 조금도 의심 없이 믿어지니, 이것이 순전한 은혜라고 밖에 설명할 길이 없다.

나는 한 때 이 세상 사람들에게 배척을 당해서 소위 '사면초가'라고 하는 상태에 이른 일이 있었다. 그 때 나는 예수 그리스도만을 상대로 하고 지냈다. 그 뒤로 나는 내세에 대하여 의심하려고 해도 의심할 수가 없었다. 영원하신 그의 성격을 체험한 까닭이라고 생각한다.

마치 노아 홍수 때 그 홍수가 지나간 뒤에 방주에서 비둘기를 내보았더니 육지가 드러난 증거로 감람나무 잎 하나를 물고 들어온 것과 같은 확증을 얻은 것이다. 나는 나면서 비겁하고 명예를 탐하는 자였다. 그러나 지금은 나도 바울과 같이 그리스도의 십자가와 부활 밖에 알려고 하지 않는 자가 된 것이다. 이것이 내가 체험한 예수님의 부활의 증거이다.

〈부산모임〉 1972년 2월호[28:5-1]

부활절과 예수님의 인격

부산교도소 전도

부산 교도소의 교무과장으로부터 1984년 3월 22일 오전 9시 30분에 교도소로 와서 좋은 말씀을 전해 달라는 부탁을 받았다. 이날은 부활주일로 기념, 축하하는 날이었다. 나는 부활하신 예수 그리스도를 전함으로써 듣는 이들이 부활하신 예수를 믿을 수 있기를 바라는 심정으로 이 말씀을 준비하기로 했다.

"주의 성령이 내게 임하셨으니 이는 가난한 자에게 복음을 전하게 하시려고 내게 기름을 부으시고 나를 보내사 포로 된 자에게 자유를, 눈 먼 자에게 다시 보게 함을 전파하며 눌린 자를 자유롭게 하고 주의 은혜의 해를 전파하게 하려 하심이라 하였더라"눅 4:18-19라는 말씀은 구약 이사야서 61장 1-2절의 예언이 이루어진 것을 예수님께서 스스로 느끼시고 회당에서 읽으셨던 것이다. 예수님의 인격은 진실하셔서 하나님의 말씀을 그대로 성취하셨다.

예수님의 생각은 성령의 인도하심으로 하나님의 생각과 같았다. 그래서 가난한 자에게 복음을 전하셨다. 심령이 가난한 자가 복이 있나니 하나님의 나라가 그들의 것이라고 선언하셨다. 예수님은 육적으로, 또 심적으로 가난하여 비어 있는 분이셨다. 교도소에 계신 여러분도 예수님과 같이 육과 심령으로 가난한 분들이어서 여러분을 위해 십자가에 매달려 돌아가신 예수님을 우러러볼 때, "오늘 네가 나와 함께 낙원에 있으리라"눅 23:43 하시는 음성을 듣게 될 것이다.

예수님의 인격은 포로된 자에게 자유를 주신다. 인간은 누구나 본능적으로 욕구를 가지고 있고, 욕구 그 자체는 결코 죄가 아니다. 그러나 이러한 욕망에 사탄이 틈을 타고 들어와서 우리의 인격을 지배하게 되면 우리 자연인으로서는 이것을 이길 능력이 없다. 우리는 사탄에게 포로가 되어 자유하지 못하다. 불의에 속하여 사탄의 유혹에 빠지는 우리를 자유케 하려고 예수님은 십자가를 지셨다. 그리고 부활하셔서 온 인류를 사탄의 포로 상태에서 해방케 하여 자유케 하셨다.

예수님은 눈먼 자를 다시 보게 함을 전파하셨다. 사람은 육의 눈으로 보고 무엇을 깨닫는다고 자처하지만, 죄로 말미암아 심판받게 될 것을 알지 못하며 살고 있다. 즉, 암흑 가운데 갈 길을 바로 보지 못하고 세상의 사조를 따라 살고 있다. 예수님이 십자가를 지심으로 우리도 자기를 이기고, 자기 십자가를 지고, 주님을 따라가야 한다는 것을 배웠다. 남에게 영원한 생명을 전달하기 위해 자기를 희생하는 사랑이 사람의 도리임도 알게 되었다. 이것은 예수님의 부활하심으로 성령이 우리에게 임하셔서 우리로 하여금 인생의 살길을 밝히보고 따라가게 하신 것이다.

예수님은 눌린 자를 자유케 하셨다. 친히 십자가를 지심으로 악령의 압제하에 신음하는 인류를 자유케 하셨다. 그리고 부활하심으로써 죄악에 얽매인 우리를 자유케 하셨다. 사망 권세를 이기고 부활하신 그 능력을 온 인류에게 주신 것이다.

예수님은 주님의 은혜의 해, 곧 주님의 나라가 우리의 손과 마음에 임하여 있음을 전파하셨다. 주님의 나라가 하늘에서 준비되어 있다가 하늘로부터 내려오고 있음을 전파하게 하신 것이다.

예수님의 인격은 진실하셔서 그의 십자가와 부활을 통해 나타난 그의 인격을 우러러보게 될 때 우리의 인격은 갑자기 변화되어 주의 은혜의 해를 전파하게 될 것이다. 예수님의 십자가와 부활은 예수님의 인격의 힘이 나타난 것으로 하나님께서 그것을 성취하심으로 인류 구원의 보장을 삼으셨다.

예수님의 인격은 세상 죄를 지고 십자가에 달리셨고, 예수님의 부활은 예수님의 신격을 보여 주시고, 사람으로 하여금 영생을 얻을 것을 보여 주셨다. 예수님의 부활을 체험한 사람은 이 세상에서 죄악에 침륜되지 않는다. 그 사람의 심령은 완전히 자유하다.

〈부산모임〉 1984년 4월호[97:17-2]

영과 혼과 몸의 보전

> 평강의 하나님이 친히 너희를 온전히 거룩하게 하시고 또 너희의 온 영과 혼과 몸이 우리 주 예수 그리스도께서 강림하실 때에 흠 없게 보전되기를 원하노라 너희를 부르시는 이는 미쁘시니 그가 또한 이루시리라 살전 5:23-24

새해의 바람은 여러분의 영과 혼과 몸이 주님 앞에서 흠 없이 보전되는 것이다. 하나님은 평강이시다. 진리의 인격자이시다. 그에게는 무한하신 사랑과 영원하신 섭리가 있다. 그것은 한마디로 해서 무궁한 조화이다.

그런데 인생은 모순에서 허덕이고 있다. 부조리에서 신음하며, 스스로는 평강을 얻지 못하고 있다. 자연계에는 약육강식의 비참이 있고, 인간사회에는 빈부귀천의 차별이 있다. 곧, 지배계급과 피지배계급이 있어서 모순과 갈등으로 신음하고 있는 것이 현실이다. 과연 가련한 인생이다.

그것은 사람이 진리에서 떠나 있기 때문이다. 그 증거로는 우리가 원하는 선은 행해지지 않고, 원치 않는 악이 쉽게 행해지는 경험을 통해 말할 수 있다. 즉, 우리의 인격이 진리를 반역한 까닭에 피조물 전부가 속화(俗化)되어 버렸기 때문일 것이다.

그러므로 인간은 현실의 모순과 부조리에 대한 책임이 있으며, 이것에서 구원되지 않으면 평강을 누릴 수가 없다. 다시 말하면 사람이 현실에서 평강을 누리려고 하면 현실을 초월해야 하는데, 이것은 사람들이 스스로 수양해서 되는 것이 아니고, 거룩하신 하나님이 거룩히 구별해서 되는 것이다. 즉, 예수를 그리스도로 믿고, 영접하는 자는 하나님이 이 속세에서 불러내어 거룩하게 해 주셨다고 믿는다.

사람의 인격은 세 가지 부분으로 되었다고 생각한다. 즉, 영과 혼과 몸이다. 사람은 세 가지의 삶을 살고 있는 통일체라고 말할 수 있다. 곧 혈육의 생물학적 생명과 정신적이며 사회적인 도덕적 생명, 그리고 영과 교제하는 마음의 생명을 살고 있는 통일체의 인격자라고 믿는다.

이 통일체의 보전은 생명의 본능이며, 최대의 소원이다. 이 소원은 예수 그리스도의 재림을 통해 완성될 것이다. 그 때까지 우리 믿는 자의 소원은 영과 혼과 몸의 삶이 흠 없이 보전되는 것이다. 우리 육체의 몸이 약할 때에 정신도 약하여지는 것은 잘 체험할 수 있다. 또 우리의 마음에 감사의 기쁨이 충만할 때에 정신과 몸은 또한 건전하게 보전된다. 그러므로 사도 바울은 "네 영혼이 잘됨 같이 네가 범사에 잘되고 강건하기를 내가 간구하노라"요삼 1:2라고 했다.

그런데 이 세 가지 생명은 주종主從의 관계가 있다. 즉, 육적 생명은 사회적, 도덕적 생명을 위하여, 그리고 도덕적 생명은 영적인 영원의 생명을 위하여 있는 것이다.

나는 요사이 의사의 눈으로 보아, 불치병으로 진단을 받은 사람들에게 "암이라든가 고혈압과 같은 노인병들은 지금까지 현실에서 육을 위하여 살았기 때문에 발생한 것이니, 영적생활로 돌이키면 지금 나쁘게 진행되고 있는 병적 변화가 멈추던지, 또는 좋은 방향으로 전환될 것이다."고 격려하며 말해준다. 어떤 이들은 이 말을 잘 이해하고 받는다.

육을 가지고 영원히 사는 사람은 하나도 없다. 그러나 사람의 생명은 하나님과 같이 살수 있는 영적 생명이므로 육에 있으면서도 하나님과 교제하는 생활을 하면 자기의 생명이 영원한 것임을 느끼게 될 것이라고 설명해 준다. 그리하면 지금까지 우울하고 초조하던 환자들이 마음의 평강을 얻고, 예수 그리스도의 복음을 듣기 원하는 것을 종종 체험한다. 그리고 그 환자가 마음에 복음을 받아드린 후에는 모든 신경질적 증상은 사라지고, 병에서 초월하여 마음에 기쁨이 충만해 진다. 나는 이것을 하나님께서 그를 거룩히 구별해서 예수 그리스도를 영접하게 하시고, 그의 영과 혼과 몸을 예수 그리스도의 날까지 보전하시려는 것으로 믿는다.

하나님은 진실하시다. 일찍이 인류의 조상에게 약속하시고 그의 뜻대로 다 이루어 주셨다. 기약이 찼을 때에 친히 육을 입으시고, 인간 세상에 오셔서 속죄를 성취하셨다. 주님이 부활 승천하셔서 사람이 하나님의 자녀로서 영생하는 것을 몸소 나타내셨다. 그리고 주님을 중심으로 하는 신도들의 영적교회는 하늘나라의 표본임을 말씀으로 가르쳐 주셨다. 이것이 사람의 힘으로 이뤄지는 것이라면 의심하겠으나, 하나님이 친히 성령으로 이루어 주신다고 하셨으니 기쁜 일이다.

〈부산모임〉 1974년 2월호[40:7-1]

부활 신앙과 사명

예수 그리스도의 부활은 인류 구원의 열쇠이다. 예수 그리스도의 십자가와 부활은 그리스도 신앙의 초석이다. 예수님의 십자가와 부활은 예수 개인의 인격의 완성일 뿐 아니라, 뭇 사람을 하나님의 아들의 생명을 알게 하는 일에 가장 하나님 뜻에 합당한 일이었다. 하나님 뜻에 합당한 일이라고 하는 것은 가장 하나님답게 나타나셨다는 말씀이다히 2:10.

예수님이 십자가에 달리실 때, 하나님께서 가장 하나님답게 나타나셨다는 말씀이다. 역사에 하나님의 뜻이 나타나지 않을 때는 없겠지만, 예수님이 십자가의 고난을 당하실 때처럼 하나님답게 나타나신 일은 없다는 것이다. 그것은 예수님의 십자가는 하나님의 공의와 사랑의 표현인 까닭이다.

하나님께서 세상 사람을 구원 하시려고 하실때, 뭇 사람들의 인격을 다 완성해서 자녀로 삼으려고 하신 것이 아니고, 예수님 한 사람을 인격자로 완성해서 뭇 사람을 그와 믿음으로 결부시켜 영생하는 하나님의 자녀로 삼으시는 길을 열어주신 것이다. 왜 그렇게 하셔야만 했을까? 그것은 모든 사람이 다 하나님을 배반하고 죄인이 되었기 때문이다.

나는 예수님의 부활에 대해 바울의 변증적 논리를 그대로 받아들인다고전 15장. 지금의 사람들이 왜 예수님의 부활을 못 믿는가 하면 현대인에게 부활의 사실이 자기의 현실적 경험과 과학적 논리로서 자기 이성에 맞지 않기 때문일 것이다. 예수님의 부활의 몸은 영의 몸으로 현실적 감각으로는 느낄 수 없다. 그런데 현재 크리스천들 가운데는 육체 부활을 강조하면서 현실적으로 느끼기 원하는 신자들도 적지 않다. 만일 그들이 현실에 만족하여 현실적 육체 부활을 원하고, 그렇게 믿는다고 하면 그것은 잘못이라고 생각한다.

영체는 영감으로 체험할 수 있는 것이어서 처음에 부활하신 예수님을 만나 본 막달라 마리아는 예수님을 동산지기인 줄 알았다고 하였다. 새벽에 어두워서 잘못 보았다고 해석할는지 모르나 그것은 육안으로 보아서 그렇게 생각했을 것이다. "마리아야" 하실 때, 그 여자의 심령의 눈과 귀가 열려서 예수님을 알게 된 것이다.

영감으로 체험케 되는 것을 신앙체험이라고 말한다. 이러한 예는 성경에서 얼마든지 찾아 볼 수 있다. 예수님이 세례를 받고 물에서 올라오실때 "하늘이 열리고 하나님의 성령이 비둘기 같이 내려 자기 위에 임하심을 보시더니 하늘로부터 소리가 있어 말씀하시되 이는 내 사랑하는 아들이요 내 기뻐하는 자라" 하실 때 세례 요한은 이것을 영감으로 느꼈던 것이다 마 3:16-17.

또 예수께서 변화산에서 변화하신 뒤에 베드로가 너무도 좋아서 자기가 하나는 주를 위하여, 하나는 모세를 위하여, 하나는 엘리야를 위하여 장막 셋을 지어 계시게 하겠다고 말 할 때에 구름 속에서 소리가 나서 말하기를 "이는 내 사랑하는 아들이요 내 기뻐하는 자니 너희는 그의 말을 들으라 하시는지라 " 마 17:5 하셨는데 이와 같은 역사적 사실은 영감으로 느끼는 것이다.

또 예수님이 마지막 유월절에 예루살렘에 계실 때, 헬라인 몇이 예수님을 찾아 뵈옵고 자기들의 의사를 전했는데, 그때에 예수님은 몹시도 괴로워서 "지금 내 마음이 괴로우니 무슨 말을 하리요 아버지여 나를 구원하여 이 때를 면하게 하여 주옵소서 그러나 내가 이를 위하여 이때에 왔나이다 아버지여, 아버지의 이름을 영광스럽게 하옵소서"요 12:27-28라고 하나님께 간절한 기도를 드렸다.

이때에 하늘에서 소리가 나서 가로되 "내가 이미 영광스럽게 하였고 또다시 영광스럽게 하리라" 하신 것은 예수님만 영감으로 체득하셨고, 곁에 서서 들은 무리는 천둥이 울었다고도 하며, 또 어떤 이들은 천사가 저에게 말하였다고도 했다요 12:20-29. 심령의 눈과 귀가 열리지 못한 사람들은 이해 할 수 없었던 것이다.

사울이 다메섹으로 가는 도상에서 "홀연히 하늘로부터 빛이 그를 둘러 비추는지라 땅에 엎드러져 들으매 소리가 있어 이르시되 사울아 사울아 네가 어찌하여 나를 박해하느냐" 하셨다행 9:3-4. 사울이 대답하되 "주여 누구시니이까 이르시되 나는 네가 박해하는 예수라"고 하였다행 9:5. 이것은 다 영감에서 된 사실이어서 같이 가던 사람들은 소리만 듣고 아무도 보지 못하여 말을 못하고 서서 있을 뿐이었다.

영체의 생명은 영감으로만 바로 느끼고 이해되며 또 영생을 하게 한다고 믿는다. 물론 이와 비슷하지만 잘못된 영감이 있을 수 있다. 그래서 신앙 체험이라고 하는 것 중에는 악령의 영감과 체험을 통하여 미신에 빠질 수 있는 것도 주의해야 한다. 세계의 유사 기독교가 이렇게 해서 일어나는 것이다.

그것을 낱낱이 예를 들어 열거할 수는 없지만, 영적 일을 현실적·육적 표현으로 받아들임으로써 윤리적으로 상식에 벗어나는 행동을 하게 되는 것들은 다 악령의 영감으로 된 것으로 적 그리스도가 되게 한다. 예수님의 부활 체험은 건전한 것으로 이 신앙 체험을 가진 자는 자기의 육의 생활에서 초월하여 하나님 본위의 생활을 하게 되며, 기뻐서 하나님의 뜻을 실천하게 된다.

내가 예수님의 부활을 믿게 되는 이유는 첫째로 성경말씀 시편 16편 10절에 "이는 주께서 내 영혼을 스올에 버리지 아니하시며 주의 거룩한 자를 멸망시키지 않으실 것임이니이다"라고 하신 대로 응하여졌다는 사실과 둘째는 예수님의 부활을 영감으로 전하는 제자들의 진실성에서 믿어졌으며, 셋째는 나의 신앙 체험에서도 조금 설명되는 것이 있다.

1941년 내가 평양 기홀병원에서 일하고 있었을 때였다. 나의 불민함으로 아무도 나를 돌아보지 않아 친구를 완전히 잃었을 때, 오직 예수 그리스도만을 주님으로 모시고 약 10개월정도 신앙생활을 한 일이 있다. 그 후부터는 내세를 부인하려고 해도 부인할 수 없는 이성을 가지게 되었다.

또 1972-1973년 사이에 부산 복음병원에서 지내면서 얻은 체험은 평화는 하나님의 심판을 통하여 얻어진다는 것과 완전히 죽으며 새롭게 살아난다는 진리를 체득한 것이다. 새로이 살아난 증거로는 상습적으로 범하던 잘못을 싫어하게 된 것이며, 좁던 마음이 더 넓어졌다. 아직 정신과 마음이 완전히 하나님의 자녀가 되지는 못했지만, 산 소망으로 살게 되며, 진리 중심의 생활을 기쁨으로 하게 되었다.

　나는 그가 계획하신 대로 살게 될 것을 소망하며 살려고 한다. 동시에 주님이 주시는 사명을 다시 한 번 되새기게 된다. 즉, "예수께서 나아와 말씀하여 이르시되 하늘과 땅의 모든 권세를 내게 주셨으니 그러므로 너희는 가서 모든 민족을 제자로 삼아 아버지와 아들과 성령의 이름으로 세례를 베풀고 내가 너희에게 분부한 모든 것을 가르쳐 지키게 하라 볼지어다 내가 세상 끝날까지 너희와 항상 함께 있으리라 하시니라"마 28:18-20 하신 말씀이다.

　예수님은 지금도 찾아 오셔서 "너희에게 평강이 있을 지어다"라고 하시면서 "내 양을 치라"고 분부하신다. 인류는 주님의 양이다. 특히 유물주의에 사로 잡히고, 무신론에 신음하는 저 무리에게 누가 이 복음을 전할 수 있을까. 부르시는 음성이 귀에 들리는 것 같다.

　자기를 완전히 죽이고, 부활하신 예수님과 동고동락하는 성도들은 불릴 자격을 갖춘 자라고 할 수 있다. 과학자는 영생할 수 있는 자격을 현실에서만 보고, 인간을 너무도 과소평가하는 자가 아닌가? 예수님의 인격과 결부되어 있는 자는 죽어도 살고 또한 영원히 사는 생활인 것을 현실에서 증명하는 것이 부활 신앙과 사명을 실천한다고 말할 수 있다.

〈부산모임〉 1974년 4월호 [41:7-2]

예수님의 고난과 부활

예수님의 고난 주간

예수님의 생애는 전체적으로 고난의 생활이었지만, 특히 십자가에 달리시기 일주일간은 더욱 심하셨다고 생각한다.

예수님은 자기의 사명을 다시 확인하시고, 이것을 제자들에게 알리시기 위해 산수와 경제활동이 좋은 가이사랴 빌립보 지방에 가셨다. 그곳에서 처음으로 인자가 장로들과 대제사장들과 서기관들에게 버림을 받아 십자가에 못박혀 죽었다가 사흘 만에 부활할 것을 가르치셨다. 이것은 그런 일을 당할 때 제자들로 하여금 놀라지 않고, 낙망하지 않게 하기 위해 미리 가르쳐 주신 것이다막 8:30, 마 16:21, 눅9:22.

자신이 수행해야 하는 사명을 알게 하시는 인자 예수님은 얼마나 괴로우셨을까? 과연 그 제자들은 이 말씀을 이해 할 수 있었던가? 아니다. 베드로는 "그리하지 마옵소서"하고 권했다. 그러나 주님은 곧 "사탄아 내 뒤로 물러 가라 너는 나를 넘어지게 하는 자로다 네가 하나님의 일을 생각하지 아니하고 도리어 사람의 일을 생각하는도다"고 하셨다마 16:23. 이 때에 '주님의 마음은 얼마나 괴로웠을까?'하는 생각이 든다.

주님은 거기에서 갈릴리 지방을 다녀오실 때, 이 말씀을 다시 제자들에게 하셨다막 9:30, 마 17:22, 눅 9:44. 이 말씀에는 제자들의 경각심을 깨우는 뜻과 여러 가지 고민이 내포되어 있었다. 그리고 주님은 제자들과 같이 마지막으로 예루살렘에 올라가시면서 이 말씀을 세 번째로 다시 되풀이 하셨는데, 이것이 예수님의 고난과 부활의 예언이었다.

예수님의 고난은 예수님의 도전으로 시작되었다. 회개할 줄 모르는 당시의 유대교의 지도자들 즉, 대제사장들과 서기관과 바리새인들에게 먼저 비유로서 저들은 포도원 주인, 즉 여호와 하나님을 반역하는 농부, 백성들이라고 말씀하셨다.마 21:33-46, 막 12:1-12, 눅 20:9-19. 그 다음 "화있을진저 서기관과 바리새인" 하시면서 일곱 번이나 회개를 촉구하셨다.마 23장-36장, 눅 11:42-52.

이 말씀은 예수님의 애족하는 마음과 인류에 대한 뜨거운 사랑으로 하신 것인데, 서기관과 바리새인들은 더욱 더 교만해지고 완고해질 뿐이었다.

그리고 또 제자들이 예루살렘 성전 건물을 보고 자만했을 때, 건물이 돌 하나도 돌 위에 남지 않고 다 무너질 것이라고 경고하시고, 또 예루살렘 멸망과 예수님 재림 시에 될 예언을 하시면서 "너희는 항상 준비하고 깨어있으라"고 일러주셨다. 그리고 계속해서 열 처녀 비유로 깨어 있을 것을 강조하셨다.마 25:1-13.

그 다음에는 달란트 비유마 25:14-30와 양과 염소 비유마 25:31-46, 그리고 열므나 비유눅 19:11-27들로 믿음과 복음은 항상 생각해야 한다고 교훈하셨다.

이와 같이 말세에 대한 경고와 항상 깨어 있어서 새 시대를 맞이할 준비를 하고 열심히 전도할 것을 가르치신 후, 예수님과 제자들은 여리고를 지나 예루살렘으로 올라가셨다.

예수님은 이 길을 십자가를 지실 각오를 가지고 가셨고, 제자들과 따르는 무리는 예수님이 예루살렘에 올라가시면 정변이라도 일어나서 유대나라가 독립이 되고, 세계를 제패하게 될 것이라고 하는 막연한 꿈을 가지고 따라갔다. 예수님은 조금도 동요하지 않고, 당하시는 일을 옳게 처리하는데 힘쓰셨다. 즉, 여리고를 지나실 때에 소경 바디메오의 눈을 뜨게 하시고막 10:46-52, 마 21:29-34, 눅 18:35-43, 세리장 삭개오의 집에 들려 삭개오와 그 집을 구원하셨다눅 19:1-10.

사랑과 믿음의 소유자이신 주님은 어떤 고난이 자기를 기다리고 있다고 해도 소경을 그대로 버려둘 수 없었고, 또 민족 반역자라고 일컫는 소외 당한 사람일지라도 구원하시지 않고는 지나갈 수 없었던 것이다. 여리고에서 예루살렘까지 약 24km나 되는 언덕길을 맨 앞서 늠름하게 주님 일행은 걸어갔다.

벳바게와 베다니에 가까이 왔을 때에 제자 중 둘을 보내시며 맞은 편 마을에 가서 나귀새끼를 풀어오라고 하셨다. 제자들은 말씀대로 나귀새끼를 풀어 끌고 와서 자기들의 옷을 나귀 잔등과 길에 폈다. 예수님을 나귀새끼에 타게 한 후 종려나무 가지들을 길에 피면서 그 위로 인도하였다. 이것은 스가랴 9장 9절의 "시온의 딸아 크게 기뻐할지어다 예루살렘의 딸아 즐거이 부를 지어다 보라 네 왕이 네게 임하시나니 그는 공의로우시며 구원을 베푸시며 겸손하여서 나귀를 타시나니 나귀의 작은 것 곧 나귀 새끼니라"고 하신 말씀을 응하게 하신 것이다.

과연 감람산 기슭을 서남쪽으로 돌아와 예루살렘 성이 바라보이는데 이르자, 무리는 소리 높여 "찬송하리로다 주의 이름으로 오시는 왕이여 하늘에는 평화요 가장 높은 곳에는 영광이로다" ^눅 19:38^하고 찬양을 하나님께 올렸다. 그리하니까 어떤 바리새인들은 그 찬양이 자기들의 마음에 들지 않고, 또 소란으로 고발이 될까 하여 예수님께 그치도록 해 달라고 청하기도 했다.

그러나 주님은 말할 수 있는 특권을 가진 사람들이 찬송하지 않으면 이 돌들이 소리 지를 것이라고 응수하셨다. 과연 예수님의 예루살렘 입성은 평화의 왕으로 하나님의 의와 사랑을 이루시기 위하여 십자가를 지기 위해 들어 가시는 것으로 인류의 죄를 대속하시고, 온 인류를 하나님의 자녀로 회복하게 하시는 하나님의 구원 성취를 뜻하시는 것이었다. 이 찬양은 온 인류와 자연, 즉 대우주의 찬양을 대표하는 것이다. 아! 바리새인들은 왜 믿지 못하는지 답답함을 금할 수 없다.

예수님은 제자들과 무리의 찬양을 받으시고, 바리새인들의 불신에 대해서는 우셨다. 예루살렘 성안에 있는 유대교 지도자들의 불신을 생각하고 우신 것이다. 현재도 이 종교지도자들이 평화에 관한 일을 생각하고 예수님을 영접하기만 하면, 이 성의 멸망은 면할 수 있으련만 저들에게 숨겨져 있으니 어찌하겠는가. 저들은 의식과 형식으로 율법을 지키고 교만해져서 예수님을 영접하지 않았다.

그래서 예수님은 기원후 70년에 로마 장군 티투스 라비에누스Titus Labienus에 의해 예루살렘성이 완전히 파괴되고 황폐화 될 것이라는 예루살렘의 멸망을 소상하게 예언하시고, 이에 예루살렘 성전으로 들어가셨다. 그 이방인의 뜰, 즉 밖의 뜰에는 비둘기 파는 사람, 돈 바꾸는 사람들로 인해 장사터가 되어 있었다.

예수님은 저들을 내어 쫓으시면서 그들에게 이르시기를 "내 집은 기도하는 집이 되리라 하였거늘 너희는 강도의 소굴을 만들었도다"고 책망하셨다.눅 19:45-46. 즉, 평화에 관한 일은 종교를 혁신하는데 있음을 시사하셨다.

그날 저녁은 베다니에 가서 쉬게 되었는데, 마리아는 준비했던 향유를 예수님의 발에 붓고, 머리털로 씻어 자기도 모르게 예수님의 장례를 준비하는 예식을 해 드림으로써 주님을 위로했다. 가룟 유다는 그 뜻을 모르고 마리아의 사랑을 꾸짖었다. 마음이 바르지 못하면 아무리 좋은 이론을 가지고 판단한다고 해도 하나님의 뜻에 위반된다는 사실을 배우게 된다.

그 다음날 예수님께서 예루살렘 성전에 들어 오시니 제사장과 장로들과 서기관들은 무슨 권세로 성전 숙청을 감행했는가 하고 대들었다. 이에 예수님께서는 "요한의 세례가 하늘로부터냐 사람으로부터냐"눅 20:4하고 반문하셨다. 저들이 알지 못한다고 대답하자 예수님께서도 무슨 권세로 이런 일을 하는지 이르지 않겠다고 하셨다.

이처럼 예수님은 종교 지도자들과는 강경히 싸우시고, 저녁에는 제자들의 발을 씻기시고 본을 보여 주시면서 새 계명을 주셨다. 즉, "서로 사랑하라 내가 너희를 사랑한 것 같이 너희도 서로 사랑하라"요 13:34고 교훈하셨다. 또 "너희는 마음에 근심하지 말라 하나님을 믿으니 또 나를 믿으라 …… 내가 곧 길이요 진리요 생명이니 나로 말미암지 않고는 아버지께로 올 자가 없느니라"요 14:1-6고 위로하시며 교훈하셨다.

또 다음날 성전에 들어가시니 서기관과 바리새인의 정탐들이

와서 "우리가 가이사에게 세를 바치는 것이 옳으니이까 옳지 않으니이까 "하고 묻는 것이었다. 예수님은 그 간계를 아시고 데나리온 하나를 가져오라 하시고 누구의 화상과 글이 여기 있느냐 반문하시면서 " 가이사의 것은 가이사에게, 하나님의 것은 하나님께 바치라"고 대답하셨다눅 20:22-25.

또 부활이 없다고 주장하는 사두개인들의 질문에 대하여는 부활함을 얻기에 합당이 여김을 입은 자들은 천사와 같이 하나님의 자녀로 부활하므로 이 세상 사람들처럼 혼인하는 일이 없다고 가르치셨다. 그래서 서기관들도 그 대답이 옳다고 했다눅 20:27-40.

저녁에는 제자들에게 "나는 포도나무요 너희는 가지라 그가 내 안에, 내가 그 안에 거하면 사람이 열매를 많이 맺나니 나를 떠나서는 너희가 아무 것도 할 수 없음이라"요 15:5고 가르치셨고, 또 예수님께서 자신이 세상을 떠나 아버지께로 가면 보혜사를 보내시겠다고 하시면서, 그가 와서 죄에 대하여 의에 대하여 심판에 대하여 세상을 책망하실 것이라 말씀하셨고, 또 진리의 영이 오시면 그가 너희를 모든 진리 가운데로 인도하시라고 하셨다. 이것은 제자들을 끝까지 사랑하시고 위로하신 말씀이다.

유월절이 가까이 왔을 때, 서기관과 대제사장들은 가룟 유다와 약속하기를 무리가 없을 때 예수를 넘겨주도록 의논했다. 한편 예수님께서는 베드로와 요한에게 유월절을 예비해서 같이 모여 먹도록 하라고 명하셨다.

목요일 저녁, 큰 다락방에는 유월절 잔치가 예비되었고, 예수께서 사도들과 함께 앉으셔서 제자들의 보전과 합일을 위하여 기도하시고요 17장 떡을 가져 축사하시고 떼어 주시며 하시는 말씀이 "이것은 너희를 위하여 주는 내 몸이라 너희가 이를 행하여 나를 기념하라 하시고 저녁 먹은 후에 잔도 그와 같이 하여 이르시되 이 잔은 내 피로 세우는 새 언약이니 곧 너희를 위하여 붓는 것이라"눅 22:19-20고 하시면서 제자들을 끝까지 사랑하셨다. 가룟 유다의 마음도 변화시켜 보려고 사랑의 표현을 다하셨다. 그러나 마귀에게 사로잡혔던 유다는 대제사장들과 서기관에게 가서 예수님을 팔았다.

예수님과 다른 제자들은 전날과 같이 기드론 시내를 건너 감람산 기슭 겟세마네 동산에 들어 갔다. 여기에서 예수님은 피와 같은 땀을 흘리시면서 세 번이나 이 잔을 면케 하여 주시기를 빌었으나, 나중에는 "내내 원대로 마시옵고 아버지의 원대로 되기를 원하나이다"눅 22:42라고 기도하셨다. 이것은 최고의 고통의 기도를 드리신 것이며, 이 기도로 최고의 고통에 대해 승리하셨 다.

이 때에 가룟 유다는 군관들과 같이 예수를 잡으러 왔다. 예수님은 제자들이 무사히 돌아가도록 저들에게 손을 대지 못하도록 하셨다. 성급한 베드로는 말고의 귀를 환도로 쳐서 땅에 떨어뜨렸다. 그러자 예수님은 베드로에게 환도를 집에 꽂으라 하시고, 말고의 귀를 낫게 하셨다. 예수님은 저들이 인도하는 대로 안나스, 가야뱌의 궁정의 빌라도에게, 헤롯에게 끌려갔다가 다시 빌라도에게 오셔서 재판을 받으셨다.

빌라도는 무죄를 주장하면서도 유대 종교지도자들의 강요 때문에 예수님을 십자가에 못 박도록 내어 주었다. 가련한 빌라도는 큰 죄를 범했다. 예수님은 하나님의 어린 양으로서 세상 죄를 다 짊어지시고 십자가의 고난을 당하셨다. 가룟 유다와 같이 반역하는 나의 죄, 빌라도와 같이 연약하여 범죄하는 우리의 죄까지도 다 담당해 주셨다.

이와 같은 무한히 크신 하나님의 의와 사랑을 다시 짓밟아야 되겠는가? 우리는 마땅히 우리의 가슴을 치며 통곡하고 회개하지 않으면 안 된다. 다시는 연약해서 반역하는 죄를 지어서는 안되겠다.

진정 나는 오늘로 나의 육의 탐심과 정욕이 완전히 죽어 없어지기를 간절히 기도하며, 나의 전 인격을 가지고 결심한다. 다시는 주님을 떠나지 않기로 다시는 이 세상에 흥미를 갖지 않기로 내 마음에 다짐한다. 죄는 이와 같이도 심각한 것이다. 하나님 자신이 십자가에 달려 죽지 않으면 안될만큼 심각한 것이 죄이다.

우리가 어찌 다시 죄에 빠질 수 있으리요. 우리는 완전히 죽어야 다시 산다. 다시 살아야 다시는 죄를 범하지 않게 된다. 육체로 다시 사는 것이 아니고, 영의 몸으로 부활하신 주님과 같이 다시 살아야 하겠다.

예수님은 부활하셨다.

예수님께서 십자가에 달려 돌아가시기 전 일주동안 사신 그 삶의 거룩한 생명을 생각할 때, 그 생명은 육이 죽음으로써 없어질 것이라고는 도저히 생각할 수가 없다. 시편에 예언한대로 거룩한 자로 썩는데 이르지 않게 하시므로 부활하게 되셨다.

예수님이 부활하셔서 40일간 제자들에게 여러 번 나타나셔서 너희에게 "평강이 있을지어다" 축복하여 주시고, 또 "내 양을 먹이라"고 분부하셨다. 승천하실 때 5백 여 문도가 보았다.

그 후 바울에게는 다메섹 도상에서, 요한에게는 밧모섬에서 나타나 보이셨으며, 또 그 후에 많은 성도가 환난과 핍박을 당할 때에는 부활하신 주님 안에서 믿음으로 승리하였던 것을 우리는 잘 안다.

나도 성경 말씀을 통해 부활하신 예수님을 믿고, 이 세상 사회에서 버림을 당했을 때, 예수님과 교통함으로 낙망하지 않고 나의 책임에 충실할 수가 있었다. 그 후에 영원한 생명, 곧 사랑과 내세를 경험하게 되었다.

그렇다면 부활의 원리가 이 세상에 나타나 있는가? 그것은 이 자연계에서 얼마든지 볼 수 있다. 밀알이 땅에 떨어져 죽으면, 즉시로 움이 트고 자라서 많은 열매를 맺게 된다.

겨울이 지나고 꽃이 땅 위에 만발하는 것은 부활의 영광을 드러내주는 것이다. 혈육의 사람이 혈기로 말미암아 남과 자기를 해하여 괴로워하던 것이 예수를 구주로 영접하여 새로 거듭난 후에는 하나님 본위로 살게 되고, 기뻐 선을 행하게 되는 것은 부활 신앙으로 살게 되는 증거이다.

바울이 부활하신 주님을 만나기 전에는 율법을 지켜 의를 얻으려고 하다가 "오호라 나는 곤고한 사람이로다 이 사망의 몸에서 누가 나를 건져내랴"롬 7:24고 탄식하였는데, 다메섹으로 내려가던 길에서 부활의 주님을 만나 본 후에는 "우리 주 예수 그리스도로 말미암아 하나님께 감사하리로다 그런즉 내 자신이 마음으로는 하나님의 법을 육신으로는 죄의 법을 섬기노라"롬 7:25고 고백했다. 즉, 거듭나기 전에는 그리스도를 핍박하다가 거듭난 후에는 종으로 그리스도의 십자가와 부활을 증거하는 일에 열심하게 된 것이다.

만삭되어 나지 못한 이중자와 같은 우리가 세상 지혜에는 이 세상 사람 같지 못하지만, 예수 그리스도 만으로 만족하고 사랑과 기쁨과 평화의 삶을 살 수 있게 되는 것은 부활신앙, 곧 영적 생활을 살게 될 증거라고 할 수 있다.

예수님의 부활은 사탄의 두 가지 업적을 소멸하신 것이다.

사탄은 항상 인간 세상에서 인류를 유혹하여 죄와 사망으로 인도하고 있다. 예수님은 그 사탄의 역사를 파괴하려고 오셨다.

만일 예수님이 부활하시지 못했더라면 예수님의 사명은 실패했을 것이다. 그러나 예수님께서 부활하셔서 죄와 사망의 권세자 사탄의 머리를 깨뜨려 사람들을 그 속박에서 해방시켜 주셨다. 그리고 예수님은 부활하셔서 내세의 소망을 주시고, 또한 믿고 따르는 사람들에게 승리생활, 성결생활을 하도록 하여 주셨다.

지금 우리는 부활하신 주님과 함께 인류를 사탄의 피해로부터 구출하는 일에 전심전력하는 자가 되자. 주님의 고난에 감격하여 그의 발자취를 기뻐하며 따라 감으로써 부활 체험에 이르게 되기 바란다.

〈부산모임〉 1978년 4월호[64:11-2]

예수님의 부활체에 대하여

1986년 3월 30일 부활주일에 즈음하여

해마다 부활주일을 당하면 주님의 부활체에 대하여 생각하게 된다. 내가 주일학교 교사 강습회에 가서 "나는 주님의 영적 부활, 즉 영체로 부활하심을 믿는다."고 말했더니, 그 후에 나를 강사로 초빙했던 청년은 "예수님의 육체부활을 부정하신 것은 아니겠지요?"하고 전화로 물어왔다. 나는 그 강연에서 말한 대로 "육체 부활을 부정하는 것은 아니고 영체로 부활하였음을 믿는다고 했다."고 다시 천명한 일이 있다.

우리가 사도신경을 외울 때에 몸이 다시 사는 것과 영원히 사는 것을 믿는다고 고백한다. 이 때의 몸은 육체를 말하는 것인가? 영체를 말하는 것인가?

나도 어렸을 때에는 육체 부활로 믿었으나, 그러나 의학을 공부하고, 죽음과 생명에 대하여 심령의 눈이 뜨이게 된 후부터는 성경의 말씀이 육의 생명보다는 영의 생명을 가르치고 있다고 느껴지게 되었다.

주님의 생명이 썩어질 육체로 부활하는 것이 아니고, 썩지 않는 영체로 부활하심이 성경 구약 시편 16편 10절에 예언되어 있음을 알게 되었다. 물론 신약에서도 예수님이 부활하신 후에 여자들이 무덤에 들어가 보니 예수님의 시체가 뵈지 아니하더라 눅 24:3참조고 한 부분과, 또 도마에게 이르시되 " 네 손가락을 이리 내밀어 내 손을 보고 네 손을 내밀어 내 옆구리에 넣어 보라 그리하여 믿음 없는 자가 되지 말고 믿는 자가 되라"고 하신 일 요 20:27, 그리고 "예수께서 이르시되 어찌하여 두려워하며 어찌하여 마음에 의심이 일어나느냐 내 손과 발을 보고 나인 줄 알라 또 나를 만져 보라 영은 살과 뼈가 없으되 너희 보는 바와 같이 나는 있느니라 …… 이에 구운 생선 한 토막을 드리니 받으사 그 앞에서 잡수시더라"눅 24:38-43라고 말씀하셨다.

이들의 말씀을 보면 마치 육체의 부활처럼 생각하기 쉽지만, 영체로 부활하셨음을 부정하는 사실들이라고 할 수는 없다. 부활체는 시간과 공간을 초월하고 자유로운 것이 그 특징이다. 즉, 제자들이 유대인들의 박해를 두려워하여 문을 닫고 모였을 때 홀연히 나타나셨다가요 20:26, 눅 24:31하 홀연히 보이지 않게 되었다. 또, 막달라 마리아와 그 밖의 여인들과 제자들이 곧 부활하신 예수님을 육안으로 알아보지 못한 것고전 15:6, 그리고 사울이 다메섹으로 가는 길에 강한 빛과 뇌성과 같은 음성으로 자기를 부르시는 예수님을 뵈온 것 같은 것은 영체 부활을 증명하는 사실들이라고 할 수 있다.

만일 예수님이 이 세상에 계실 때 회당장 야이로의 딸을 살리신 것막 5:21-43, 나인성 과부의 아들을 살리신 것눅 7:14, 또 무덤 속에 들어가서 나흘이나 지내었던 나사로를 살리신 것요 11:44과 같이 육체 부활이었다면 다시 죽음을 면치 못했을 것이다. 예수님의 부활체는 영체로 부활하신 것이다.

사도신경에서 "몸이 다시 사는 것"이라 한 것은 영체를 뜻한 것이다. 무릇 생명은 그 활동에 필요한 기관, 즉 몸을 필요로 한다. 영원한 생명체는 영체눅 24:37-40라고 나는 믿는다.

〈부산모임〉 1986년 4월호[109:19-2]

〈믿음과 때〉

때가 찼고 하나님 나라가 가까웠으니 회개하고 복음을 믿으라

마가복음 1장 15절

때가 찼다

만물에 때가 있는 것은 일상생활에서 경험할 수 있다. 더욱이 하나님께서 때에 따라 하시는 일은 성경 말씀에서 잘 알 수 있다. 예수님께서 이 세상에 오신 것은 때가 차서 오신 것이다. 하나님의 뜻과 경륜을 깨닫는 사람은 바로 그때를 직감하게 된다. 예수님께서 이 세상에 계실 때, 어떤 때는 "아직 내 때가 이르지 않았다."고 하셨고, 어떤 때는 "때가 이르니 지금도 그때라."라고 하셨다.

예수님께서 처음 전도를 시작하실 때에 "때가 찼고 하나님 나라가 가까웠으니 회개하고 복음을 믿으라"[막 1:15]고 하셨다. 나는 요사이 웬일인지 때가 찼다고 하는 느낌이 절실하다. 하나님은 사람들이 회개하기를 기다리신다. 참고 기다리신다. 어떤 때는 너무 오래 참으시는 것 같이 느껴질 때도 있다. 그것은 나 자신이 회개하지 않고, 남의 회개를 기다릴 때다. 그런데 한번 하나님께서 일어나셔서, 나타나실 때가 있다. 곧 정의와 심판의 날이다. 여호와의 날, 큰 날, 환난의 날이다.

하나님께서 사람을 자유롭게 살도록 내버려두시는 때도 있다. 그러나 언제나 버려두시지는 않는다. 하나님께서는 사람을 하나님 나라의 시민으로 삼으려고 하신다. 그 뜻이 실현되는 날이 있다. 우리는 그 때를 알지 못하고 잘못을 거듭 되풀이 하며 살

믿음과 때 ◆ 133

고 있지 않은가, 죄를 반복하고 있지 않는지 반성하여 보자. 한 번 죄를 범하면 다시 그 죄를 범하지 않으려고 애써도 실패하고 죄를 거듭하게 된다. 진정한 회계가 없으면 잘못인 줄 알면서도 그것을 물리치지 못하는 연약하고 가련한 인생이다. 그렇게 하루 또 하루를 보내다가 갑자기 심판의 날이 임하면 혼비백산하여 놀라게 된다. 하나님이 한번 일어서는 때, 그 심판은 맹렬하다. 보통 사람으로 견디기 어렵다. 누가 이 심판을 견딜 수 있겠는가.

그런데 하나님의 이 심판은 구원하시기 위함이다. 하나님의 성의는 사랑의 표현이다. 죄인이 죄에서 죽는 것을 기뻐하시지 않고, 회개하고 사는 것을 기뻐하시는 하나님이시다. 예수님이 이 세상에 오신 후 부터 구원의 때는 언제나 차 있는 것이다. 오늘은 은혜를 주실 때요, 구원의 날이다.

그리스도께서 우리와 같이 계셔서 임마누엘 하나님을 나타내신다. 하나님 나라는 가까이 있다. 우리 가운데 지금 임하고 있다. 여러분은 이 나라를 소유하려고 하지 않는가. 여러분이 이 나라 시민의 자격을 갖추면 곧 이루어지는 나라이다. 여러분이 그리스도를 영접하면 곧, 하늘나라 시민의 자격을 가지게 된다.

이제 그리스도를 만나면 자기가 죄인임을 깨닫게 된다. 이 죄인으로서는 하나님 앞에 설수 없음을 느끼게 될 것이다. 그러므로 하나님 앞에서 회개하게 된다. 하나님은 슬픈 심령으로 나오는 것을 기뻐하신다. 그리고 "예수 그리스도의 십자가에서 네 죄를 내가 대속했다. 그리고 그 십자가를 우러러 보라."고 하신다. 그리스도께서도 "내 죄를 내가 담당했다. 너는 하나님의 자녀이다."고 하신다. 자기 마음에서 대답을 얻게 된다.

나는 이 속죄, 곧 대속을 경험한 후에 이 세상 모든 것을 진토와 배설물과 같이 버렸다는 바울의 말씀을 체험하게 되었다. 그리고 지금 내가 사는 것은 과거의 내가 아니고, 내속에 그리스도께서 살아계셔서 살고 있음을 깨닫게 되며, 그러므로 우리는 사나 죽으나 주의 것이다. 그리고 살아도 죽어도 주의 영광을 위하여 산다고 주장한 바울의 말씀을 이해할 수가 있다.

이것이 천국이며, 복락이며, 은혜이다. 여러분 왜 의심하는가? 왜 주저하는가? 이제 그리스도를 찾으라. 그리스도는 오셨다. 그리고 하나님께서 사람에게 약속한 모든 구원을 성취하셨다. 사람이 자기의 교양이나 노력으로는 하나님의 자녀로 돌연변이를 일으킬 수 없다. 성령의 힘과 인격만이 사람을 영적으로 거듭나게 할 수 있다. 그래서 하나님의 자녀가 되고 하늘나라에 들어갈 수 있는 것이다.

이 원리를 믿고 체험하여 보라. 그렇지 않으면 심판의 날이 도적과 같이 임하게 된다. 어떻게 주님 앞에 갈 수 있으리오. 구원의 사랑을 저버리면 용서받을 길이 없지 않는가. 그러므로 내 동포여 이제 곧 회개하고 복음을 믿으라.

〈부산모임〉 1972년 2월호[28:5-1]

징조와 표적

이 세상 사물에는 물거품처럼 떴다 사라지는 것과 같은 큰 뜻이 없는 것이 많이 일어나고 있지만, 또 경우에 따라서는 특히 법칙적으로 파악할 때에는 시대의 징조로 표적 또는 이적으로 볼 수 있는 사실도 적지 않다.

1977년 12월 내가 미국 필라델피아에 갔을 때, 브루스 헌트 Bruce F. Hunt, 한부선 선교사가 자기 나라의 장래에 대하여 근심 하면서 나에게 다음과 같은 사실을 말해 주었다. 어떤 부인이 은행에 가서 자기의 돈을 찾아 가지고 돌아오려고 하는데, 백주에 그 은행 로비에서 어느 강도가 돈을 빼앗아 가지고 도망간 일이 있다는 것이었다. 그래서 풍문으로 들은 흑인 강도가 그랬으리라 생각이 되어 "그 강도는 흑인이었겠지요?" 하고 물었더니 "아니요. 백인이었어요."라고 했다고 하였다.

누가복음 21장 5-9절에는 "어떤 사람들이 성전을 가리켜 그 아름다운 돌과 헌물로 꾸민 것을 말하매 예수께서 이르시되 너희 보는 이것들이 날이 이르면 돌 하나도 돌 위에 남지 않고 다 무너뜨려지리라 그들이 물어 이르되 선생님이여 그러면 어느 때에 이런 일이 있겠사오며 이런 일이 일어나려 할 때에 무슨 징조가 있사오리이까 이르시되 미혹을 받지 않도록 주의하라 많은 사람이 내 이름으로 와서 이르되 내가 그라 하며 때가 가까이 왔다 하겠으나 그들을 따르지 말라 난리와 소요의 소문을 들을 때에 두려워하지 말라 이 일이 먼저 있어야 하되 끝은 곧 되지 아니하리라"고 하셨다.

이 예언의 말씀은 기원후 70년에 이루어졌다. 그러나 이 말씀은 지나간 것이 아니고, 지금에서도 경계의 말씀으로 살아 있고, 또 영적 의미로 이뤄지고 있다. 특히 우리나라의 성전은 우후죽순 같이 일어서며, 예루살렘 성전만은 못해도 복 받으려고 하는 잠재 의식에서 힘껏 바쳐 드리는 성의는 무시 할 수 없다. 그러나 그렇게 되면 될수록 하나님 나라에 대한 생각은 사멸되어 버리는 사실을 부인할 수 없다.

또 바리새인과 사두개인들이 예수님께 와서 하늘로서 오는 표적을 보여 달라고 시험했다. 이 때에 예수님의 대답이 "너희가 저녁에 하늘이 붉으면 날이 좋겠다 하고 아침에 하늘이 붉고 흐리면 오늘은 날이 궂겠다 하나니 너희가 날씨는 분별할 줄 알면서 시대의 표적은 분별할 수 없느냐 악하고 음란한 세대가 표적을 구하나 요나의 표적 밖에는 보여 줄 표적이 없느니라"마 16: 2-4 하시고 저희를 떠나 가셨다.

우리는 천기나 사회 현상에서 하나님의 섭리와 경륜을 깨달을 수가 있다. 모든 일은 바른대로 돌아간다事必歸正라든가, 정의는 반드시 이긴다正義必勝라는 말이 이 원리를 가르쳐 주는 말이라고 믿는다. 이 원리를 이해하고 있는 사람은 무슨 징조나 표적을 구하지 않아도 스스로 판단할 수 있을 것이다.

그러나 현실에 너무도 분명하게 보여 주는 일이 일어나도 그것이 자기의 죄와 관련 있다고 느끼는 사람은 적다. 특히 예수님을 구주로 믿는 사람 중에서도 찾아 보기 어렵다.

1979년 10월 2일 신문에 발표된 서울 골동품상 금당 사건[2]을 읽고, 놀라지 않은 사람이 없으며, 이 일에 대해 심리학자들과 사회학자들이 여러 가지로 분석하고 환경에 치중한 결론을 내려 많이 동감한 줄로 안다. 나는 그런 결론에 동감하면서도 그러한 죄가 나에게는 없는가 하고 반성하기도 하고, 또 나는 사탄과 싸우는 생활에 지는 때가 많아서 그럴 때마다 죄책감을 느끼게 되는데, 사회에서 일어나는 죄악이 내가 범하는 죄와 줄로 연결되어 있는 느낌을 가진다.

죄가 사탄이 사람을 하나님에게서 떨어지게 해서 자기의 뜻대로 살게 하는 일이라고 생각할 때 공통성이 있는 것이며 또한 공동책임을 느끼게 하는 것이 아닌가 생각한다. 특히 이와 같은 무서운 살인강도에 대학 출신이 끼어 있었다는 것도 중시하게 된다.

수개월 전에 대학출신의 강도단이 있다는 신문보도에 불길한 느낌과 책임을 느꼈는데, 이것들은 대단히 나쁜 징조라고 생각한다. 사회질서가 이렇게까지 혼란해졌는가 우려하지 않을 수 없다. 물질의 탐심이 이렇게 사람을 어둡게 하는가?

이와 같은 탐욕은 정욕과도 관련되어 있다. 탐욕과 정욕은 개인을 망치고 사회를 망치는 사탄의 교두보이다. 이러한 진리를 잘 알면서도 이 민족은 왜 회개하려고 하지 않는지 참으로 알고도 모를 일이다. 나는 우리 기독교인들의 책임이 중하다고 믿는

---

2. 1979년 6월 20일 서울 종로구 부암동의 골동품상 "금당"의 주인 부부와 운전기사가 납치, 살해된 사건이다.

다. 나부터 철저한 회개가 없기 때문이라고 생각한다. 모든 것은 나에게 책임이 있다. 그리스도께서 죄가 없으시면서도 십자가를 지시고 사죄해 주시지 않았는가.

사회악이 증대하는 것은 대단히 불길한 표적인 동시에 그것을 제거하여 할 기독교인들이 책임을 느끼지 못하고 잠자고 있는 것이 더 나쁜 징조라 생각하며, 마음을 찢고 회개하여야 한다고 주장한다.

〈부산모임〉 1979년 10월호[73:12-5]

세월을 아끼라, 때가 악하니라

에베소서 5장 16절

세월을 아끼라 때가 악하니라^{엡 5:16}

이 말씀은 나와 여러 믿는 형제에게 이 때에 주시는 하나님의 말씀이다. 나는 72년 전 15살 때에 매일 2-3시간이나 해서 시간을 허송한 것에 양심의 가책을 느꼈다. 불효자식이라는 죄책감에서 회개하고 세례를 받았다. 그 후부터는 성령의 인도로 죄사함 받았음을 믿고 평안한 시간을 보냈다.

그러나 지금 나의 삶을 회고하면 불신실과 취미에 도취하여 허송세월 한 것을 직고하지 않을 수 없으며, 진정한 회개를 다시 하지 않을 수 없다. 이것도 성령의 은사와 능력으로 이루어지지 않으면 허사라고 믿는다.

우리 주님은 하나님 아버지의 뜻을 따라 이 악한 세대에서 우리를 죄에서 건지시려고 우리 죄 때문에 자기 몸을 드리기 위해 부단히 생각하시고 기도하시며 힘쓰셨다. 예수님은 하나님의 뜻을 잘 이해하셔서 지혜롭게 시간을 아끼셨다.

시편 90편의 모세의 기도 중에, "우리의 연수가 칠십이요 강건하면 팔십이라도 그 연수의 자랑은 수고와 슬픔뿐이요 신속히 가니 우리가 날아가나이다"라고 경고하셨다시 90:10. 그래서 전도서 12장 1절에 보면 "너는 청년의 때에 너의 창조주를 기억하라 곧 곤고한 날이 이르기 전에, 나는 아무 낙이 없다고 할 해들이 가깝기 전에"라고 하셨다.

나도 나이 80세가 가까이 되니, 이 성경 말씀이 더욱 새롭고 뜻있게 들리게 되어 음미하게 된다.

청년들이여! 하나님 아버지의 뜻을 잘 분별하고 이해하여 세월을 아끼자. 이 때는 물질주의와 현실주의에서 육의 행복을 추구하는 악한 세대이다. 성령의 능력으로 우리의 인격이 일변하여 동포를 구하는데 힘을 다하자.

〈부산모임〉 1988년 4월호[121:21-2]

때와 시기

하나님의 경륜과 섭리

하나님의 경륜은 진리여서 벌써 하늘 나라에 성취되어 있다. 인류가 예수로 말미암아 하나님의 자녀가 되고, 하늘나라의 백성이 되는 것은 이상세계에서 실재하고 있다.

하나님의 섭리는 역사세계에 성취되어 가고 있으며, 인류로 하여금 하나님의 자녀가 되게 하고, 하늘 나라를 목적하여 살게 하는 것은 현실에 이뤄지고 있다. 즉, 심판과 구원을 통하여 이루어 가신다.

그래서 하나님은 영이시며 진리신 고로 시간과 공간을 초월하여 계시지만, 인류역사에서 뜻을 성취하고 계시는 고로 인류 편에서 그의 뜻의 성취의 때와 시기를 생각하지 않을 수 없다. 때와 시기에 관한 성경말씀을 읽고 우리의 믿음생활을 반성하자.

1. 예수님의 때

(1) 때가 찼고 하나님의 나라가 가까이 왔으니 회개하고 복음을 믿으라 하시더라 막1:15

(2) 내 때는 아직 이르지 아니하였거니와 요7:6, 내 때가 아직 차지 못하였으니 요7:8

(3) 인자가 영광을 얻을 때요 12:23, 아버지께로 돌아가실 때요 13:1

2. 여호와의 때

(1) 강한 나라를 이룰 것이라 때가 되면 나 여호와가 속히 이루리라[천국 성취를 뜻함]사 60:15-22
(2) 지금은 여호와께서 일하실 때니이다[원수를 진멸하실 때] 시 119:126
(3) 긍휼히 여기시리니 지금은시 102:13

3. 사람의 때

(1) 주께 부르짖을 때에 주께서 하늘에서 들으시고 주의 크신 긍휼로 그들에게 구원자들을 주어느 9:27
(2) 너희 묵은 땅을 기경하라 지금이 곧 여호와를 찾을 때니호 10:12
(3) 내게 부르짖을 때에 내가 그들에게서 듣지 아니하리라애 11:14 [긍휼과 구원을 거절한 후에는]

4. 은혜의 때

(1) 내가 은혜 베풀 때에 너에게 듣고 구원의 날에 너를 도왔다 하셨으니 보라 지금은 은혜 받을 만한 때요 보라 지금은 구원의 날이로다고후 6:2

5. 경고의 때

(1) 만물의 마지막이 가까이 왔으니 그러므로 너희는 정신을 차리고 근신하여 기도하라 무엇보다도 뜨겁게 서로 사랑할지니 사랑은 허다한 죄를 덮느니라벧전 4:7-8

(2) 주의 날이 밤에 도둑 같이 이를 줄을 너희 자신이 자세히 알기 때문이라살전 5:2

(3) 세월을 아끼라 때가 악하니라엡 5:16

6. 환난의 때

(1) 환난을 당할 때에는 이르기를 일어나 우리를 구원하소서애 2:27

(2) 그들은 환난 때에 부끄러움을 당하지 아니하며 기근의 날에도 풍족할 것이나시 37:19

(3) 내가 환난 때와 교전과 전쟁의 날을 위하여 이것을 남겨 두었노라욥 38:23

(4) 이 땅 주민아 정한 재앙이 네게 임하도다 때가 이르렀고 날이 가까웠으니 요란한 날이요겔 7:7

7. 재림의 때

(1) 만물을 회복하실 때까지는 하늘이 마땅히 그를 받아 두리라행 3:21

(2) 그 날과 그 때는 아무도 모르나니마 24:36, 막 13:32

(3) 준비하고 있으라 생각하지 않은 때에 인자가 오리라눅 12:40

(4) 거두소서 땅의 곡식이 다 익어 거둘 때가 이르렀음이니이다계 14:15

8. 기타

(1) 이 시기를 알거니와 자다가 깰 때가 벌써 되었으니 이는

이제 우리의 구원이 처음 믿을 때보다 가까웠음이라롬 13:11
(2) 악한 때: 그러므로 이런 때에 지혜자가 잠잠하나니 이는 악한 때임이니라암 5:13
(3) 때를 따라 양식을 나눠 줄 자마 24:45, 눅 12:42

〈부산모임〉 1975년 6월호[48:8-3]

그리스도의 재림을 기다린다

예수 그리스도의 재림에 대한 말씀은 성경에 가득 차 있다. 다니엘이 밤중에 인자 같은 이가 하늘 구름을 타고 오시는 것을 본 것단 7:13과 예수께서 친히 두 번이나 말씀하신 일, 즉 한번은 예수께서 자기가 예루살렘에 올라가 장로들과 대제사장들과 서기관들에게 많은 고난을 받아 죽임을 당하고, 3일 만에 살아나실 것을 가르치신 후에 인자가 아버지의 영광으로 그 천사들과 함께 오시겠다고 하셨고마 16:27, 두 번째는 예수께서 잡히신 후에 대제사장들과 공회가 모인 가운데에서 증언하실 때 "이 후에 인자가 권능의 우편에 앉아 있는 것과 하늘 구름을 타고 오는 것을 너희가 보리라 하시니"마 26:64라고 하신 것이 그 대표적인 것이다. 또 예수 그리스도께서 영광 중에 오실 때 그를 찌른 자들도 보고 애통하겠다는 말씀도 여러 곳에 증언되어 있다슥 12:10, 요 19:37, 계 1:7.

그런데 현실에 치중하고 있는 현대인들은 이렇게 오시겠는가 하는 것을 생각하다가는 알 수 없는 일이라 의심하게 되고 만다. 성경에 '구름을 타고 오시리라'고 하신 것은 수증기의 집단인 물질적 구름을 말하는 것이 아니고, 하나님의 영광을 가지고 오시겠다는 뜻으로 봐야 한다.

그것은 하나님의 영광을 표현할 때, 구름 또는 연기와 같이 자욱한 것으로 말씀하셨기 때문이다. 예를 들면, 이사야가 성전에서 여호와의 영광을 볼 때 "성전에 연기가 충만한지라"사 6:4고 하였고, 또 구약시대에 "제사장이 성소에서 나올 때 구름이 여호와의 전에 가득하매 제사장이 그 구름으로 말미암아 능히 서서 섬기지 못하였으니 이는 여호와의 영광이 여호와의 성전에 가득함이었더라"고 하였다왕상 8:10-11.

또 옛날 여호와께서 시내산에서 모세에게 나타나실 때에 시내산에 연기가 자욱했다고 하였고출 19:18, 사도 요한도 예수께서 재림하실 때, 천사의 일곱 재앙이 끝나기까지는 하나님의 영광과 능력으로 인해 성전에 연기가 가득 차게 되어 성전에 능히 들어갈 자가 없었음을 지적했다계 15:8.

이와 같이 영체를 입으신 주님은 하나님의 영광 중에 오실 것이다. 그런데 현대인들은 과학의 영향을 받아 어떻게 오실 것인가 하는 문제를 우선 생각하지만, 더 중요한 것은 왜 오시는가 하는 종교적인 문제이다. 이것은 인생 실험에서 대답을 얻을 수 있다. 즉, 인생에서 우리의 실험은 무엇인가. 이것은 조만간 반드시 일어나야 하겠다는 것을 체득하게 한다.

만일 세계가 지금과 같은 역사를 되풀이 한다면 견딜 수 없는 불합리, 모순, 혼란과 어둠 가운데 매몰되리라고 하는 느낌을 금할 수 없다. 지금은 정직한 자가 조롱을 당하고 있다. 언제까지 이대로 좋을 것인가? 지금은 약한 자가 눌리고, 긍휼한 마음이 있는 자가 학대를 받고, 가난한 사람들이 억울함을 당하고, 의는 불의 때문에 억압되고, 나타나야 할 것은 숨겨지고, 멸망 되어야 할 것이 번창하고, 간악과 패륜이 공공연하게 찬양을 받는 세상이 아닌가? 인생에게 아픔과 눈물과 죽음이 있다. 언제까지 그래도 좋다는 말인가? 이 불완전한 역사의 존속, 그것이 인류 공통의 어떤 기대를 말해주고 있다. 곧 이 인생의 시험에 장차 올 총결산의 날이 예언되어 있는 것이다.

이 인생의 실험을 뒷받침해서 보다 더 선명하게 나타내 보여주시는 것은 곧, 성경이다. 성경은 원래 약속의 글이다. 주로 두 가지 큰 약속이 있는데, 그 하나는 예수님이 육을 입고 오심으로 이루어졌으며, 그리고 나머지 하나가 앞으로 이루어 져야 하는 이 그리스도의 재림의 문제이다. 그것은 반드시 속히 일어날 일이다. 왜냐하면 인생의 실험과 성경에 말씀하신 하나님의 약속이 이것을 보증하고 있기 때문이다.

> 화 있을진저 너희 지금 배부른 자여 너희는 주리리로다
> 화 있을진저 너희 지금 웃는 자여 너희가 애통하며 울리로다 눅 6:25

> 온유한 자는 복이 있나니 그들이 땅을 기업으로 받을 것임이요 의에 주리고 목마른 자는 복이 있나니 그들이 배부를 것임이요 마 5:5

인생은 총 결산, 역사의 종국적 혁명, 역사의 근본적 개조, 하나님 역사의 완성을 성경은 그리스도의 재림이라고 한다. 하나님은 처음$^{\alpha, 알파}$과 나중$^{\Omega, 오메가}$이시다. 하나님은 우주를 창조하시고 보존하시며 섭리하신다. 또 인류의 역사에 인간이 견디기 어려운 불공평과 부조리를 본체만체하지 않으신다. 우리는 이러한 하나님

을 믿기 때문에 그리스도의 재림도 필연적이라고 믿는다.

우리는 평화를 심히 사랑하며 동경한다. 그러므로 평화를 위해 힘쓴다. 그러나 사람의 마음은 완고하여 진리보다 자기를 더 사랑한다. 먼저 남을 대접하는 것보다 다른 사람에게 대접을 받기 원한다. 섬기는 것보다 섬김을 받고자 한다. 그러므로 권세로, 또 물질의 힘으로 남을 압제하려고 한다.

불공평과 부조리는 날로 더할 뿐이다. 이것의 잘못을 깨닫고 회개해야 하는데, 도리어 자기들의 힘으로 사회 질서를 바르게 할 수 있다고 믿고 완고해진다. 의견이 대립하면 이해하려고 하지 않고, 한편을 말살하지 않고는 견디지 못한다. 그래서 다른 한편이 그 차별 의식 때문에 견디지 못하면 힘으로 해결하려고 하게 된다. 곧, 파괴력을 발휘하여 자기 중심의 질서를 세우려고 한다. 이에 이르러 심판이 행해지게 되는데 그리스도는 최후의 대심판을 위해 재림하시게 된다.

예수 그리스도의 심판대 앞에 감히 설 자가 누구겠는가? 다만 그의 긍휼을 바라보고 심판을 감사함으로 받아 드리는 자이다. 그리고 참으로 예수 그리스도의 긍휼은 심판을 이기고 자랑하고 있다.

우리는 회개하고 예수 그리스도의 긍휼, 곧 예수 그리스도를 구주로 영접했을 때의 처음 사랑을 회복하자. 예수 그리스도의 긍휼, 곧 십자가를 바라보고 우리도 서로 긍휼을 베풀자. 인간 중심주의, 현실주의, 자기의 힘으로 해결하려고 하던 모든 노력을 버리고 하나님의 아름다운 모습으로 서로 사랑하자. 곧, 재림의 주님을 영접할 준비를 하자.

〈부산모임〉 1973년 8월호[37:6-4]

열 명의 믿는 사람

우리의 모임이 1957년부터 시작하였으니 벌써 10년이 흘러갔다. 처음에 6, 7인이 모이어 후지이 다케시藤井武 3 전집을 읽고 느끼는 바를 이야기 하며 위에서 내리시는 은혜를 사모 하려고 하였다. 처음에 모여든 백태윤, 이형진, 정우영, 유성연, 오일휴, 권재섭, 소병국의 여러 의사들은 예수님의 소식을 들은 분들이다. 지금은 우리 모임에 나오지 않고 있다. 우리는 이분들의 마음에서 성령의 열매가 맺어지기를 기원한다.

처음부터 모임에 참여하여 이 모임을 계속하게 한 이는 이인수 님이다. 그 다음은 김서민, 조광제, 허완, 조인제 님이며, 수년 전에 이 모임에 열심히 참여 하시다가 일 관계로 이곳을 떠나 있으면서도 잊지 않고 기도하는 분들은 이시연 님과 김동백 님 부부들이다. 그간 이 모임은 주일 오후 2시 또는 2시 반에서 시작하여 1시간 또는 2시간 동안 가졌는데, 부산 대학병원에서 4년 간 수년 전 서울로 떠난 이중탁 님 댁에서 3년 간, 복음병원에서 4년 간 가졌다.

---

3. 후지이 다케시(藤井武, 1888-1930): 일본의 무교회주의 사상가. 도쿄 제국대학 법과대학 졸업. 1909년 우치무라 간조의 성서연구회 회원이 되었고, 1915년부터 우치무라 간조의 조수로 활동하였다. 1916년《신생》,《루터의 생애와 사업》을 간행하였고, 1920년《독립 구약과 신약》을 간행하고 독립적인 전도 생활에 들어갔다. 1930년 위궤양으로 사망하였다.

대부분의 시간은 우리 모임의 사람들끼리 성경말씀을 토론하였다. 때때로 함석헌 선생님의 성경강해를 들었다. 지금은 위에서 말한 이인수, 김서민, 허완, 조광제, 조영제 님 부부 외에 김순지, 박순자, 오광자, 채규철 님, 그리고 불초한 저까지 10명이 모여 성경을 공부하며 우리나라와 세계의 평화를 생각하며 기도하는 모임이 되었다.

우리는 주님께서 세례를 받으시고 십자가를 지심은 온 인류의 죄를 연대 책임으로 알고 그것을 대속하신 역사임을 믿는다. 예수 그리스도는 진리요, 생명이요, 또한 길이심을 믿는다. 이 예수 그리스도는 하나님께서 인류가 반역했을 때 구원해 주시기로 약속하시고 보내시기로 약속하셨던 메시아이심을 믿는다. 이 예수님을 그리스도로 믿는 우리도 우리 동포와 우리 나라와 세계 인류의 죄에 대하여 연대 책임을 느낀다.

우리 나라와 세계의 문제는 나 자신에게 책임이 있음을 깊이 느끼고, 나 자신이 주님 안에서 회개하고 사단의 역사와 싸워 승기의 능력으로 해결 될 것을 믿는다. 소돔과 고모라는 의인 10명이 없어 망했다. 우리 10명은 이 모임을 계속하게 하시는 주님의 능력으로 소원의 일을 성취하리라.

〈부산모임〉 1968년 2월호[1:1-1]

복음에 합당한 생활

빌립보서 1장 27절, 에베소서 4장 1절

오직 너희는 그리스도의 복음에 합당하게 생활하라 이는 내가 너희에게 가 보나 떠나 있으나 너희가 한마음으로 서서 한 뜻으로 복음의 신앙을 위하여 협력하는 것과 빌 1:27

그러므로 주 안에서 갇힌 내가 너희를 권하노니 너희가 부르심을 받은 일에 합당하게 행하여 엡 4:1

바울은 로마 옥에 갇혀 있는 중에서도 에베소 교회의 교우들에게 권면하기를 "너희가 부르심을 받은 일에 합당하게 행하여 모든 겸손과 온유로 하고 오래 참음으로 사랑 가운데서 서로 용납하고 평안의 매는 줄로 성령이 하나 되게 하신 것을 힘써 지키라"고 하였다 엡 4:1-3.

그리고 빌립보 교회에 대하여 "너희는 그리스도의 복음에 합당하게 생활하라 이는 내가 너희에게 가 보나 떠나 있으나 너희가 한마음으로 서서 한 뜻으로 복음의 신앙을 위하여 협력하는 것과 무슨 일에든지 대적하는 자들 때문에 두려워하지 아니하는 이 일을 듣고자 함이라 이것이 그들에게는 멸망의 증거요 너희에게는 구원의 증거니 이는 하나님께로부터 난 것이라"고 하셨다빌 1:27-28. 그리고 그리스도의 지체로서의 삶을 사는 것으로 우리의 책임을 다하자고 간절한 권면을 하셨다.

이 말씀은 계시의 말씀으로 현실 우리 교회와 교우들에게 가장 적절한 말씀이라고 생각한다. 즉, 나는 우리 한국교회와 우리 복음병원에서 경험하는 현실에 이 권면을 받아드리고자 한다.

여기에서 합당하게 살라고 한 것은 그 값을 생각하여 그 값에 맞도록 살라는 것이다. 즉, 복음의 값, 부르심을 입은 부름의 값, 어떤 귀중함인지, 어떠한 사랑과 은혜로 우리를 불러 구원해 주셨는지, 그리스도의 복음의 그 은혜와 능력이 어떻게 크고 귀한 것인지, 한번 다시 새삼스럽게 생각해 볼 필요가 있다.

그리스도께서 영광의 세계를 떠나 우리와 같은 육을 입으시고, 내려오셔서 몸을 버려 피를 흘려 구원해 주신 일과 또 우리는 알지도, 생각지도 못한 때에 우리를 불러 회개시켜 구원해 주신 그 은혜와 그 능력은 측량할 수 없는 사랑이 아니고 무엇인가.

이 하나님의 의와 사랑으로 말미암아 우리는 그리스도와 연합하여 한 몸을 이루어, 하나님의 자녀가 되었으니, 그 값에 맞도록 살아야 하지 않겠는가? 이 복음, 이 부르심의 값은 오묘 막측하고도 형언할 수 없는 가장 고귀한 것이다. 무슨 이 세상의 것을 탐하며 취하리요. 권세·부귀·영화 다 헛되며 뜬구름이다.

우리는 이 하나님의 사랑, 즉 복음에 감격하여 모두를 그리스도께 바치고 그와 연합하리라. 그는 지금도 하나님 우편에 계시면서, 우리를 위하여 기도하신다.

그래서 우리는 이 세상 유혹에서 떠나 그리스도를 사모하며, 또 그의 성품을 닮도록 인도해 주신다. 그리스도의 사랑이 우리를 강권하신다. 곧, 구원받은 자답게 언행 심사를 하며, 주님의 생명력을 발휘하라고 강권 하신다. 부르심을 입은 그 사랑과 능력 안에서 모든 정욕과 탐심, 불화를 소멸하고 온유와 겸손으로 하나를 이루어 영광을 주님에게 돌리자. 모든 불화를 초래하는 사단의 세력을 파함으로써, 우리의 사명을 다하자.

이 세상의 평화는 그리스도인들이 그리스도의 복음에 합당하게 살며, 그의 부르신 부름에 합당하게 살 때에 이루어질 것이다. 믿는 자들이여 분발하자!

〈부산모임〉 1973년 6월호[36:6-3]

죽을 뻔 했다가 살아난 사람

1980년 10월 16일 제1차 발작으로 새벽 3시경에 다리에 힘이 없어짐으로써 쓰러졌던 나는 컴퓨터 단층 촬영을 해 본 결과 뇌 우측 피질에 부종이 있다는 것을 알았다. 그리고 말이나 사지에 운동 장애도 없이 회복되었으나 신경 전문의사는 3주간 안정을 명했고, 진단은 병명은 아니지만 임상증상과 경과를 보아 T.I.A Transient Ischemic Accident, 즉 일과성 뇌 빈혈 장애라고 불렀다.

그 후 경과에 이상이 없어서 평소에 하던 일을 계속했다. 그러나 그때 마음에 다짐한 것은 언제 부르실지 모르니, 믿는 자의 합당한 생활을 해야한다. 즉, 가난한 사람답게 살고, 커피나 자극제를 금하고, 또 권투와 같은 스포츠 구경하는 것을 삼가야겠다고 결심했다. 그러나 그것은 '작심삼일'이었다.

1981년 4월 7일 아침, 새벽 3시경에 제2차 발작이 일어났다. 그 원인은 불명이지만, 아마도 20여 년 동안 앓고 있는 당뇨병과 잠을 자지 못한 피로가 주 요인이 되었을 것으로 생각한다. 전날인 6일에 테니스를 약 한 시간하고 피곤을 느꼈고, 9시 40분경에 잠이 들었고, 7일 오전 1시경에 잠이 깨었다.

원고 부탁 받은 것이 있어 원고를 20여 장을 쓰고 나니 새벽 3시경이었다. 불을 끄고 자려고 하니 제1차 발작 때와 같이 다리에 힘이 없고 설 수가 없어졌다. 그러나 정신을 차려 책상 위의 불을 끄고 누웠다. 이때까지 의식이 있었고, 오전 10시를 지나 뇌 컴퓨터 단층 촬영실에서 입원실로 돌아올 때에야 깨어났다. 나를 도와주는 처녀의 말에 의하면 오전 7시 반에 당뇨병 주사 NPH를 놓으려고 내 방에 들어와 보니 입에 거품이 있고 목은 뻣뻣하여 혼수상태였다고 한다.

급히 복음병원 구급실에 옮겨 입안에 공기를 통하는 기계를 넣고, 요도 도관을 방광에 삽입하여 소변을 뽑아내는 도뇨를 하였고, 뇌신경 외과 과장을 모셔다 진찰을 받고, 뇌 컴퓨터 단층 촬영을 한 후 병실로 옮겼다는 것이다.

깨어나 그 경과를 들으니 호흡이 멎을 뻔 했다가 다시 돌아온 것 같고, 맥도 그랬던 것 같다. 정말 시간 문제였던 것 같다. 이번에도 몸에 마비는 나타난 데 없고, 뇌 단층 촬영의 결과도 부종이 있을 뿐이라고 했다. 즉, 일과성 빈혈성 뇌혈관 장애였다.

이번에도 안정하라는 명령을 받고 1개월 반을 쉰 뒤에 5월 16일부터 다시 일하게 되었다. 그러나 주치의 전종휘 박사의 말을 듣고 여러 가지 책임에서 벗어나고, 오전에는 청십자의원에서, 오후에는 백 병원에서 의사 일만 보기로 하고 격렬한 운동과 저녁 회합에는 나가지 않기로 했다.

이번에 깨달은 것은 최후 임종은 순식간에 이른다는 것이다. 마치 주님의 재림도 그와 같을 것이다. 그래서 "뜻밖에 그 날이 덫과 같이 너희에게 임하리라······ 항상 기도하며 깨어 있으라"[눅 21:34-36]고 하신 말씀을 기억하고 살게 되었다.

육의 삶이 이러하니 평상시에 주님을 만나는 태도로 살도록 권고한다.

친우들이여! 예수 그리스도를 마음에 영접하여 그와 동행하는 삶을 살기를 바란다.

〈부산모임〉 1981년 6월호[81:14-2]

〈성령〉

내가 아버지께 구하겠으니 그가 또 다른 보혜사를 너희에게 주사 영원토록 너희와 함께 있게 하리니. 그는 진리의 영이라 세상은 능히 그를 받지 못하나니 이는 그를 보지도 못하고 알지도 못함이라 그러나 너희는 그를 아나니 그는 너희와 함께 거하심이요 또 너희 속에 계시겠음이라. 내가 너희를 고아와 같이 버려두지 아니하고 너희에게로 오리라

요한복음 14장 16-18절

성령론

지난 성탄절(1981년)에 성탄은 성령으로 잉태되어 육으로 탄생하신 예수 그리스도의 탄생을 기념하는 절기임을 생각해 보았다. 성령으로 예언되었던 대로 메시아가 탄생하신 것이다.

예수님의 생애는 성령 충만한 생애였으며, 그의 교훈과 업적에서 우리는 그 사실을 확인할 수 있다. 예수님은 이 세상을 떠나 하늘로 가실 때 남겨둔 제자들에게 "내가 가면 너희를 위하여 보혜사 성령을 보내주겠다."고 약속하셨다.

인격자이신 성령

성령은 하나님의 영이시고, 예수 그리스도의 영이시다. 성령은 하나님이 태초에 천지를 창조하실 때 같이 참여하셨다창 1:2. 또 죄인들과 다투셨다창 6:7. 또 브살렐에게는 지혜, 총명, 지식과 재주를 주셨고,출 31:3 삼손에게는 완력을 주셨다삿 14:6. 그리고 많은 족장과 예언자들에게는 예언하는 지혜와 능력을 주었다. 성령님은 예수님을 처녀에게 잉태케 하셨으며, 또한 예수님이 세례를 받으시고 물에서 올라오실 때에 성령이 비둘기같이 그 위에 임하셨다. 이와 같이 성령님은 인격자로서 이 세상에 임하시고 활동하셨다.

예수님은 이 세상에 계실 때 제자들을 늘 격려하시고 가르치셨다. 그런데 예수님이 세상을 떠나려 하시던 전날 그 제자들에게 이상한 약속을 하셨다. "내가 아버지께 구하겠으니 그가 또 다른 보혜사^{파라클레이토스}를 너희에게 주사 영원토록 너희와 함께 있게 하리니 그는 진리의 영이라 세상은 능히 그를 받지 못하나니 이는 그를 보지도 못하고 알지도 못함이라 그러나 너희는 그를 아나니 그는 너희와 함께 거하심이요 또 너희 속에 계시겠음이라 내가 너희를 고아와 같이 버려두지 아니하고 너희에게로 오리라"^{요 14:16-18}

하지만 보혜사는 이처럼 예수님을 대신하실 뿐만 아니라 제자들에게 예수님보다 더 나은 분이라고 하셨다. "그러나 내가 너희에게 실상을 말하노니 내가 떠나가는 것이 너희에게 유익이라 내가 떠나가지 아니하면 보혜사가 너희에게로 오시지 아니할 것이요 가면 내가 그를 너희에게로 보내리니"^{요 16:7} 이때 제자들에게는 예수님을 잃는 것보다 더한 손실은 없었다. 예수님 없는 제자들은 부모 없는 고아와 다름이 없었던 것이다.

그런데 예수님은 "내가 너희를 고아와 같이 버려두지 아니하고 너희에게로 오리라"^{요 14:18}하셨고, 그 대신 보다 더 나은 보혜사를 보내주시겠다고 약속하셨다. '파라클레이토스'는 '파라칼레오', 즉 '옆에서 부른다'고 하는 동사에서 나온 말로 원조, 지도 또는 안위를 위하여 어떤 사람의 옆에서 부른다는 뜻이다.

법률상의 용어로는 법정의 친우로서 무보수의 변호사를 가리켜 말한다. 예수님께서 계시는 동안에는 예수님이 친히 제자들의 파라클레이토스로서 계셨다. 예수님은 그의 제자들에게 "내 친구 너희에게"^{눅 12:4}라고 부르셨고, "너희를 친구라 하였노니"^요

15:15라고 하실 정도로 진정한 파라클레이토스가 되어주셨다. 그래서 요한은 말하기를 "만일 누가 죄를 범하여도 아버지 앞에서 우리에게 대언자파라클레이토스가 있으니 곧 의로우신 예수 그리스도시라"요일 2:1고 했다.

또 다른 보혜사라고 하는 것은 예수님과 다른 분heteros이 아니라, 또 하나의allos 보혜사를 보내신다는 뜻이다. 새로이 오시는 보혜사는 이미 계셨던 예수님과 다른 별개의 인격자가 아니고, 똑같은 다른 하나another self의 인격자이시다. 그러므로 예수님께서는 "내가 너희를 고아와 같이 버려두지 아니하고"요 14:18라고 말씀하시며, 이어서 또 "너희에게로 오리라"요 14:18고 하심으로, 오실 이가 바로 자기 자신인 것 같이 말씀하셨다.

이 성령이신 인격자가 언제, 어떠한 형태로 임하셨는가? "오순절 날이 이미 이르매 그들이 다같이 한 곳에 모였더니 홀연히 하늘로부터 급하고 강한 바람 같은 소리가 있어 그들이 앉은 온 집에 가득하며 마치 불의 혀처럼 갈라지는 것들이 그들에게 보여 각 사람 위에 하나씩 임하여 있더니 그들이 다 성령의 충만함을 받고 성령이 말하게 하심을 따라 다른 언어들로 말하기를 시작하니라"행 2:1-4라는 말씀처럼 환영으로 임하셨다.

그 후로 제자 중에 약한 자는 강하게, 어리석었던 자는 지혜롭게 되었으며, 아무도 두려워하지 않는 용기, 많은 사람을 감동케 하는 힘, 모든 문제를 판단하는 지혜들이 추가되었다.

예를 들어 사도행전의 기사를 보면 아나니아 부부가 자기들의 땅을 판 값의 절반을 감추고 나서 그것을 전부라고 거짓을 말하며 헌금으로 바칠 때에 베드로가 말하기를 "네가 성령을 속이고 땅 값 얼마를 감추었느냐"행 5:3, 또 "너희가 어찌 함께 꾀하여 주의 영을 시험하려 하느냐"행 5:9고 한 것이든지, 또 "우리는 이 일에 증인이요 하나님이 자기에게 순종하는 사람들에게 주신 성령도 그러하니라 하더라"행 5:32고 한 말씀과 "너희 조상과 같이 항상 성령을 거스르는도다"행 7:51라고 한 것이든지, "베드로가 그 환상에 대하여 생각할 때에 성령께서 그에게 말씀하시되"행 10:19, 또 "성령이 이르시되"행 13:2, "두 사람이 성령의 보내심을 받아"행 13:4, 또는 "성령과 우리는 이 요긴한 것들 외에는 아무 짐도 너희에게 지우지 아니하는 것이 옳은 줄 알았노니"행 15:28, "성령이 아시아에서 말씀을 전하지 못하게 하시거늘"행 16:6, "오직 성령이 각 성에서 내게 증언하여"행 20:23 등 적어도 성령의 역사가 가장 많이 기록된 사도행전에는 성령께서 인격자로 나타나 있다.

성령은 그리스도의 영이시다롬 8:9, 갈 4:6, 벧전 1:11, 행 16:7. 이 영은 그리스도께서 세상에 계실 때 같이 계셨을 뿐 아니라마 1:18; 3:16; 4:1; 12:28, 막 1:10, 눅 1:15; 4:1; 14:10-21, 요 1:32-33; 3:34, 행 1:2, 그리스도께서 육으로 오시기 전부터 하나님과 함께 영원 전부터 그리스도와 본질을 같이 하시고, 그의 영으로서 존재하고 계셨던 것이다. 따라서 성령은 또한 하나님의 영이시다롬 8:9-14, 고전 2:11; 7:40; 12:3, 고후 3:3, 벧전 4:14, 요일 4:2.

왜냐하면 그리스도가 하나님의 아들이신 까닭이다. 무릇 아들의 것은 다 아버지에게서 나온 것이다. "아버지께서 자기 속에 생명이 있음 같이 아들에게도 생명을 주어 그 속에 있게 하셨고" 요 5:26, "지금 그들은 아버지께서 내게 주신 것이 다 아버지로부터 온 것인 줄 알았나이다"요 17:7, "내 것은 다 아버지의 것이요"요

17:10라는 말씀에서도 확인할 수 있다. 그래서 아들의 영은 아버지의 영이다. 여기서 성부, 성자, 성령은 삼위일체이시다.

성령의 역사

삼위일체 하나님이신 그리스도께서 육으로 오신 것은 특별한 사명때문이었다. 그리스도께서 그 사명을 마치시고 승천하신 후에 삼위의 일위이신 성령께서 오셔서 우리 가운데 거하시게 된 것도 특별한 역사를 목적으로 한 것이다. 예수님의 사명은 그의 이름에 잘 나타나 있다. 즉, 자기 백성을 저희 죄에서 구속하기 위한 것이었다마 1:21. 예수님은 구주이시다. 소망이 없는 인류에게 구원의 길을 열어주시는 것이 그 사명이셨다. 그와 같이 성령의 일도 그의 이름 파라클레이토스가 보여 주는 대로 예수님에 의해 열린 구원의 길을 현실적으로 실천할 인류를 도와주는 것이 그분의 사명이다.

구원의 길을 여는 일은 하나님의 영광을 나타내는 것을 통해 성취되었다. 즉, 하나님을 하나님으로 계시함과 동시에 그의 거룩하심에 대한 존경을 다 받쳐드려서 이루셨다. 그리스도의 성업은 철두철미 하나님의 영광을 드러내는 데 있었다.

이 열린 구원의 길로 나아가 사람을 돕는 일은 어떻게 성취되는가? 그것은 그리스도의 영광을 나타내는 데 있다. 즉, 그리스도께서 성취하신 모든 일을 보이시고, 이것을 사람에게 주는 일이다. 다시 말하면 그리스도 자신의 생명을 사람의 생명에 실현케 하는 일이다. 이러한 연유로 성령께서 오셨다. 그러므로 "그가 내 영광을 나타내리니 내 것을 가지고 너희에게 알리시겠음이라"요 16:14고 말씀하신 것이다.

그리스도의 것을 받아 우리에게 보여줄 뿐만 아니라 "그 날에는 내가 아버지 안에, 너희가 내 안에, 내가 너희 안에 있는 것을 너희가 알리라"요 14:20는 말씀처럼 실로 그리스도 자신을 우리 안에 살게 하신다.

그리스도와 우리의 결합이라고 하는 인생 최대의 행복한 경험은 성령에 의한 것이다. 성령을 모신 이가 그리스도를 모신다. 그리고 이와 같이 그리스도를 우리에게, 우리를 그리스도에게 있게 해 그리스도의 생명을 마치 우리의 것으로 삼게 하시는 데에 성령님의 사명이 있다.

"내가 곧 길이요 진리요 생명이니"요14:6라고 예수님은 말씀하셨다. 그는 아버지의 집으로 가는 길이요, 진리 자체이시며, 생명 그 자체이시다. 그리고 그 길로 인도하시는 이, 진리를 우리에게 증거하시는 이, 이 생명을 우리에게 주시는 이가 성령님이시다. 그러므로 "진리의 영"요 14:17, 또는 "생명의 성령"롬 8:2이라고 한다. 성령님은 우리를 예수님의 길로 인도한다. 예수님은 진리이시며, 생명이시므로 성령님은 진리의 영으로, 생명의 영으로 우리를 인도하시는 것이다.

첫째로 그는 진리를 보이시는 영이다. 예수님은 여러 번 이것을 말씀하셨다요 14:17; 15:26; 16:13. 이사야는 예수님께 머무시는 영에 대하여 설명할 때에도 먼저 "여호와의 영 곧 지혜와 총명의 영이요"사 11:2라고 했다. 가장 귀한 것은 진리이다. 또 이것을 식별하는 능력이 지혜이다. 성령은 예수님에 대해 생각나게 하시고, 그것을 기초로 해서 모든 것을 가르치시고 생각나게 하신다.

"그가 너희에게 모든 것을 가르치고 내가 너희에게 말한 모든 것을 생각나게 하리라"요 14:26

참으로 우리는 성경과 성령을 통해서 그리스도로 말미암아 죄사함을 받고, 하나님의 자녀가 되어 살아감으로 영생하는 일을 믿고 배운다. 마치 엠마오로 가는 두 제자에게 부활하신 예수께서 동행하시며 가르쳐 주셨던 것처럼 성령이 지금도 그렇게 가르쳐 주신다. 그러므로 바울은 "오직 은밀한 가운데 있는 하나님의 지혜를 말하노니 …… 하나님이 자기를 사랑하는 자들을 위하여 예비하신 모든 것은 눈으로 보지 못하고 귀로 듣지 못하고 사람의 마음으로 생각하지도 못하였다 함과 같으니라"고전 2:7-9라고 하셨다. 다만 원대한 구원의 지혜만이 아니라 매일의 실제 생활에서의 도덕적 판단도 그렇다.

우리는 성령에게 배워서 선과 악을 식별한다. 양심으로만은 믿을 수 없다. 성령을 떠난 양심은 쇠약해지고 죽는다. 양심을 살리시는 이가 성령이시다. 양심 없이, 선악을 식별하는 능력이 없이 무슨 도덕이 있겠는가?

"말씀이 육신이 되어 우리 가운데 거하시매 우리가 그의 영광을 보니 아버지의 독생자의 영광이요 은혜와 진리가 충만하더라"요 1:14라는 말씀처럼 예수님 자신은 진리셨다. 성령은 지혜의 영이시고, 지혜와 총명의 영이시다.

둘째로, 성령은 생명을 주시는 영이다. 이때 생명이라고 함은 자연적, 육적 생명이라기보다는 영적 생명을 의미한다. 오직 하나의 생명다운 생명을 사신 분은 예수님뿐이다. 그도 우리와 같은 육을 입고 유혹을 받으셨다. 그러나 그분은 결국 모든 유혹을 이기시고 하나님의 선을 이루셨고, 무덤을 깨치시고 개선하셨다. 즉, 썩을 것이 썩지 아니할 것으로 영화 되셨다. 그에게 인생은 "사망아 너의 승리가 어디 있느냐 사망아 네가 쏘는 것이 어디 있느냐"고전 15:55라는 말씀처럼 영원한 것으로 완성되셨다.

예수님이야말로 진실히 사셨다. 그리고 지금도 살고 계신다. 그분이야말로 참 생명이시다. 성령이 주시고자 하는 생명은 곧 예수님이다. 그는 예수님을 우리 가운데 살게 하신다. 예수님께서 친히 성령으로 "우리가 그에게 가서 거처를 그와 함께 하리라"요 14:23고 하신다. 예수께서 또 말씀하시기를 "그 날에는 내가 아버지 안에, 너희가 내 안에, 내가 너희 안에 있는 것을 너희가 알리라"요 14:20고 하셨다. 또 "주와 합하는 자는 한 영이니라" 고전 6:17고 하셨다.

예수님과 우리는 부부의 관계와 같이 마음과 뜻이 같은 한 일체이다. 우리는 돌 감람나무였으나 스스로 잘려서 예수님이신 참 감람나무에 접붙여졌다. 예수님은 포도나무요, 우리는 그의 가지다. 우리가 그 안에 있고, 그가 우리 안에 계시면 많은 열매를 맺을 것이다요 15:5. 우리가 주님 안에서 살면 사랑과 희락과 화평과 인내와 자비와 양선과 충성과 온유와 절제의 성령의 열매를 맺을 것이다.

성령에 충만함

오순절에 성령님이 강림하신 이후 예수를 그리스도로 믿는 사람 중 성령을 받지 않은 사람은 하나도 없었다. "누구든지 그리스도의 영이 없으면 그리스도의 사람이 아니라"롬 8:9, "너희는 다시 무서워하는 종의 영을 받지 아니하고 양자의 영을 받았으므로 우리가 아빠 아버지라고 부르짖느니라"롬 8:15라는 말씀을 통해서도 알 수 있다. 바울은 우리에게 "너희 몸은 너희가 하나님께로부터 받은 바 너희 가운데 계신 성령의 전인 줄을 알지 못하느냐" 고전 6:19, 또 "우리가 …… 다 한 성령으로 세례를 받아 한 몸이 되었고 또 다 한 성령을 마시게 하셨느니라"고전 12:13고 했다.

무릇 그리스도 안에 있는 자의 몸은 성령의 전이다. 무릇 믿는 자는 곧 그를 영접하여 새 생명으로 들어간다. 성령을 모시고 있지 않는 자는 그리스도의 사람이 아니다. 예수를 믿는 자는 진리의 영, 생명의 영을 가지고 있다. 그러므로 성령의 역사는 그의 속에서 시작하는 것이다.

그러나 이를 완성하기 위해서는 "술 취하지 말라 이는 방탕한 것이니 오직 성령으로 충만함을 받으라 시와 찬송과 신령한 노래들로 서로 화답하며 너희의 마음으로 주께 노래하며 찬송하며"엡 5:18-19라는 말씀처럼 더욱 성령에 충만하지 않으면 안된다. 그런데 충만하다고 하는 것은 단순히 받아들인다는 것만이 아니다. 완전히 자신을 점령케 해 버리도록 하는 것이다.

그렇다. 자신의 언행 심사가 다 그리스도의 것이 되어 그리스도의 향기와 영광을 나타내지 않고는 만족할 수 없다. 지주나 종이나 남녀 노유를 막론하고 누구든지 주의 이름을 부르는 자는 항상 그의 영으로 충만하지 않으면 안 된다. 그리스도를 영접하고 그의 성령을 받을 뿐 아니라, 충만하지 않으면 안 된다. 즉, 자신을 온전히 바쳐 드리지 않으면 안 된다. 사람들은 대개 예수님을 믿을 때 성령을 받고 충만함을 느낀다.

그러나 슬픈 것은 후에 "처음 사랑"에서 떠나게 되는 것이다. 신앙생활의 경로를 살필 때, 한번 십자가에 죽었던 자기가 언젠가 다시 살아 남아있는 것을 깨닫게 되는 슬픔을 경험하지 않는 사람이 몇이나 될까? 여기에서 우리는 성령의 충만을 간구하지 않으면 안 된다. 어떻게 충만을 얻겠는가? 완전히 자신을 비우는 것밖에 다른 도리가 없다. "그러므로 형제들아 내가 하나님의 모든 자비하심으로 너희를 권하노니 너희 몸을 하나님이 기뻐하시는 거룩한 산 제물로 드리라 이는 너희가 드릴 영적 예배니라"롬 12:1, "또한 너희 지체를 불의의 무기로 죄에게 내주지 말고 오직 너희 자신을 죽은 자 가운데서 다시 살아난 자 같이 하나님께 드리며 너희 지체를 의의 무기로 하나님께 드리라"롬 6:13는 말씀이 그것을 의미하는 것이다.

'드리라'의 원어는 '파리스타네인'이라고 하는 낱말인데, 다른 사람의 자유에 넘겨 버린다는 단어이다. 남김없이 주님에게 자신을 넘기고 항복해야 한다. 아무 노력도 필요 없다. 우리는 다만 기도하는 것이다.

원컨대 저를 완전히 점령해주시옵소서. 저의 모든 것을 다 당신의 손에 부탁하나이다. 원컨대 이 몸을 당신의 의의 병기로 써 주시옵소서, 아멘.

〈부산모임〉 1982년 2월호[84:15-1]

성령님과 나

지금까지 예수님을 구주로 믿으면서도 성령님에 대해 깊이 생각해 본 일이 적은 나임을 고백한다. 성령님의 은사와 권능에 대해 역설하는 사람들이 자기의 영광을 취하려고 하는 것 같아서 조금 저항을 느꼈다고 할까, 반발심 같은 것이 없지 않아 있었다고 생각되어 부끄러움을 금할 길 없다.

사실 예수님을 구주로 믿게 된 것은 성령께서 도와 주신 은혜였다. 나는 어려서부터 예수님을 속죄 주로 믿었고, 죄를 회개한 것은 성령님의 감화로 말미암아 된 것이라고 믿고 있다. 즉, 5세 때, 남의 팽이를 도둑질 했다가 어느 부흥회 때에 목사님이 도둑질 한 죄를 회개하라는 외침에 나는 진심으로 회개했었는데, 지금 생각하면 성령님의 도우심에 의해서 된 것이라고 믿는다. 또 14세에 약 1년간 매일 저녁 화투치는 노름으로 놀아 났었다. 그 때 문득 나의 심령에 "나는 가장 큰 불효자식으로서 제5계명을 범한 죄인이다"고 느껴져서 하나님께 회개하고 그 노름을 끊어 버렸다. 왜냐하면 나의 집은 가세가 곤궁하여져서 한 달에 2-30원의 학비를 조달하기도 극히 어려워져 있었기 때문이었다. 그 후에도 나는 종종 회개하면서 살고 있다.

예수님이 이 세상을 떠나시려고 하실 때, 제자들의 발을 씻어 주시면서 교훈을 주셨다. 이것은 제자들이 이 세상에서 살면서 때때로 잘못이 있을 것을 보이시면서 회개하고 용서를 받아야 할 것을 보여 주셨다고 믿는다. 나는 때때로 내가 원하는 하나님의 뜻은 행해지지 않고 원치 않은 죄만 반복하게 되는 것을 경험한다. 이러한 때마다 죄를 깨닫게 하고 회개를 촉구하시는 이는 성령님이라고 생각한다.

그리고 스스로 자기 인격에 낙망하게 해서 주님으로부터 떨어지게 하려는 자의 시험을 느낄 때가 있다. 이는 바로 사단[악령]의 일이라고 생각한다. 또 악령은 이 세상에서 부귀와 영화를 보여 주면서 유혹하고 시험한다.

나는 중매 결혼을 했는데 이 때에도 내 뜻대로 하지 않았고 "하나님 뜻대로 이루어지이다"하면서 했는데 후에 생각하니 나에게 가장 맞는 배필이었다.

또 경성의전부속병원에서 임상공부를 하고 30세에 독립하려고 할 때에 대전 도립병원 외과장[고등관]의 자리가 나서 그리로 가라고 하는 유혹을 받았다. 그러나 나는 처음에 생각했던 대로 평양 기독병원에 가서 외과장의 일을 맡았다. 그때 또 사단에게 시험을 당한듯한 경험이 있다. 1940년 11월에서 1941년 1월까지 그 병원의 병원장 일을 맡게 되었는데, 통솔력이 부족해서, 병원장직을 물러나고 외과과장직만을 다시 보게 되었다. 그 때에 나는 친구들에게서 배척을 당하고 사면초가에 놓이게 되었고, 오직 예수 그리스도만 우러러보며 "이런 때에는 주님은 어떻게 살겠습니까"하면서 살았다. 그 때 대답은 "너에게 맡겨진 일만해."하는 것이었다. 그래서 그대로 순종했다.

10개월이 지나니 모든 오해가 풀어지고 친구들로부터 신용을 받게 되었다. 이 시험에서 이기게 해 주신 이는 성령님이라고 믿고 있다.

그 후에도 나의 가정에서 주님이 주인이 되신 일과 참 사랑을 느낀 일이 있다. 어떤 날 나는 집에서 원고를 쓰고 있었고, 집사람은 뜰에서 빨래를 하고 있었을 때이었는데, 우리 둘 사이에 사랑이 있음을 새삼스럽게 느끼게 되었다. 누가 먼저 죽거나 혹은 떠나게 된다고 해서 이 사랑이 없어진다고 하면 이 사랑도 진실이 아닐까 하는 마음이 들었지만, 이 사랑은 참 사랑이므로 영원한 것이라고 믿어진 것이다. 그래서 사랑은 영원한 생명이라고 체험하게 되었다.

어떻게 이런 생각이 나고 또 '사랑은 영원한 생명이라고 느낄 수 있게 되었을까'하고 생각하게 되니, 그것은 주님께서 우리 가정에 주인으로 주관해 주셨기 때문이라고 직감하게 되었다. 그래서 가정이란 주님을 모시고 이 영원한 생명인 사랑을 체험케 하라고 주신 부부의 복이 아닌가 생각하였다 이 체험 또한 성령님의 은사로 믿게 되었다.

어느 날 복음병원에 있을 때 의사들간에 불화가 일어났다. 이것 또한 악령의 시험이었다. 그 때 나는 몹시 괴로웠다. 나의 힘으로는 해결할 수 없었고 기도할 길밖에 없었다. 환자에게 실시하는 진료도 잘 이뤄지지 못했다. 그래서 나는 그 때에 새로운 사명감을 가지게 되었다. 가련한 환자를 돌보는 일도 귀하고 중요하지만, 무엇보다 평화가 더 중함을 느꼈다. 나는 이제부터 평화를 위하여 헌신하여야 하겠다고 생각했다.

그리고 평화의 길은 평화의 임금이신 예수 그리스도를 따라 그의 가신 길을 걷는 것이라고 확신하게 되었다. 이것 또한 성령님의 역사라고 믿고 있다.

나의 작은 생애에서 체험한 것은 악령은 나를 유혹하고, 시험해서 현실에서 불성실하게 하고, 주님에게서 떨어지게 하는 자이지만, 성령은 더욱 큰 힘과 사랑으로 주님의 길을 보여주며, 따라가게 하시는 분이라는 사실이다.

예수 그리스도는 진리와 생명이어서 그의 길로 인도하시고, 더욱 굳게 믿게 해주시는 성령님께 감사한다. 성령님은 예수 그리스도의 진리를 깨닫게 하고, 그 생명을 살게 하도록 도와주시는 주님이시다.

〈부산모임〉 1982년 2월호[84:15-1]

성령에 관한 고찰

성령은 하나님과 예수 그리스도와 같이 삼위 일체로서 영원 전부터 살아 계셔서 하나님께서 흙으로 사람을 지으시고 생기를 그 코에 불어넣으실 때도 같이 역사하셨다. 사람이 생령이 된 것은 삼위중 한위이신 성령의 역사로 된 것이다.

성령의 성격

성령의 성격에 대해서 자세히 가르쳐 주신 말씀은 요한복음 14장에 잘 나타나있다. 예수님께서 세상을 떠나려고 하실 때, 제자들을 고아와 같이 버려두지 아니할 것을 가르쳐 주실 때에 "내가 아버지께 구하겠으니 그[아버지]가 또 다른 [하나의] 보혜사를 너희에게 [보내어] 주사 영원토록 너희와 함께 있게 하리니 그는 진리의 영이라"요 14:16-17고 하셨다. 여기에서 "보혜사"라고 한 원어는 '파라클레이토스'인데, '파라'는 옆이라는 뜻이고, '클레이토스'는 '갈레오'[부른다]라고 하는 동사에서 유래된 말로서 '옆에 불리어서 도와주는 주님'이라는 뜻이다. 그리고 "다른"이라고 하는 것은 별다른 이라는 뜻이 아니고 또 하나의 성격을 가지고 옆에서 도와주는 주님이라는 뜻이다.

성령은 예수 그리스도께서 아버지 하나님께 구하여 보내주시게 된 하나님의 영이시며, 또 예수 그리스도의 영이셔서 진리의 영이시다요 14:17; 16:13. 그래서 하나님과 그리스도는 하늘에 계시고, 성령은 그리스도를 대신해서 땅 위에 계셔서 그 직능이 다르다. 아들이신 예수 그리스도와 성령은 그 본질을 같이 하시는 하나님과 더불어 우주와 만물을 창조하셨고, 특히 사람의 생명에 영생을 주시는 역할은 성령의 역할이 아니었던가 생각한다.

아들 되시는 예수 그리스도는 하나님 품속에 계시면서 사랑 자체이신 성령으로 아버지 하나님과 사랑 중에 계시다가 사람이 하나님의 명령을 어기고 죄인 되었을 때에 그 죄인을 구속하시려고 육을 입고 내려오셨다. 그리고 십자가에 달려 돌아가심으로 속죄하여 주시고, 3일만에 부활하셔서 사람에게 영생을 열어 주신 것이 아들 되시는 예수 그리스도의 역할이었다.

예수님이 세상을 떠나려고 하실 때에 제자들에게 하시는 말씀을 통해 보혜사 성령의 성격을 알 수 있다. 예수님은 제자들에게 "내가 너희를 고아와 같이 버려두지 아니하고 너희에게로 오리라"요 14:18고 말씀하셨다. 여기서 말씀한 보혜사, 즉, 예수님이 아버지 하나님께 구하여 보내주실 보혜사는 다른 분이 아니고 자기가 친히 오겠다는 말씀 중에 포함되어 있다. 그리하여 그리스도의 영, 또는 아버지 하나님의 영이 오시는 날에는 "내가 아버지 안에, 너희가 내 안에, 내가 너희 안에 있는 것을 너희가 알리라"요 14:20고 말씀하셨다.

이 말씀을 통해서 볼 때에 제자들의 옆에 오셔서 도와주시는 보혜사의 성격은 예수 그리스도의 인격과 같다. 예수님은 세상에 계실 때 제자들 옆에서 도와 주시는 주님으로 역할을 다하셨다.

제자들은 주님과 같이 있을 때에 아무것도 두려워하지 않았고 조금도 부족함을 느끼지 않았다. 이제 예수님이 세상을 떠나시면 제자들은 고아와 같이 되지 않을 수 없다. 사실 예수님이 부활 승천하신 후에도 얼마 동안은 뿔뿔이 헤어져서 고아와 같았다. 그러나 예루살렘을 떠나지 말고 기도하면서 성령에 임하심을 기다리라고 하신 말씀을 따라 마가 요한의 다락방에서 기도하고 있었다.

즉, 성령의 성격은 예수 그리스도께서 제자들의 옆에서 말씀하시고, 가르치시고, 기도하시면서 지도하셨던 것처럼 지도하시는 성격의 소유자여서 예수 그리스도의 인격을 연상케 하며, 그래서 주님은 성령이다고후 3:17. 바울은 이와 같은 성격을 생명의 성령의 법롬 8:2이라고도 표현 했다.

오순절에 강림하신 성령

"오순절 날이 이미 이르매 그들이 다같이 한 곳에 모였더니 홀연히 하늘로부터 급하고 강한 바람 같은 소리가 있어 그들이 앉은 온 집에 가득하며 마치 불의 혀처럼 갈라지는 것들이 그들에게 보여 각 사람 위에 하나씩 임하여 있더니 그들이 다 성령의 충만함을 받고 성령이 말하게 하심을 따라 다른 언어들로 말하기를 시작하니라"행 2:1-4라는 말씀처럼 성령이 강림하셨다고 한다.

예수님이 부활하신 후 50일 되던 날에 제자들이 한 곳, 아마도 마가의 다락방에 모여서 기도하고 있었는데 갑자기 하늘로부터 급하고 바람 같은 소리가 있어서 온 집에 가득하게 되었고, 또 불의 혀같이 갈라져서 각 사람에게 임하셨다고 하였다. 이것은 제자들이 느낀 환상으로 실제로 성령은 바람도 불도 아니었다고 생각한다. 그러나 성경에는 성령을 바람과 불로 비유한 곳이 적지 않다.

예수께서 니고데모에게 말씀하시기를 "내가 네게 거듭나야 하겠다 하는 말을 놀랍게 여기지 말라 바람이 임의로 불매 네가 그 소리는 들어도 어디서 와서 어디로 가는지 알지 못하나니 성령으로 난 사람도 다 그러하니라"요 3:7-8고 하셨다.

또 예수님이 부활하신 후에 제자들에게 나타나셔서 저희를 향하여 "숨을 내쉬며 이르시되 성령을 받으라"요 20:22고 하셨는데, 여기에 "숨을 내쉬며"는 성령과 같은 말이다.

그리고 세례 요한이 예수님에 대해 말하기를, "나는 너희로 회개하게 하기 위하여 물로 세례를 베풀거니와 내 뒤에 오시는 이는 …… 성령과 불로 너희에게 세례를 베푸실 것이요"마 3:11라고 하였다. 그래서 성령 세례, 또는 불 세례라고도 한다.

찬송가에도 '불길 같은 성령이여 간구하는 우리에게 지금 강림하셔서 영광 보여 줍소서.'라고 하며, 또 성경에는 "그는 성령과 불로 세례를 베푸실 것이라"고 하셨고, 성령은 소멸하는 불이라고도 하셨다.

"불의 혀처럼 갈라지는 것들이 그들에게 보여 각 사람 위에 하나씩 임하여 있더니"라고 한 것은 한 성령이 각 사람 위에 머물러 있음을 보았다는 뜻이다.

"각 사람에게 성령을 나타내심은 유익하게 하려 하심이라 어떤 사람에게는 성령으로 말미암아 지혜의 말씀을, 어떤 사람에게는 같은 성령을 따라 지식의 말씀을, 다른 사람에게는 같은 성령으로 믿음을, 어떤 사람에게는 한 성령으로 병 고치는 은사를, 어떤 사람에게는 능력 행함을, 어떤 사람에게는 예언함을, 어떤 사람에게는 영들 분별함을, 다른 사람에게는 각종 방언 말함을, 어떤 사람에게는 방언을 통역함을 주시나니 이 모든 일은 같은 한 성령이 행하사 그의 뜻대로 각 사람에게 나누어 주시는 것이니라"고전 12:7-11고 하심 같이 나뉘어서 각 사람에게 머물러 있었다.

그 때에 예수님께서 그리스도이심이 부활로 증거되었는데, 주위의 나라 사람들에게 전할 필요가 있었다. 성령이 내려서 각 사람에게 머물게 되니 각 지방의 방언대로 증거하게 되었다. 각 곳에서 몰려 온 사람들은 자기들의 방언으로 제자들이 예수께서 하나님의 아들로서 육을 입으시고 이 세상에 내려 오셨고, 인류의 죄를 십자가에서 대속하셨으며, 3일만에 부활하셔서 인류에게 영생을 주셨으니 누구든지 자기들의 죄를 깨닫고 회개하여 예수님을 구주로 영접하면 영생[구원]을 얻는다고 복음을 전했다. 이 복음을 듣는 사람은 다 놀랬다.

성령의 역사

> 보혜사 곧 아버지께서 내 이름으로 보내실 성령 그가 너희에게 모든 것을 가르치고 내가 너희에게 말한 모든 것을 생각나게 하리라 요 14:26

첫째, 성령은 하나님의 영으로서, "너희 속에 하나님의 영이

거하시면 너희가 육신에 있지 아니하고 영에 있나니 누구든지 그리스도의 영이 없으면 그리스도의 사람이 아니라 또 그리스도께서 너희 안에 계시면 몸은 죄로 말미암아 죽은 것이나 영은 의로 말미암아 살아 있는 것이니라"롬 8:9-10고 함과 같이 성령은 하나님을 우리에게 증거하는 동시에 성령이 우리 영으로 더불어 우리가 하나님의 자녀인 것을 증거하신다롬 8:16. 또, 우리의 몸은 하나님의 성령이 거하시는 성전인 것을 깨닫게 하신다고전 3:16.

둘째, 예수를 구주로 믿게 하신다. "성령으로 아니하고는 누구든지 예수를 주시라 할 수 없느니라"고전 12:3고 하셨다.

예수님의 사명은 그 이름이 말해주는 바와 같이 자기 백성을 저희 죄에서 구원하시는 것에 있었다. 그리고 하나님의 뜻에 순종하여서 하나님께 영광 돌리는 일로 그 사명을 완성하셨다.

성령은 그 이름이 '파라클레이토스'로서 성도들의 옆에 오셔서 도와 주는 주님이 되어 구원 사업을 성취하시는 것이 그의 사명이며, 하나님과 예수님과 그의 말씀을 기억나게 해서 그리스도께 영광을 돌리게 함으로써 그의 사명을 성취하시는 것이다.

성령님은 진리의 영이시며 진리의 영으로 오셔서 우리를 진리 가운데로 인도하신다요 16:13. 그리하여 성령이 그리스도의 영광을 나타내신다요 16:14.

예수께서는 일찍이 " 내가 곧 길이요 진리요 생명이니 나로 말미암지 않고는 아버지께로 올 자가 없느니라 "요 14:6고 말씀하셨는데, 성령은 주님의 사명을 완성하도록 하는 것이 그의 사명이다.

첫째로 성령은 예수님께서 인류를 하나님께로 나아오게 하시는 길이요, 진리이심을 증거하셔서 인류로 하여금 깨닫게 하신다. 성령의 인도 없이는 예수를 구주로 믿을 수 없다.

진리란 무엇인가? 하나님께서 아브라함에게 약속하신 것을 실천하는 것을 말하며, 그 약속은 그리스도에게 영원긍정으로 완성되었다. 그것을 알게 하시고 믿게 하시는 것이 성령의 역사役事이다. 그 일이 그리스도의 영광을 나타내시는 일이다.

둘째로 성령은 예수님의 생명을 성도들에게 주신다. 하나님 나라의 생명, 곧 영생을 전달해 주시는 것이어서 예수님이 부활하셔서 승천하신 그 영체의 생명을 전달해 주신다.

성도들은 이 세상에서 육체를 가지고 살면서도 예수님 안에 있고, 성령이 우리 안에 계시어 공동체를 이루어 살게 되면 참 생명, 즉 영원한 생명을 체험하면서 살 수 있다. 예수님 안에서 그 사랑을 체험하면 영생의 생명을 맛볼 수 있는 것이다. 이와 같은 경험은 성령이 성취케 해 주시는 것으로 나도 미약하나마 예수 그리스도께서 우리 가정에 계셔서 삶을 주관해 주셨을 때, 그러한 천국과 영생을 경험케 하여 주셨음을 간증하는 바이다. 또 성도들을 그리스도의 사랑 안에 일체로 해서 악령과 더불어 싸워 승리케 해 주시는 것이다.

성령에 충만할 것

"오직 성령의 충만함을 받으라"엡 5:18, "우리 구주 예수 그리스도로 말미암아 우리에게 그 성령을 풍성히 부어 주사 우리로 그의 은혜를 힘입어 의롭다 하심을 얻어 영생의 소망을 따라 상속

자가 되게 하려 하심이라"딛 3:5-6고 하신 말씀대로 우리는 성령의 충만하심을 간구해야 한다.

우리는 성령의 지도로 말미암아 예수님을 구주로 영접했다. 그러나 이 육을 가진 지상 생활에서 영이 원하는 성경생활과 경건생활을 완수하지 못하고, 때때로 사단의 유혹과 시험에 빠지는 때가 종종 있음을 어찌하랴? "참으로 오호라 나는 괴로운 사람이로다. 누가 이 사망의 몸에서 나를 구원하랴?"는 탄식을 발하게 되는 것이다. 에베소 교회와 같이 처음 사랑에서 떠날 때가 있다. 그러므로 우리는 성령충만을 간구하게 된다.

지상에서 신앙생활은 곧 전투생활이다. 우리는 매일 탐심과 정욕의 지나침과 더불어 싸우지 않으면 안 된다.

육체의 소욕은 성령을 거스리고 성령의 소욕은 육체를 거스르기 때문에갈 5:17, 우리는 성령의 인도하심을 따라 육의 탐심과 정욕을 경계[제어]하고 성령의 열매를 맺어야 한다.

"성령의 열매는 사랑과 희락과 화평과 오래 참음과 자비와 양선과 충성과 온유와 절제니 이 같은 것을 금지할 법이 없느니라 그리스도 예수의 사람들은 육체와 함께 그 정욕과 탐심을 십자가에 못 박았느니라"갈 5:22-24라는 말씀처럼 우리는 매일 성령 안에서 우리 정욕에 틈타고 들어와서 유혹하고 시험하는 사단을 이기는 훈련을 승리로 이끌어야 한다.

이 승리를 얻기 위해서는 나 자신을 그리스도께 완전히 바쳐드려야 한다. 즉, 우리의 정과 욕을 십자가에 못 박고, 부활하신 그리스도를 영접하여 하나님 중심의 생활을 하고, 성결 생활로 사단에게 승리해야한다. 다시 말하면 예수 그리스도와 더불어 하나님 나라의 후사로서 현실생활을 실천해야 하는 것이다. 그래서 시와 찬미와 신령한 노래들로 서로 화답하며, 마음으로 주께 노래하며, 찬송하며, 범사에 우리 주 예수 그리스도의 이름으로 항상 아버지 하나님께 감사하며 그리스도를 경외함으로 피차 복종하자. 엡 5:19-21

〈부산모임〉 1986년 6월호[110:19-3]

성령의 구원 사역에 있어서 성도들의 역할

성령은 그 이름파라클레이토스이 보여 주는 바와 같이 성도들의 옆에 오셔서 보혜사도와주시는 주님로서 예수를 그리스도로 믿게 하시고 또 믿는 생활을 하게 하신다.

요한계시록을 보면 사도 요한이 밧모 섬에 유배되어 하나님의 나라를 생각하고 있을 때, 주의 날에 성령의 인도하심으로 예수님의 거룩하신 모양을 보았고, 또 일곱 교회에 편지하신 내용을 기록하게 되었으며, 또 보좌의 광경계 4,5장과 또 메시아의 심판과 그 내용을 상세히 기록하게 되었다. 각 교회에 보낸 편지의 끝에는 "귀 있는 자는 성령이 교회에 하시는 말씀을 들을지어다"로 기록하고 있다.

사도 요한은 성령에 감동하여 하늘의 보좌를 보았는데, 보좌에 둘러선 이십사 장로들이 흰옷을 입고 머리에 면류관을 쓰고 앉은 것이었다. 아마도 이 이십사 장로들은 성도의 대표자가 였던 것 같다.

"그 어린 양이 나아와서 보좌에 앉으신 이의 오른손에서 두루마리를 취하시니라 그 두루마리를 취하시매 네 생물과 이십사 장로들이 그 어린 양 앞에 엎드려 각각 거문고와 향이 가득한 금대접을 가졌으니 이 향은 성도의 기도들이라"계 5:7-8고 하였다.

그 후에 사도 요한이 또 보니 "다섯째 인을 떼실 때에 내가 보니 하나님의 말씀과 그들이 가진 증거로 말미암아 죽임을 당한 [성도들이] 영혼들이 제단 아래 있어…… 거룩하고 참되신 대주재여 땅에 거하는 자들을 심판하여 우리 피를 갚아 주지 아니하시기를 어느 때까지 하시려 하나이까" 계 6:9-10 하니, 각각 저희에게 흰 두루마기를 주시며 말씀하시기를, "아직 잠시 동안 쉬되 그들의 동무 종들과 형제들도 자기처럼 죽임을 당하여 그 수가 차기까지 하라"계 6:11고 하시는 것이었다. 성도들은 이와 같이 성도들을 위하여 기도하며 응답을 받고 있는 자들 임을 우리는 알 수 있다.

또 요한은, "다른 천사가 살아계신 하나님의 인을 가지고 해 돋는 데로부터 올라와서 땅과 바다를 해롭게 할 권세를 받은 네 천사를 향하여 큰 소리로 외쳐 이르되 우리가 우리 하나님의 종들의 이마에 인치기까지 땅이나 바다나 나무들을 해하지 말라."계 7:2-3고 하는 말을 들었다. 이 인 맞은 자의 수는 144,000이었다. 이 일 후에 요한이 또 보니 각 나라와 족속과 백성과 방언에서 아무라도 능히 셀 수 없는 큰 무리가 흰 옷을 입고, 손에 종려가지를 들고 보좌 앞과 어린 양 앞에 서서 큰 소리로 외치기를 "구원하심이 보좌에 앉으신 우리 하나님과 어린 양에게 있도다"라고 하는 광경을 보았다계 7:9-10.

그리고 이 흰 옷 입은 무리는 "큰 환난에서 나오는 자들인데 어린 양의 피에 그 옷을 씻어 희게 하였느니라"계 7:14는 말씀을 들었다. 이들은 성령의 역사에 동참한 성도들의 역할을 한 자들이다.

요한계시록 12장 17절 이하에서 보면 용, 즉 사단이 남자를 낳은 그 여자의 남은 자손, 곧 하나님의 계명을 지키며 예수의 증거를 가진 성도들로 더불어 싸우려고 바다 모래 위에 섰다고 기록되어 있으며, 13장에는 악령인 사단에게 권세를 받은 거짓 예언자들이 성도들과 싸워 이기게 되고, 그래서 "죽임을 당한 어린 양의 생명책에 창세 이후로 이름이 기록되지 못하고 이 땅에 사는 자들은 다 그 짐승[거짓 예언자]에게 경배하리라 누구든지 귀가 있거든 들을지어다 사로잡힐 자는 사로잡혀 갈 것이요 칼에 죽을 자는 마땅히 칼에 죽을 것이니 성도들의 인내와 믿음이 여기 있느니라"계 13:8-10고 기록되어 있다. 성령의 인도를 받는 성도는 이 세상에서 마땅히 환난을 당할 것을 각오해야 할 것이다.

요한계시록 14장에는 어린 양이 시온산에 섰고 그와 함께 14만 4천이 서있었는데, 그 이마에는 어린 양의 이름과 그 아버지의 이름을 쓴 것이 있고, 이 사람들은 정절이 있어서 여자로 더불어 더럽히지 않고 하나님과 어린 양에게 속한 자들이라고 기록되어 있다.

또 18장 20절에는 악령의 성 바벨론이 망한 후에 "하늘과 성도들과 사도들과 선지자들아, 그로 말미암아 즐거워하라 하나님이 너희를 위하여 그에게 심판을 행하셨음이라"고 했다.

결국 성도들은 악령, 즉 적그리스도와 거짓 예언자들에게 박해를 받다가 그리스도의 심판으로 악령의 일당이 불못에 던져지게 될 때에 어린 양의 혼인 자리에서 구원의 주님을 찬양하게 된다.

바울은 말세에 성도들이 악령과 더불어 싸우기 위해 무장할 것을 에베소 교회의 성도들에게 다음과 같이 경고하고 있다. 즉,

"끝으로 너희가 주 안에서와 그 힘의 능력으로 강건하여지고 마귀의 간계를 능히 대적하기 위하여 하나님의 전신 갑주를 입으라 우리의 씨름은 혈과 육을 상대하는 것이 아니요 통치자들과 권세들과 이 어둠의 세상 주관자들과 하늘에 있는 악의 영들을 상대함이라 그러므로 하나님의 전신 갑주를 취하라 이는 악한 날에 너희가 능히 대적하고 모든 일을 행한 후에 서기 위함이라 그런즉 서서 진리로 너희 허리 띠를 띠고 의의 호심경을 붙이고 평안의 복음이 준비한 것으로 신을 신고 모든 것 위에 믿음의 방패를 가지고 이로써 능히 악한 자의 모든 불화살을 소멸하고 구원의 투구와 성령의 검 곧 하나님의 말씀을 가지라 모든 기도와 간구를 하되 항상 성령 안에서 기도하고 이를 위하여 깨어 구하기를 항상 힘쓰며 여러 성도를 위하여 구하라"고 강조했다. 엡 6:10-18

왜냐하면 악령은 성도들을 유혹하고 시험하여 하나님과 그리스도로부터 떨어지게 해서 자기에게 굴복케 하려고 애쓰기 때문이다. 인류의 역사의 배후에는 하나님, 그리스도, 성령의 삼위 일체를 믿고 순종하는 성도들의 집단과 한편에는 사단과 적그리스도와 그들의 거짓 예언자들의 집단이 항상 싸우고 있다. 결국은 후자가 유황불이 붙는 불 못 중에 산채로 던져져 멸망하고 말 것이다.

나는 여기서 사우어 Benard E. Shower가 짓고 전희근씨가 옮긴 《하나님과 사단의 투쟁》 중에서 제8장 '교회가 들리움으로부터 영원한 미래까지의 투쟁'을 소개하려고 한다. 즉, 그것은 교회의 들리움과 다니엘의 70 이레의 두 부분으로 되어 있다.

교회의 들리움 The Rapture of the Church

이스라엘이 축복 받았던 본래의 상태로 회복되는 날이 오면 예고되지 않은 시간에 예수 그리스도께서 공중에 재림하셔서 순식간에 이미 죽었던 그리스도인은 부활하고, 살아있는 그리스도인[성도들]은 홀연히 변화되어 끌어 올리움을 받게 된다요 14:1-3, 고전 15:51-52, 살전 4:13-17 참조.

교회는 신령한 성도들의 집단이며, 그리스도의 신부라고도 말한다계 21:9. 기독교인중에서 가라지들은 그대로 남게 되어 사단 왕국의 일원이 되고, 지상에는 타락한 교회가 그대로 남게 될 것이다.

다니엘의 70 이레 단 9:24; 10:2

교회가 들려 올라간 뒤에 이 세상은 7년 환난에 들어 가게 된다. 이 7년 환난의 후반기는 대환난의 시기이다마 24:21. 이것은 다니엘서에 하나님께서 이스라엘을 위해 예비해 두신 70 이레의 마지막 7년이라고 예언되어 있기 때문에 이를 다니엘의 70 이레라고 한다. 즉, 대환난 때이다단 9:24.

70 이레 때에 사단은 첫째로 자기의 왕국을 세우려 한다. 그러기 위해 자기에게 굴복하는 통치자를 찾는데살후 2:3, 먼저 사람들이 하나님으로부터 완전히 떨어져 나간 후에야 그것이 가능하다.

현재 하나님을 부정하는 일이 늘어가고 있는 것이 그 징조를 보이고 있는 것이다. 그 마음에는 일시적이나마 성령의 제지가 쉬는 때가 온다. 즉, 성도들이 들리어 올라간 후에 잠시 그런 때가 온다. 이 사단의 통치하에서 세력을 잡는 자를 요한은 적그리스도라고 불렀고요일 2:18; 4:3, 다니엘은 자기 뜻대로 행하는 자단 11:36라고 했으며, 바울은 불법을 행하는 자살후 2:3,8라고 불렀다. 즉, 그들은 하나님과 예수 그리스도를 부인하고, 자기가 친히 최고 권위자라고 칭하며, 사단에게서 받은 초인적 권력을 과시하여 세상 사람으로 하여금 자기에게 굴복케 하는 자이다살후 2:8-12.

적그리스도는 그 권력의 일부를 거짓 예언자들에게 넘겨 주어서 많은 사람을 자기의 집단이 되게 하여 큰 세력을 부린다. 마지막 3년, 즉 대환난 때에는 많은 성도를 옥에 가두고 죽이게 한다마 24:9.

"창세로부터 지금까지 이런 환난이 없었고 후에도 없으리라 그 날들을 감하지 아니하면 모든 육체가 구원을 얻지 못할 것"마 24:21-22이라고 기록된 것과 같다.

적그리스도는 초인적, 과학적 힘으로 모든 문제를 해결할 수 있다고 과시해서 온 인류를 하나로 만들기 위해 사회제도를 고치고, 법과 질서를 고조하여 하나의 나라의 정부로 만들어 독재할 것이다. 이렇게 되면 적그리스도의 반대 세력도 강해지게 될 것이지만, 70 이레 중간 즈음에는 그 반대세력이 부서지게 될 것이다.겔 38:17-39:20 참조

또 적그리스도는 자기의 제자들을 많이 만들어서 선전하게 하고, 하나님의 증언인 성도들을 죽이도록 한다. 즉, 순교자들이 생기게 되는 것이다. 그러나 이 순교자들을 통해서 구원 받는 자는 늘게 된다.

70 이레 마지막 날에 사단은 이스라엘을 위협하려고 그의 모

든 군대를 팔레스타인으로 모이게 할 것이다.계 16:13-14. 그러나 하나님께서는 유대인을 계속 남겨 두실 것이다렘 30:7. 사단은 이 세상의 모든 군사력을 동원하여 팔레스타인의 아마겟돈에 집합케 한다. 그래서 예수 그리스도와의 마지막 전쟁을 도모하는 것이다.

한편 하나님께서는 이 70 이레의 초기에 이스라엘인 14만 4천명을 구원하시고, 세상에 보내어 예수님의 재림 때까지 복음을 전파하게 하신다. 그리하여 많은 이방인이 구원을 받을 뿐 아니라, 유대인도 구원을 받게 된다. 그리고 사단의 왕국을 파괴케 하신다. 그래서 하나님의 나라가 다시 시작될 것이며, 70 이레는 "주의 날"이라고 부르는 때부터 시작이 된다.살후 2:1-3

또 이 70 이레는 또한 하나님의 심판의 때이기도 하다. 하나님께서는 그의 진노를 불신자들과 사단의 집단들에게 퍼부으신다슥 1:14-18. 그 심판은 마지막 3년 반단 10:2, 즉 후반기에 더욱 심하다. 그 결과 하나님을 부인하고 예수 그리스도를 영접하지 않은, 다시 말해서 성령의 감화하심을 소멸한 죄의 벌이 어떻게 심한가 하는 것을 보여 주신다.

천사장 미가엘과 그의 천사들은 사단을 그 근거지인 공중에서 쳐 부실 것이다. 사단은 "이제 우리 하나님의 구원과 능력과 나라와 또 그의 그리스도의 권세가 나타났으니 우리 형제들을 참소하던 자 곧 우리 하나님 앞에서 밤낮 참소하던 자가 쫓겨났고"계 12:10의 말씀처럼 마침내 지상으로 내쫓김을 당하고, 그 후 70 이레의 마지막에는 하나님께서도 그의 군대를 모으시는데, 이것은 사단의 군대를 파괴하기 위해서이다.계 16:1-12, 시 2:4-12

70 이레에서 하나님의 제일 큰 목적은 이스라엘 민족의 회개

에 있다. 여러 세기 동안 이스라엘 민족은 회개하지 않았으나, 적그리스도가 심한 박해를 유대인에게 퍼부었을 때, 이스라엘 백성은 참 회개를 할 것이다.슥 12:10-14; 13:1

이 심판은 사단과 적그리스도와 거짓 예언자가 삼위 일체가 되고, 한편 하나님의 편에서는 성부, 성자, 성령가 삼위 일체이신 하나님과 성령으로 하나가 된 성도들과 천사장 미가엘과 그들의 천사들이 한 단체가 되어 사단의 군단을 여지 없이 쳐부시고 승리함으로써 끝나게 된다.

그래서 주님이 공중에 재림하시고, 적그리스도와 거짓 선지자들은 불못에 던져지고 그곳에 영원히 없어 질 것이다계 19:20. 사단 자신은 이후 천 년간 무저갱 속에 갇혀 있게 된다계 20:1-3. 그리고 인류는 유대인이나 이방인이나 심판을 통하여 구원된다.

하나님 나라의 특징은 그리스도께서 주가 되셔서 성도들을 다스리는데 있다계 11:15; 19:16. 모든 동물은 온순하게 되고사 11:6-9; 65:25, 모든 불구, 병, 재난과 슬픔과 아픔이 없어지고, 삼림에는 수목이 우거지고, 과실을 많이 맺으며, 물고기도 자유로이 놀고, 곡식과 포도주도 많아지고, 모든 환경이 좋게 되고, 전쟁도 없게 된다.

베드로도 이것을 "새롭게 되는 때", "유쾌한 날이 오는 때", 또는 "모든 것이 회복되는 때"마 19:28, 행 3:19-21라고 했다. 모든 성도가 하나님 나라의 식구가 된다. 그러나 육을 가진 인간은 스스로 타락할 수 있다. 이것은 인간 그 자신이 죄를 지니고 있는 까닭이다. 이 때의 반역자는 곧 죽게 된다시 72:1-4, 사 11:4; 29:20-21, 렘 31:29-30. 이러한 하나님의 나라가 약 천 년간 지속된다. 그래서 성경학자들은 이 때를 가리켜 천년 왕국이라고 한다.

천년 왕국의 때가 지나면 하나님께서는 갇혀 있었던 사단을 무저갱으로부터 나오게 해서 자유를 준다계20: 3,7. 사단이 무저갱에서 놓여 나와서 곡과 마곡의 불평분자들을 모아 싸움을 붙이려고 한다. 이들이 성도들의 진과 사랑하시는 성을 둘러 싸고 전쟁을 하려고 할 때에 하늘에서 불이 내려와 저들을 소멸하게 한다.계 20: 8-9

이때에 사단과 적그리스도 및 거짓 예언자들은 불과 유황 못에 던져지게 된다. 이것이 사단의 마지막 때이다. 그 다음에는 사단에게 속해 있던 자들이 심판을 받고 사단의 왕국에 던져 질 것이다.

그런 후에는 현재 있는 하늘과 땅은 없어지고, 죄와 죽음도 없어지게 된다. 그리고 그리스도의 나라가 이뤄 지게 된다고전 15:24-26. 하나님께서는 이 세상의 목적을 다 이루신 다음 새 하늘과 새 땅을 만드신다. 즉, 자연계는 영화되게 된다. 그리고 구원받은 성도들은 천사와 같이 영체를 입고, 죄와 죽음과 고통이 없는 하나님의 나라에서 자유롭게 감사 찬송을 부르며 영원토록 영광을 주님께 돌릴 것이다.

이상은 하나님의 경륜에서 본 하나님의 나라의 임하심이다. 그때까지 성도들은 성령의 감화하심으로 예수님을 그리스도로 영접하여 살면서 사단과 적그리스도 및 거짓 예언자들에게 핍박을 받다가 마침내는 그리스도와 같이 죄와 사망권세를 이기고 영생하는 하나님 나라에 들어 가게 된다.

그 동안에 성도들은 성령의 감화하심을 어떻게 받아들이며, 힘쓸 것인가 하는 문제에 대하여 고찰하려고 한다.

성령의 역사 중

1. 가르치시는 역사 요 14:26

회개와 중생으로 응답하여야 한다. 예를 들면, 한국의 성도 손양원 목사는 1920년 즈음에 조기 결혼을 하여 전혀 무식한 부인과 결혼하였는데, 당시 그것이 불만이어서 일본 동경에 가서 7년 또는 8년간 공부하고 돌아오면 자기 부인은 다른 곳으로 시집가게 될 것이고, 자기는 신여성과 결혼해 살게 되면 좋겠다는 마음을 품었다고 한다.

어느 날 동경시내를 걷고 있었는데, 어떤 성결교회의 앞을 지나다가 안내하는 사람에 끌려 들어가 말씀을 듣던 중 중생하지 아니하면 구원을 얻을 수 없다는 가르침에 마음에 품었던 죄가 떠올라 철저한 회개를 하고, 그 다음날에 집에 돌아와 부인에게 자복하고 용서를 빈 다음 그날 삼일 예배에 참석하여 중생한 간증을 하였다. 그 소문이 퍼지자 울산 지방 교회에서 그 간증을 듣고 여러 교회가 거듭나는 은혜를 받았다고 한다.

손양원 목사님은 나병환자들을 자기 몸과 같이 사랑하였고, 자기의 두 아들을 총살한 공산 청년을 아들로 삼아 회개시키고 구원하셨다.

2. 생각나게 하시는 역사 요 14:26

죄를 생각나게 하실 때 곧 회개하여야 한다. 나는 15세 때, 근 1-2년간 매일 저녁 화투놀이로 허송세월을 했었다. 그러다 아버지께서 월 20-30원의 학비를 보내시기에 괴로워하시는 것을 알게 되었다. 그 때에 "나는 불효자식이로다. 이러한 죄인이 어떻게 하나님 앞에 나아갈 수 있으리요?" 하고 통회자복하였다.

그 때 "너의 죄는 예수 그리스도께서 담당하셨는데 울고만 있느냐?" 하는 소리가 들려 왔다. 그 후 예수님을 나의 생명의 구주로 믿고 그에게 다 바쳐 드렸다. 예수님 이외에 머리 숙여 섬길 자는 없다고 믿게 되었다.

3. 증거하는 역사 요 15:26

내가 1941년 평양연합기독병원에 외과 과장으로 일하고 있었을 때 주위 사람들에게 오해를 받아 사면초가인 상황에 있었다. 그 때에 예수 그리스도만을 상대로 해서 10개월을 살았다. 너무도 고독하여 "예수님, 저와 같은 상태에 처하게 되면 어떻게 하시겠습니까?" 하고 기도했다. 그러자 응답해 주시기를 "무엇을 어떻게 해? 네게 맡기는 일에 충성을 다하면 되지 않아?" 하시는 것이었다. 그러한 상황에서 10개월이 지나가니, 모든 오해가 풀리게 되었다.

나는 그 후부터는 내세를 부인할 수 없는 신앙을 얻게 되었다. 이 일을 증거케 하시는 이는 성령이시다. 성령은 예수 그리스도와 진리에 대하여 증거케 하신다.

4. 책망하시는 역사 요 16:7-8

'죄에 대하여'라 하는 것은 사람이 예수님을 구주로 영접치 아니함이요. '의에 대하여'라 함은 예수님이 하나님의 의와 사랑을 실현하기 위하여 십자가에 달려 돌아가셨다가 부활하셔서 승천하심을 깨닫지 못함이며, '심판에 대하여'라 함은 이 세상 임금이 심판을 받았음이라고 책망하신다. 성도들도 성령의 인도로 옳게 판단하고 악을 책망한다.

5. 진리로 인도하시는 역사 요 16:13

예수께서 진리이심을 깨닫게 하고 믿게 하시는 이는 성령이시다. 진리는 하나님께서 아브라함에게 약속하시고, 인류를 구원하시는 일인데, 예수 그리스도께서 그 구원의 약속을 완성하셨다. 그래서 예수 그리스도를 믿고 따르게 하시는 역사를 성령이 하심을 믿고, 성도는 성령 안에서 살아야 한다.

6. 하나되게 하시는 역사 엡 4:3

성도들이 이 성령이 하나되게 하는 것을 지켜야 한다. 예수 그리스도의 사랑 안에 항상 거하여야 한다. 예수께서 하나님 안에 있고, 하나님이 예수 안에 계셔 성도들과 다 하나가 되게 하시는 역사는 성령이 하신다. 성도들은 하나가 되게 하시는 뜻을 깨달아 자기를 부인하고 이웃을 섬김으로써 하나가 될 것이다.

7. 예수님의 영광을 드러내는 역사

그가 내 영광을 나타내리니 요 16:14

보혜사 성령은 그 이름이 보여 주시는 대로 성도들의 옆에 오셔서 예수 그리스도의 교훈을 가르치시고 생각나게 하셔서 진리대로 살게 하심으로써 예수님에게 영광을 돌리도록 하신다. 성도들은 이 성령의 인도하심을 따라 하나를 이루어 예수님의 구원의 사업을 방해하는 악령, 적그리스도, 거짓 예언자들과 싸워 승리함으로써 예수님에게 영광을 돌릴 것이다.

〈부산모임〉 1986년 8월호[111:19-4]

⟨기독교 이상주의⟩

우리 기독교인은 현실 물질적 사조에 휘말려 들어가 입으로는 예수님을 구주로 믿는다고 말하면서 실생활에서는 불신자와 별 차이가 없다. 불신자보다 도리어 도덕면에서 비난하는 소리가 높지 않은가? 우리는 다시 이 때에 반성하여 회개하고, 예수 그리스도를 본받아 우리의 사명, 즉 도덕을 완수하자.

⟨부산모임⟩ 1982년 4월호

네 마음을 다하여 목숨을 다하며 힘을 다하며 뜻을 다하여 주 너의 하나님을 사랑하고 또한 네 이웃을 네 자신 같이 사랑하라 하였나이다

눅 10:27

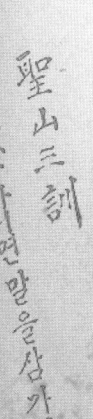

인생과 신앙

인생은 두 가지 면에서 살고 있다고 생각한다. 사람의 생명이 물질로 된 육의 생명과 영으로 사는 영적 생명으로 되어 있는 까닭이라고 생각한다. 이것은 하나의 전제이기도 하면서 또 우리는 경험으로 수긍하기도 한다.

육의 생명은 물질로 구성된 것으로 자연 법칙, 즉 물리·화학적 법칙에 의해 지배되어 있다. 우리 의사들의 영역에 속하는 것으로 그 생명을 해하는 모든 질병과 또한 환경을 잘 조정함으로써 좋게 영향을 줄 수 있다.

그러나 그 속사람, 즉 영적 생명에 대해서는 자연법칙으로 지배되지 않고, 사랑의 법칙, 또는 은혜의 법칙으로 지배되는 영생하는 인격이 있음을 실제생활에서 실감할 수 있다. 물론 이것은 사고思考를 통해 얻어질 수도 있으나 그 영혼의 주님이신 하나님의 계시로 말미암아 실감하고, 체험하는 생명인 것이다. 물론 육의 다섯 가지의 감각기를 통하여 느껴지는 현실적 자연법칙은 작게 느껴지므로, 이것에 습관된 사람들은 영적 체험에 둔해서 희미한 것만은 부인할 수 없다.

그러나 영의 진리에 눈 뜬 사람들은 영의 생명이 더 중요하고, 더 진실된 것임을 알게 되고, 주종의 관계가 있다고 믿게 된다. 물론 현실에서 자연법칙과 은혜의 법칙이 우리 인격에 작용하고 있기 때문에 우리의 인격이 좌우로 치우치지 않고, 사는 것이 정도正路임은 두말할 것 없을 것이다. 그러나 어느 것이 더 참되고 중요한 것이냐 하는 문제에 이르게 되면 생물학적 생명은 도덕적·사회적 생명을 위하여 사는 것이며, 사회적 생명은 영원한 내세의 생명을 위하여 살고 있는 것이다. 이와 같이 주종의 관계를 인정하게 될 때 올바른 인생을 살게 될 것이다.

우리는 사물을 두 방면에서 해석할 수 있다. 이것을 자연적으로 해석할 수 있고, 또 신앙적으로 해석할 수 있다. 즉, 학자의 보는 방법과 신자의 보는 방법을 바꾸어 말하면 원인 결과의 법칙에 의한 자연발생의 일로 보는 방식과 또 하나는 하나님의 뜻에서 나온 하나님의 섭리라고 보는 방식이 있을 수 있다.

그런데 학자의 입장에서 보면 신자들의 보는 것은 미신으로 보이고, 신자들의 입장에서 보면 학자들이 보는 것은 불신으로 보인다. 어느 것이 참일까? 우리는 망설이게 된다.

그러나 우리가 사물을 대할 때 두 가지 면에서 볼 수 밖에 없는 것이 사실이다. 즉, 이 세상의 일은 다 자연적으로 일어나는 것으로 예수님이 행하신 기적도 자연 현상으로 보려고 하며 또 설명이 된다. 그리고 사물을 자연적으로 해석하려고 하는 것은 결단코 불신의 행위는 아니다. 이 세상은 도리의 세상으로 도리에 맞지 않는 것이 있을 리가 없다. 바람이 임의로 불어오매 어디서 와서 어디로 가는지 알지 못하지만, 바람이 부는 것은 자연 법칙에 의해 되는 것으로 부는 까닭을 설명할 수 있는 것이다.

이렇게 보면 종교도, 신앙도 필요 없는 것이라고 할 지 모른다. 그래서 사람은 다 학자가 되어버리고, 하나님의 뜻을 살필 필요가 없다고 할 것이다.

그러나 사람은 신앙을 생각하지 않을 수 없다. 왜냐하면 사람은 나면서부터 경이를 느끼게 되어 있다. 이 때문에 시와 찬미와 예술과 미술의 발달을 보게 된 것이다. 자연은 불가사의 하지는 않지만, 그러면서도 또한 불가사의하다. 즉, 만물이 설명이 되어도 이에 대한 경탄의 느낌은 조금도 줄어들지 않는다.

우리는 신기한 일을 당할 때 조화造化라고 말한다. 그리고 조화라고 경탄하면서 그와 동시에 그 법칙이 알려지고 그 사물이 설명될 때, 더 큰 경의를 느끼게 된다. 그래서 뉴턴Isaac Newton, 패러데이Michael Faraday, 파스칼Blaise Pascal은 큰 학자임과 동시에 깊은 신앙가였다. 이 일 자체가 불가사의한 것이다.

그런데 우주와 인생이 설명이 된다 하여도, 완전하고 충분한 것은 하나도 없다. 그 진리는 무궁무진하다. 그래서 지식으로는 다 만족하지 못하며 언제나 불만족한 것이 남는다.

가장 당연한 것이 불가사의하다. 예를 들면 사람의 개체가 형성되는 것을 생각해 보면 하나의 난자 표면에 수천 만개의 정자가 서성거리다가 그 중에서 하나의 정자가 난자 안으로 들어가 수정이 된다. 그 때 수정세포에서 분열이 일어나 증식해서 뒷면과 앞면으로 세포의 돌기들이 자라나게 된다. 뒷면의 세포들은 뇌척수신경계를 이루고, 앞면의 세포군은 내장을 형성하고, 옆으로 자라나는 돌기들은 체절을 만들어, 각 기관과 각 장기들이 서로 연결하여 하나의 완성되는 개체를 이루게 된다. 이것은 태생학적으로 관찰되어 설명이 되지만, 경이로움은 지식이 더 할수록 더 크게 느껴진다.

그러므로 사람은 상식을 가지고 사물을 판단하면 서로 그 사물의 본질과 의의를 생각하면서 신앙을 가지고 살지 않을 수 없다. 이것이 인생이다. 즉, 우리는 이 인생의 양면을 인식하며 살고 있는 것이다.

콜럼버스의 서인도대륙의 발견을 보더라도 그가 혼자서 그것을 발견한 것이 아니다. 그 시대가 이것을 하게 한 것이었다. 당시 유럽 사람들의 지리학적 진보와 항해술의 발달이 그로 하여금 이것을 하게 했다. 그렇다 하더라도 그와 같은 인물이 바로 그때에 나타나서 그 용달을 통해 그러한 업적을 이룩한 것은 기이한 일이라고 할 수 있다.

콜럼버스는 남유럽의 피가 끓는 남자로 이상에 충만하고, 이해 타산에는 둔하여 발견자로서는 적당하지만, 개척자로서는 부족한 사람이었다. 그 발견의 지역은 서인도의 섬에 한정되었으며, 8년간에 4회나 큰 탐험을 시도해서 미주 두 대륙의 한 모퉁이 섬을 발견한 데 불과하였다. 콜럼버스도 다른 위인들처럼 하나님의 소명을 다하고 일생을 마친 것이다.

내가 라몬 막사이사이 상을 받은 일에 대해 생각해도 같은 말을 할 수 있다. 1950년 한국이 큰 전화 속에 빠져 동포가 신음할 때에 미국에 가서 신학을 공부하던 한 신앙 청년, 전영창 선생을 통해 복음의원이 세워졌고, 유엔 민사처 원조에 의해 무료진료를 할 수 있게 되었으며, 이 일을 하나님의 뜻이라고 생각하고 매일매일의 의료를 사명으로 믿고 일한 것이 그리스도의 사랑을 실천한 것이라 생각한다.

또 저소득층의 의료비 경감을 위해 친구들과 같이 의료 협동을 조직하여 건강했을 때 소액의 회비를 내어 환자들의 진료비를 도와주고, 자기가 병들게 되면 혜택을 받는 청십자의료협동조합을 운영하고 유지하도록 힘쓰게 되었다. 이러한 일들을 기금도 없고, 경험도 없이 감행한 것은 동기가 좋고 방법이 좋으면 하나님께서 인도해 주신다는 막연한 생각에서였다. 과연 그 믿음대로 하나님은 이 협동조합을 권고해 주셔서 지금까지 계속되고 있다.

누구의 생애든 다 같다. 예수님께서는 "참새 두 마리가 한 앗사리온에 팔리지 않느냐 그러나 너희 아버지께서 허락하지 아니하시면 그 하나도 땅에 떨어지지 아니하리라 너희에게는 머리털까지 다 세신 바 되었나니 두려워하지 말라 너희는 많은 참새보다 귀하니라"마 10:29-31라고 말씀하셨다. 새가 땅에 떨어지는 것은 이학理學적으로 설명이 된다.

그와 같이 사람 하나 하나는 생각에 따라서는 귀하지 않게 보일 수도 있다. 즉, 사나 죽으나 큰 차이가 없다고 생각할는지 모른다. 그러나 신앙의 입장에서 보면 문제는 다르다. 다 사는데 뜻이 있고, 죽는데도 뜻이 있다. 사람은 귀중한 존재이다. 그러므로 사물을 지식과 믿음의 두 방면에서 생각하지 않을 수 없다. 병에 걸리는 것이나 건강을 누리는 것도 다 같이 설명이 되며 또 의미를 가지고 생각할 수 있다.

그러므로 인생 만사가 다 그렇다. 이것에 이학적 설명이 있고 신앙적 이유가 있다. 어느 것이나 무시할 수 없다. 그러나 어느 것이 더 깊은 이유가 있는 것인가 하면 신앙적 이유가 더 깊은 것이다. 논리적 술어로 말한다면, 신앙은 대전제이고, 이학은 소전제이다.

우리 인류는 하나님의 섭리라고 하는 대전제 내에서 도덕적 생활을 하고 있는 자들이다. 만일 이학적으로만 본다면 인격의 종말은 비관적이다. 라벤스타인Ernst G. Ravenstein이 100여 년 전에 지구상의 인구가 16억이었는데, 200년이 지나면 인구가 70억에 달하여 지구 위에 살 수 없다고 예언한 일이 있는데, 거의 맞아가고 있다.

맬서스Thomas R. Malthus의 인구론에 의하면 인생의 종말은 비관적이다. 그러나 이학의 지시指示 이상으로 신앙의 고시告示가 있다. 신앙의 속삭이는 소리는 "여호와께서 나를 위하여 보상해 주시리이다 여호와여 주의 인자하심이 영원하오니 주의 손으로 지으신 것을 버리지 마옵소서"시 138:8라는 말처럼 이학적 낙망을 위로한다.

이학이 전부가 아니다. 이학 이상의 이학이 하나님의 섭리이다. 역사에서 또 우리의 조그마한 생애의 체험에 있어서도 "여호와의 말씀이니라 너희를 향한 나의 생각을 내가 아나니 평안이요 재앙이 아니니라 너희에게 미래와 희망을 주는 것이니라 너희가 내게 부르짖으며 내게 와서 기도하면 내가 너희들의 기도를 들을 것이요"렘 29:11-12라는 말씀처럼 신앙은 이 약속의 성취를 믿는 것으로 이학 이상의 진리이다.

사람은 누구나 이상을 가지고 현실에서 살고 있다. 이상과 현실을 생각 할 때에 가장 기본적인 전제는 이상이 현실을 지도하는 것이며, 현실을 쌓아 올려 이상에 이를 것이라는 생각은 잘못임을 기억해야 한다.

우리는 현실을 중히 여긴다. 왜냐하면 예민한 현실 감각만이 공상과 독단을 배제하고, 맹종을 불허하는 무기가 되는 까닭이다. 그러나 현실을 보고 현실을 지도하는 자는 소경이 소경을 지도하는 것과 같아서 둘 다 구덩이에 빠지게 될 것이며, 현실의 진상을 알지 못한다. 현실 중에서 진실을 발견하려면 사물을 학문적으로 관찰하고 비판하여야 한다.

학문은 현상의 법칙적 파악이다. 즉, 현실 중에서 법칙적인 것을 알아 내고 현실의 참 뜻과 그 동향을 올바르게 파악하는 것은 학문이다. 여기에 학문의 권위가 있다. 따라서 학문은 정치, 경제, 실업, 교육, 보건, 기타 모든 부분에서 그 정책을 수립하는데 자기의 권위를 주장하지 않으면 안 된다.

다시 말하면 학문은 개개의 현실 정책을 비판하고 지도함으로써 그 현실적 사명을 다하는 것이다. 그런데 학문이 현실 정책에 대해 법칙적 진실성을 주장하지 못하고, 단순히 개개의 구체적인 현실정책의 요구를 이론화시키고 미화시키는데 그친다면 그것은 맛 잃은 소금과 같아서 밖에 버려 밟힐 뿐이다. 여기에서 학문의 권위는 땅에 떨어져 사람은 생존의 목적인 현실을 잃어버리고 우왕좌왕하게 된다. 참으로 학문을 압박하는 것은 사회에서 눈을 빼앗는 것과 같다.

현실의 사태가 아무리 역사와 환경의 배경으로 이루어진 것이라 할지라도 그것은 유일 무이의 기정 사실이라 할지라도 현실 정책은 선택적인 것이어서 최선의 정책을 세워야 한다. 이것이 바로 학문의 의무이다.

〈부산모임〉 1979년 10월호[73:12-5]

삶과 종교

삶이라고 하는 것을 인간의 생활이라고 이해하고 싶다. 인간의 삶, 즉 생활은 생물학적 생명과 사회적 생명, 도덕적·윤리적인 것, 그리고 정신적 다시 말하면 영혼의 생활이 있다. 그리고 또 인간의 인격은 감정과 지성과 의지로 이루어져 있어서 인간이 인간된 도리를 수행하는데 위의 세 가지 요소가 진리이신 인격자에게 맞는 조화를 이뤄야 한다. 사람이 사람다운 삶을 살고자 하면 생물학적 삶의 원리가 사회학적 삶의 원리에 종속되어야 하고, 또 이 사회학적 삶의 원리는 영적 생명의 생활의 것에 종속되어야 한다.

다시 말하면 사람의 생명은 위의 세 가지로 구성되어 있어서, 각각 독립적으로 간주할 수 있어도 생물학적 생명은 사회적 생명을 위해 있는 것이고, 사회적 생명은 영적 생명을 위해 있는 것이다. 이 생물학적 생명은 우리 육체로 영위하는 것으로 가장 현실적이며, 실질적으로 느끼게 됨으로, 사람들은 그것을 풍부하게 하기 위해 전적으로 그것을 추구하여 행복을 추구하려고 하고 있다.

사람들이 육의 행복만을 추구하려다가 도덕적 생명이 여지없이 떨어지는 것을 종종 보게 되는데, 물질을 탐내려고 하다가 그 물질에 인격이 파멸에 이르게 되는 것을 종종 경험하게 된다. 그의 육의 생명은 살아 있다고 할지라도 그의 도덕적 생명, 또는 윤리적 생명은 죽는 것이다.

일본에서 여러 심리학자들이 소학교 학생들의 심리상태가 어떠한가 알기 위하여 앙케이트를 내어 조사해 본 결과 자기 동료들을 생각해서 학과의 진도를 천천히 하자고 하는 학생은 거의 없었고, 90% 이상이 진도를 빨리 계속하자고 했다고 한다. 이것을 심리학적으로 검토한다면 지금의 소학교 아동들은 다 죽어있다는 결론을 내릴 수 있다. 참으로 현 세대에 살고 있는 사람들은 행복을 추구하는 동시에 자기 중심주의로 살고 있는 것이다.

동양적 윤리와 도덕은 인격완성에 그 목표를 두고 강조하고 실천하려고 노력해왔다. 그래서 유교에서는 인, 의, 예, 덕, 삼강오륜들을 논했고, 또 불교에서는 자비를 사람의 최고 덕으로 말하면서 살생하지 말 것, 도둑질 하지 말 것, 간음하지 말 것, 술 취하지 말 것, 속이지 말 것 및 거짓 증거하지 말 것들의 계율을 논하고 있다. 그러면서 개인이 사람답게 살고 사회가 도덕과 질서를 지키자고 교훈하고 있다.

공리주의

서양에서는 산업혁명 이후 공리주의, 실증주의, 실용주의 철학 사상이 풍미해서 행복추구를 그 도덕의 목표로 지향해 왔다. 즉, 영국의 벤담과 밀 등은 도덕적 행위의 최고 목적은 공리功利, 또는 유용有用에 있다고 했다. 다시 말해서 인간 생활에 유익한 것이 도덕의 궁극 목표로 이것을 실현하는 행위가 선이라고 했다.

공리와 유익에 치중하는 것은 인생의 목적이 쾌락에 있다는 것이다. 벤담은 인류는 자기의 쾌락을 목적으로 하는 생물이라고 말했다. 따라서 "가장 사람다운 사람은 최대의 쾌락과 최대의 행복을 얻는 사람이다"라고 했다. 무엇이 진리인가가 문제가 아니다. 어떻게 쾌락을 더 할 수 있을까, 어떻게 자기생활에 행복을 더할까, 이것은 도덕의 근본이 자기에 있다는 것으로 여기에서 공리주의가 나온 것이다.

따라서 벤담에 의하면 사람이 향유하는 쾌락은 주로 분량적으로 계산하는 것으로 쾌락의 우열이 그 질의 고하에 있는 것이 아니라 양의 다과에 있는 것이다. 최대량의 최대다수의 최대행복의 설을 제창했다.

벤담의 공리설을 계승한 사람이 스튜어트 밀이다. 밀도 "도덕의 근본은 자기애, 자기의 쾌락을 구하는 마음만이 인간 고유의 자연 감정이다."라고 했다. 그리고 밀은 양적 쾌락보다도 질적 쾌락에 비중을 두어야 할 것을 주장했다.

보통 영국 윤리철학이라고 하는 것은 17세기 세계 사상조류에 나타난 하나의 생활원리의 표상으로 처음부터 공리주의적 색채가 농후한 것이었다. 홉스, 로크, 흄, 아담 스미스는 다 이 파에 속한다. 실제생활을 개조해서 살기 좋은 사회로 만들겠다는 것이 저들의 목적이었다. 그러므로 소위 영국의 윤리철학은 실제생활을 최고로 생각하고, 생활의 근본 원리를 공리에 구하는 인생고찰이었던 것이다.

그리고 또한 이 공리주의의 윤리사상은 경험철학을 배경으로 하고 있는 것임을 알아야 한다. 경험철학이란 모든 일체의 인식은 경험에 기초하고 있다. 따라서 경험이 다르면 지식도 다를 수 밖에 없다. 바꾸어 말하면 지식은 상대적이어서 무릇 진리는 모두다 개연적인 것이다. 영원 불변의 필연적 진리란 있을 수 없고, 그것으로 족하다는 것이다. 실제 생활의 확립을 위해서는 "생각하건대, 혹은 그러하리라" 정도의 지식으로 족하다고 저들은 말하고 있다. 그리고 이 경험주의의 진리론은 저 공리주의의 도덕론과 긴밀히 합체하여 영국철학의 척추골을 이루고 있다.

실증주의

프랑스에서는 실증주의 철학이 근대 세계 사조에 큰 감화를 주었다. 실증주의란 현실로 증명된 경험적 사실만을 근거로 하고, 일체의 공상적 이상을 배척하는 철저한 현실주의 철학이다. 생 시몽과 오귀스트 콩트가 그 대표적 인물이다. 생 시몽은 주로 시대의 추이에 대하여 생각하여, 구 시대를 신앙적 귀족시대라 했고, 신 시대는 지상의 현실에서 살고자 하는 산업적 사회주의 시대라고 하였다. 이리하여 옛 시대의 신앙 또는 이상에 대해 새 시대의 산업 또는 과학을 세워서 실제생활의 개선을 목표로 한 것이 소위 시몽이즘이었다.

콩트는 문명의 역사적 단계를 소위 신학시대, 철학시대, 실증시대의 세 시대로 나누고, 제1 시대는 신을 본위로 하는 시대, 제2 시대는 추상적인 우주의 본체를 구하는 철학시대, 제 3시대는 현실적, 과학적, 산업적 시대라고 했다. 이전 두 시대는 지나갔고 세번째 시대는 오고 있고, 벌써 왔다고 했다.

현대의 현실주의 정신은 이 운동을 바탕으로 해서 여러 형태로 발전한 것이다. 생각하건대 문예부흥시대에서 시작한 현실주의의 사상이 영국의 경험주의와 결합하고, 또 계몽사조의 힘을 얻어서 널리 세계에 퍼졌다. 프랑스의 계몽사조 중에서 일체의 정신현상은 결국 뇌수의 물질운동에 지나지 않는다고 하는 유물론과 일체의 정신 현상은 모두가 밖에서 들어오는 감각으로 이루어진다고 하는 감각론이 나왔다. 현실주의도 여기에 이르러 끝이 났다. 현실주의자의 도덕관도 여기에서 끝난 것이다. 이것은 인간을 하나의 기계로 보려고 하는 생각이다.

이와 같이 프랑스의 현실주의 사조는 루소^{Jean J. Rousseau}의 힘센 반항을 받았으나 19세기에 들어와 자연과학의 발달과 더불어 둘이 긴밀히 결합함으로써 재래의 현실주의 사조에 과학화가 이루어진 셈이다. 근대에 가장 널리 퍼져있는 철학은 바로 이것이라고 할 수 있다. 실로 실증주의의 세력은 크며, 이것은 근대인의 세계관을 구성하고 있는 최대 요소라고 할 수 있다.

실용주의

미국의 실용주의 철학은 주로 윌리암 제임스와 존 듀이의 제창으로 알려져 있다. 이 철학의 본령은 실행본위에 있다. 사람은 실행본위에 있다. 사람은 실행하기 위해 살고 있다. 그리고 실행의 목적하는 바는 물론 그 결과에 있다. 동기와 방법에 대해서는 묻지 않는다. 성공인가 실패인가가 중요하며, 성공 있는 곳에 행복이 있고 실패가 있는 곳에 불행이 있다. 성공에 의해 행복을 얻는 일, 이것이 인생의 궁극적인 목적이다. 즉, 이 철학의 도덕의 중심은 행복에 있다는 것이다.

저들은 종래의 공리주의에 따라서 도덕의 최고 목적이 사회

생활 개선에 기여하는 것이라면 다 도덕적 선이라고 할 수 있다고 하는 것이다. 즉, 건강도, 부도, 학문도, 정직도, 근면도, 극기도, 정의도 다 선이다라고 한다. 이들은 진리의 표준이 다만 그 결과에 있다는 것이다. 즉, 인류사회 생활을 위하여 실제상 유익의 결과를 가져오는 것이 진리이고, 그렇지 못한 것은 진리가 될 수 없다는 것이다. 그러나 이것은 철저한 공리주의에 지나지 않는다.

칸트의 철학

공리주의 철학에 철저히 대항하여 흔들리지 않고 우뚝 서 있는 것은 칸트의 철학이다. 칸트Immanuel Kant는 행복 또는 쾌락을 목적으로 하는 행위가 결코 선이 아닌 이유를 분명히 했다. 그리고 결과를 고려하는 심술이 결코 진실이 아닌 것을 가르쳐 주었다. 다만 도덕의 대법에 대한 한 줄기 존경에서 실천하는 행위만이 참 도덕임을 밝혔다.

칸트는 그의 순수 이성비판에서 사람의 지적 이성은 한계가 있는 것으로 우리의 깨닫는 성질인 오성은 자연계에 한하고 있음을 명백히 했다. 즉, 현상 외의 실체의 세계, 초자연의 도덕계, 영혼과 내세와 같은 하나님의 문제에 대해 우리의 오성은 어떠한 지식도 형성할 수 없음을 명백히 했다. 그리고 실천 이성 비판에 사람의 의사는 실체의 세계이고, 도덕의 왕국에 그것을 개척하기 위한 별개의 능력임을 명백히 했다.

칸트는 이것을 실천이성이라고 했다. 이것은 지식의 법칙을 세우기 위한 것이다. 왜냐하면 초자연적 실제는 지식상의 논리에 의해 증명될 수 있는 것이 아니고, 도덕상의 요구로 반드시 승인되어야 할 것이기 때문이다.

그래서 칸트는 자연과 도덕을 이원적으로 대치시켜서 이원철학을 주장하였다. 그리고 칸트는 이 모순을 조화시키기 위하여 미美를 선정했다. 즉, 미적 판정력에 비춰 보아 자연계도 또한 도덕적 목적에 의해 통일되어 있다고 했다. 이것이 칸트 철학의 "판정력의 비판"이라고 하는 제 3단계의 것이다. 그래서 칸트는 "나의 위에는 성신의 하늘, 내속에는 도덕의 법"이라고 하는 유명한 결론에 도달하였다.

성경에 보면 2천 수백 년 전에 유대의 시인 다윗은 "하늘이 하나님의 영광을 선포하고 궁창이 그의 손으로 하신 일을 나타내는 도다 … 여호와의 율법은 완전하여 영혼을 소성시키며 여호와의 증거는 확실하여 우둔한 자를 지혜롭게 하며"시 19:1, 7라고 영에 감동되어 시를 읊었는데, 다윗은 칸트보다도 더 여호와의 영광과 그의 말씀에 조화를 구했다.

사람이 사람답게 사는 데는 자연인의 도덕과 종교적 도덕 중 어느 것을 추구해야 하는가의 문제가 일어난다. 나는 위에서 서양의 도덕관념은 현실적이며, 물질적이요, 또 과학적으로 산물을 많이 생산하여 최대 다수의 최대 행복을 추구하는데 있다고 했다. 오직 칸트만이 도덕은 도덕자체가 절대 지상 명령인고로 순수하게 지킬 것을 강조했다고 말했다.

그런데 동양의 성현들은 도덕의 목표는 인격완성에 있다고 보았다. 공자는 인, 의, 예, 지와 덕을 강조하셨다. 불교에서는 살생하지 말 것, 간음하지 말 것, 도둑질 하지 말 것, 술 취하지 말 것, 탐내지 말 것과 같은 다섯 가지 계율을 말하고 있다.

유교에서 인륜에 대해 가장 현실적인 교훈을 주고 있는 것은 우리가 잘 알고 있는 삼강오륜이며, 조선시대 500년간 그것을 숭상했었으나, 결국은 퇴폐문화를 낳고 말았다. 물론 그것은 교훈의 잘못이 아니고, 사람이 그것을 형식으로 지켰기 때문이었다.

서양적 도덕사조로 물질은 풍부해졌고, 삶은 편해졌으나, 빈부의 차는 여전하고, 또 사회주의, 공산주의 사회에서도 사람을 의심하고, 소수의 권력자들이 사람의 자유를 억압하고, 인권을 짓밟고 있다. 즉, 사람이 사람답게 살고 있지 못한 것이다.

사람이 사람답게 살려고 하면 사람답게 산 사람을 보아야 한다. 그 사람이 바로 예수 그리스도이시다. 예수님은 종교적이면서 현실적이었다. 현실을 쌓아 올려 이상에 이르려 한 것이 아니라 이상에서 살면서 현실을 지도하신 분이시다. 그러므로 하나님과 같이 사셨고, 또 사람답게 사셨다.

그는 자유롭게 도덕을 완성하셨다. 그는 하나님의 뜻에 순종하는 것을 최고의 가치로 여기셨다. 그는 이 세상을 떠나 하늘로 가실 때, 성령을 보내셔서 진리를 알게 하시고, 또 실천하도록 도와 주신다. 그래서 자연인으로서는 완성할 수 없는 도덕과 윤리를 성취하도록 사람의 의사를 굳게 하여주신다. 즉, 종교는 믿음을 통해서 자기의 자유를 가지고 순수하게 하나님의 뜻에 순종케 하신다. 여기에서 도덕은 도덕이기 때문에 실천케 되고, 윤리는 윤리이기 때문에 지키게 된다. 즉, 마음에서 순수하게 실천하는 것이 기독교 도덕의 특색이라 하겠다.

어떤 날 유대교의 율법사가 예수님께 나아와 시험해 말하기를 어떻게 하여야 영생을 얻으리이까 하고 물었다. 예수님께서는 그 율법사더러 네가 율법에서 어떻게 읽었느냐 하고 반문 하셨다. 율법사는 대답하기를 "네 마음을 다하며 목숨을 다하며 힘을 다하며 뜻을 다하여 주 너의 하나님을 사랑하고 또한 네 이웃을 네 자신 같이 사랑하라 하였나이다"눅 10:27고 대답하였다. 그러자 예수님은 "네 대답이 옳도다 네가 이를 행하면 사람답게 영원히 살리라"눅 10:28고 말씀하셨다.

우리도 이 계명을 실천하여야 한다. 우리 기독교인은 현실 물질적 사조에 휘말려 들어가 입으로는 예수님을 구주로 믿는다고 말하면서 실생활에서는 불신자와 별 차이가 없다. 불신자보다 도리어 도덕면에서 비난하는 소리가 높지 않은가? 우리는 다시 이때에 반성하여 회개하고, 예수 그리스도를 본받아 우리의 사명, 즉 도덕을 완수하자.

"인자가 온 것은 섬김을 받으려 함이 아니라 도리어 섬기려 하고 자기 목숨을 많은 사람의 대속물로 주려 함이니라"마 20:28고 하신 예수 그리스도의 종교가 이 윤리와 도덕을 완수하셨고 또 많은 사람으로 하여금 성취 시키리라고 믿는다.

〈부산모임〉 1982년 4월호[85:15-2]

건전한 종교

이사야 1장 2절

이사야 1장 2절에서 이사야는 "하늘이여 들으라 땅이여 귀를 기울이라"라고 하늘과 땅을 향하여 말한다. 이것은 사람들에게 "귀있는 자는 들을지어다" 하는 태도로 말하는 것과 같다. 아니, 이사야는 도리어 그 백성의 귀를 어둡게 하려고 부름 받았다. 사람들이 듣게 되면 그로서는 실패하는 것이며, 그가 배척당하는 것이 성공하는 것이다. 왜냐하면, 그가 사람이 듣기 싫어하는 것을 말하기 때문이다.

그가 만일 사람을 기쁘게 하는 것을 구하였다면 인기 있는 설교자가 되었을 것이다. 그러나 사람을 기쁘게 하면 그리스도의 종이 아니다갈 1:10. 하나님을 기쁘시게 하는 이사야의 예언은 자연히 사람에게 배척을 받았으며, 다만 후세의 소수만이 그 말씀을 이해했다. 때문에 그는 당시로써는 사람에게 기대할 수 없어, 사람보다 훨씬 신뢰할 만한 자연을 향하여 말한다.

그는 자연을 사랑하는 자로 잘 알려져 있다. 자연은 무생도 무심도 아니니, 자연에는 비탄이 있고, 요구가 있고, 사모함이 있다. 피조물은 성령과 같이 사람을 위하여 탄식하며, 참 크리스천, 곧 하나님의 뭇 아들이 나타나 그 영광에 참여하기를 기다리고 있다.

사람이 하나님을 잊은 때에도 모든 하늘은 하나님의 영광을 드러내고 있다. 사람이 복음에 잠잠할 때에도 이 날이 말씀을 저 날에 전하며, 이 밤이 지식을 저 밤에 전하여, 말하지 않아도 그 소리가 온 땅에 퍼지고 그 말씀은 땅끝까지 미치는 법이다. 또 욥기 38장 7절 이하에는 "사람의 거할 땅의 기초가 처음으로 선 때에는 하늘의 모든 별은 천사와 같이 기뻐하여 노래하였다"라고 한다. 자연은 사람을 이해한다. 믿지 않는 자들이 예언자의 말을 듣지 않는 때에 하늘과 땅은 이것을 이해하고 기억하여 좋은 증인의 지위에 서준다. 예언자의 고독에 대해 동정의 눈물을 금할 길이 없다. 그러나 그와 동시에 저들의 넓은 세계를 생각하고 위로와 격려를 받게된다.

종교를 사람의 손으로 지은 회당에만 있는 것으로 생각하고, 사람의 의식에만 치중하며, 신앙 개조만을 고조하고, 음악과 예술적 표현 및 통계만을 들어 평가하게 될 때에 그 종교는 불건전하고, 병적인 것이다. 맑은 하늘, 높은 봉우리, 맑은 시내, 공중의 새, 들의 백합화와 같이 하나님의 위대한 지혜와 능력과 질서의 아름다움과 사랑의 표현인 자연과 같이 있을 때 그 신앙은 건전한 것이다.

보라이안토가 "삼림은 하나님의 최초의 전당이었다."라고 한 것은 옳게 보고 느낀 말이다. 모세, 예레미야, 세례 요한 및 예수님과 같이 이사야도 또한 광야에서 외치는 소리였다.

한편 하나님은 인격자이시다. 그러므로 가장 사람에 가깝다. 하나님을 알기위해 우리는 태양이나 신이나 구름이나 불을 보지 않는다. 사람을 본다. 사람 중의 사람, 예수 그리스도에게서 하나님을 본다. 이사야서에 나타난 하나님이 얼마나 예수님과 같은 인격자이신지 우리는 읽을 수 있다. 여기에 여호와 하나님은 예수님과 같이 탄식하며, 책망하시고, 용서하며 위로하신다. 열정, 열성의 하나님이시다. 구원에도 심판에도 뜨겁지 않은 것은 없다. 한마디로 말하면 이사야의 하나님은 인격자 중에 가장 생생한 분이시다.

종교는 인격자와 인격자와의 교통이다. 그리고 인격자 간의 관계는 진실을 토대로 한다. 진실이 없이는 인격의 사귐이 성립되지 못한다. 만일 우리의 헌물에 허위가 있다면 "여호와께서 말씀하시되 너희의 무수한 제물이 내게 무엇이 유익하뇨 나는 숫양의 번제와 살진 짐승의 기름에 배불렀고 나는 수송아지나 어린 양이나 숫염소의 피를 기뻐하지 아니하노라 너희가 내 앞에 보이러 오니 이것을 누가 너희에게 요구하였느냐 내 마당만 밟을 뿐이니라 헛된 제물을 다시 가져오지 말라 분향은 내가 가증히 여기는 바요 월삭과 안식일과 대회로 모이는 것도 그러하니 성회와 아울러 악을 행하는 것을 내가 견디지 못하겠노라 내 마음이 너희의 월삭과 정한 절기를 싫어하나니 그것이 내게 무거운 짐이라 내가 지기에 곤비하였느니라 너희가 손을 펼 때에 내가 내 눈을 너희에게서 가리고 너희가 많이 기도할지라도 내가 듣지 아니하리니 이는 너희의 손에 피가 가득함이라"사 1:11-15라는 말씀처럼 하나님은 단연 그것을 거절하신다.

진실을 귀히 여기고 허위를 미워하는 하나님은 인격자에게 결코 고압적이지 않으시다. 고압 하에는 위선이 생길 수 밖에 없다. 하나님은 마음으로부터 우러나는 복종, 즉 자유의 복종을 요구하신다. 그러므로 사람의 감정에 호소하는 것이다. "하늘이여 들으라 땅이여 귀를 기울이라 여호와께서 말씀하시기를 내가 자식을 양육하였거늘 그들이 나를 거역하였도다 소는 그 임자를 알고 나귀는 그 주인의 구유를 알건마는 이스라엘은 알지 못하고 나의 백성은 깨닫지 못하는도다 하셨도다"사 1:2-3. 이것은 반역 당한 아버지의 비통한 고백이 아니고 무엇이겠는가? 이사야는 견딜 수 없는 자와 같이 그 뒤를 이어 말하기를 "슬프다 범죄한 나라요 허물 진 백성이요 행악의 종자요 행위가 부패한 자식이로다 "사 1:4라고 말했다.

하나님은 다음으로 사람의 의사에 호소하며 너희는 스스로 씻으며 스스로 깨끗하게 하여 내 목전에서 너희 악한 행실을 버리며 행악을 그치고 선행을 배우며 정의를 구하며 학대 받는 자를 도와 주며 고아를 위하여 신원하며 과부를 위하여 변호하라 하셨느니라"사 1:16-17라고 하셨다. 이는 당당하게 양심에 육박하는 권고이다. 누가 감히 이것을 거역할 수 있겠는가?

최후로 하나님은 사람의 이성에 호소하신다. "오라 우리가 서로 변론하자 너희의 죄가 주홍 같을지라도 눈과 같이 희어질 것이요 진홍 같이 붉을지라도 양털 같이 희게 되리라"사 1:18라고 말씀하시며 하나님은 우리를 도리의 법정으로 불러내어 토론하려 하신다. 이 어떠한 공명, 겸양, 인격 존중의 말씀인가.

하나님은 결코 독단적인 교리를 가지고 도리에 배반되는 것을 강요하지 않으신다. 하나님은 이성을 사도로 하고 과학을 예언자로 하신다. 진실한 과학과 철학은 신앙을 증명할지라도 신앙을 방해하지는 않는다. 이처럼 하나님과 사람과의 교통의 방법은 어디까지나 상식적이다. 그러나 그 내용은 전혀 다르다. 하나님이 사람에게 주시고자 하며, 또 사람에게 요구하는 것은 무엇인가? 그것은 어느 것이나 상식을 초월한다.

"너희의 죄가 주홍 같을지라도 눈과 같이 희어질 것이요"라는 말씀은 놀랄 만한 소식이고, 절대적 은혜이다. 이 큰 은혜에 대하여 우리에게 요구되는 것은 도덕도 수양도 아니다. 하나님은 "만일 네가 즐겨 순종하면 살고, 네가 거역하여 배반하면 죽으리라."고 말씀하셨다. 순종하는 일, 배반하지 않는 일, 이것이 신앙이며 구원이다.

하나님의 은혜는 절대적이다. 우리의 죄가 주홍 같을지라도 눈과 같이 희어진다. 그러나 그것은 하나님이 죄를 간과해서가 아니다. 죄의 처분은 가장 큰 문제이다. 죄인은 값 없이 구원받는 것이 아니다. 다만 그 값을 죄인에게 지불하게 하지 않고, 하나님께서 친히 지불하시는 것뿐이다. 하나님은 "시온은 정의로 구속함을 받고 그 돌아온 자들은 공의로 구속함을 받으리라"[사 1:27]고 하신다. 대속의 대가는 심판이다. 정의이다. 누가 이것을 지불하지 않고 대속할 수 있겠는가? 예수 그리스도께서 이것을 지불하셨다. 심판을 지나 구원으로, 십자가를 지나 부활로, 죽음을 지나 생명으로, 이것이 그리스도교의 공식이다. 이것이 유일무이(唯一無二)한 건전한 종교이다.

〈부산모임〉 1969년 6, 7월호[13:2-3]

진실과 종교의식

인격에서 가장 중요한 것은 진실이라고 생각한다. 진실한 것과 진실치 못한 것은 사실에 의해 증명된다. 진실은 신용을 얻는 데 기본적인 것으로 사회 질서의 기초이다. 진실은 또한 자유하는 인격으로 나타나며 남을 자유케 하는 능력이 있다.

진정으로 진리를 사모하는 자는 진리 앞에서 '나는 죄인이다.'라는 고백을 하게 된다. 나타나 보이는 것만 가지고 따지는 자는 나타나지 않은 자기의 진실하지 않음을 깨닫지 못하거나 숨기게 된다. 현실에 나타나지 않은, 자기 양심에서만 아는 잘못[죄]을 하나님 앞에서 회개하는 자가 참으로 진실한 인격자이다. 그래서 우리는 영이시고, 진리이신 하나님 앞에 신령과 진리로 예배하지 않으면 안 된다.

종교의식은 종교심에서 나타나는 자연적인 것이어야 한다. 이것이 의식화되고, 제도화 되면 종교는 생명을 잃게 된다. 특히 종교의 의식을 가지고 신앙의 척도로 표현하려고 한다면 큰 잘못에 빠지게 된다. 참 신앙은 생명적인 것이기 때문에 완전히 자유롭다. 형식을 초월해서 진실과 사랑을 실천하며, 그리스도의 인격을 완전히 본받는 것이 기독교이다. 크리스천은 항상 진리를 사모한다. 그 말씀을 주야로 묵상하고 즐거워한다. 그리고 남의 잘못을 자기 책임으로 느끼고 회개하는 자가 참 크리스천이다. 더욱이 종교의식과 제도에 붙들려 그것으로 남의 인격을 규정하게 될 때 자기가 바리새인의 잘못을 범하고 있지 않은지 반성해야 한다.

〈부산모임〉 1975년 4월호[47:8-2]

기독교 이상주의

만일 누가 나에게 삶의 목적을 묻는다면 나는 서슴지 않고 기독교 이상주의자로 살고 싶다고 대답하겠다. 현실은 너무도 가혹하고, 사회는 진실과 사랑이 없으며, 인생은 무엇을 목적하고 사는지 다들 혼돈 상태에 놓여 있는 것 같이 보인다.

현대의 지식과 교양이 풍부한 사람들은 인간적 이상주의를 주창하며, 대다수 서적도 인간적 이상주의를 이야기 한다. 그러나 기독교 이상주의를 강조하면서 사는 이는 적다.

인간적 이상주의란 인간의 지식과 덕성을 발전시켜 이상에 도달하겠다는 것인데, 이 논리는 이상의 실재와 실현성이 극히 박약하여, 결국 이상은 도달하거나 성취할 수 없다는 결론에 이르게 된다. 이에 반해 기독교 이상주의란, 하나님께서 예수 그리스도의 의를 통해 사람을 하나님의 자녀로 회복시켜 주심과 믿는 이들에게 그리스도의 하늘나라를 이루어 주심을 믿는 삶이다. 믿음의 선배들은 이렇게 믿고 승리하는 생활을 하였다.

믿음과 이상

야나이하라 타다오 矢內原忠雄[4] 선생은 이상과 믿음에 관한 정의

---

4. 야나이하라 타다오(矢內原忠雄, 1893-1961): 교육자이자 개신교 사상가. 1911년 우치무라 간조의 문하에 들어가 활동하였다. 도쿄제국대학 졸업 후 동 대학 교수가

를 다음의 세 가지로 말하였다.

1. 이상이란 하나님에게 있어서 벌써 실현된 뜻이지만, 땅 위에서는 그 실현이 완성된 것이 아니다. 이상은 하나님에게 있어서 벌써 성립된 경륜이며, 땅에서는 그 성취가 진행 중이다.
2. 이상은 사물의 본질이다. 따라서 그것은 현상 저편에 있다. 그러나 그것은 현상과 유리된 허공적 환상이 아니다. 도리어 현상의 기초가 되어 있으며 현상 중에 상징화된 본질이다.
3. 이상은 역사의 장래이다. 따라서 현재 저편에 있다. 그러나 그것은 현재와 관계없는 공상이 아니다. 차라리 현재의 밑을 흐르고 있고, 현재를 역사의 종국으로 나아가게 하는 힘이다.

이와 같은 정의는 믿음에 기초하고 있다. 즉, 위에 정의한 이상을 인식하고 파악하여 표현하는 능력이 곧 믿음이다. 다시 말하면 믿음은 역사의 맨 마지막을 현재로 하고, 사물의 본질을 현실로 하며, 하늘나라와 그 국민, 곧 하나님의 자녀를 지향하여 살게 하는 능력이다.

사람이 장래에 가지는 소망의 내용은 하나님의 뜻에서 벌써

되어 식민정책을 연구, 강의하였다. 개인지 〈통신〉을 창간했으며 종전 후 일본의 민주화에 크게 기여하였다. 1951년 도쿄대학 총장이 되어 1957년까지 봉직했으며, 주요 저서로 《시야원》(1963)이 있다.

실현되어 있다. 즉, 인류의 영화, 사회의 완성, 개인의 구원, 다시 말하면 하나님 나라와 하나님의 의의 성취는 예수 그리스도를 통하여 실현되어 실재하고 있기 때문에 이것이 소망으로 비치는 것이다.

우리는 현상계에서 우리의 감각기관, 즉 오감을 통하여 사물을 인식한다고 하지만, 그것으로 사물의 본질을 파악하였다고 할 수 있을까? 사람이 현실에 대해 올바른 인식을 가지려면 하나님의 뜻에 의하며, 실재하는 그 뜻을 뚫어 보고 이해해야 한다. 사물의 본질은 인간의 감각으로 알 수 없고, 파악할 수도 없다. 인간 및 우주의 본질이 감각 세계에 속하지 않는 것은 사람의 인격적 자각이 벌써 이것을 증명하고 있다.

사람은 사물이 어떻게 존재하는가를 알고자 할 뿐 아니라, 왜 존재하는가를 이해하여 그 참된 뜻을 표현하려고 소망한다. 즉, 기독교의 기본적 진리가 되는 사죄함을 받아 하나님의 자녀가 되고, 하늘나라를 이룬다고 하는 이상을 어떻게 확증할 수 있겠는가? 그것은 하나님이 성취하셔서 현실로 실재하는 까닭에 사람도 이것을 자각할 수 있기 때문이다. 사람이 마음대로 또는 감정적으로 환상을 한 것이 아니라, 하나님께서 실재하는 까닭에 사람의 지각에 비친 것이다. 그러므로 히브리서 기자는 "믿음은 바라는 것들의 실상이요 보이지 않는 것들의 증거"[히 11:1]라고 말씀하셨다.

이상과 현실

우리는 현실을 존중한다. 왜냐하면 예민한 현실의 감각이 공상과 독단, 그리고 맹종을 배격할 수 있기 때문이다. 그러나 현실을 통해 현실을 보는 사람은 소경이 소경을 인도하는 것과 같다. 현실에서 진실을 보는 힘은 학문이다. 학문은 현실에서 법칙을 식별하고, 그 참된 뜻과 동향을 파악하는 것이다. 여기에 학문의 권위가 있다. 따라서 학문은 정치, 실업, 경제, 기타 모든 부분에서 당면한 실제적인 정책에 대해 자기의 권위를 주장하지 않으면 안 된다. 학문은 현실 정책을 비판하고 지도함으로써 그 현실적 사명을 다하는 것이다.

그런데 현실의 법칙을 파악하고도 이것을 발표하지 않는다면, 그것은 학문의 지도적 임무를 하지 못하는 것이다. 세상에는 권력과 이익에 꼬리를 흔들며 영합하는 방관적 학자, 또는 시국을 이용하여 동료학자에게 사사로운 원한을 품는 학자, 또는 탐욕적인 정책에 대해 근심하고 개탄하는 학자는 있어도 정책을 비판하고 바르게 지도하는 학자는 드물다.

현실의 법칙을 파악하는 것은 학문이지만, 법칙을 인격적으로 파악하는 것이 아니라면 신학문의 임무를 다하지 못하는 것이다. 이 법칙의 인격적 파악은 믿음의 힘이다. 현실에 대해 학문의 권위가 있는 것처럼 학문에 대해 신앙의 권위가 있다.

신앙의 권위는 인격의 권위이며, 의사意思의 권위이다. 또한 실행의 권위이다. 옛날부터 예언자는 현실에서 사건을 이상에 비추어 사물의 진상을 궁구하고, 시국의 동향을 잘 살펴서 경고의 소리를 냈다. 저들은 옳은 것은 옳다 하고, 아닌 것은 아니라고 분명히 말했다. 세상은 저들을 버리고 죽였다. 그러나 역사가 지나간 뒤에 진실을 살펴보는 때가 오면 신앙으로 산 사람은 영예를 얻는다. 히브리서 기자는 "선진들이 이로써 증거를 얻었느니라"히 11:2라고 하였다.

세계관과 신앙

사람은 우주 창조를 보지 못했다. 우주의 창조는 사람보다 먼저 있었고, 하나님은 우주 창조보다 앞서 계신다. 이것은 믿음으로 아는 것이다. 우주의 삼라만상은 무엇에 기초하여 있는가? 하나님의 실재가 사물 존재의 기초이다. 여호와 하나님은 영원 자존자, 계시려고 하여 계시는 이시다. 즉, 실재의 근원이시며, 실재 자체이시다.

이 하나님이 계심으로 인하여 비로소 우주가 존재할 수 있다. 우주와 자연은 하나님이 창조하신 것이며, 하나님의 뜻을 상징하는 데 지나지 않는다. 자연은 하나님의 뜻이라는 터 위에, 하나님의 목적을 위하여 창조된 것이다. 그래서 자연의 목적은 사람에게 생활 환경을 지어주는 것이다. 따라서 자연의 이상은 하늘나라의 물적 환경을 주는 데 있다.

자연에는 인격이나 의사가 없지만, 바울은 마치 자연에 영이 있는 것처럼 의인화擬人化하여 말하기를 "지금까지 만물이 탄식하며, 하나님의 뭇 아들이 나타나기를 기다린다."라고 하였다. 이처럼 사람의 생활과 자연환경은 분리할 수 없다. 사람의 구원 없이 자연의 영화도 없고, 자연의 영화 없이는 하늘나라의 완성도 없다. 사람이 이 이상을 아는 것은 믿음에 의한다.

인생관과 신앙

이상 세계인 하늘나라의 주체는 하나님과 주님과 인간이어서 자연은 환경이며 소재素材에 지나지 않는다. 인간은 인격적 존재자이며, 하나님의 형상과 상징이다. 그래서 하나님의 온전하심과 같이 온전하게 되는 일이 인간 개인의 이상이며, 하늘나라의 국민이 되어 하늘나라를 실현하는 일이 인간 사회의 이상이다. 이러한 인생의 의의와 목적을 깨닫는 능력이 신앙이다. 또한 이러한 목적을 향해 생활 태도를 취하게 하는 힘도 신앙이다.

옛 사람 중에서 아벨은 믿음으로 살고, 믿음으로 하나님 앞에 예물을 드렸기 때문에 그 형 가인보다 나은 제사를 드렸다. 그의 생활 태도가 현실에서 이상을 향한 것이 아니고, 이상에서 현실을 보고 산 까닭이다. 그의 인생관은 자기의 뜻대로 자기를 위하여 산 것이 아니고, 하나님 뜻대로 하나님을 위하여 산 까닭이다.

아벨이 드린 제물은 왜 의롭다고 하여 영원한 예물이 되었는가? 믿음으로 드린 것은 현실을 쌓아 올려 이상에 접근하려고 하는 '사람의 의'가 아니고, 하나님이 이루신 '그리스도의 의'인 까닭이다. 즉, '율법의 의'가 아니고, '믿음의 의'인 까닭이다. 그는 믿음으로 일생을 드렸다. 그는 죽었으나 오히려 지금도 말하고 있고, 믿음으로 현실을 격려하고 있다. 그의 영의 힘은 지금도 현실로 나타나 이상으로 산 생명의 영원한 현재를 증명하고 있다. 그는 부활의 이상에 기초하여 살았고, 또한 부활의 완성을 예표하고 있다.

우리나라에도 이와 같은 믿음의 사람들이 있다. 일제시대에 주기철 목사와 공산군이 왔을 때에 손양원 목사와 같은 이들은

'옛 사람' 중의 한 사람이며, '바라는 것을 확신하고, 보이지 않는 것을 진실로 하는' 믿음으로 증거된 사람들이다. 이들은 하나님이 성취하신 예수 그리스도의 의로 말미암아 믿음의 제물을 하나님께 드렸다. 이들은 현실에서 이상을 삭감하려는 타협적 태도를 버리고, 이상에서 현실을 내려다보고, 현실을 비판하고, 규정하는 태도를 취했다. 이들이 '진실한 믿음'을 강조한 것은 이상에서 사는 생활 태도를 가지고 있었기 때문이다. 이들은 믿음으로 이상에서 산 까닭에 영원히 사는 것이다.

지금은 '현실'이라고 물거품처럼 터뜨리다가 발자국 소리만 들어도 구멍으로 기어들어가는 게와 같은 인간들이 횡행하고 있다. 그래서 우리 국민이 요구하는 것은 하늘 높은 이상의 소리이다. 이상, 신앙, 지도정신의 결핍, 이것이 현대 우리나라와 세계의 근본적 결함이 아니겠는가? 온 세계 인류는 이러한 이상의 사람, 믿음의 사람을 간절히 요구하고 있다. 믿음의 삶을 사는 것이 곧 하나님의 자녀로서 하늘나라를 이루는 데 참여하는 것이다.

〈부산모임〉 1969년 1, 2월호[11:2-1]

성별聖別의 사상과 차별하지 않는 기독교

사람을 차별하는 것은 그 인격에 손상을 주는 일이다. 기독교는 차별하지 않는 것이 그 특징이다. 사도 바울은 말하기를 "너희는 유대인이나 헬라인이나 종이나 자유인이나 남자나 여자나 다 그리스도 예수 안에서 하나이니라"갈 3:28라고 했다. 또 골로새서 3장 10-11절에는 그리스도로 말미암아 새사람으로 된 교회 안에는 헬라인이나 유대인이나 할례파나 무할례파나 야만인이나 스구디아인이나 종이나 자유인이 차별이 있을 수 없다고 했다. 그런데 이 그리스도를 신봉하는 나라와 사회에서 왜 그렇게도 사람을 차별하는지 이것은 다시 한 번 생각해 볼 필요가 있다.

유대교에서는 구약의 성경말씀을 잘못 이해해서 몹시도 차별하는 사상이 있었다. 그것은 하나님께 바치고자 하는 예물은 흠 없고 깨끗한 것이어야 한다는 사상에서 나온 것이다. 레위기 21장 16절 이하에는 "여호와께서 모세에게 말씀하여 이르시되 아론에게 말하여 이르라 누구든지 너의 자손 중 대대로 육체에 흠이 있는 자는 그 하나님의 음식을 드리려고 가까이 오지 못할 것이니라 누구든지 흠이 있는 자는 가까이 하지 못할지니 곧 맹인이나 다리 저는 자나 코가 불완전한 자나 지체가 더한 자나 발 부러진 자나 손 부러진 자나 등 굽은 자나 키 못 자란 자나 눈에 백막이 있는 자나 습진이나 버짐이 있는 자나 고환 상한 자나 제사장 아론의 자손 중에 흠이 있는 자는 나와 여호와께 화제를 드리지 못할지니 그는 흠이 있은즉 나와서 그의 하나님께 음식을 드리지 못하느니라"라고 했다레 21:16-21. 이것은 하나님께서 거룩하시므로 조금이라도 온전치 못한 것은 용납하시지 않는다는 사상에서 나온 것이다.

참으로 하나님은 우주와 만물 그리고 사람을 창조하신 이로써, 그분의 거룩하신 성격은 이사야서에 잘 나타나 있다. 이사야는 성전에서 여호와의 영광을 보고 "화로다 나여 망하게 되었도다 나는 입술이 부정한 사람이요 나는 입술이 부정한 백성 중에 거주하면서 만군의 여호와이신 왕을 뵈었음이로다"사 6:5라고 말하였다.

여호와께 드리는 재물과 그 드리는 일을 맡은 제사장, 거기서 섬기는 레위 족속 및 모든 기구까지도 성별 되었다. 이 성별의 사상은 이교에도 있었는데, 이교에서는 심지어 그 종교의식을 행하는 여인들이 성적 타락으로 음녀의 생활을 해도 그들까지도 성녀聖女라고 불렀다. 그러므로 이 성별의 사상은 어디까지나 관념적인 것이었다.

기독교에서 거룩의 사상은 그리스도로 말미암아 거룩해지고 변화된 새로운 성격에 접하게 된다. 예를 들면 예수님은 "그들을 진리로 거룩하게 하옵소서"요 17:17라고 기도하셨으며, 서신서의 "예수 안에서 거룩하여지고 성도라 부르심을 받은 자들"고전 1:2, "남편이 아내로 말미암아 거룩하게 되고 믿지 아니하는 아내가 남편으로 말미암아 거룩하게 되나니"고전 7:14, "말씀으로 깨끗하게 하사 거룩하게 하시고"엡 5:26, "거룩한 행실과 경건함으로"벧후 3:11 등과 같은 말씀은 우리 인격의 실질적 변화를 뜻한다.

예수님께서는 자기 자신을 "아버지께서 거룩하게 하사 세상에 보내셨다"요 10:36고 하셨고, 또 "내가 나를 거룩하게 하오니"요 17:19라고 해서 자기 인격의 거룩하심을 표현하시고 자처하셨다.

그러나 그럼에도 예수님은 아무도 차별하지 않으셨다. 예수님은 백부장의 믿음을 보시고 제자들에게 말씀하시기를 "이스라엘 중 아무에게서도 이만한 믿음을 보지 못하였노라"마 8:10고 하셨고, "인자는 와서 먹고 마시매 말하기를 보라 먹기를 탐하고 포도주를 즐기는 사람이요 세리와 죄인의 친구로다"마 11:19라고 하셨다.

또 예수께서 두로와 시돈 지방으로 가실 때, 가나안 여인이 자기 딸의 정신병을 고쳐달라고 소리를 질렀다. 예수님께서는 처음에는 자녀의 떡을 취하여 개들에게 던짐이 마땅하지 않다고 그 믿음을 시험해 보셨으나, 그 여자가 "주여 옳소이다마는 개들도 제 주인의 상에서 떨어지는 부스러기를 먹나이다"라고 말하자 "여자여 네 믿음이 크도다 네 소원대로 되리라"하시며 그 여인의 딸을 고쳐주셨다마 15:21-28.

그 뿐인가? 하루는 사마리아 수가 성을 지나가실 때, 수가 성의 창녀에게 물을 좀 달라고 말씀을 시작하셔서 나중에는 예배의 대상과 그 실질을 가르치시고, 또 자기가 메시아이심을 나타내시는 등 사람을 조금도 차별하지 않으셨다. 도리어 이 세상에서 천히 여기는 사람의 인격을 더 귀하게 여기시고, 거룩하게 하셔서 구원하셨다. 이것이 기독교이다. 거룩하게 하셔서 차별하지 않는 것, 차별하지 않도록 자기를 바쳐 거룩하게 하는 일이

기독교의 일이다.

그런데 현실의 기독교인들은 어떠한가? 사람들을 차별하지 않는가? 백인은 흑인을 동포와 같이 사랑하는가? 친형제와 같이 귀히 여기는가? 미국 안에서의 흑백문제의 원인은 흑인의 나태와 절제할 줄 모르는 방종에 기인함이 많을까, 아니면 백인의 우월감, 곧 차별 의식에 관계함이 크겠는가? 둘 다 책임이 있겠지만, 먼저 그리스도의 사명을 받은 편의 책임이 더 크다고 나는 말하고 싶다.

예수님의 사랑을 모르는 자의 과실은 도리어 적게 평가될 것이지만, 예수님의 인격을 깨닫고도 그대로 따르지 않는다면 그 책임을 더 중하게 묻게 될 것이다. 소위 문명국, 선진국이라고 하는 나라가 저개발국, 후진국이라는 나라를 경히 여기는 일이 있다면 이것은 큰 잘못이다. 각 나라와 민족은 하나님 앞에 사명을 받고 있다. 다 하나가 되어 하나님 뜻에 순종하라는 것이다. 곧 신용으로 하나님의 사랑을 실현하라는 것이다.

그런데 여기에 불공평과 거짓으로 어떤 지배 의식을 갖는다면 하나님의 뜻을 배반하는 것이다. 그런데 중동의 전란은 왜 멈추지 않는가? 유대인의 차별 의식이 그 원인이라고 할 수는 없을까? 유대인은 아직도 자기들의 선민의식에 사로잡혀 세계 제패를 꿈꾸고 있는 것은 아닌가? 무릇 어떤 주의, 어떤 사상이든지 자기 민족, 자기주의가 세계를 제패하고, 자기와 동일하지 않으면 안 된다는 생각은 차별 의식에서 시작한 것이라 해도 과언이 아니다.

하나님은 민족을 차별하지 않으신다. 다 같다고 보신다. 한 형제로 취급하신다. 그리스도인은 그리스도 안에서 한 지체이다. 차별하는 자는 누구인가? 그 이상을 모르는 사람이다. 실존을 인식하지 못하는 가련한 인간이다. '이제 배부른 자여, 이제 세력을 유지하려는 자여, 너희들은 화가 있으리로다. 하나님의 공평의 치리가 이루어질 때, 너희들은 부끄러움을 당하리로다. 이제 차별하려고 하는 자는 그때에 차별을 당하여 슬피 울고 이를 가는 자리로 전락할 것이다. 이제 자기를 희생하여 인류를, 이웃을 거룩하게 하여 주 안에서 한 형제를 이루려고 힘쓰는 자들은 지금 그 마음속에 만족의 신념으로 사는 그대로 그때에 하나님의 아들이라는 칭호를 받고 평화의 상을 받을 것이다.' 이것이 곧 신도들의 면류관이다.

지금도 가정에서 그리스도의 사랑을 이루고 그 평화와 기쁨을 얻는 자는 현실에서 사랑과 평화와 기쁨을 사회에 나누어 주는 생활을 한다. 이것이 영생하는 세계에서 주님께 영광을 돌리는 생활의 전주곡이다.

누가복음 19장 11-27절에는 어떤 귀인이 왕위를 받아서 오려고 먼 나라로 갈 때에 은 한 므나씩을 종에게 주어 돌아오기까지 장사하라 하였다는 비유가 있다. 누가는 각 사람에게 공평하게 나누어 주신 것을 기록한 것이다. 곧 인간의 기본적 생리, 생활, 종교, 윤리, 도덕심을 다 같게 나누어 주신 것이다. 다시 말하면 영혼의 욕구와 필요성과 가능성은 다 같다. 양심의 예민도나 도덕의 표준도 거의 다 같다고 볼 수 있으며, 따라서 인격의 존엄성은 다 같다. 인격의 배후에는 하나님의 뜻이 실존한다. 그러므로 차별해서는 안 된다.

기독교는 유대교와는 달리 관념적 성별의 사상에서 나아가, 자기를 희생함으로써 인류를 거룩히 하여 그 인격을 존경하는 종교이다. 그러므로 모든 차별을 반대한다. 크리스천은 어떤 전쟁이든지 반대하며, 평화를 환영하는 일에 책임을 느끼는 것이 옳다고 주장한다.

〈부산모임〉 1970년 7, 8월호[20:3-4]

현실주의와 이상주의

현대의 대학교수와 대학생들의 세계관과 인생관이 어떠한지 아는 것은 우리나라 민족의 중대한 문제라고 생각한다. 나는 부산의대, 서울의대, 가톨릭의대 학생들과 만나 대화하면서 학생들이 얼마나 공리주의적으로 현실주의자가 되어 있는지를 잘 알게 되었다. 의대학생들은 머리가 우수하여 의학에 대한 지식은 상당히 넓게 또는 깊게 알려고 하면서도 인생관과 세계관에는 확고한 신념이 없다. 때문에 졸업할 때가 가까워 오면 당황하여 "어떠한 길로 나아가야 할 것인가?"를 질문해 온다.

그리고 최근 12월 8일 전국 병원장회의 '국민보선과 병원의 사명'이라는 세미나에서 어떤 의대학장은 "현재 인구 증가율의 감소를 위하여 인공 임신중절의 합법화는 불가피하며 태아를 생명체로 본 히포크라테스의 윤리는 변경되어야 한다"고 주장하였다. 그래서 나는 그 학자에게 "만일 의사가 태아를 생명체로 보지 않고 유산을 마음대로 시킨다면 생명을 존중하는 데서 얻어지는 의사의 권위는 땅에 떨어질 염려가 있지 않겠는가"고 반문하였다. 그러자 그 학자는 "태아를 생명체로 보는 것은 질문자 당신의 생각이며, 또 그것에 기초한 윤리는 당신이 현실의 변화에 적응하지 않는 낡은 윤리에 머물러 있기 때문이다. 현재 유대인은 사람을 출생 후부터 생명체로 인정하며 미국에서도 몇 몇

주에서는 인공임신 중절을 합법화시켰다."고 강조하였다.

즉, 이 학자의 문답과 사상은 실용주의 철학에 근거하고 있는데 그는 1981년도에 한국의 출생률을 1.3%로 내리기 위해서는 수단과 방법은 큰 문제가 아니라고 생각하는 것 같았다. 나는 '이 실용주의의 사상이 학자와 정치가들의 마음을 지배하고 있지 않나' 생각하며 검토해 보려고 한다.

현실주의

현대에서 세계의 큰 사조는 현실주의인데 이것을 크게 나누어 보면 공리주의, 실증주의, 실용주의 이 셋이라고 할 수 있다.

(1) 공리주의

공리주의는 이익을 사랑하는 마음을 도덕의 본질로 보는 것이다. 영국의 벤담과 밀은 공리성^{Utility}와 유용성^{Use}을 추구하는 것을 도덕의 최고목표로 삼았다. 즉, 사람의 생활을 위하여 이익이 있고, 유용한 것이 도덕의 궁극적인 목표여서 이것을 실현하는 행위가 곧 '신'이라고 보았다. 이것은 인생의 목표는 쾌락에 있는 까닭이다.

벤담은 '최대의 쾌락이 최대의 행복'으로 나타난다고 생각해서 인생의 쾌락을 양적으로 계산할 수 있다고 보았다. 사람은 자기를 사랑하기 위해 남을 돌보며, 최다량의 쾌락을 얻기 위하여 다수자의 쾌락도 생각한다. 그렇지 않으면 자기 행복을 완전히 누릴 수 없다. 그러므로 그는 "최대 다수의 최대 행복$^{The\ greatest\ happiness\ of\ the\ greatest\ numbers}$"을 제창했다.

밀은 이 학설을 발전시켰는데, 그는 도덕의 근본은 자기쾌락을 지향하는데 있다고 보았으며, 이 자기사랑, 자기쾌락이 사람 고유의 자연감정이고, 동정이나 다른 사람을 사랑한다고 하는 것은 본성이 아니라고 주장하였다. 그것은 수단으로 발달한 것이던지 단련에 의해서 수단을 목적화한 데 지나지 않은 것이라고 했다. 그런데 밀은 이 쾌락을 양적으로 측정한 것이 아니고, 질적으로 보아, 보다 나은 쾌락을 도덕의 높은 목적으로 할 것이라 주장했다.

  밀의 공리설은 인격주의에 한걸음 다가서기는 하나 근본사상은 벤담과 다름이 없다. 즉, 저들의 흥미는 진리보다 이익, 저들의 평가는 본질보다 효능에 있었고, 동기보다 결과, 정의보다 효능을 더 중히 여겼다.

  이러한 정신은 17세기 세계사조의 하나로, 이 시대를 대표하는 철학자 로크^{John Locke}, 흄^{David Hume}, 스미스^{Adam Smith} 등의 사상에서도 나타난다. 그들은 이 사상의 근본을 실제생활의 확립에 두었다. 즉, 인류의 현실생활을 개선해서 그 결함을 제거하고, 그 세계를 살기 좋게 하는데 목적이 있으며 행복, 이익 또는 쾌락이 그 중심관념이었다.

  그리고 이 공리주의의 사상적 배경은 경험주의의 인식론이었다. 즉, 영국철학은 경험철학이었다. 로크와 흄에 의하면 일체의 인식은 경험에 기초하는 것이어서 외계로부터 인상을 받음으로써 지식을 쌓게 된다. 따라서 경험에 따라 인식도 달라진다. 때문에 "지식은 상대적이나 진리는 전부 그럴 것이다."에 지나지 않는다. 따라서 개인의 경험을 초월한 보편적이고 절대적인 지식이란 있을 수 없으며, 영원불변의 필연적 진리란 공상에 지나지 않는다. 그리고 실제생활을 확립하기 위해서는 "생각하건대 그럴 것이다"라는 정도의 지식으로 족하다고 저들은 말한다. 그래서 이 경험주의의 진리론과 저 공리주의의 도덕론은 긴밀히 연합하여 영국 철학의 척추골을 이루고 있다.

(2) 실증주의

실증주의란 현실로 증명할 수 있는 경험적 사실만을 근거로 하고, 모든 공상이나 이상을 배척하는 철저한 현실주의 철학이다. 이것은 프랑스의 생 시몽과 콩트가 주장한 것이다.

생 시몽은 시대의 옮겨짐에 유의하여 옛 시대는 천상의 공상에서 산 신앙시대로서 기독교의 신부가 권위를 가지고 인류를 지배한 귀족시대였고, 새 시대는 지상의 현실에서 살려고 하는 산업시대로 다수 민중의 생활이 과학에 기초해서 개선되어야 할 사회주의적 시대라고 정의내렸다. 이렇게 옛 시대의 신앙이나 이상을 멀리하고, 새 시대의 산업이나 과학을 통해 실제생활을 개선하려는 것이 소위 생 시몽주의의 목표였다.

콩트는 현실 사회생활의 진화발전의 원리를 밝히려 해서 운명의 역사적 단계를 신비적인 신본위시대, 추상적 우주본체를 추구한 철학시대, 현실적 과학적 산업시대로 나누었다.

그 중 현실적이고 과학적인 산업시대야말로 인류문명의 최고 단계라고 믿었다. 요컨대 이상을 멀리하고 현실을 따르며, 보이지 않는 것을 배척하고 보이는 것을 돌보며, 영원을 잊고 잠깐의 세상만을 생각하여 과학과 산업으로 사회생활의 행복을 구하는

데 실증주의의 본질이 있었다.

이 실증주의는 문예부흥운동이 일어날 때부터 배태胚胎(어떤 현상이나 사물이 발생하거나 일어날 원인을 속으로 가짐)되어 있었다. 문예부흥은 중세의 종교생활과 비현실적 사상·감정으로부터 해방을 구하는 운동이다. 이와 더불어 영국과 프랑스에서는 계몽주의가 일어나 철학, 과학 및 종교, 도덕의 성과인 세계관과 인생관을 널리 세상에 펼치려고 하는 사조가 휩쓸었는데, 그 특징은 틀림없는 현실주의였다.

문예부흥으로 시작한 현실주의 사상이 경험주의의 영국 철학과 결합해서 통속화 된 것이 곧 이 계몽주의인 것이다. 이 계몽사조가 프랑스에서는 그 국민의 감격성에 호소되어 소위 감각론과 모든 정신현상은 필경 뇌수의 물질운동에 지나지 않는다는 유물론이 되었다.

다시 말하면, 감각론은 경험론이 극단화 된 것이며, 유물론은 감각론이 기계화 된 것이다. 그래서 현실주의의 도덕관은 공리주의의 철저하고도 물질화된 것이라 할 수 있다.

이 현실주의 사조는 루소의 힘찬 반항을 받게 되어 한 때 그 밑뿌리가 흔들렸지만 근절되지는 않았다. 도리어 19세기에 들어와 자연과학의 정신과 서로 부합하여 더 분명해 졌다. 즉, 근대 실증주의 철학은 현실주의 사조의 과학과 과학적 정신이 철학화 된 것으로 이 실증주의가 근대의 큰 세력임을 이해할 수 있다. 참으로 큰 세력이다.

근대적이라고 할 때 어떤 경우는 실증주의로 해석하기도 한다. 벤담, 밀, 진화론의 다윈Charles R. Darwin, 불가지론자인 스텐저Victor J. Stenger까지도 이 산하傘下에 속하고, 오늘 세계를 휩쓸고 있는 사회주의도 이 실증주의의 한 분파이다. 마르크스Karl H. Marx의 유물사관도 실증주의의 영향을 받았다고 본다. 이렇게 보면 참으로 실증주의의 세력은 크고, 이 주의는 근대인의 세계관을 구성하고 있는 최대요소라고 하겠다.

(3) 실용주의

이것은 주로 미국의 윌리엄 제임스와 존 듀이 등에 의해 강조된 것으로 그 본질은 실행본위에 있다. 사람은 실행하기 위하여 살고, 실행을 떠난 생활은 없다. 그리고 실행의 목표는 결과이다. 결과만 좋으면 동기와 방법은 필요가 없다. 성공은 행복이고, 실패는 불행이어서 인생의 궁극적 목적은 성공해서 행복을 누리는데 있다. 실용주의는 이러한 인생관 위에 선 철학이다. 따라서 그 도덕관은 공리적이다. 그 도덕의 중심도 행복에 있다.

제임스에 의하면 넓은 의미에서 사회생활의 진보를 가져오게 하고 행복을 추구하는 것은 도덕적 선이라고 본다. 듀이도 결과적으로 사회생활에 기여한 것은 다 같이 도덕적 선이라고 했다. 즉, 건강도 선이고, 부, 학문, 정직, 근면, 극기克己, 정의도 다 같은 선이라 보았다.

그들은 진리에 대해서도 논한다. "진리가 진리인 까닭은 종래 생각했던 것처럼 '모순을 포함하지 않았다든지', '명료 또는 정확, 자명自明', '지식과 실제와의 일치 또는 상응'이라는 점에 있는 것이 아니고 결과에 있는 것이다."라고 해서 실용적 결과를 최고로 여겼다. 즉, 인류의 사회생활에 실제로 유용한 결과를 가져오는 것이 진리이고, 그렇지 않은 것은 진리가 아니라는 주장이다. 이것도 또한 철저한 공리주의가 아닌가.

위의 세 가지 주의는 다 같은 부류이다. 즉, 자기와 이익을 사랑하는 마음이다. 현 시대는 공리심이 도덕의 온실인 것처럼 변화하고 있는 시대이다. 그러므로 근대인은 공리심을 조금도 부끄러워하지 않는다. 이 세상뿐만 아니라 기독교까지도 힘찬 소용돌이 같이 이 공리 풍조에 말려 들어가고 있다.

교회 안에서 권리 다툼, 예배당 소유분쟁이 일어나고, 교인의 수와 예배당의 크기, 물질의 소유로서 교회의 세력을 평가하는 행위는 공리적인 현실주의에 발현이며, 실증주의의 추종자들이 하는 일이라고 보아야 할 것이다. 최근에는 목자들까지도 미국에 가서 교인들을 10여 명 모아 놓고, 교회라고 이름한 다음 영주권을 얻어가지고 이사해 간다고 하니 이처럼 현실주의에 침륜되어서 어떻게 현실을 지도할 수 있으랴. 나는 현재 기독교의 지도자들이 크게 반성하고 회개하여야 한다고 생각한다.

위의 현실주의에 대해서 칸트는 크게 경종을 울리고 있다. 칸트는 행복 또는 쾌락을 목적으로 하는 행위가 결코 도덕적 선이 아니라고 하는 것을 밝히 보여 주었다. 즉, 결과를 생각하는 심술이 결단코 진실이 아님을 가르쳤다.

칸트는 철저하게 공리심을 배척하고 다만 도덕의 큰 법에 대하여 한줄기 존경심을 가지고 움직이는 의사^{意思}의 인격이 얼마나 귀한 것인지를 만민에게 증명했다. 이에 대해 요한복음 12장 3절-8절은 "마리아는 지극히 비싼 향유 곧 순전한 나드 한 근을 가져다가 예수의 발에 붓고 자기 머리털로 그의 발을 씻으니 향유 냄새가 집에 가득하더라 제자 중 하나로서 예수를 잡아 줄 가룟 유다가 말하되 이 향유를 어찌하여 삼백 데나리온에 팔아 가난한 자들에게 주지 아니하였느냐 하니 이렇게 말함은 가난한 자들을 생각함이 아니요 저는 도적이라 돈 궤를 맡고 거기 넣는 것을 훔쳐 감이러라 예수께서 이르시되 그를 가만 두어 나의 장례할 날을 위하여 그것을 간직하게 하라 가난한 자들은 항상 너희와 함께 있거니와 나는 항상 있지 아니하리라 하시니라"라고 말씀하고 있다.

이 말씀에서 보면 참 사람과 현실주의적 사상이 대조적으로 잘 나타나 있다. 마리아는 예수님에 대한 순전한 사랑에서 자기의 가장 귀한 것을 바쳤다. 비싼 향유 나드 한 근은 그 여자의 소유 중 최대의 것이었다. 그리고 그 기름을 머리털로 씻은 것은 인격 전부를 바친 사랑의 표현이었다.

한편 현실주의자 가룟 유다는 이해타산적으로 말하기를 "그것을 팔아 가난한 자에게 구제할 것"이라고 말했다. 그가 가난한 자를 사랑해서가 아니고 도적의 마음에서 한 것이었다. 예수님께서는 "나의 장사를 위하여 하는 것이니 복음과 같이 순전한 사랑의 행위를 전하라"고 말씀하시면서 마리아의 하는 일을 가상히 여기셨다. 현실주의는 확실히 사기와 이익을 사랑하는 마음이다. 이것이 유다에게 있었고, 또 그 마음이 도적의 행위와 결부되어 있음을 알아야 하겠다.

이상주의

이상주의에도 두 가지가 있다. 그 하나는 인간적 이상주의요, 다른 하나는 기독교 이상주의이다.

(1) 인간적 이상주의

'인간적 이상주의'라고 하면 인간이 자기의 지성과 덕성을 방전시켜 이상에 도달하고자 하는 생각이다. 즉, 수양을 쌓아 어떠한 이상을 이루어 보려는 것인데, 그 이상의 실재성과 실현성이 확실하지 못하다. 우리의 과학적 지식이 아무리 발달한다고 해도 죽음을 극복할 수 없고, 우리의 주옥과 같은 덕성을 아무리 길러낸다 할지라도 육의 욕망을 제어할 능력이 없고, 죄에서 떠날 수 없으니 이와 같은 장벽이 없어지지 않는 한 인생은 참 자유와 행복 곧, 이상에 도달하지 못한다.

우리는 매일 진, 선, 미를 목표로 하고, 진지한 생활을 해 보지만, 내가 원하는 선은 행해지지 않고, 도리어 원치 않는 악이 행해 지는 것을 경험하게 된다. 사람은 합리주의를 목표로 하여 인도주의를 실천하려고 하지만, 자기도 모르는 사이에 현실적으로 생각하고 유물론자와 같이 물질주의에 빠지게 되니 "오호라 나는 괴로운 사람이로구나 이 사망의 몸에서 누가 나를 구원하랴롬 7:24"라고 하는 신음소리가 계속된다.

그런데 현대의 많은 수양의 책과 지도자들의 생각은 인간의 이상주의가 실재하여 실현성이 있는 것처럼 쓰고 있으니, 그들의 진실성을 의심하지 않을 수 없다. 그들이 과연 진리를 직면한 일이 있었는지, 정의를 사랑하고 있는지 묻고 싶다.

나의 솔직한 고백은 내가 진실된 사랑을 실천하려고 애쓰면 애쓸수록 나의 불신과 죄로 낙망한다는 것이다. 그래서 나는 성경말씀을 통해 예수를 그리스도로 신뢰할 수밖에 없었다. 나는 나 자신으로서는 하나님 앞에 설 수 없는 죄인임을 잘 알았다. 그래서 하나님 앞에 굴복해서 구원을 빌었다. 예수께서 나와 만민의 죄를 대속하여 십자가에 달리시고, 인류에게 영생을 주기 위하여 부활하셨다는 사실을 믿게 되므로, 나는 육의 욕심의 무익함과 나의 인격이 하나님의 자녀가 된 것과 믿는 자들의 집단이 하늘나라를 이룩하게 될 것을 확신하게 되었다.

(2) 기독교 이상주의

첫째로 기독교 이상주의는 하나님의 경륜 속에 이루어져 있는 실재를 믿는 것으로 현실에서는 완성되어 있지 못 하다. 즉, 사람이 하나님의 자녀가 되고, 인류 사회가 하나님의 나라가 되는 것은 사람이 품을 수 있는 최고의 이상인데, 이것은 예수 그리스도로 말미암아 하나님의 경륜 속에서는 벌써 이루어져 있는 실재이다.

우리도 예수 그리스도의 인격과 연합하여 살면 현실에서도 그 일부분을 맛볼수 있고, 그 마음을 가지고 살 수 있다. 그러나 현실에서 육을 입고 사는 동안 완성될 수는 없다. 그리고 이것의 실현도 하나님이 성령으로 친히 이루어 주시는 것이다. 즉, 기독교 이상주의의 특징은 그 실재성과 실현성, 확실성에 있다. 그러므로 참 크리스천은 그리스도로 말미암아 하나님의 자녀가 된 인격을 가지고, 또한 하늘나라의 시민의 자격으로 현실의 문제에 대처하여야 한다. 그래서 이상에 서서 현실을 내려다 보고 지도하는 정신으로 사는 것이 크리스천의 삶이다.

둘째로 나타나 보이는 현상계는 보이지 않는 이의 뜻으로 지어졌고 섭리되고 있다고 믿는다. 자연계와 그 속에 있는 만물은 자연히 발생한 것이 아니고, 또 단순한 기계적인 자연법칙에 의해 존속되고 있는 것이 아니라 하나님의 뜻에 의한 법칙에 지배되고 있다. 자연만물의 이상은 하늘나라에 참여하여 그 소재素材가 되는 것이어서 모든 알력은 없어지고, 서로 돕고 보충해서 평화를 이룩하는데 있다.

셋째로 인류역사의 현재는 이상적인 상태가 아니고, 장래의 이상은 이루어진다고 믿는다. 그렇다고 기독교 이상주의가 환상이나 공상을 생각하고 사는 것이 아니고, 장래에 실현될 하늘나라의 실재를 믿고 그 나라의 시민생활을 현재에 실천함으로써 현재의 역사를 이상세계로 향하게 하는 힘이 되는 것이다. 크리스천은 현실의 모순과 부조화에 대해 책임을 느끼고, 스스로 회개하고 절제하는 생활을 함으로써, 그리고 불의와 대항하여 싸움으로써 역사를 새로운 방향으로 인도할 책임이 있다.

예수 그리스도는 인류의 죄를 십자가에서 속량하시고 부활하셔서 죽음을 파하심으로 첫 열매로 증거하셨다.

인생이 불행한 이유는 죄 때문이다. 산업적, 과학적 방법으로는 죄를 제거할 수 없다. 죄의 값은 죽음이기 때문에 죽지 않고는 해결 방법이 없다. 그런데 이 모순의 해결법이 그리스도의 대속이다. 이 기적 없이는 인생에게 구원은 없다. 우리는 이 예수 그리스도를 주님으로 영접하여야 사람다운 삶을 살 수 있으며,

기쁨과 복락을 누릴 수 있다. 이것은 실험적 사실로 믿음의 선배들이 다 체험하였고, 우리도 매일 체험할 수 있는 사실로 증거할 수 있다.

〈부산모임〉 1972년 12월호[33:5-6]

〈기독인 지도자〉

하나님께서 사람에게 보여주시고, 또 구하시는 선이란 공의를 행하는 것, 인자를 사랑하는 것, 겸손히 하나님과 함께 행하는 것이다. 지도자가 되려면 이 세 가지를 사모하는 자라야 한다.

<부산모임> 1985년 8월호

자기의 죄에 대한 책임뿐만 아니라 내 가족, 내 동포, 인류의 죄에 대한 연대책임을 느끼고 회개하므로 그리스도의 성품을 닮을 수 있다고 믿는다.

<부산모임> 1977년 6월호

사람아 주께서 선한 것이 무엇임을 네게 보이셨나니 여호와께서 네게 구하시는 것은 오직 정의를 행하며 인자를 사랑하며 겸손하게 네 하나님과 함께 행하는 것이 아니냐.

미가 6장 8절

지도자론

디모데전서 3장 1절-7절

사람이 감독의 직분을 얻으려면 선한 일을 사모한다고 하니 과연 옳은 말이다.

감독이라고 하면 교회에서 지도자를 뜻한다. 지도자가 되려고 하면 선, 곧 하나님의 뜻을 사모해야 한다. "사람아 주께서 선한 것이 무엇임을 네게 보이셨나니 여호와께서 네게 구하시는 것은 오직 정의를 행하며 인자를 사랑하며 겸손하게 네 하나님과 함께 행하는 것이 아니냐"미 6:8고 하셨다. 하나님께서 사람에게 보여주시고, 또 구하시는 선이란 공의를 행하는 것, 인자를 사랑하는 것, 겸손히 하나님과 함께 행하는 것이다. 지도자가 되려면 이 세 가지를 사모하는 자라야 한다.

먼저, 공의를 행하는 것이라고 함은 사람이 하나님 말씀, 곧 진리를 어김으로써 죄인 되었을 때, 하나님께서 육을 입으시고 내려오셔서 인류의 죄를 대속하신 일, 바로 그것이 하나님의 공의를 나타내신 것이다.

이 공의를 힘입지 않고는 공의를 행할 수 없다. 하나님은 세상 사람을 다 공평하게 대접하는데, 차등대접을 하는 것은 하나님의 뜻을 배반하는 것이므로 곧 불의이다. 이와 같은 불의를 대적하고,

공평하게 살도록 힘쓰는 것이 공의를 행하는 것이다.

다음으로 인자를 사랑하는 것이다. 하나님은 거룩하셔서 모든 피조물로부터 구별되어 계실 뿐만 아니라 조그마한 불의라도 용납하실 수 없어서 태워 깨끗하게 하시는 분이다. 태워 버리시지 않는 것이 하나님의 인자하심이다.

하나님은 죄인이 죄 중에서 죽는 것을 기뻐하시지 않으시고, 회개하고 사는 것을 기뻐하신다. 지도자가 되려면 이 하나님의 인자仁慈를 사랑할 줄 알아야 한다. 주님은 꺼져가는 등불도 끄지 않으신다사 42:3.

겸손히 네 하나님과 함께 행하는 일을 사모하는 자라야 한다. 하나님은 죄인을 살리시고 구원하시는 구주이시다. 하나님은 죄인을 어떻게 구원하시려고 하는가. 죄를 묵인하시거나 부정하시는 방법으로 하시는 것인가. 아니다. 친히 육신을 입고 내려 오셔서 죄인과 같이 되시고, 죄인들의 죄를 대속하시기 위해 십자가에서 피 흘려 죽으심으로 그 속죄를 완성하셨다. 이것이 하나님의 겸손을 보여주신 것이다. 죄인의 책임을 친히 져주셨다.

즉, 감독의 직분을 얻으려 하면 위의 세 가지 선을 사모해야 한다. 이것은 인격의 내부에 갖추어야 할 자격이다.

외부에 있어서도 갖추어야 할 것이 있다.

먼저, 책망할 것이 없어야 한다. 즉 스스로 절제할 줄 알아야 하고, 또 사단의 유혹과 시험에 빠지지 않도록 근심하여야 하며, 또 그 품행이 단정하고, 아담雅淡하여 권위가 있고, 품위가 있는 인격자여야 한다. 그리고 또 불신자로부터 선한 증거를 얻은 자라야한다.

둘째, 나그네를 대접하며 가르치기를 잘하는 사람이어야 한다.

나는 약 2주 전에 일본 오사카 요도가와 기독병원에 가서 의료보험조합의 운영방식과 또 그 지정병원과 신체장애자를 위한 재활시설을 구경하고, 히로시마에 가서 원폭 돔, 평화관, 평화 재료관들을 보고 왔다. 첫날 요도가와 기독병원에 가서 시라가다白方원장에게 인사하고 우리가 일본에 온 목적을 이야기했더니 친히 그 목적을 효율적으로 이룰 수 있도록 계획을 세우고 총무과장으로 하여금 잘 안내하도록 부탁을 해 주셨다.

나는 그 원장의 나그네 대접하는 것과 가르쳐 주는 것을 보고 이 분이야말로 지도자의 자격을 충분히 갖추고 있다고 생각했다. 시라가다원장은 일본의 대학생들이 과거에 좌경左傾화된 방향으로 폭력을 사용했으나, 지금은 그러한 우를 범하지 않는다고 말하였다. 이어 그는 마르크스도 자본주의의 착취만 제거하고, 노동자, 농민이 정권을 잡으면 유토피아적 이상 국가가 건설될 줄로 생각하고 혁명적 논설을 썼지만, 사람의 죄성을 얕보았기 때문에 거기에 잘못이 있다고 지적하기도 했다. 그의 판정은 옳은 것이다.

셋째, 혈기를 부리지 않아야 한다. 즉, 술을 즐기지 않고, 구타하지 않고[소극적 방면], 오직 관용하며, 다투지 않아야한다[적극적 방면]. 감독의 직분을 받은 장로와 목사들은 소극적 방면에는 칭찬을 받을 만큼 잘 지키고 있다. 그러나 적극적 방면에서는 죄송하지만 낙제점을 받을 사람이 많지 않는가? 그것은 노회와 총회 때에 흥분해 언쟁을 하는 일이 많은 것을 보면 부정할 수는 없다.

넷째, 돈을 사랑하지 않아야 한다. 돈은 사람을 유혹하는 마물魔物이다. 돈은 세력을 수반하는 것이므로 지도자들은 돈에 유혹을 많이 받는다. 돈을 가지고 명예도, 지위도, 권세도, 사람까지도 살

수 있기 때문에 지도자가 돈을 사랑하기 쉽다. 그러므로 돈을 사랑하지 않는 인격자라면 믿어주어도 좋을 것이다. 돈은 일만 악의 뿌리가 되는 것이다.

다섯째, 한 아내의 남편이 되어 자기 집을 잘 다스리고 자녀들로 모든 단정함으로 복종하게 하는 자라야 한다. 사람이 자기 집을 다스릴 줄 알지 못하면 어찌 하나님의 교회를 돌아보겠는가.

무릇 작은 일에 충성하는 자는 큰 일에도 충성하는 자가 되는 것이다. 사람은 누구나 가정 밖에서의 사회 생활에서는 의복이 그 인물을 평가하게 하며, 또한 겉에 나타나는 태도에도 영향을 미치는 일이 많다.

그러나 사람은 가정에 돌아오면 의복을 벗게 된다. 자연히 기분이 풀리게 된다. 그러므로 가정에서 아내와 자식들로부터 존경을 받는 가장은 진실하며 절제하는 사람이다. 그래서 자녀들이 단정한 생활을 하게 되고, 부모님의 말씀에 복종하게 되는 것이다. 이러한 장로와 목사는 교회의 감독으로서 교우들을 잘 다스리게 된다. 지도자는 작은 일에 충성한 자이며, 자기 가정을 잘 다스릴 줄 아는 사람이다.

디모데전서 3장 1-7절에 나타난 감독의 직분에 대해서 고찰해 보았다. 나는 여기에서 예수 그리스도의 인격에서 보는 지도자적 성격을 추가하려고 한다.

계속해서 여섯째, 예수님은 많은 환자를 낫게 하시고 그들을 사회로 내보내실 때, 엄히 경계하시면서 자기를 선전하지 말라고 하셨다. 문둥이를 고치시고^{막 1:43-44}, 귀신을 내어 쫓으시며^{막 3:12}, 야이로의 딸을 살리신 후에^{막 5:43}, 귀먹고 말 더듬는 자를 고치셨다^막

7:36. 또한 소경을 보게 하신 다음막 8:26, 예수님이 변화산에서 변모하신 후에 산기슭으로 내려오시면서 베드로와 요한과 야고보에게 예수님이 죽으셨다가 부활하기 전에는 이 변모의 일을 말하지 말라고 경계하셨다.

그 이유 중 하나는 예수님의 성격이 진실하셨기 때문이고, 또 하나는 예수님의 신비적 능력을 보고 믿는 사람은 참으로 예수님의 사명과 하나님의 뜻을 알고 믿는 것이 아니기 때문이다.

요사이 지도자들이라고 하는 자들은 기이한 일을 나타내서 인기를 얻으려고 하는 자가 많은 것을 보고 개탄하지 않을 수 없다. 이러한 자들은 지도자 되기에 부족한 자들이다. 아니 도리어 가짜 지도자이다.

일곱째, 예수님은 책임을 지심으로 참 지도자이심을 나타내셨다. 책임을 지는 자가 참 지도자이다. 현대의 지도자라고 자인하는 자들은 잘못된 사건의 책임을 다른 사람에게 미룬다.

예수님은 사람이 하나님께 반역한 죄를 친히 짊어지셨다. 하나님을 반역한 죄는 죽음에 합당한 죄이다. 그래서 예수님은 십자가에 달려 죽으셨다. 그러므로 주님을 따르는 성도들이, 즉 주님의 종들이 현세에 대한 죄의 책임을 지기만 한다면 모든 불의와 어둠은 물러가고 광명한 세계가 될 것이다.

정의의 승리는 이 십자가의 길에서 빛나게 될 것이다. 우리 주님이야 말로 위대하신 지도자이다. 이 일은 성령을 이루는 것이므로 성령의 인도하심을 받는 자가 참 지도자임을 밝힌다.

〈부산모임〉 1985년 8월호[105:18-4]

교사의 모범이신 예수

주어진 제목은 교사의 책임이지만, 나는 "교사의 모범이신 예수"라는 제목으로 말씀드리고 싶다.

우리가 잘 아는 대로 예수님은 하나님의 말씀을 대언하신 예언자로서, 또 인류의 죄를 대속하신 대제사장으로서, 또 만왕의 왕으로서의 사명을 완수하신 대 선생님이시다. 오늘 저녁에는 "선생님[교사]으로서의 모범 예수님"을 생각해 보고자 한다.

준비

예수님은 긴 기간 준비하셨다. 어렸을 때부터 성경[구약]을 많이 공부하셨다. 예수님께서 열두 살 유월절에 부모님을 따라 예루살렘에 올라가셨다가, 성전에서 랍비들과 같이 성경에 관해 문답한 사실눅 2:41-50이 있다. 그 후에 예수님은 육적 부친 요셉을 도와 목수일을 하시면서 자기 백성을 구원하고자 하는 포부를 가지고 많이 생각하시다가, 세례 요한의 죄를 회개하게 하는 세례가 옳다고 믿고, 요한이 세례를 주고 있는 요단강으로 가셨다.

예수님이 요단강에서 세례를 받으시고 물에서 올라오실 때 하늘이 열리고, 성령이 비둘기 같이 내려 예수님 머리 위에 머물면서 공중에서 "이는 내 사랑하는 아들이요 내 기뻐하는 자라"마 3:17고 하는 음성이 들렸다. 즉, 예수님은 이 때 메시아의 사명을 확인하셨다.

그 후 예수님은 성령의 인도하심으로 광야에 나가서 마귀에게 시험을 받으셨다. 아마도 이 세상 사람들을 구원하실 방법에 대해 깊이 생각하시며 기도하는 중이었을 것이다. 세 가지 시험이었다.

첫째, 돌로 떡이 되도록 하라는 것이었다. 세상 사람은 육이 살기 위하여 의·식·주를 요구하고 있었기 때문에 이 문제의 해결이 제일이라고 생각해 마귀가 시험한 것이다. 이에 예수님은 "사람이 떡으로만 살 것이 아니요 하나님의 입으로부터 나오는 모든 말씀으로 살 것이라"마 4:3-4고 물리치셨다.

둘째, 마귀는 예수님을 성전 꼭대기에 올라가도록 했다가 거기서 뛰어 내리라고 하였다. 성경에 있는 말씀대로 하나님의 거룩한 자는 천사들이 옹호해서 발이 돌에 부딪치지 않도록 한다는 것을 나타내 보이도록 한 것이다. 마귀는 간교한 자이다. 성경 말씀대로 기적을 이뤄 하나님의 사자인 것을 나타내라고 꾀이는 것이었다. 이에 예수님은 "주 너의 하나님을 시험하지 말라"마 4:5-7고 하시며 이 유혹을 물리치셨다. 즉, 마술적 신앙을 물리치신 것이다.

셋째, 나중에는 마귀가 예수에게 천하만국의 영광을 보이면서 자기에게 절하면 이 모든 영화를 주겠다고 꾀하였다. 예수님은 "사탄아 물러가라 기록되었으되 주 너의 하나님께 경배하고 다만 그를 섬기라"마 4:8-11고 말씀하시며, 마귀의 모든 시험에서 승리하셨다.

예수님은 여기에서 교사가 될 자격을 완전히 갖추셨다. 우리

교사들도 예수님과 같이 소명감을 가지고 사단의 유혹을 물리치는 경험을 갖추었으면 하는 생각이 간절하다.

세례 요한이 잡힌 후에 예수님은 동족의 구원 운동을 계승하듯이 "회개하라 천국이 가까이 왔느니라"마 4:17고 외쳤다.

교육목표

교사들의 교육목표는 무엇이겠는가? 복음 곧, 기쁜 소식이다. 이스라엘 민족이 목자 없는 양과 같이 허덕이고 있을 때, 기쁜 소식이란 무엇일까. 곧 개인 구원[하나님의 자녀가 되는 일]과 사회 구원, 천국이 가까이 와있다는 소식이 아니고 무엇일까.

과연 메시아의 소명을 받으신 예수님이 자각을 가지고 외쳤다. 우리는 하나님께서 예수 그리스도를 통해 하나님의 자녀 삼아 주신 일과 또한 성령을 통해 이 사회와 국가를 천국으로 이뤄 내려주신다고 하는 기독교 이상주의에 튼튼히 서서, 현실을 내려다 보고 지도하는 정신으로 교육해야 한다. 이것이 바로 우리들의 교육목표이다.

교육과 실천

예수님의 교훈은 예수님이 친히 실천하는 것을 발표하신 것이다. 예수님의 산상수훈을 보더라도 그것은 예수님의 실천적 교훈이다.

심령이 가난한 자는 복이 있나니 천국이 그들의 것임이요마 5:3
예수님은 항상 하나님의 뜻을 사모하고 살았다. 어린 아이가 어머님의 젖을 사모하듯이 도^{道}의 젖을 사모하셨다. 또 예수님은 현실적으로도 가난하게 살았다. 그의 마음 속에는 하나님의 말씀으로 충만하셨기 때문에 하나님 나라에서 사셨다.

애통하는 자는 복이 있나니 그들이 위로를 받을 것임이요 마 5:4

예수님은 동족의 죄, 인류의 죄를 위해 항상 애통하는 생활로 지내셨다. 드디어 속죄할 결심을 하시고 위로를 받으셨다. 하나님께서 인류의 죄를 대속하게 하시려고 자기를 보내신 것을 깨닫고 위로를 받으신 것이다.

온유한 자는 복이 있나니 그들이 땅을 기업으로 받을 것임이요 마 5:5

예수님은 온유하셨다. 하루는 예수님께서 제자들을 데리고 예루살렘을 향해 가실 때, 사마리아인의 한 마을에 들어가게 되었는데, 그 마을 사람들이 받아들이지 않았다. 제자 야고보와 요한이 이를 보고 "우리가 불을 명하여 하늘로부터 내려 저들을 멸하라 하기를 원하시나이까" 하고 말하자, 예수님은 그들을 보시며 꾸짖으시고 함께 다른 마을로 가셨다 눅 9:51-55.

일본 스카모토^{塚本}선생은 현세에서 눌리고 짓밟히면서도 그 누르고 짓밟는 자들을 불쌍히 여기고 참는 자를 온유한 자라고 했다. 그러한 사람들이 하나님의 나라를 기업으로 받을 사람들이다.

의에 주리고 목마른 자는 복이 있나니 그들이 배부를 것임이요 마 5:6

하나님의 의, 곧 하나님께서 인류의 죄를 대속해주신 예수님의 십자가의 의를 구하여 주리고 목마른 자는 만족감을 얻을 것이다. 예수님의 십자가의 의는 인류 공통의 정의이다. 아무에게도 차별이 없다.

인류를 구원하심에 차별 없이 대우하시는 하나님의 공의를 구하며, 목마른 자는 배부름을 얻을 것이라는 교훈은 예수님의 체험담이다.

긍휼히 여기는 자는 복이 있나니 그들이 긍휼히 여김을 받을 것임이요^{마 5:7}
예수님은 인류를 긍휼이 여기셔서 인류의 죄를 대속하시기 위해 십자가에 못박혀 돌아가셨다. 이 자비와 긍휼을 입은 우리는 내 이웃을 긍휼히 여겨야 한다. 우리는 나중에 심판대 앞에 서서 심판을 받을 것이다. 그 때 우리는 예수 그리스도의 긍휼을 힘입어 구원을 받을 것이다.

마음이 청결한 자는 복이 있나니 그들이 하나님을 볼 것임이요^{마 5:8}
마음이 순결하여 매사에 한마음으로 대하는 자가 진리를 찾을 것이다. 예수님이 "나는 길이요, 진리요, 생명이니라"고 말씀하실 때, 그는 여호와 하나님과 한 마음으로 계셨다. 예수님의 양심에는 조금도 흐린 것이 없었다. 그는 참으로 하나님을 뵙고 그대로 사신 분이다. 우리도 그리스도 안에서 청결한 마음으로 하나님[진리]을 볼 것이다.

화평하게 하는 자는 복이 있나니 그들이 하나님의 아들이라 일컬음을 받을 것임이요^{마 5:9}
하나님과 화평하게 하는 예수 그리스도이다. 인류의 죄를 위해 단번에 십자가에서 화목제를 드려 주심으로 말미암아 인류는 하나님과 화평하게 되었다. 그래서 예수님은 하나님의 아들이라고 일컬음을 얻게 되었다. 우리도 예수님 안에서 인류의 죄를 위해 희생 제물로 바쳐질 때 하나님의 아들이라고 일컬음을 얻게 되는 것이다.

의를 위하여 박해를 받은 자는 복이 있나니 천국이 그들의 것임이라 마 5:10
하나님의 공의를 주장하다가 반대를 받고, 핍박을 받는 사람은 벌써 그 마음 속에 천국을 이루는 사람이다. 사회의 불공평을 규탄하고, 차별 대우를 개혁하기 위해 노력하다가 그 대적에게 박해를 받는 자는 천국 시민임을 증거하는 사람이다.

세례 요한은 헤롯 왕이 자기의 아우의 아내를 빼앗아 데리고 사는 것은 불의라고 힐책하다가 옥에 갇혔는데, 이것이 의를 위하여 핍박을 받았던 본보기이다. 예수님은 세례 요한을 칭찬 하셨다.

위와 같은 산상수훈은 예수님의 사상이 나타난 것이며, 또한 예수님의 인격이 실천하신 것이다. 교사는 모름지기 자기의 실천적 사상을 교훈하는 사람이어야 한다.

예수님의 그 밖의 모든 교훈은 나중에 십자가에 못 박히심으로써 다 성취하셨다. 즉, 인류의 죄를 대속하심으로써 영원한 생명을 얻도록 하셨다.

교사의 책임

예수님은 교사로서 책임을 완수하셨다. 예수님은 자기가 세상을 떠날 때가 가까이 임박한 것을 아시고 제자들을 끝까지 사랑하셨다. 허리에 수건을 두르시고, 대야에 물을 담아 들고 제자들의 발을 씻어 주셨다. 그것으로 사랑의 본을 보여 주시며, 말씀하시기를 "새 계명을 너희에게 주노니 서로 사랑하라 내가 너희를 사랑한 것 같이 너희도 서로 사랑하라 너희가 서로 사랑하면 이로써 모든 사람이 너희가 내 제자인 줄 알리라"요 13:34-35, 또 "진리를 알지니 진리가 너희를 자유롭게 하리라"요 8:32고 말씀하셨다.

그리고 또 친히 세상을 떠나시면 제자들이 낙심할까봐 "너희는 마음에 근심하지 말라 하나님을 믿으니 또 나를 믿으라 내 아버지 집에 거할 곳이 많도다"요 14:1-2고 하시고, 아버지와 자기가 일치이심을 믿으라고 역설하셨다. 또 "나를 믿는 자는 내가 하는 일을 그도 할 것이요 또한 그보다 큰 일도 하리니"요 14:12라고 말씀하셨다.

그것은 예수님과 생명을 같이 하기 때문이다. 그리고 예수님은 제자들과 생명공동체이심으로 환난도 같이 받아야 할 것[환난공동체]과 또 예수님께서 영광을 얻으실 때에 같이 영광을 얻을 것[영광공동체]임을 알게 하셨다. 우리 주일학교 교사들은 예수님의 제자로서 환난공동체, 생명공동체, 영광공동체임을 체험하고 교육할 책임이 있다.

예수님은 제자들과 말씀을 듣고 믿는 사람들이 주님께서 하나님과 일치되심 같이 다 하나가 되기를 간절히 기도하셨다. 성령을 보내셔서 이뤄주시고 계신다. 이 일의 성취가 교사의 책임이다.

결론

1. 교사는 하나님 나라가 가까이 왔으니 회개하고 복음을 믿으라고 가르쳐야 한다.

2. 교사는 예수님의 말씀을 실천하면서 교육해야 한다.

3. 교사는 책임을 완수하기 위해 항상 준비하도록 힘써야 한다.

4. 교사는 제자들을 위해 기도하며 예수님께서 하나님과 내면 일체이심 같이 우리가 예수님과 생명공동체이며, 그와 같이 환난공동체, 영광공동체임을 전하여야 한다. 또한 주님과 같이 제자들을 위해 생명을 바치는 것이 교사의 책임이다.

〈부산모임〉 1985년 8월호 [105:18-4]

주를 향한 등불을 켜라

"주를 향한 등불을 켜라"는 주제를 읽을 때에 마음에 떠오르는 성경말씀은 마태복음 25장에 나오는 열 처녀 비유에 대한 이야기였다.

> 그 때에 천국은 마치 등을 들고 신랑을 맞으러 나간 열 처녀와 같다 하리니 그 중의 다섯은 미련하고 다섯은 슬기 있는 자라 미련한 자들은 등을 가지되 기름을 가지지 아니하고 슬기 있는 자들은 그릇에 기름을 담아 등과 함께 가져갔더니 신랑이 더디 오므로 다 졸며 잘새 밤중에 소리가 나되 보라 신랑이로다 맞으러 나오라 하매 이에 그 처녀들이 다 일어나 등을 준비할새 미련한 자들이 슬기 있는 자들에게 이르되 우리 등불이 꺼져가니 너희 기름을 좀 나눠 달라 하거늘 슬기 있는 자들이 대답하여 이르되 우리와 너희가 쓰기에 다 부족할까 하노니 차라리 파는 자들에게 가서 너희 쓸 것을 사라 하니 그들이 사러 간 사이에 신랑이 오므로 준비하였던 자들은 함께 혼인 잔치에 들어가고 문은 닫힌지라 그 후에 남은 처녀들이 와서 이르되 주여 주여 우리에게 열어 주소서 대답하여 이르되 진실로 너희에게 이르노니 내가 너희를 알지 못하노라 하였느니라 그런즉 깨어 있으라 너희는 그 날과 그 때를 알지 못하느니라 마 25:1-13

나는 이 말씀을 풀이하려고 하는 것은 아니고, 이 말씀에서 느끼는 소감을 가지고 주제를 생각하려고 한다. 우리는 성경 말씀에서 예수를 하나님의 아들이시고, 만민의 죄를 대속하신 주님으로 믿게 됨으로써 하나님의 자녀가 되었다고 믿고 있다. 또 예수를 그리스도로 믿는 성도들의 집단, 즉 교회[에클레시아]가 그리스도의 신부로 장차 재림하실 그리스도와 더불어 혼인 잔치에 참여할 것을 믿고 기대하고 있다.

예수님은 재림을 약속하시고 2,000년 전에 승천하셨다. 그리고 약속하신 성령이 오셔서 지금도 감화, 감동으로 불을 켜주시고, 빛의 자녀로 살게 해 주심을 믿는다.

그런데 마태복음 25장 1-13절까지의 비유는 소위 믿는다고 하는 사람들 중에 특히 예수님의 나라와 그 재림을 고대하는 사람들 중에도 그 반은 성령의 기름을 준비하지 않고 졸면서 자는 상태의 무리가 있음을 가르치신 것이다.

이 말씀을 우리 자신에게 비추어 볼 때 나는 성령의 기름이 준비되었다고 안심할 자가 몇이나 있겠는가 반성하였다.

누가복음 11장 24-26절, 마태복음 12장 43-45절 말씀을 보면 예수님께서 바리새인들이 자기교만에 빠져서 예수를 구주로 믿지 않는 것을 개탄하시면서 "더러운 귀신이 사람에게서 나갔을 때에 물 없는 곳으로 다니며 쉬기를 구하되 쉴 곳을 얻지 못하고 이에 이르되 내가 나온 내 집으로 돌아가리라 하고 와 보니 그 집이 비고 청소되고 수리되었거늘 이에 가서 저보다 더 악한 귀신 일곱을 데리고 들어가서 거하니 그 사람의 나중 형편이 전보다 더욱 심하게 되느니라 이 악한 세대가 또한 이렇게 되리라"마 12:43-45고 말씀하셨다.

이것은 바리새인들이 먼저 하나님의 말씀을 받고 구원받았다고 자처하는 교만에 빠져서 성령의 감화를 소멸하고, 예수를 구주로 영접하지 않는 죄에 빠져 후환이 더욱 심함을 지적한 말씀이다.

우리도 이것을 반성해 보아야 한다. 우리가 예수를 믿게 된 것은 우리 마음속에 들어와 있던 마귀가 쫓겨났기 때문이다. 그런데 우리는 "예수를 믿고 있다. 하나님은 사랑이시다."라고 마음속에 간판이나 또는 액자와 같은 것을 걸어 놓고 있으나, 성령을 영접하지 않았다. 신령하신 성령의 지도를 무시 또는 도외시하고 세속대로 생활하고 있진 않은지, 주의깊이 반성해야 한다.

만일 우리 안에 성령이 계시지 않는다면 남의 결점과 단점만 보고, 율법적으로 남을 비판하면서 자기의 잘못은 등한시하는 죄에 빠지게 된다. 이러한 때에는 전에 있던 마귀가 다시 돌아와 보고, 성령이 없음을 인하여 더 악한 마귀 일곱을 데리고 와서 우리를 지배하게 될 것이다. 우리는 두려움을 가지고 반성하고 회개하여 예수 그리스도의 영이신 성령을 모셔야 한다.

성령의 기름을 가진 자의 특성을 생각함으로써 이 주제의 대답을 찾아 보고자 한다.

예수 그리스도를 닮는 생활

성령은 인격의 영이어서 예수 그리스도를 알게 하며 또 그를 닮게 한다.

요한복음 14장 16절에 "내가 아버지께 구하겠으니 그가 또 다른 보혜사를 너희에게 주사 영원토록 너희와 함께 있게 하리니"라고 하셨고, 26절에는 "보혜사 곧 아버지께서 내 이름으로 보내실 성령 그가 너희에게 모든 것을 가르치고 내가 너희에게 말한 모든 것을 생각나게 하리라"하셨으며, 또 요한복음 16장 13절에는 "진리의 성령이 오시면 그가 너희를 모든 진리 가운데로 인도하시리니"라고 하셨다.

즉, 성령은 우리로 하여금 예수님의 교훈을 깨닫게 하고, 생각나게 하셔서 항상 진리 가운데서 살게 하시고, 진리 가운데로 인도하시는 인격자이시다. 그는 우리로 하여금 주님을 닮는 생활을 하게 하신다.

그러면 예수님의 어떤 점을 닮게 하시는가?

먼저, 예수님의 기도의 생활을 닮게 하신다. 예수님의 교훈과 병을 낫게 하시는 능력은 기도생활에서 얻어졌다고 생각한다. 예수님이 "아들이 아버지께서 하시는 일을 보지 않고는 아무 것도 스스로 할 수 없나니 아버지께서 행하시는 그것을 아들도 그와 같이 행하느니라"^{요 5:19}고 말씀하셨다. 마치 아들이 아버지 품에 안겨서 아버지의 하는 것을 따라서 행하는 것처럼 예수님은 그렇게 행하셨다. 이것은 주로 기도하시는 중에서 터득하신 것이다.

또 요한복음 12장 49절에는 "내가 내 자의로 말한 것이 아니요 나를 보내신 아버지께서 내가 말할 것과 이를 것을 친히 명령하여 주셨으니"라고 하신 말씀을 통해서 이 모든 것이 예수님께서 기도하시는 중에 아버지의 뜻을 아시고, 그 명령에 따라 사셔서 인류에게 영생을 주신 것이라고 생각한다.

우리도 우리 주님과 하나가 되어 하나님 아버지의 뜻을 따라 살 때, 예수님을 구주로 증거하게 되며, 주님의 사랑을 나타냄으로써 택하신 많은 백성을 하나님 앞으로 인도하여 드릴 것이다. 이것이 하나님께 영광을 돌리는 일이며, 주님의 빛으로 말미암아 스스로 빛나는 일이 되는 것이다. 이렇게 믿는 자의 등에는 기름이 다하지 않기 때문에 언제나 오시는 주님을 영접하는 사람으로 깨어있는 생활을 하게 되는 것이다.

둘째로, 예수님의 인격과 그 하시는 일을 닮게 하신다. 예수님의 인격은 그의 진실성과 생명력에 나타나 있다. 예수님은 그의 언행이 항상 진실하셨다. 다른 사람의 인격을 똑같이 존중하셨다. 이 세상 사람들처럼 외형을 보시지 않으셨다. 공의로 판단하시고, 이 세상에서 눌린 자, 갇힌 자, 소경된 자, 절름발이, 가난한 자를 더욱 불쌍히 여기셨다. 나중에는 온 인류의 죄를 친히 담당하시고 십자가의 고초와 죽음을 짊어지셨다. 이러한 인격자를 역사에서 둘도 찾아볼 수 없다. 전혀 유례를 구할 수 없는 유일무이한 인격자이시다.

그의 전하신 복음과 고통 당하는 병자들을 낫게 하신 기사는 말로 형용할 수 없는 하나님의 사랑을 나타내신 것이다. 이와 같은 하나님의 의와 사랑을 몸소 실현하신 그 일과 그 인격은 우리는 도저히 모방할 수 없는 일들이지만, 성령께서 우리 안에 거하시면 더 큰 일을 하게 하실 것요 14:12 참조이라고 말씀하셨다.

그것은 우리의 신앙생활을 통해 예수께서 그리스도이심을 전하게 하셔서 많은 무리를 그리스도에게 인도하시고, 영생하게 하실 것을 뜻한다. 이렇게 믿고 사는 사람들은 그 마음 속에 성령이 거하셔서 예수님의 재림을 고대하며 언제나 그리스도를 영접할 준비를 가지고 사는 것이다.

의의 병기로서의 생활

성령의 역사는 의의 병기로서의 생활을 하게 하신다.

> 그러므로 너희는 죄가 너희 죽을 몸을 지배하지 못하게 하여 몸의 사욕에 순종하지 말고 또한 너희 지체를 불의의 무기로 죄에게 내주지 말고 오직 너희 자신을 죽은 자 가운데서 다시 살아난 자 같이 하나님께 드리며 너희 지체를 의의 무기로 하나님께 드리라 죄가 너희를 주장하지 못하리니 이는 너희가 법 아래에 있지 아니하고 은혜 아래에 있음이라 롬 6:12-14

위에서 우리가 예수를 구주로 믿게 된 것은 우리 가운데 거하던 악령이 쫓겨났기 때문이라고 하였다. 그리고 만일 성령을 마음 안에 모셔 드리지 않으면 악령 일곱을 더 데리고 와서 지배하게 될 가능성과 그렇게 되면 그 고통이 더 심할 것을 말했다.

이번에는 악령이 지배한 결과로 생겨난 죄의 성질이 예수를 구주로 믿음으로 말미암아 일단 제거되었다가 성령이 거하시지 않으면 그 구원받은 개체가 죄에서 자유롭지 못하고, 또 죄를 거듭하게 될 것을 주의하시는 말씀이다.

그러나 성령이 그 안에 거하면 지금까지 죄의 정욕에 끌리고 물질, 권세, 명예를 탐하던 성격이 변하여 그러한 것들이 다 뜬 구름같이 여겨지고, 하나님의 의와 그 나라를 위해 전심으로 살게 된다.

성령께서는 예수님의 십자가와 그 뜻만 알게 하실 뿐 아니라 부활하신 예수님을 알게 하신다. 그 부활의 주님을 만나 뵙고, 그의 영을 받아드린 사람은 하나님의 뜻을 따라 순종하는 것을 가장 기뻐하게 된다. 즉, 하나님의 의의 병기로써 모든 악한 마귀의 궤계를 대적하고, 가련한 사람들을 살리는 일에 전심하게 된다.

현실에 구애받지 않고, 하나님 나라의 일원으로서 현실을 내려다보고 비판하는 정신으로 살게 된다. 그의 미워하는 바는 죄요, 그의 행복은 하나님의 의와 그의 나라를 성취하는 일에 있다. 이렇게 매일을 사는 사람은 언제 주님이 오시더라도 아니 현재 임하시는 주님을 기쁘게, 그리고 담대히 영접하게 될 것이다.

말씀에 나타난 축제의 뜻

교회 내에서 축제의 뜻은 말씀에서 배울 수 있다고 생각한다.

> 시와 찬송과 신령한 노래들로 서로 화답하며 너희의 마음으로 주께 노래하며 찬송하며 범사에 우리 주 예수 그리스도의 이름으로 항상 아버지 하나님께 감사하며 그리스도를 경외함으로 피차 복종하라 엡 5:19-21

구약에서 유월절, 맥추절, 초막절[수장절] 등을 지키도록 명하셨다. 유월절은 이스라엘 백성이 애굽의 종 노릇 하던데서 해방되어 출애굽할 때, 여호와의 사자가 애굽의 장자를 치는 재앙에서 이스라엘 백성이 집 문설주에 피를 발라 그 재앙이 그 집을 넘어간 일을 기억하여 지키라고 명하신 것이다. 즉, 하나님의 크신 섭리와 그 은혜를 잊지 말고 지키라고 하신 것이다.

맥추절[또는 오순절]은 유월절을 지나 50일 안에 지키는 절기로 6월 말에 추수가 끝나고, 즉 봄갈이 수확을 감사하는 절기이다.출 23:16 이 절기를 칠칠절이라고 하여출 34:22, 신 16:7-11 유월절에 첫 이삭을 드리고 칠칠, 즉 49일 째에 봄 수확을 드리며 감사했다. 신약시대에는 이것이 오순절에 해당한다.

수장절[또는 초막절]은 가을 수확, 즉 과실, 올리브, 포도 등의 수확이 끝나고, 기쁨을 표하는 농경적인 하의 감사절이었다출 23:16; 34:22. 즉, 여호와께 감사하는 절기를 지키도록 명하신 것이다.

이 교회의 대학부에서 절기를 지키는 뜻도 이러한 것이라고 나는 생각한다. 과연 성령이 충만하면 먼저 하나님의 은혜의 크심을 감사하며 찬송하게 된다. 옛날 시인 다윗도 오벧에돔의 집에 두었던 여호와의 궤를 예루살렘으로 메고 가면서 너무도 기쁘고 감사해서 "너희는 여호와께 감사하며 그의 이름을 불러 아뢰며 그가 행하신 일을 만민 중에 알릴지어다 그에게 노래하며 그를 찬양하고 그의 모든 기사를 전할지어다 …… 온 땅이여 여호와께 노래하며 그의 구원을 날마다 선포할지어다 그의 영광을 모든 민족 중에, 그의 기이한 행적을 만민 중에 선포할지어다 …… 여호와께 감사하라 그는 선하시며 그의 인자하심이 영원함이로다 …… 여호와 이스라엘의 하나님을 영원부터 영원까지 송축할지어다"대상 16:8-36라고 찬송하였다.

성령의 역사는 주 여호와 하나님의 이름과 그 영광을 찬송하며, 그 섭리를 칭송함으로써 하나님께서 주관하시는 역사에 참여하게 한다. 그러므로 예수님이 재림하셔서 하나님의 나라를 이루시고 만민을 구원하시는 일에 기뻐 참여하며 예수님의 재림을 고대하게 된다.

신령한 노래란 영적 구원, 인격적 구원을 감사하며 찬송하는 노래이다. 현실적, 물질적 은혜나 또는 병이 나은 은혜에 대한 것이 아니고, 뭇 사람이 예수님을 구주로 영접하여 탐심이 없어지고, 정욕을 이겨 하나님의 의와 사랑이 온 세계와 만민을 덮는 일에 대한 감사와 찬송이다.

인류의 마음이 주 예수님께 돌아와 자기는 간 곳 없고, 구속한 주님만 보이는 상태에서 항상 아버지 하나님께 감사하며, 그리스도를 중심으로 믿음, 소망, 사랑의 생활을 보내게 되는 것을 말함이다.

주님의 역사를 믿고, 소망하고, 희생적 사랑의 생활을 하는 자는 재림하시는 주님을 맞이 할 때 성령의 등불을 들고 맞게 될 것이다.

결론

등불을 어디 두어야 할까.

"사람이 등불을 켜서 말 아래에 두지 아니하고 등경 위에 두나니 이러므로 집 안 모든 사람에게 비치느니라 이같이 너희 빛이 사람 앞에 비치게 하여 그들로 너희 착한 행실을 보고 하늘에 계신 너희 아버지께 영광을 돌리게 하라"[마 5:15-16]라고 말씀하셨다.

"주께 향한 등불을 켜라"고 하는 주제의 목적은 첫째로, 우리가 주님을 맞이하기 위해 깨어서 준비하는 것에 의미가 있는 것으로 성령의 인도로 영적 생활, 신앙 생활을 하는데 중대한 뜻이 있는 것이지만, 그보다 못하지 않게 우리 믿는 자, 즉 천국 시민으로서의 책임상 중요한 의의가 있는 것이다.

성령의 기름으로 우리 인격이 하나님의 의와 사랑을 체험하였으면, 나 스스로 구원에 만족하지 말고, 등경 위에 두는 것처럼 사회에 나가 희생 제물이 되는 것이 구원된 자의 책임이라고 믿는다.

이 믿음으로 희생, 봉사, 생활을 힘쓰도록 하나님 앞에서 결심하시기 바라면서, 나는 이 시간에 바울이 벨릭스 총독 앞에서 선언한 말을 소개하고 그치고자 한다.

> 하나님께 향한 소망을 나도 가졌으니 곧 의인과 악인의 부활이 있으리라 함이라 이것으로 인하여 나도 하나님과 사람에 대하여 항상 양심에 거리낌이 없기를 힘쓰노라 행 24:15-16

우리도 바울과 같이 하나님을 향한 소망을 가지고 양심에 거리낌이 없기를 힘쓰는 것이 등불을 켠 상태임을 강조한다.

〈부산모임〉 1980년 9월호[78:13-4]

기독 청년의 윤리

기독 청년의 윤리는 예수 그리스도께서 실천하신 하나님의 사랑을 이룩하는 데 있다. 예수께서는 이 세상 사람들, 특히 눌리고, 짓밟히고 있는 사람들의 생명을 사랑하셔서 자기의 목숨을 버리사 하나님의 의와 사랑을 실천하셨다.

예수 그리스도께서는 이 윤리를 청년기에 다 이루셨다. 예수님은 이 윤리를 이루시기 위해 두 가지 준비를 하셨다.

먼저 세례를 받으셨다. 즉, 세상 사람의 죄를 자기의 것으로 여기시고 세례를 받으신 일이다. 기독 청년이 윤리를 실천하려고 하면 먼저 철저한 회개가 있어야 한다. 자기의 죄에 대한 책임뿐만 아니라 내 가족, 내 동포, 인류의 죄에 대한 연대책임을 느끼고 회개하므로 그리스도의 성품을 닮을 수 있다고 믿는다.

둘째 사탄에게 시험을 받으셨으나 승리하셨다. 즉, 인류를 구원하는 지도자가 되는 데는 빵이나 물질 문제의 해결이 우선이 아니고, 또 신기한 기적과 능력으로 할 것도 아니며, 공중의 권세 잡은 자의 세력에 의할 것이 아님을 확인하시고, 오직 하나님의 뜻, 곧 진리의 순종에 있음을 자각하셨다.

우리 기독 청년들도 이 세상 문제를 해결하려고 할 때, 현실적인 여러 가지 문제에 봉착하게 된다. 빈곤 문제, 고아 문제, 청소년 문제, 임금 문제, 연애 문제, 이 밖에 여러 가지 사회 문제들에 부딪히게 된다.

　어떻게 해결할 것인가? 물질적으로, 또는 큰 기적과 능력으로, 또는 정치적으로 체제를 고쳐서 할 것인가? 참으로 깊이 생각하게 하는 문제이다. 그런데 그 어느 방법이나 다 일시적인 변화와 성공은 가져올 수 있으나 근본적 해결은 얻을 수 없다.

　예수님은 이 세상에서 짓밟히고, 눌린 가난한 사람들을 위해서 스스로 낮아지고, 마침내 십자가에 달려 사람들의 죄를 제거함으로써 인격의 구원을 얻게 하는 길을 택하셨다. 이것이 예수님께서 그리스도가 되신 길이었다.

　우리 기독 청년들은 마땅히 이 길을 따라 이 윤리를 실천하여야 한다. 윤리라고 하면 사람이 사람에 대해 지켜야 할 도리, 즉, 인륜을 말하는 것인데, 청년의 윤리 문제는 나라의 흥망을 좌우하고 있다. 왜냐하면, 나라의 성쇠는 물질의 풍부, 전쟁의 승리에 관계되어 있는 것 같이 보이지만, 역사의 가르침은 그 국민의 도덕 여하에 달려 있다는 것을 명백하게 보여주기 때문이다.

　그러면 기독 청년들이 마땅히 지켜야 할 도덕이란 어떤 것일까? 이 문제는 자연히 기독신자가 아닌 사람들의 윤리관과의 차이를 생각함으로써 조금 분명해 질 것이다.

　무릇 도덕, 인륜 문제의 해결의 열쇠는 사랑이라고 말할 수 있다. 즉, 윤리, 또는 도덕이란 대상자의 인격에 대한 존경심과 그 생명에 대한 사랑에서 자연히 일어나는 질서 유지의 법칙을 말하는 것이다.

　그런데 이웃 사랑에 대한 태도는 두 가지가 있을 수 있다. 즉, 사랑에 대한 옛 계명은 "원수를 갚지 말며 동포를 원망하지 말며 네 이웃 사랑하기를 네 자신과 같이 사랑하라"레 19:18고 했고, 예수님께서 명하신 새 계명은 "서로 사랑하라 내가 너희를 사랑한 것 같이 너희도 서로 사랑하라"요 13:34고 하였다.

예수님께서는 일찍이 유대교단에서 가르치던 교훈과 대비해서 "나는 너희에게 이르노니"라고 하시면서 율법의 참 정신을 선언하셨다. 즉, 먼저 회개를 권하시고, 간음, 음행 및 이혼을 금하셨으며, 맹세 금지, 복수를 금하셨으며, 원수를 사랑하라고 가르치셨고, 또한 그대로 실천하셨다. 그러므로 기독청년의 윤리는 예수께서 인류를 위해 자기 목숨을 버리신 그 사랑에 있는 것이다.

일반적으로 이 세상 사람들의 윤리는 남에게 폐를 끼치지 않을 정도에서 그치고 그것으로 도덕이 성취된 것으로 생각하는 것 같다. 즉, 각기 자기의 책임을 수행하고 남에게 물질적으로나 감정적으로 폐를 끼치지 않으면 족하다고 한다.

그러나 기독 청년으로서 그 정도의 도덕 수준에서 만족할 수 있을까? 우리 기독 청년들은 자신들이 그리스도로 말미암아 구원을 받아 천국 시민이 될 뿐 아니라 온 인류가 구원되어 사회가 하늘나라를 이루는 것을 이상으로 하고 있다. 누구보다도 뜨겁게 또한 용감하게 그리스도의 사랑을 실현해서 이 생명의 그리스도를 증거하는 것을 목표로 삼고 있는 것이다.

그러면 이 세상 사람들의 윤리관과 기독 신자들의 윤리관과의 차이는 어떻게 설명할 것인가.

1. 상대적 차이와 절대적 차이

상대적 차이와 절대적 차이가 있다. 자연인의 사랑은 자기의 마음에 드는 것과 좋아 보이는 것을 사랑한다. 부모, 친척의 사랑Storge이나, 친구의 사랑Phileo이나, 연애와 같은 이성의 사랑Eros도 상대의 사랑스러운 점을 보고 사랑하는 것이다.

그러나 그리스도의 사랑은 어떠한 사람이라고 할지라도 그 인격 때문에 그 생명을 사랑하는 절대적인 것이다. 즉, 인격은 하나님의 생명에 속하는 것이므로 그 사람의 성격 여하를 막론하고 그 독특하고 귀한 점, 예를 들면, 그의 사람답게 살고자 하는 마음을 발견해서 그것을 존중하고, 그것을 살리고 키워주는 사랑을 하게 된다. 그러므로 기독 청년들은 이 사회에서 소외된 청소년들을 구하려고 더 힘써야 한다. 이 세상 청년들은 자기를 인정해 주고 사랑하는 자를 존경하며 사랑하고, 자기를 싫어하는 자에 대해서는 아무 책임을 느끼지 않고 살지만, 기독 청년들은 자기를 미워하고, 싫어하며, 핍박하는 자를 위해 기도하며 복음을 전하는 것이다.

2. 소극적 차이와 적극적 차이

공자의 도덕은 자기가 하기 싫은 것은 남에게 베풀지 말라고 했다. 이것이 자연인의 윤리이다. 그러나 예수님은 "남에게 대접을 받고자 하는 대로 너희도 남을 대접하라"마 7:12고 하셨다. 이 말씀이 기독 청년의 윤리의 기본이 된다. 먼저 남의 인격을 존중히 여기고, 그의 원하는 바를 알아 도와 주면 자기의 결점도 가려지게 되고, 또한 그 사람의 도움을 받아 자기도 구원받게 된다. 기독청년은 윤리나 도덕을 율법적으로 지키는 것이 아니고, 마음에서 그리스도의 사랑이 흘러 즐거움으로 행하게 된다.

자연인은 자기를 부정하지 않는다. 그러므로 자기를 자랑하며, 남이 잘되는 것을 보면 투기하며, 교만해지며, 자기의 유익을 구하며, 성내며, 남의 약한 것을 생각하게 된다. 그러면서도 그것을 부도덕이라고 생각하지 않는다.

그러나 기독 청년들은 자기를 부정한다. 자기는 그리스도의 피로 산 하나님의 자녀라고 생각하기 때문에 자랑하지 않으며, 투기하지 않으며, 교만하지 않고, 자기의 유익을 구하지 않으며, 성내지 않으며. 무례히 행하지 않고, 남의 약한 것을 기억하지 않는다. 이와 같은 사랑의 윤리가 실천 될 때에는 그 개인이나 사회가 평화를 누리게 될 것이다.

3. 유한성과 무한성의 차이

자연인의 마음의 생각과 행위에는 한계가 있다. 즉, 남에게 폐를 끼치지 않는다면 그것으로 족하다고 생각하는 것은 당연하다. 그러나 기독 청년은 그 정도로 만족하지 못한다. 자기의 것을 다 바치고, 또 자기를 희생하면서 이웃을 살리려고 노력한다.

예를 들면, 어떤 사람이 험한 길에서 강도를 만나 가진 것을 다 빼앗기고, 또 몸이 상처를 입고 길에 쓰러져 있었다. 그때 그곳을 어떤 종교 지도자가 지나가다가 그것을 보고 '가엾어라.' 하고 그냥 지나갔다. 아마도 자기 직분은 다른 데 있다고 생각하고 양심의 가책이 없었는지 모른다. 그 다음에 보건을 담당한 일꾼이 그곳에 이르러 그 부상당한 사람을 보고 '어떻게 하면 사회

제도를 고쳐 강도를 없이 할 수 없을까.'하는 행정책임을 느끼면서도 양심의 가책 없이 불가항력이라 생각하고 지나갔다.

그런데 어떤 겸손한 사람은 그곳에 이르러 그저 지나갈 수 없었다. 자기가 가지고 있는 것으로 상처부위를 알코올로 씻고, 기름을 바르고, 붕대를 싸매주고, 자기가 타고 오던 차에 태워서 병원에 데려다가 입원시키고, 그 비용에 대한 책임까지 지면서 해결에 힘썼다. 그 사람은 기독 청년이었다.

4. 차별 없는 사랑

기독청년은 차별 없이 사랑을 베푼다. 이 세상 사람들은 애국과 애족을 예찬한다. 일단 전쟁이 일어나면 원수를 많이 섬멸한 자가 공로를 인정받아 명성있는 장군,위대한 애국자로 칭송을 받는다. 실용주의자들은 결과가 좋으면 그 방법 여하를 묻지 않고 좋다고 생각한다.

그러나 기독 청년은 평시나 전시를 막론하고 국적을 초월해서 인류애를 나타내고, 원수라 할지라도 구원해서 예수 그리스도를 믿게 하는 것이 그 본연의 윤리라고 믿는다. 이것의 실천이 현실에 있어서 가능한가, 어떤가를 말하기 전에 기독 청년의 윤리는 예수 그리스도를 본받는데 있으므로 위의 특징은 당연히 받아드려야 하는 것이다.

세력으로 세계를 재패하려고 하는 자들의 윤리관은 적을 쳐부수고, 복종케 하는 것을 옳다고 생각하지만, 그리스도를 믿는 자들의 윤리관은 그리스도의 사랑으로 서로 이해하고 공존하는 것이 옳다고 생각한다.

차별 의식이 강한 민족은 유대인이다. 베드로가 유대인이 아닌, 이방인을 전도할 때 하나님께서 비몽사몽간에 여러 가지 짐승들을 나타내어 잡아 먹으라고 하셨다. 베드로가 대답하기를 "속되고 깨끗하지 아니한 것을 내가 결코 먹지 아니하였나이다" 라고 했다. 그 때 "하나님께서 깨끗하게 하신 것을 네가 속되다 하지 말라"고 하셨다행 10:9-16. 기독 청년의 윤리는 사람들을 대할 때 하나님께서 거룩하게 하신 줄 믿고, 그 인격을 신중히 여기는 데 있다. 즉, 차별의식의 철폐가 기독자의 윤리이다.

5. 인간본위와 하나님(진리) 본위의 차이

사람의 사랑은 정감情感에 속아서 소위 정욕과 흡사하다. 그래서 자유의사가 허락되지 않는 것을 한다. 자연인의 윤리는 이기주의나 아니면 사람 본위에 멈춰버리기 쉽다.

그러나 기독 청년의 생활 수준은 하나님 본위로 하는데 있다. 예를 들면 인간적 사랑은 그 사랑 때문에 다소의 불의가 혼합하게 되더라도 양심의 가책을 받지 않고 감행되게 된다. 사랑하는 사람에게 사랑을 받기 위해 자기를 과대하게 나타내려는 경향은 허다하다. 즉, 사랑받기 위해 진실하지 못한 표현을 얼마나 많이 하게 되나 스스로 반성하여 보라.

그러나 그리스도의 사랑은 자기를 부정하는 동시에 불의를 부정하는 사랑으로, 즉 사람 본위가 아니고 하나님 본위이다. 바울이 말한 대로 하나님은 사람의 불의를 기뻐하지 않으며 진리와 함께 기뻐한다. 하나님의 시각에서는 사랑과 진실은 하나이다. 사랑의 체현이신 예수님 자신이 또한 진리셨다. 사랑의 절대성,

항구성, 불변성은 이 사실에 근거한다. 참 사랑은 진리와 하나이기 때문에 절대적이며, 항구적이며 불변적이다.

근대인의 사랑은 진리에서 떠나있다. 그러므로 상대적이며 항구적이지 않고, 감정의 변도에 따라 변한다. 그러므로 천박하다. 근대인의 윤리가 천박함은 이 때문이다. 그러나 기독 청년의 윤리는 진리가 움직이지 않는 것 같이 움직이지 않는다. 견딜 수 없는 괴로움을 받으면서도 괴롭게 하는 자를 버리지 않고, 도리어 싸매 주고 덮어준다.

이와 같이 덮어주고 싸매 준 다음에 사랑은 다시 진리의 소리에 귀를 기울인다. 이에 진리는 사람을 보지 말고, 그를 지배하시는 하나님을 보라고 말한다. 어떠한 사람이라도 하나님의 지배에서 벗어날 자는 없다.

사람이 서든지 넘어지든지 모두 다 하나님의 뜻에 의한다. 따라서 믿을 수 없는 사람에 대해서도 오히려 그를 지배하시는 하나님을 믿음으로 간접적으로 저들도 믿을 수 있게 된다. 이것은 필경 하나님의 섭리에 대한 신뢰이므로 모든 것을 믿게 된다.

믿음은 소망을 낳는다. 가령 지금은 사람의 눈으로 보아 소망이 없는 자라 할지라도 하나님의 지혜와 능력은 무한하다. 거룩하신 뜻이라면 드디어 좋은 생이 올 것이다.

그러므로 사랑은 소망한다. 그리고 소망하는 자는 어떤 환경에서라도 견디고 산다. 그러므로 기독 청년의 윤리의 특성은 결국 무엇으로도 분쇄할 수 없는 초자연적 인내력에 집중되어 있다.

기독 청년이라 할지라도 그리스도에게서 떠나면 현대인의 사랑, 소위 가장한 이기주의에 빠지기 쉽다. "너희가 너희를 사랑하는 자를 사랑하면 무슨 상이 있으리요 세리도 이같이 아니하느냐?"마 5:46는 말씀처럼 우리는 반성하지 않으면 안 된다. 기독청년의 윤리는 사랑의 도취에 있지 않고, 오른 뺨을 치는 자에게 왼편 뺨을 돌려 대고 자기를 꾸짖는 자를 위해 기도하는 마음에 있는 것이다.

〈부산모임〉 1977년 6월호[59:10-3]

청년들의 신앙생활

청년들의 신앙생활은 악한 자를 이기는데 있다. 사도 요한이 청년들에게 편지할 때에 "내가 너희에게 쓴 것은 너희가 강하고 하나님의 말씀이 너희 안에 거하시며 너희가 흉악한 자를 이기었음이라."요일 2:14고 했다. 즉, 흉악한 자, 사탄의 유혹과 궤계를 이기는 것이 신앙생활의 특징이다. 바울이 로마인에게 보낸 편지 중에서 신앙생활의 기본 원리를 발견할 수 있다.

바울은 로마서 1장에서 11장 사이에서 신앙의 논리를 증거하며 "미리 정하신 그들을 또한 부르시고 부르신 그들을 또한 의롭다 하시고 의롭다 하신 그들을 또한 영화롭게 하셨느니라."롬 8:30고 가르쳐 준 후에, 도덕생활 원리로서 "형제들아 내가 하나님의 모든 자비하심으로 너희를 권하노니 너희 몸을 하나님이 기뻐하시는 거룩한 산 제물로 드리라 이는 너희가 드릴 영적 예배니라."롬 12:1고 했다.

교우들을 "형제들아" 하고 부른 것은 하나님의 자비하심을 나타낸 것이다. '너희는 하나님의 은혜인 그리스도의 복음으로 구원을 받았으니 너희의 몸도 마음도 다 하나님이 기뻐하시는 산 제물로 드려야 한다.'는 것이다. 다시 말하면, 사람은 탐심이나 정욕이 움직이는 대로 동물적인 생활을 할 것이 아니라, 이성에 맞는 영적생활을 할 것이며, 즉 성결한 도덕생활을 해야한다. 이것이 이성적인 영적예배라고 가르쳐 주셨다.

신앙생활의 둘째 원리는 "너희는 이 세대를 본받지 말고 오직 마음을 새롭게 함으로 변화를 받아 하나님의 선하시고 기뻐하시고 온전하신 뜻이 무엇인지 분별하도록 하라"롬 12:2고 하셨다.

여기에 "세대"라고 한 낱말의 원어는 '코스모스'가 아니고 '시대'여서 "지나가는 세대世代"의 뜻이다. 또 "본받는다"의 원어는 '스케마'外形의 모방을 가르치는 뜻으로 "유행을 따라 본받는다"는 뜻이다. 본질과 내용은 변하지 않고, 표면적이고, 외형적인 모방이다. 그리고 변화의 원어, 즉 '메타모르포마이'는 '모르페', 즉 '본질의 나타남인 외모의 변화여서 본질의 변화를 수반하는 형태의 변화'를 말한다.

바울은 이 어휘를 빌립보서 2장 7절과 8절에서 "그리스도는 근본 하나님의 본체[모르페]셨으나 …… 사람의 모양, 즉 '스케마'로 나타나 오셨다"고 해서 이 두 말을 미묘하게 나누어 썼다. 마음을 새롭게 해서 변태하라고 하는 것이다.

이 세대는 그 사상도, 생활도, 일시적 유행에 불과하며, 영원적 가치가 없다. 온전한 뜻이 무엇인지 분별하라는 것은 시험해서 증명하라는 뜻이다. 그리고 도덕적으로 선하시고, 종교적으로 하나님께서 기뻐 받으시기에 합당하고, 온전한 하나님의 뜻에 순종하여 살아감으로써, 이 일을 실험적으로 증명해서 알아야 한다는 말이다. 생활 없이는 확실한 지식을 가질 수 없고, 스스로 하나님 뜻에 순종해서 살고자 하는 생활 태도 없이는 어떠한 아름다운 실천도 덕훈이라 할지라도 쓸데없는 것이다.

이상을 요약하면 자기의 몸을 하나님이 기뻐하시는 깨끗한 산 제물로 바치는 것을 새로운 생활의 목적으로 삼아야 하는 일, 자기의 마음을 새롭게 해서 온전하신 하나님의 뜻을 분별하기 위하여 생활태도를 일변하는 일, 이 두 가지가 바울의 도덕 실천론의 근본이고, 앞으로 논술하려는 개개의 교훈의 전제이기도 하다.

다음에는 겸손과 사랑을 교훈하셨다.

> 내게 주신 은혜[자비와 사랑, 즉 사도직을 뜻함]로 말미암아 너희 각 사람에게 말하노니 마땅히 생각할[프로네인] 그 이상의 생각[휴페르프로네인]을 품지 말고 오직 하나님께서 각 사람에게 나눠 주신 믿음의 분량대로 지혜롭게 생각[소프로네인]하라 롬 12:3

우리는 그리스도의 지체로서 한 몸을 이룬 에클레시아[교회]의 일원이므로, 그 중에서 자기 본위의 생활을 하지 말고, 전체의 덕을 세우는 자로서의 생활을 해야 한다.

하나님은 우리에게 각각 신앙의 분량을 나눠 주셨다. 그래서 우리는 각자에게 나눠주신 신앙의 분량에 따라 각자의 은사, 즉 그 능력도 나눠주셨다고 믿는다. 하나님이 주신 것임으로 우리가 많이 받았다고 원망하거나 낙심하는 것은 잘못이다. 하물며 자기를 높이고 형제를 경멸히 여기는 것은 큰 잘못인 것이다.

하나님께서 신도들에게 나눠주신 은사가 양적으로 또 질적으로 차이가 있는 것은 불공평이나 우열고하의 차이가 아니다. 하나님 나라의 도덕미를 위해서 하신 것이라고 생각이 된다. 그 어느 하나가 없어도 하나님 나라의 결손이다.

지체가 된 신자는 서로 사이에 겸손이라고 하는 아름다운 덕을 이루고, 또한 사랑의 꽃을 피게 되는 것이다.

사랑에는 거짓이 없나니 악을 미워하고 선에 속하라 롬 12:9

도덕적 판단을 예민하게 하고, 선과 악을 엄준하게 구별해야 한다. 선악이 도덕적 판단에 의하지 않을 때 사랑은 거짓이 된다. 그렇지 않으면 맹목적 사랑이 되는 것이다.

형제를 사랑하여 서로 우애하고 존경하기를 서로 먼저하며, 부지런하여 게으르지 말고 열심을 품고 주를 섬기며, 또 소망 중에 즐거워하며 환난 중에 참아야 한다. 기도에 항상 힘쓰며, 성도들의 쓸것을 공급하며 손 대접하기를 힘쓰라. 이렇게 하다가 주님을 대접한 것이다.

사회인에 대한 신자의 윤리 롬 12:14-21

너를 책망하고 박해하는 자를 축복하고 저주하지 말아야 한다. 동정과 겸손은 그리스도인의 특유의 사랑이다. 또 악을 악으로써 갚지 말고, 모든 사람 앞에 선을 도모해야 한다. 하나님은 은혜와 사랑을 공평하게 베푸신다. 해와 비를 신자와 불신자에게 차별없이 베푸신다.

할 수 있는 대로 모든 사람과 화목해야 한다. 사탄은 사람과 하나님 사이를 갈라지게 할 뿐 아니라 사람과 사람의 사이를 이 간질 한다. 그러므로 악에게 지지 말고, 선으로 악을 이기라고 성령은 말씀하시고 계신다.

이상이 그리스도 신도에게 대한 도덕생활을 가르쳐 주신 것이다.

〈부산모임〉 1986년 2월호[108:19-1]

대학생 그리스도인으로서의 생활

이상과 신앙

위의 제목을 생각할 때 먼저 우리는 나 개인의 구원과 나라[사회]의 구원에 관련된 생활에 대해 생각하게 된다. 그리고 나는 개인 구원과 나라의 구원은 우리 생활의 이상이라고 생각하는데, 사람이 이상을 가지고 사는 데는 인간적 이상주의와 기독교적 이상주의가 있을 수 있다.

인간적 이상주의라고 하는 것은 인간이 자기의 지식과 덕성을 교양으로 향상하고 함양함으로써 어느 정도 높은 정도까지 도달해 보겠다는 생각이다. 그런데 이와 같은 이상은 그 실제성과 실현성이 극히 모호하고 희박하다. 현실적으로 과학이 발달해서 생활하기에 편리하고, 수명도 길어져서 어느 정도의 성공을 보는듯하지만, 아직도 교통사고로 죽는 것은 줄지 않을 뿐 아니라, 성 문란에 의한 후천성 면역 결핍증이 급속도로 증가하고 있어 죽는 수도 많은 것을 어찌하랴?

그러나 기독교적 이상주의라고 하는 것은 창조주 하나님께서 그리스도를 통하여 개인의 구원을 이루어 주신 일과 또 성령을 통해 사회를 하나님의 나라로 이루어 주심을 믿고, 사랑을 실천하는 것이다. 나는 나 자신의 지식과 교양, 그리고 나의 능력과 의지로는 하나님의 자녀답게 살 수 없다. 그러나 예수 그리스도의 속죄 및 보혈의 능력으로 구원되어 하나님의 자녀로 인정해 주시는 하나님의 경륜과 그 은혜를 믿음으로 사는 그 이상에서 살면서 현실을 내려다 보고 비판하는 정신으로 살고 있다.

또 현실 사회가 제 아무리 어둠의 세력이 횡행하고 살인과 살상이 막심한 사회라고 할지라도, 그리고 불의와 부조리가 가득차 있을지라도, 결국은 성령의 능력으로 악령의 궤계를 이기고, 하나님의 주권이 지배하는 하나님의 나라가 이루어질 것이다.

곧 하나님의 나라가 하늘에서 이루어져서 그리스도의 재림과 더불어 이루어짐을 믿고, 현실에서도 마음의 평화를 가지고 사는 그리스도인의 생활이 영위되고 있는 것이다.

대학생으로서 그리스도인의 생활이 요구된다. 이 일은 하나님의 경륜에 속한 것으로 그의 실재성과 실현성이 확실하다고 믿는다.

이상과 현실

현실은 이상이 아니다. 현실은 미비하고 불확실한 악으로 충만해 있다. 그러나 불확실하고 허위로 가득 찬 현실 속에서도 선과 진실을 목적으로 역사가 흘러가고 있는 것도 사실이다.

그런데 현실을 보고 현실을 인도한다면 그것이 소경이 소경을 인도하는 것 같아서 둘이 다 함정에 빠지게 될 것이다. 현실에서 그 진상을 파악하는데는 학문적 비판적 정신이 필요하다. 현실이 아무리 경제적으로 궁핍하고 혼란이 심하다 할지라도 전 국민이 이것을 이해하고, 합력해서 해결하는 원칙은 변할 수 없는 정책이 될 것이다.

이것을 힘으로 인권을 무시하고 노동력을 착취해서 부강한 국가를 형성해 보겠다고 하는 공산권내 국가의 정책은 실패하였다는 사실을 역사가 증명해 주고 있다. 과거 일제시대에 신사 참배를 강요하고, 개명을 요구하는 탄압 정책이 실패하였던 것을 우리는 잘 알고 있다. 즉, 1945년 8월 15일 일본이 무조건 항복으로 한국 내 신궁神宮들이 파괴되었다. 당시 신사참배는 우상 숭배이므로 신앙으로 이것을 반대했던 선각자들이 정당하였다는 증거를 얻은 것이다.

믿음과 자연관

무신론자들은 물질이 영원 전부터 자연적으로 실제하며 변증법적으로 진화했다고 생각한다. 그러나 성경은 자연과 물질은 창조주에 의하여 창조되었다고 가르친다. "태초에 말씀이 계시니라 이 말씀이 하나님과 함께 계셨으니 이 말씀은 곧 하나님이시니라 그가 태초에 하나님과 함께 계셨고 만물이 그로 말미암아 지은 바 되었으니 지은 것이 하나도 그가 없이는 된 것이 없느니라"요 1:1고 하였다.

즉, 하나님과 그 품속에 계신 그리스도와 성령, 이 삼위는 사랑의 일체로 계셔서, 사랑은 실존을 낳는다고 하는 원리에 의해 창조된 것이다. 다시 말하면, 이 사랑의 하나님 아버지께서 자연을 창조하셔서 아들이신 그리스도께 주시려고 하시는 뜻을 품고 계실 때, 아들이시고 말씀이신 그리스도는 자연을 만들어 아버지 하나님께 바쳐드리고자 하는 사랑으로 응하시고, 사랑이신 성령께서 같이 작용하셔서 실존인 우주와 만물이 창조된 것이다.

그리고 자연에는 자연법칙이 있고, 인류 사회에는 사회 과학적 법칙이 있어서 그것으로 우주의 역사와 인류의 역사가 이루어져 가는 것이지만, 사랑의 법칙은 조금도 변치 않고 하루를 천 년 같이, 또는 천 년을 하루 같이 영원 무궁토록 지배하고 계신다. 그러므로 역사의 목적을 인정하는 것은 기독교적 자연관이며 또한 역사관이기도 하다.

믿음과 인생관

히브리서 11장 4절을 보면 형 가인의 제물은 열납되지 아니하였고, 아우 아벨의 제물은 열납되었다고 생각한다. 형 가인은 농경 사회에서 살면서 가장 좋은 곡식단을 가지고 제사를 드렸을 것이고, 아우 아벨은 목축 사회에서 흠 없는 양을 잡아 가지고 제사를 드렸을 것이다.

일반 성서학자들의 해석에 의하면 아벨이 드린 양을 잡아 피를 흘려 드린 예물은 후에 어린 양 되시는 예수 그리스도의 속죄 제물을 상징하는 것이었기 때문에 열납되었다고 말한다. 그 해석은 성경이 교훈하시는 원리에 부합하므로 나도 수긍하는 바이지만, 히브리서 기자는 아벨은 믿음으로 드렸기 때문에 열납하셨다고 말했다.

즉, 아벨은 자신이 죄인임을 자각하고 하나님의 구원을 믿고 의지하는 삶을 살면서 예물을 드렸고, 가인은 자신을 믿고, 자기의 의를 가지고 살면서 예물을 드렸기 때문에 하나님께서 가인의 제물을 열납하지 않았다.

어거스틴의 참회록에서 강조한 바와 같이 우리는 우리의 인생이 구원을 필요로 하는 죄인임을 자각하고, 늘 예수 그리스도의 의를 의지하고 살아야 한다.

영생과 계명

사람이 영생을 얻으려면 계명을 지켜야 한다. 하루는 율법학자가 와서 예수님을 시험하면서 "사람이 어떻게 하면 영생을 얻으리이까?"하고 물었다. 이 때에 예수님은 "네가 율법사가 되어서 성경을 어떻게 읽었느냐?"하고 반문했다. 그 율법사는 계명에 있는 대로, "너의 심장을 다하고 너의 목숨을 다하고 너의 마음을 다하고 너의 힘을 다하여 주 너의 하나님을 사랑하고, 네 이웃을 네 몸과 같이 사랑하라고 하셨습니다."하고 대답했다. 예수님께서 말씀하시기를 그대로 행하면 영생하리라고 하셨다.

이 말씀은 현재 우리나 당시 율법사들이 잘 알고 있는 말씀이다. 이와 같이 우리가 하나님을 사랑하려면 우리 영혼이 항상 하나님을 기뻐하고 사랑하여 조금도 다른데 마음을 두어서는 안될 것이다. 율법사는 제법 잘 알고 있다는 듯이, "누가 내 이웃이 되나이까?"하고 물었다. 이 때에 예수님께서는 하나의 비유를 들어 가르치셨다.

어떤 유대인이 예루살렘에서 여리고로 내려 가다가 강도를 만나 상처를 입어 거의 죽게 된 것을 버려두고 가고, 제사장도 보고 그저 비껴서 지나가고, 다음에 레위인도 그리로 지나가다가 그것을 보고 비껴서 지나갔다.

그러나 한 사마리아인은 그것을 보고, 불쌍한 마음이 들어 그저 지나갈 수 없어서 자기가 탔던 나귀에서 내려와서 그 상처를 알코올로 씻기고, 기름을 발라 깨끗한 붕대로 싸매어 준 다음에 자기가 타고 왔던 나귀에 싣고 여관까지 인도하여 갔다.

하루 저녁을 간호하고 다음 날 떠나면서 두 데나리온을 내어 주고 잘 돌보아 달라고 부탁하며, 부비浮費가 부족하거든 내가 돌아 올 때에 갚겠다고 했으니, 그 세 사람 중에 누가 강도 만난 사람의 이웃인지 물으셨다.

율법사는 말하기를 "자비를 베푼 자이니다."하고 대답했다. 너도 가서 그와 같이 하면 영생하리라"고 예수님은 말씀하셨다.

하나님을 사랑하는 자는 이웃을 사랑한다. 옛 계명은 "원수를 갚지 말며 동포를 원망하지 말며 네 이웃 사랑하기를 네 자신과 같이 사랑하라"레 19:18고 하셨다. 그런데 예수님은 말씀하시기를, "새 계명을 너희에게 주노니 서로 사랑하라 내가 너희를 사랑한 것 같이 너희도 서로 사랑하라"요 13:34고 하셨다. 이 사마리아 사람은 예수님께서 인류를 불쌍히 여기시사 친히 십자가에서 피흘려 속죄해 주신 사랑을 본받아 그 사랑을 실천하였다.

믿음과 청년

"청년들아 내가 너희에게 쓴 것은 너희가 강하고 하나님의 말씀이 너희 안에 거하시며 너희가 흉악한 자를 이기었음이라"요일 2:14고 하였다.

나도 청년 때에는 물질에 대한 탐심과 정욕에 틈타고 들어와 유혹하는 사단의 궤계를 이기는 때도 있었다. 예를 들면 1932년에 김포지방에 아버지 이름으로 약 3만 여 평의 들판이 있었는데, 그것을 760원에 팔고, 그 땅 문서를 산 사람에게 넘겨 주었다. 그리고 1945년 8월 15일 해방을 맞았다. 그 후 10년이 지나 그 땅 문서가 산 사람에게 넘어 가지 않고, 또 산 사람은 세상을 떠났으며, 그 땅 주인이 다시 내 아버지의 명의로 있는 것을 알게 되었다.

그 때 어떤 유력한 사람이 "그 땅을 내가 상속해서 자선 사업에 사용하면 좋지 않겠는가?"한다는 풍문도 들려 왔다. 그러나 나는 그 땅을 1932년에 팔았던 기억이 생생하므로 그것을 내 명의로 돌이키지 않았다.

또 성에 관한 문제에 관해서도 나는 처녀, 총각의 순수성을 귀히 여기고, 높이 평가하고 살았다. 결혼식을 거행한 후에도 하루, 이틀간 처녀, 총각의 순수성을 지켰다.

이처럼 나는 청년 때에 흉악한 사단의 유혹을 물리쳤다고 자부한 때도 있었으나, 학위논문을 쓸 때에는 논문에 가필을 해서 잘못 발표한 것이 있음을 자복하고 회개한다.

청년 때에는 신앙이 강해서 거짓과 명예욕을 물리칠 용기가 필요하다.

경건한 삶을 살자

> 하나님 아버지 앞에서 정결하고 더러움이 없는 경건은 곧 고아와 과부를 그 환난중에 돌보고 또 자기를 지켜 세속에 물들지 아니하는 그것이니라 약 1:27

사회에서 소외당한 자를 돌아보자. 이 세상에는 노동자, 농민,

고아와 과부, 불량 청소년, 문둥병자, 병약자, 히피족과 같은 사회로부터 소외 당한 자가 허다하다. 또 지정학적으로 산물이 부족하고, 노동하는 능력이 없어 문화가 심히 악화되어 있는 상태에서 도움을 구하는 자가 많다.

우리는 이러한 사람들을 동정하고 자비로운 마음으로 구원의 팔을 펴야 한다. 그래서 우리는 하나님의 뜻과 지시하심에 따라 순종함으로 경건한 생활을 해야 한다.

긍휼을 행하지 않는 자는 하나님의 긍휼, 즉 예수 그리스도의 자비를 힘입지 못하고, 심판을 받게 될 것이다. 예수 그리스도의 긍휼은 심판을 이기고 자랑하는 것이다.

산 제사를 드리자

하나님께서 우리를 예정하시고 믿게 하사 의롭다 하셨으며, 또 의롭다 하신 자를 영화롭게 하셨다. 그러므로 우리는 하나님 앞에 산 제물로 우리의 인격을 바쳐 드려야 할 것이다.

주님께서 나를 위하여 십자가에 못 박히어 속죄하시고 살리셨으니, 우리도 우리의 목숨을 주를 위해 바쳐 드리는 것이 마땅하다.

주님 안에서 주님 뜻을 이루어 드리고 사는 것이 이성적인 영적 예배이다. 제물은 희생제물이어야 하는데, 예수 그리스도께서 만민의 죄로 인해 바쳐 드린 바 되었으므로 그리스도의 보혈로 구속받은 우리는 사나 죽으나 주의 것이라고 하는 신앙 생활을 해야 한다. 내가 사는 것이 그리스도요, 죽는 것도 유익함이 되는 생활이어야 한다.

간디Mahatma Gandhi나 마틴 루터 킹Martin L. King Jr.은 자기들의 목숨을 바쳐 산 제사를 드린 자들이다. 일본 정치시대에 신사참배를 반대하다가 순교한 이들도 산 제사를 드리는 신앙생활에서 승리하였다.

이 세대를 본받지 말고 오직 변화하여 하나님의 온전하신 뜻을 분별하도록 하자

이 세대 사조와 풍조는 너무도 현실적이다. 15세기 르네상스 시기를 지나고, 산업혁명이 일어난 이후 영국의 벤담, 밀등에 의해 제창된 공리주의, 프랑스의 생 시몽과 오귀스트 콩트등에 의하여 추진된 실증주의와 그것에 파생된 유물론, 사회주의, 칼 막스의 공산주의 진화론, 최근에 미국에서 성행되는 실용주의 등은 이 세상에서 현대인들에게 큰 영향을 주고 있다.

이 세 가지 주의에 영향을 받지 않고 독립적으로 도덕을 진리의 명령으로 이행하고 실천해야 한다는 것은 칸트의 순수이성비판과 실천이성비판이 있을 뿐이다. 우리 기독교도 실증주의의 영향을 받아 현실주의, 향락주의에 휩쓸려 들어가고 있음을 부인할 수 없다.

그리스도의 교훈은 현실주의가 아니라 진리 중심의 이상주의이다. 육적 생명에 대해서만 논하지 않고, 영적 생명을 말한다. 향락주의에 대하여 논하지 않고, 의와 사랑, 화평과 기쁨에 대해 논한다. 일시적인 것이 아니고, 영원한 실존에 대해 설명하고 있다.

칸트보다도 앞선 서기 2,000여 년 전에 유대 시인은 "주의 손가락으로 만드신 주의 하늘과 주께서 베풀어 두신 달과 별들을 내가 보오니 사람이 무엇이기에 주께서 그를 생각하시며 인자가 무엇이기에 주께서 그를 돌보시나이까"시 8:3-4라고 노래하였고, 또 "하늘이 하나님의 영광을 선포하고 궁창이 그의 손으로 하신 일을 나타내는도다 …… 여호와의 율법은 완전하여 영혼을 소성시키며 여호와의 증거는 확실하여 우둔한 자를 지혜롭게 하며 여호와의 교훈은 정직하여 마음을 기쁘게 하고 여호와의 계명은 순결하여 눈을 밝게 하시도다 여호와를 경외하는 도는 정결하여 영원까지 이르고 여호와의 법도 진실하여 다 의로우니"시 19:1-9라고 하였는데, 이 시의 뜻은 칸트가 일평생 연구한 끝에 "내 머리 위에는 하늘의 뭇 별이 빛나고 내 마음에는 도덕의 율법이 있다."라고 경탄한 결론과 같다. 하나님의 진리가 2,000여 년 전에 성령을 통해 시인의 마음에 임하셨음을 알 수 있다.

우리는 이 세대의 사조나 풍조를 따라 본받아 살지 말고, 우리의 마음과 인격이 성령으로 완전 변화를 받아[메타모르포마이], 하나님께서 기뻐하시는 온전한 뜻이 어떠한 것인지 체험을 통하여 분별하도록 하자.

이 세대는 이와 같은 거듭난 인물을 절실히 요구하고 있다.롬 12:2

지혜롭게 처신하자

그러므로 우리 중에서 지혜와 재주가 많은 사람은 너무 지나쳐 처신하지 말고, 또 자주 실수하는 사람은 너무 지나치게 낮게 생각해서 비관하거나 소극적으로 하지 말고, 하나님께서 일을

맡기시는대로 충성을 다하도록 힘써야 하겠다. 이것이 지혜롭게 처신하는 것이다.롬 12:3

〈부산모임〉 1987년 5월호[115:20-3]

〈가정〉

아담이 이르되 이는 내 뼈 중의 뼈요 살 중의 살이라
이것을 남자에게서 취하였은즉 여자라 부르리라 하니라

창 2:23

성서의 결혼관

김종성군의 결혼식에

서약

신랑 김종성 군은 신부 이귀자 양을 하나님께서 짝 지어주신 아내로 맞아 그리스도께서 교회를 사랑하여 희생한 것처럼 어떤 환경에서든지 사랑하려고 하는가?

신부 이귀자 양은 신랑 김종성 군을 하나님께서 짝지어주신 낭군으로 맞아 그리스도께서 교회의 머리가 되신 것처럼 어떤 환경에서든지 부군으로 모시고 섬기려고 하는가?

주례사

두 분의 혼인을 축하하며, 성서의 결혼관을 말씀 드려 주례사로 삼으려고 한다.

하나님께서 인류의 조상 아담을 창조하시고, 맨 처음 축복으로 주신 것이 부부의 윤리였다.

하루는 하나님께서 아담에게 모든 생물에게 이름을 주라고 명하셨다. 아담이 모든 생물에게 이름을 주니 그대로 되었다. 그런데 올바른 인식을 하고 보니 모든 생물은 쌍쌍이 있어 사랑을 실현하고 있었다. 그런데 자기만은 홀로 있었다. 여기에서 사랑의 대상을 찾는 마음이 일어난 것이다.

이 때 하나님께서는 아담을 깊이 잠들게 하시고, 그 갈비뼈 하나를 취하여 여자를 만드셨다. 아담이 깨어난 뒤에 그 여자를 그 앞에 이르게 했다. 아담이 이를 보자 마음에서 사랑이 솟아 올랐다. 남자에게서 취하여 내었으니 여자라 하였다. "내 뼈 중에 뼈요, 살 중에 살이라"하여 그날부터 사랑의 삶에 들어갔다.

부부는 원래 한 몸이 사랑의 대상이 되기 위해 둘로 나뉘어 사랑으로 다시 한 몸을 이루는 오묘한 사랑의 실현의 제도이다. 다시 말하면 부부는 사랑의 실현을 위해 한 몸이 두 위격으로 된 것으로 그 개성은 다르지만, 그 인격은 같으며, 직능은 다르지만, 목적은 같고, 몸은 다르나 한 인격이어서 상부상조하여 사회의 일원으로 책임을 완수할 수 있는 극히 합리적인 존재방식이다.

어떤 사람들은 사람이 독처獨處하는 것이 고독하니 사교의 대상으로 배필을 구한다고 말하지만, 이것은 부부의 참뜻을 이해했다고 할 수 없다. 결혼은 사교가 아니다. 부부일체의 존재방식이다.

아담의 갈비뼈로 하와를 창조하신 것은 그 뜻이 또한 오묘하다. 그 몸에서 나왔기 때문에 사랑이 일어나는 것이다. 사람은 자기 몸을 사랑한다. 그러므로 자기 몸에서 나온 여자를 사랑하는 것이다. 아내를 사랑할 줄 모르는 사람은 자기를 사랑할 줄 모르는 사람이다. 자기를 사랑할 줄 모르는 사람은 사람이라고 말할 수 없다. 그러므로 남편된 사람은 자기의 아내를 자기의 몸과 같이 사랑해야 한다.

그것은 그리스도께서 교회를 위해 그 몸을 버리사 사랑하신 것처럼 자기를 희생하여 사랑해야 하는 것이다. 또 그리스도께서 그 신부인 교회를 자기 앞에 영광스러운 교회로 세우사 티나 주름 잡힌 것 없이 거룩하고, 흠이 없게 하려고, 항상 말씀으로 거룩하게 하신 것처럼 남편은 자기 아내를 자기 몸과 같이 사랑해야 한다.

또 아내들은 자기남편에게 복종하기를 주님께 하듯 해야 한다. 이것은 남편이 아내의 머리됨이 그리스도께서 교회의 머리됨과 같기 때문이다. 그리스도께서는 친히 몸의 구주이시다.

아내는 범사에 남편에게 복종해야 한다. 이것이 여자의 미요, 또한 남편에 대한 사랑이다. 복종은 사랑을 불러온다. 나는 내 친구의 가정에서 이것을 자주 발견했다.

지혜있는 부인은 남편에게 복종하여 후에는 남편의 사랑을 독점하게 되고, 이번에는 남편이 범사에 부인에게 복종하게 된다. 남편은 첫째로 아내를 사랑하므로 존경을 받아야 한다. 또 하나는 남편이 사회 악과 더불어 싸우는 전투미에 의하여 자기 아내에게 존경을 받아야 한다. 이 점을 잊지 말아야 할 것이다.

이와 같이 하므로 이 사랑의 실현이 가정의 희락과 평화를 초래하고, 또 그 사랑으로 말미암아 귀한 자녀를 얻게 되며, 이것으로써 사회평화에 공헌하게 되는 것이다.

가정은 두 사람의 행복만을 위하는 것이 아니고, 사회에 대한 책임과 하나님에 대한 사명이 부여되어 있음을 명심해야 한다.

가정이라고 하는 단란한 범선을 타고 출범하시는 이 시간에 한 가지만 더 유의하도록 권하고 싶은 것은 항해하는 바다에는 언제나 순풍만 있는 것이 아니라는 것이다. 순풍에 돛 달고 득 의한 항해를 할 때도 있지만, 때로는 역풍에 거슬러 괴로운 때도 있다. 올바른 항해를 하기 위해서는 이 배의 선장되실 분을 꼭 모셔야 한다. 인류의 선장이 되신 주 예수 그리스도를 선장으로 모시고 항해하기를 부탁한다.

〈부산모임〉 1972년 2월호[28:5-1]

그리스도인의 순결

그리스도인의 순결은 그리스도께 배우고, 그리스도를 닮는 생활에서 이루어진다. 그리스도의 순결은 그 교훈과 생활에서 배울 수 있다. 예수님이 요단강에서 세례 요한에게 세례를 받으시고 물에서 올라 오실 때, 하늘이 열리고 성령이 비둘기 모양으로 내려와 예수님 머리 위에 머물고 하늘에서 소리가 나서 "이는 내 사랑하는 아들이라."고 말씀하셨다. 앞에서 말한 비둘기도, 예수님이 나신지 8일만에 할례를 행하시고, 반구 둘로 제사를 드리신 것$^{눅\ 2:21-24}$도 예수님의 순결의 상징이었다.

예수님이 제자들에게 교훈하실 때에도 "마음이 온유하고 겸손한 자는 복이 있나니 저희가 하늘나라의 땅을 차지하겠다."$^{마\ 5:5}$고 하셨고, "마음이 청결한자는 하나님을 볼 것이라."$^{마\ 5:8}$고 하셨다. 또 예수님께서 열 두 제자를 둘씩 둘씩 전도를 내보내실 때$^{눅\ 9장}$와 70인을 둘씩 둘씩 전도로 파견하실 때 "내가 양을 이리에게로 보내는 것 같으니 지혜는 뱀과 같이 하고 순결하기는 비둘기 같이 하라."$^{눅\ 10장}$고 말씀하셨다.

"뱀과 같이 지혜있게 하라."고 하심은 현실 세계에 과학적 지식을 잘 배워서 어려운 문제를 잘 해결해야 할 것을 뜻하는 것이고, 이는 하나님의 아들들이 이 세상의 아들들보다 못해서는 안 된다는 뜻이다. 또 "너희의 의가 바리새인만 못해서는 어떻게 천국에 들어가겠는가?"라는 뜻으로 이해가 된다. 그리고 "비둘기 같이 하라."고 하신 말씀은 내적 인격의 순결을 교육하신 것이다.

예수님의 순결은 한번 하나님께 받은 사명이나 한번 하나님께 바쳐드린 서약 또는 결심에 대해서는 조금도 변함없이 순종하여 십자가에서 하나님의 의와 사랑을 실천하신 것에 나타났다. 그래서 3일 만에 부활하셨고, 승천하셔서 성령을 보내심으로 인류를 구원하신 순결을 나는 깊이 감사하며 사모한다.

이 주님의 순결을 배워서 실천한 사람은 사도 바울이다. 사도 바울은 복음을 위해 결혼도 하지 않고 전도에 힘썼다. 복음 전도를 위해 순결을 지키는 데는 결혼하지 않는 것이 좋겠다고 권했다. 그러나 결혼하고도 복음의 승리를 위해 순결을 지키는 자도 있다.

선진의 순교자들의 신앙생활은 성결하였다고 생각한다. 대단히 주제 넘은 생각과 말이지만, 나도 이 순결이 그리워질 때 오히려 탐심과 정육이 틈타고 들어와 유혹하고, 시험하는 사탄과 싸우는 생활을 하고 있다. 누가 과연 '나는 이 싸움에서 승리하고 순결하다.'고 장담할 수 있겠는가. 나는 이 유혹과 시험에서 항상 지기 때문에 회개의 생활을 계속함을 고백하지 않을 수 없다.

그때마다 성령님은 위로해 주신다. 내 죄가 중할지라도 주님의 보혈이 흰 눈같이 희게 해 주신다고 위로해 주신다. 하나님은 한 번 택하신 자를 결코 버리지 않으신다. 그러므로 하나님과 주님과 성령을 훼방하거나 부정하는 죄에 빠지지 않게 하신다. 이것이 순결을 사모하는 생활이다. 즉, 순결은 하나님이 알아 주시고 인정해 주시는 생활이다.

열 두 제자가 전도 나갔다가 돌아와서 악마가 하늘로부터 떨어지는 것을 체험했다고 장담하면서 기뻐할 때, 예수님은 그러한 현상을 보고 기뻐할 것이 아니고, 너희의 이름이 생명책에 기록된 것을 기뻐하라고 말씀하셨다. 우리는 항상 하나님 앞에 나가 반성하고 회개하여 주님의 속죄를 입어서 순결생활을 해야한다.

최근에 나는 예배당에서 예배하지 않고, 종으로 불리며 하나님 나라가 가까이 왔다고 전하면서 둘씩 둘씩 짝지어 나가 환영하는 집에 들어가 거하면서 성경을 가르치는 종들과 교제하고 있다. 이들은 그러한 종들의 모임에 나갔다가 성령의 감동으로 자기도 종이 되겠다고 결심한 후, 몇 년 씩 기도하고 기다리다가 늙은 종의 기도의 결과, 성령의 감동이라고 믿어질 때 허락을 받고 종이 된다.

이들은 젊어서 약혼했다가도 하나님의 소명을 받으면 그 사랑하는 상대에게 이야기하여 절교하고, 일평생 독신으로 살면서 복음을 전하는 사람들이다. 이들은 하나님과 주님의 복음을 전하는 소명을 받았기 때문에 예수님이 제자들을 전도하라고 파견했을 때의 말씀을 실천하는 사람들이다. 신학교를 다녔거나 졸업하지도 않았지만, 자기들의 대회에서 제비를 뽑아 어느 지역에 뽑히던 두말하지 않고 안에 세면도구, 슬리핑 백, 우산 하나만이 들어 있는 조그마한 가방 하나만 들고 다음날 출발한다.

임지에 가서는 환영하는 집에 들어가 거기서 주는 것을 먹고, 그 집에서 필요한 일을 돕고 자기의 사명을 밝힌 뒤에 하나님의 나라가 가까이 있다고 성경말씀을 전한다. 그들은 이 세상에서의 부귀영화는 아랑곳하지 않는다. 주인의 일을 도와 노동하는 것으로, 생활로 전도한다. 그들은 독신생활로 순결생활을 보여주며 그것으로 전도한다. 그들의 모임에서는 일반 가정 생활 하면서 믿는 이들을 성도, 또는 형제들이라고 부른다. 이 세상에 대한 애착이 없으므로 순결생활을 한다.

독일 다름슈타트Darmstadt자매원에서는 수녀들이 예수 그리스도께 전부를 바쳐, 노인, 병약자, 정신박약아, 신체장애인들을 위해 헌신하고 봉사하므로 순결생활을 계속하고 있다. 그리스도인의 순결은 그리스도께 바쳐드린 자에게서 볼 수 있다.

〈부산모임〉 1986년 4월호 [109:19-2]

크리스천의 가정 교육

5월은 청소년의 달 또는 가정의 달이라고 해서 "어떻게 아이들을 잘 키우고 교육할 것인가?"하여 여러 가지 행사를 거행한다. 1979년은 국제 연맹에서 '아동의 해'로 정하고 아동의 권익을 옹호하며 신장하도록 여러 가지 사업을 전개하고 있다.

우리 크리스천들은 가정에서 아이들을 어떻게 교육할 것인가?

포유기

아이가 자라는 것은 자연과 사랑에서 이루어진다. 어머니가 갓난 아이를 품에 안고, 부풀어 오른 젖을 빨리는 것은 자연스럽고도 어머니의 사랑이 영양들과 더불어 전달되고 있음이 역력하다.

그런데 현대 어머니들은 왜 우유를 먹여 기르는 경향이 많아졌는지 나는 잘 이해 되지 않는다. 어머니의 젖은 빨려야 더 풍부하게 되는데, 어머니가 자신의 건강에 유의하다 보니 어린아이에 대한 사랑이 적어지는 경향은 아닌지 생각된다.

물론 영양에서는 큰 차이가 없겠지만, 사랑의 전달에는 큰 차이가 있다. 옛날에는 인자한 성현 군자들이 많이 배출되었는데, 최근에 물질주의자들이 횡행하는 시대가 된 것의 원인이 전부는 아니겠지만 갓 태어났을 때부터 우유를 먹여 기르기 때문은 아닌지 다시 생각해 보아야 할 것이다.

예수님은 "지혜와 키가 자라가며 하나님과 사람에게 더욱 사랑스러워 가시더라"눅 2:52고 했고, 세례 요한도 "아이가 자라며 심령이 강하여지며"눅 1:80라고 했는데, 이는 어린 시절에 믿는 부모의 슬하에서 자라난 것을 뜻함이라 하겠다.

구약의 사무엘은 엘가나와 한나의 사이에서 기도로 태어나고 자랐으므로 "아이 사무엘은 여호와 앞에서 자라니라"삼상 2:21고 기록되어 있다. 즉, 이들은 어머니 품에 안겨 어머니의 젖을 빨 때부터 그 사랑으로 자라났다.

요사이 사람들은 아이들이 체중이 늘고 키가 자라나는데 치중하는데, 실상은 몸과 지혜가 같이 자라야 하나님과 사람에게 사랑을 받게 된다.

내가 잘 알고 있는 이 목사님 부인 강 선생은 아이들에게 식사를 줄 때에는 반드시 기도를 드리고 먹이는 것을 보았는데, '현모는 저렇게 아이를 키우는 것이 아닌가'하고 느꼈다. 즉, 현모라고 불릴 수 있는 사람은 아이가 철이 없을 때, 하나님께 기도하여 하나님의 뜻을 깨달아 키우는 것이 지혜의 전달 방법이라고 믿는다. 그렇게 키워지는 아이는 자라면서 하나님과 사람에게 사랑을 받는 것이다.

나의 어렸을 때 경험

나는 어머니의 젖을 먹고, 할머니의 믿음과 기도로 자라면서 아버님으로부터 성경에 나타난 인물에 대하여 옛 이야기로 듣고, 나를 성경 역사 인물에 동일화시켜 생각했다.

일곱 살 때에는 야곱의 아들 요셉과 같이 꿈을 가지고 순결의 생활로 또 하나님께서 허락하시면 정치가로 내 동포를 구해내야 겠다고 생각하였다. 15세까지는 다윗 왕과 같이 천하를 호령하며 블레셋과 같은 나라의 적을 물리치고, 우리 나라의 독립의 꿈도 가져 보았다. 즉, 애국심에 기초한 영웅심에서 다윗의 생활에 동일화시켜 생각했던 것이다.

그러나 다윗이 교만해져서 간음과 살인 죄를 범하고 또 나에게도 그러한 무서운 죄가 지배하고 있음을 깊이 느끼고 더욱 완전하시고 죄를 속해 주시는 예수 그리스도께 전부를 바치고자 하는 마음이 충만해졌다. 그래서 예수 그리스도께 동일화시켜 생각하며, 사모하여 기도하며 살게 된 것이다. 이와 같은 마음에서 지금도 조국의 평화와 인류의 평화를 위해 죽게 되기를 기원하면서 살고 있다.

나의 신앙은 내가 어렸을 때, 가정 예배 때에 나의 할머님께서 나를 위하여 "이 아이가 자라서 하나님 나라와 이 나라에서 크게 쓰여지는 일꾼이 되게 하여 주옵소서."라고 기도하던 말씀을 지금도 생각하며 회개 생활을 계속하고 있다.

성경에 나타난 어린이들의 생애

저 유명한 요셉의 이야기는 창세기 37-39장에 나타나 있다. 꿈 잘 꾸던 요셉은 20세에 이스라엘 상인에게 팔려 애굽으로 내려가 애굽 왕 바로의 시위대장 보디발의 종이 되었다. 그 때 주인 아내의 유혹을 받았으나, 요셉은 그 유혹을 물리치고, 순결을 지킨 결과 감옥에 갇혔지만, 그 때 하나님께서 요셉과 같이 계셨다.

그 때에 바로 왕의 술 맡은 관원과 떡 맡은 관원이 잡혀 요셉이 있는 감방에 들어오게 되었다. 그 둘이 꿈을 꾸고 해몽할 수 없어 괴로워할 때에, 요셉이 그 꿈을 잘 해석해 주었고, 그 해석대로 술 맡은 관원이 복직되었다.

하루는 바로 왕이 꿈을 꾸고 해몽할 수 없어 답답해 하였는데, 요셉이 처음 7년에는 풍년이 들고, 다음 7년에는 흉년이 들 꿈이라는 해석으로 가르쳐 주었다. 그 지혜로 말미암아 요셉은 총리로 등용되었다. 그래서 7년 한제限制로 흉년이 들었을 때 자기의 아버지와 형제들과 또 많은 애굽 사람들을 준비했던 곡물로 살렸다.

이 이야기는 우리 어린이들에게 많은 흥미를 불러 일으켰으며, 요셉은 흠모의 대상으로서 나도 어렸을 때, '자라서 요셉과 같이 되었으면 좋겠다'하고 요셉에게 동일화시켜 생각하였다.

그 후 모세 때까지는 어린이의 기록은 별로 찾아 볼 수 없다. 모세는 갓나서 3개월 동안 남의 눈을 피하여 어머니 품에 안겨 젖을 먹고 살다가 더 숨겨서 키울 수 없게 되자, 상자에 넣어 나일 강 갈대 밭에 띄워 놓았다. 그때 바로의 딸 공주가 목욕하러 나일 강에 나왔다가 그 상자를 보고 그 상자를 열어 보게 하였다. 열어 보았더니 맑고도 깨끗한 남자 아이가 있었다.

그 때 그 아이의 누이가 숨어 있다가 나타나 유모를 얻어 드리겠다고 했다. 공주는 기뻐하여 유모를 얻어 달라고 부탁을 하니 그 누이는 아기의 친 어머니를 유모로 데려왔다. 모세는 바로의 궁전에서 친 어머니의 젖을 빨며 이스라엘의 민족애를 느끼며 자랐다. 그 후 모세가 20세 내외의 청년이 되었을 때, 이스라엘 사람과 애굽 사람이 싸우는 것을 보고 애국심에서 애굽인을 쳐 죽인 일이 있었다.

그 다음은 사무엘의 기사를 들 수 있다. 사무엘은 어렸을 때 제사장 엘리에게 수종들고 있었다. 자려고 하는데 "사무엘아, 사무엘아" 하고 부르는 소리가 들렸다. 그래서 엘리에게 가서 "왜 부르셨나이까?"하고 물으니 부르지 않았다는 것이었다. 다시 "사무엘아, 사무엘아"하고 부르는 소리가 들려서 또 엘리에게 가서 "왜 부르셨나이까?"하고 물었다.

그러자 엘리는 하나님께서 부르신 것이니 다시 부르시거든 "내 주여 주의 종이 여기 있으니 말씀하옵소서"하고 대답하라 했다. 세 번째 부르심으로 사무엘은 "주의 종이 여기 있사오니 말씀하옵소서"라고 대답했다^{삼상 2장}. 그러자 하나님께서 사무엘에게 엘리 집의 멸망을 예언하라고 명하셔서 그대로 예언한 일이 있다^{삼상 3장}.

그 다음은 다윗이 어렸을 때 사자와 곰을 손과 팔로 쳐 죽인 일과 블레셋의 큰 용사 골리앗을 물맷돌 하나로 쳐 죽인 일이 있다^{삼상 17장}.

신약에서는 예수께서 열 두 살 때 예루살렘 성전에서 서기관과 바리새교인과 성경을 가지고 문답한 일의 기록되어 있다^{눅 2:41-51}.

예수님의 어린이 관^觀

예수님께서는 어느 날 그의 제자들이 "하늘에서 누가 크니이까"하고 물을 때, 한 어린 아이를 불러 그들 가운데 세우시고 말씀하시기를 "너희가 돌이켜 어린 아이들과 같이 되지 아니하면 결단코 천국에 들어가지 못하리라"하시고, "누구든지 이 어린아이와 같이 자기를 낮추는 자가 천국에서 큰 자"라고 교훈하셨다. 그리고 "또 누구든지 내 이름으로 이런 어린 아이 하나를 영접하면 곧 나를 영접함이니 누구든지 나를 믿는 이 작은 자 중 하나를 실족하게 하면 차라리 연자 맷돌이 그 목에 달려서 깊은 바다에 빠뜨려지는 것이 나으니라"마 18:1-6고 엄히 경계하셨다.

천진 난만한 어린아이의 마음이 천국시민으로서 가장 합당한 것과 또 어린이의 인격을 대할 때에는 예수 그리스도의 인격을 대하는 것처럼 대해야 할 것을 교훈하신 것이다.

또 아이들의 부모가 자기 아이들에게 안수해 주실 것을 원하여 예수님께 데리고 왔다. 제자들은 아이라고 해서 꾸짖어 물리치려 했으나 예수님은 "어린 아이들을 용납하고 내게 오는 것을 금하지 말라 천국이 이런 사람의 것이니라"마 19:14고 하셨다. 우리는 이 말씀에서 아이들로부터 천국에 있는 천사들을 연상하게 된다.

우리는 아이들의 인격에서 배우는 점이 많다. 하나님께서는 젖먹이의 입으로 하여금 주의 대적, 즉 원수와 보수자로 잠잠케 하신다시 8:2. 또 영아가 젖을 사모하는 모습은 우리로 하여금 순전하고 신령한 도의 젖을 사모하게 해준다벧전 2:2. 그렇게 함으로써 사탄의 궤계를 소멸하시는 하나님이심을 믿는다.

또 아이들의 특징으로서 배워야 할 것은 악에게 물들지 않는 점이다. 아이들은 원한의 마음을 품지 않는다. 이따금 욕심과 교만을 부리는 일이 있지만, 다음 날까지 그 교만과 욕심을 품고 지내지 않는다. 언제나 겸손해서 자기들이 만든 조직과 규정에 잘 복종한다. 그래서 잘 단결하며, 또한 이익과 손해를 타산하지 않고, 정직하고 진실하다. 우리 어른들은 아이들의 이러한 태도를 배워야 한다.

예수님은 진리 자체여서 이러한 어린 아이들의 진실된 인격과 겸손하게 맡은 바 일에 정신을 다하는 점을 높이 평가해 주셨다.

크리스천 가정에서 아동 교육의 문제점은?

크리스천 가정은 하나님과 주 예수 그리스도를 성령의 인도로 믿고 사는 가정을 말한다. 그 가정의 아이들은 하나님의 선물이며, 또한 하나님의 뜻대로 기르며 교육해야 한다.

그런데 현실은 어떠한가? 검토하여야 할 문제점들을 살펴보자.

1. 아이들의 인격 안에 그리스도의 영이 내재해 있다고 믿고 대하며 기도하고 있는가?
2. 자녀 교육은 현실 풍조를 따라 학교 교육에 치중하고, 다른 사람을 생각하게 하는 교육을 등한시하고 있지 않은가?
3. 교육의 목적은 분명한가, 즉 무엇을 위한 교육인가? 아이들이 자기들의 소질과 천품을 스스로 발견할 수 있도록 지도하고 있는가?
4. 누구를 위한 교육인가? 자기 자신을 위한 것인가? 아니면 하나님 자신 곧 전체를 위한 것으로 믿는가? 스스로 결정하게 하는 교육이어야 할 것이다.

크리스천 부모는 자녀 교육에서 위의 네 가지 문제점을 밝히게 함으로써 신념을 가지고 공부하는 자녀들을 길러야 한다.

〈부산모임〉 1979년 6월호[71:12-3]

〈기독의사〉

기독의사 10대 강령

- 예수 그리스도의 마음을 가지자.
- 너희에게 맡기실 일에 책임감과 사명감을 가지고 임하라.
- 의학과 의술을 숙련하라.
- 물질과 명예를 탐하지 말고, 그것들을 배설물과 같이 생각하라.
- 육의 생명은 죽는 것이다 영적생명은 그리스도로 인하여 영생할 수 있는 것이다.
- 신체의 통증은 민감한 것이지만, 그 통증은 마음과 생각에 영향을 받고 있으므로 정신력으로 극복하도록 권할 것이다.
- 희생적 사랑으로 환자에게 봉사하라.
- 기독의사들은 자기의 성격을 진실과 사랑으로 충만케하여 그리스도의 빛과 향기를 발하도록 하라.
- 기독의사는 환자의 가정에 진실과 사랑이 깃들도록 교육하라.
- 그리스도 의료인은 조국과 인류평화의 초석이다. 기도와 성경과 성령의 인도하심을 따라 자기들의 임무를 완수하자.

기독의사로서 본 죽음

미국정신과 의사 엘리자베스 큐블러 로스^{Elisabeth K. Ross}는《인간의 죽음》(*On Death and Dying*, 1969)과《죽음과 임종시에 있어서의 대화》(*Questions and Answers on Death and Dying*, 1974)를 출판했다. 또 오래지 않아 세 번째 저서《죽음 : 성숙의 마지막 단계》(*Death : The Final Stage of Growth*, 1975)를 발간할 예정이라고 한다. 나는 성경말씀을 진리로 믿고 자연법칙과 사회과학의 법칙 및 하나님의 구원 법칙 아래 살고 있는 사람들의 생물학적 죽음에 대해, 1932년 이후 의사 생활에서 경험한 소수의 사례를 기초로 해서 소견을 말해보려 한다.

무엇보다 사람의 죽음인 만큼 단순한 생명체의 죽음에 대해 생물학자들이 보고 느끼는 바와는 사뭇 다르다. 생물학자들은 죽음을 생명의 과정 중 최종단계라고 볼 것이다. 하지만 나는 육적인 생명의 죽음에 대해선 생물학자들이 보는 바와 견해가 비슷하지만, 사람의 죽음은 그에서 더 나아가 그의 정신과 심령, 곧 인격자로서 육의 옷을 벗어 버리는 생명의 과정이라고 본다.

사람의 육적 생명의 죽음
(1) 정의와 진단

죽음은 생물학적 생명의 한 과정이다. 죽음이란 유기체가 그 기능을 멈춘 상태이므로 심장과 호흡이 멎고, 신경 반사가 소실된 현상을 두고 죽음이라고 진단한다. 이러한 진단은 의사의 의무와 권한에 속한다.

(2) 죽음의 종류와 그 형태-자연사와 변사

사람이 늙어 노쇠하여 특별히 병이 나지 않고, 전신이 쇠약하여 죽을 수 있다. 엄격한 의미에서는 이러한 경우를 자연사라 한다. 그러나 이러한 경우는 대단히 드물다. 대개는 병으로 인해 죽게 된다. 그래서 병으로 죽는 것을 자연사라 하고, 사람이 자기의 생명을 스스로 끊는 것을 자살, 타인의 생명을 해함으로 죽게 되는 죽음을 변사라고 해서 자연사와 구별한다.

또 병사 중에는 갑자기 발생하여 죽는 돌연사, 또는 급사가 있고, 어떤 것은 불치의 병으로 죽어 가고 있다고 예견되는 것도 있다. 이러한 급사를 당하게 될 때는 의사가 자기의 지혜와 능력을 발휘할 수 없고, 또 환자와 인격적으로 교류할 틈도 없다. 이때는 죽음에 대한 태도가 기계적일 수밖에 없으며, 그저 무상을 느낄 뿐이다. 그러나 고혈압이나 암과 같은 불치병으로 신음하는 환자들을 치료할 때의 생각은 많이 다르다.

(3) 가역성可逆性과 불가역성不可逆性

사람의 죽음이 생물학적 생명의 한 과정이라고 말할 수 있는 것은 그 생체가 죽어 가다가도 생명현상을 유지할 수 있는 조건만 만들어 주면 며칠 또는 몇 시간 더 살다가 죽기 때문이다. 그러나 이러한 현상은 그 생체 반응이 가역성일 때에만 가능하다. 가사假死상태에서 살아나는 것은 이러한 종류에 속한다.

만일 그 상태의 반응이 불가역성일 때에는 의사의 노력은 전혀 효과가 없고, 결국 죽고 만다. 또 생명체의 죽음과 각 조직 장기의 죽음은 시간적 차이가 있다. 즉, 심장과 호흡이 멎고, 신경반사가 소실되어 그 생체는 죽었다고 진단이 된 후에도, 간장은 30분, 신장은 40분, 피부는 더 오래 생명활동을 유지할 수 있다. 즉, 혈류가 가지 않고도 살 수 있는 시간이 장기마다 다 다른 것이다.

만일 혈류가 뇌로 4분간 가지 못했다가 그리로 다시 흐르는 경우, 연수에 있는 심장혈관 중추와 호흡중추만 죽지 않았다면 의식이 없어도 심장과 호흡운동은 여전히 정상으로 활동할 수 있다. 이런 경우를 식물인간이라고 해서 의식만 없을 뿐이지 먹고, 호흡하고, 기타 장기활동에는 큰 변화 없이 오래 살 수 있다. 이러면 그 환자는 다른 병을 일으켜 죽게 되며, 의식이 회복되어 사는 일은 극히 드물다. 이러한 사람은 그의 심장을 다른 사람에게 이식해 줄 수 있는 제공자라고 할 수 있다. 요사이에 이르러서는 급사 후의 혈액과 신장, 간장, 각막, 피부 등을 장기 이식의 재료로 사용하는 일이 많아졌다. 이처럼 죽음이라는 것은 생명의 한 과정이다.

사람이 죽을 때의 심리과정

로스는 죽음을 예지하거나 임종 상태에 있는 환자들의 정신, 심리의 변화를 다음과 같이 다섯 단계로 말했다.

죽음의 5단계
엘리자베스 큐블러 로스에 의함

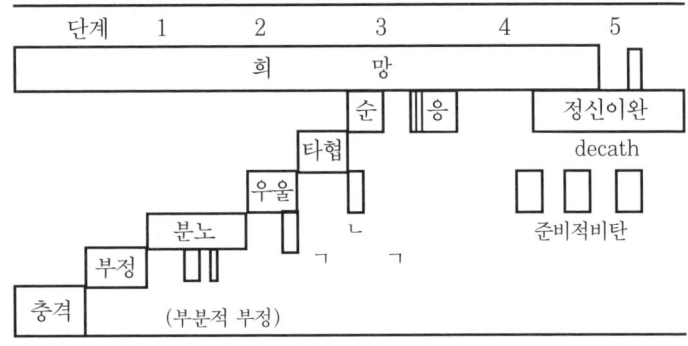

↑
(죽을병임을 인식) - 시간 → 사망
ㄱ : 간헐적으로 나타나는 부분적부정
ㄴ : ··분노
ㄷ : ··슬픔

즉, 환자들은 자신의 병이 죽을 병임을 인식하게 되면 큰 충격을 받는 동시에 방어적 태도를 취하게 된다. 가망이 없다는 소식을 들은 환자들의 반응이 다 같다고는 할 수 없으나 대동소이하다. 큰 충격과 더불어 한편으로는 '설마 그런 병이 아니겠지'하는 의혹 또는 희망 아닌 희망을 가지려고 하며, 환자의 대다수는 현실을 부정한다. 이 부정은 결코 전적인 부정은 아니다.

그다음으로는 부정이 사그라지면 분노와 격정이 지배하게 된다. 그것은 살아서 활동하는 사람들을 대상으로 하는 질투로 표현되는 일이 많으며, 또 이 분노는 사리에 맞지 않는 경우가 많다. 만일 이 때에 주변에서 이 분노를 어느 개인에게 대한 적개심으로 간주하지 않고 참아 준다면, 환자는 큰 도움을 받게 된다.

거기서 환자는 일시적인 타협의 단계를 거쳐 우울의 단계로 넘어간다. 이것은 최종 단계인 수용과 순응을 향해 가는 발돋움의 디딤돌이 된다. 즉, 위의 도표를 보면 이 단계들이 서로 교체되면서도 때때로 겹쳐 있음을 알 수 있다.

그러나 임종환자들과의 대화를 통해 살펴보면 외부의 도움이 전혀 없이 최종 수용의 단계에 도달한 환자들도 많았다. 또 어떤 이들은 앞의 단계를 거치면서 곁에서 붙들어 줘야만 평화로이 기품을 잃지 않고 죽음을 맞는 것을 경험했다. 그리고 대다수는 병의 과정이나 적응기제와 관계없이 모두가 최후까지 '의학계에 새로운 발명이 생겨서 치료되지 않을까?', '하나님의 기적이 일어나지 않을까?'하는 어떤 형태의 희망을 품고 있었다. 여하튼 끝까지 희망을 유지하는 것만은 사실이다. 물론 신앙인들은 내세의 믿음이 확실하여 안연히 그리스도 안에서 평안을 가지는 이들도 있다.

교육이 낮고, 사회적 유대와 직업적 의무에 덜 매이고, 궤변을 모르는 사람들은 최후의 고비를 비교적 쉽게 넘기는 것 같다. 그리고 물질적 안락과 사회적으로 복잡한 관계를 가진 사람들은 대단히 불안한 상태에서 죽음을 맞이하는 듯했다. 노인들은 젊은이들보다 더 쉽게, 조용하게 죽어갔지만, 야심만만하게 살았던 사람들은 분노의 단계가 더 길고, 더 힘들게 죽음을 맞았다.

그리고 종교인과 비종교인과의 차이는 거의 없었다. 왜냐하면 순수한 신앙을 가진 참된 종교인이라고 할만한 사람이 극히 적기 때문이다. 종교적 믿음이 있으면서도 공포와 갈등을 다 해결할 만큼은 못 되는 것이다.

환자들이 일단 순응의 단계에 들어가고, 정신이완^{decathexis}의 상태가 되면 외부의 개입을 귀찮게 여기고, 불안해하며, 평온한 죽음으로 마치지 못하는 경우가 많다. 정신이완 상태에서는 정신, 생리학적으로 죽음이 다가오는 순간을 인지할 수 있는 것 같다. 그래서 환자가 '지금' 좀 옆에 있어 달라고 부탁하는 경우를 종종 경험할 수 있었다.

위와 같이 죽음의 단계에 있는 환자들의 심리과정을 그들과의 대화를 통해 확인할 수 있었고, 이 주제에 관한 여러 세미나에서 임종 환자의 인격과 그 의사를 존중하고 이에 잘 대처하는 것이 의료인의 올바른 태도라고 결론을 내렸다.

나의 의사생활에 있어서의 적은 경험

(1) 첫 번째 사례

1935년 즈음에 일이었다. 25세 전후의 청년이 충수염성 복막염에 그람 음성 간균[5]의 패혈증을 겸해서 매일 고열이 계속되고

---

[5] 그람 음성 간균 감염증Gram-Negative Bacillus Infection, Gramnegative Bacillensinfektion : 모든 세균은 그람 양성균과 음성균으로 분류할 수 있다. 그람 음성균의 세포벽 구조는 얇은 당펩타이드층 위에 리포 다당류의 층이 뒤덮여 있다. 그 성질이 감염증의 발생기구에 관계가 있는 것으로 생각되고 임상 소견, 항생제 감수성 등에 공통적인 특징을 나타내는 경우가 많기 때문에 이 총괄적 명칭이 사용되고 있다. 그 대표는 대장균 속 감염증이고, 녹농균 감염증, 살모넬라 감염증, 시겔러 감염증 등 많은 질환이 포함된다.

점점 쇠약하는 것이었다. 당시는 그람 음성 간균의 항생제가 아직 발견되지 않았을 때였다. 수술은 좌우 하복부의 절개해 배농 排膿(고름을 뽑아 내는 치료방법)을 했고, 생체의 저항력으로 건강 회복을 기다리고 있었다. 그러나 매일 39.5℃의 고열과 오한, 그리고 전율이 계속되었다. 나는 환자가 도저히 견뎌낼 수 없겠다고 생각하고 그만 포기하였다.

그러나 환자는 아버지가 살아계시는 동안에는 자기가 절대 죽어서는 안 된다고 작정하고, 정신력으로 육의 증상을 참고 이겨 냈다. 그 투쟁이 어찌나 강하던지 나는 감탄하지 않을 수 없었다. 그런데 환자가 자기의 역량을 알았는지 아니면 죽음의 신호를 받았는지, 하루는 자기의 예후에 대해 바로 말해달라고 자꾸 졸라댔다. 나는 무심코 "의사가 보기에도 도저히 극복할 수 없다고 생각되는 위기를 잘 이겨 왔다고 보인다."고 하면서 "의사로서는 자신이 없다."고 말했다. 그 환자는 그 말을 듣고 2시간 후에 별세했다.

그 후에 나는 '내가 뭘 안다고 소망이 없다는 말을 함부로 했던가? 정신력으로, 영으로, 육의 생물학적 법칙을 지배하고 있던 생명을 돕지 못하고, 어찌 육의 생명과 영을 분리하는데, 도움을 주는 발언을 했단 말인가?' 하고 후회막심하였다.

(2) 두 번째 사례

이 환자는 50여 세의 주부로 상복부에 종양이 있어 수술한 결과 간좌엽에 암이 있었다. 이 분은 나의 형수님으로 그 결과를 잘 알고 있었다. 간암 진담을 받고, 집에서 정양 靜養(몸과 마음을 안정하

^{여휴양한)}했을 뿐 약물치료를 전혀 받지 않았다. 간암 판정을 받은 후 6개월을 생존하였는데, 돌아가실 때는 자기 딸이 시집을 잘 가도록 의복과 이불과 가지고 갈 도구들을 다 마련해주고, 시집 간 다음 날 바로 세상을 떠나셨다. 그 전날까지 아프다는 말 하나 없이 식음을 전폐하면서 시집 보내는 책임을 완수했다. 이 경우도 자기의 책임을 완수하기 전에는 죽을 수 없다는 정신력으로 살았던 것이다. 정신적 활동이 강하면 육의 죽음을 초월할 수 있다는 강한 인식을 받은 예이다.

(3) 세 번째 사례

이 분은 52세의 여성으로 독실한 기독신자였다. 2년 전에 좌측 유방암 수술을 받고 2년간 무사했는데, 약 2개월 전부터 흉부에 통증이 있어서 내원하였다. 환자는 암의 재발로 인식하고 모든 치료를 거부하고, 집에서 하나님의 뜻을 알고자 기도만 했고, 여성도들이 옆에서 시종하고 있었다.

음식은 적게 섭취하고, 낮에는 일어나 앉아서 교회와 자기의 신앙에 대해 간구하면서 심방 오는 사람들에게 믿음에 굳게 서라고 권면하며, 저녁에는 교회와 나라를 위하여 기도했다.

10개월이 지나니 얼굴은 조금 파리해졌으나 그 모습은 천사의 얼굴을 연상시키는 것이었다. 10개월이 지난 어느 날 환자는 죽음에 대한 예고를 들었음인지, 주위에서 시종했던 사람들을 다 집으로 돌려보내고 홀로 기도할 시간을 가지겠다고 했다. 시종들던 사람들은 아무 생각 없이 각기 집으로 갔다. 다음날 시종들던 사람들이 그 집에 다시 와보니, 그 부인은 자기 육신만 남겨 놓았고, 그 영혼은 어디론가 떠나버린 뒤였다.

이 분은 생전에 그리스도의 품속에서 살다가 육을 벗어 버리고, 영원하신 주님의 품에 안기셨다. 실상 그 육체는 그의 생전의 옷이었다고 생각한다. 사실 육체는 기관에 불과하다. 생물학적 생명이 머물러 활동하기에 적합한 것일 뿐, 영이 머물고 활동하기에는 적합하지 못하다. 그의 영은 힘차게 살았으므로 육을 벗고, 영의 몸을 입게 되었다고 믿는다.

이 환자는 의사로부터 암 선고를 받지도 않았으나 그저 자기 판단으로 암의 재발이라고 속단하고, 육의 생에 대한 충격, 자기 방어기전, 분노, 우울, 타협, 수용과 순응, 또 정신이완의 단계를 거치지 않고, 또 현세의 의학 발달로 암 치료제의 발명에 대한 희망을 가지지 않고, 직접 하늘나라의 소망과 그리스도와의 인격적인 교제로 말미암아 육체를 옷과 같이 벗어버리고 가신 예이다.

(4) 네 번째 사례

이 분 역시 기독신자로 55세의 여성이었다. 좌측 유방암으로 진단받은 지 6년 후인 어느 날, 나의 친구로부터 자기 부인이라는 통지를 받고 왕진을 했다. 그 부인은 내가 젊어서부터 잘 알고 있었던 관계로 그 피부가 몹시 창백하고 수척하여 피골이 상접해 있어 무척 놀랐다. 또 암이 뼈로 전이되어 있었음인지 몸을 움직일 때마다 "아야!"하고 통증을 호소했다.

그러나 그분은 곧 "감사합니다."라고 하며 "아야! 감사합니다." 하면서 살고 있었다. 나는 그 상태로는 오래 산다고 해도 2개월을 넘기지 못하겠다고 생각이 되어, 현재의 신앙 상태로 지내는 것이 상책이라고 말하고 나왔다. 이 분은 이미 자신의 생에 대하여 염려하거나, 더 살기 위해 노력하거나, 타협하지 않고, 내세의 소망을 가지고, 현실에서 하나님의 뜻을 이루어 드리고 순종하는 일에만 유의하고 있었다. 그분은 그후 6개월간 더 살고 편안히 잠자듯 세상을 떠나셨다.

(5) 다섯 번째 사례

이 분은 59세의 남자 목사님으로, 식도암으로 인해 음식을 섭취할 길이 없어 피골이 상접해 있었고, 피부 또한 수분 부족으로 아주 메말라 있었다. 입원 후에도 심신이 너무 쇠약하여 도저히 수술이 불가능함으로 수액요법만 실시했다. 임종 시 교회 교우들은 심방을 왔다가 그 정경을 보고는 상심이 커서 다들 울고만 있었다.

그런데 목사님은 "내가 그렇게 죽을 것 같은가? 안 죽어."하시고는 눈가에 눈물이 핑 도시는 것이었다. 나는 이 때 여러 가지 생각이 솟구쳤다. '죽음이란 것은 있을 수 없는 것이고, 사람이란 이별할 수 없는 것인데, 육의 생명이 이것을 분리하는 것과 같은 느낌을 주는 것, 이것에 속은 인간들에 대한 슬픔의 눈물이 아닐까'하는 생각이 들었다. 목사님은 그 다음 날 주무시듯 세상을 떠나셨다.

(6) 여섯 번째 사례

62세의 남자로 위암이 췌장으로 전이되어 위절제술을 받았음에도 십이지장을 막아 황달과 담관염을 병발하고, 수술한 지 3개월 뒤에는 위장 문합부가 막혀 거의 기아 상태로 별세한 분이다. 환자가 수술 후 합병증에 대해 의사의 설명으로 2, 3회 수술을 더 받았으나 위와 같은 합병증으로 인해 환자는 충격과 분노, 우울 상태는 거의 없었고, 오히려 수용하는 자세와 희망을 가지고 의사와 협력하였다.

정신이완 상태에 빠지지 않았고, 이성을 가지고 끝까지 투병하였다. 처음에는 불신자였으나, 나중에 정신으로 신체의 기능을 운영할 수 없겠다고 느껴질 때 영원한 생명에 대해 생각하는 것 같았다. 생명에 대한 집념만 있을 뿐 가족과의 이별에 대해서도 애착을 가지지 않는 것 같았다. 이처럼 이성이 발달하고 참 생명을 추구하는 사람은 임종 시에 영원한 생명을 찾게 됨을 느낄 수 있었다.

(7) 일곱 번째 사례

69세의 남성 의학박사로서 단핵 세포성 백혈병에 걸려 화학요법을 받다가 갑자기 내출혈을 일으켜 별세했다. 당연히 자신의 병세를 본인이 잘 알고 있었으므로 자신의 수명까지 헤아리고 있었다.

나의 선배였으므로 병문안을 갔었다. 나는 평소에 교제하던 대로 "선생님, 사람의 생명이 영원한 것임을 믿습니까?"하고 물었다. 그분의 대답은 "내 생명은 자식에게 전달되어 있지."하는 것이었다. 그분이 별세하는 아침, 그분의 주치의였던 나의 친구 전 박사가 "선생님, 일생을 만족하게 살았다고 생각하십니까?"

하고 물었다. 그랬더니 그 선생은 "나는 만족해."하고 가볍게 말했다고 한다.

과학자요, 지성이 있는 그분은 정신이완에 빠지지 않고, 또 소망이나 미련없이 가셨다. 나는 그분이 세상을 떠난 후에도 평소에 교제하던 때의 그분의 진리 탐구가 너무도 절실했기 때문에 진리이신 하나님과 그리스도에게로 갔을 것이라고 느꼈다. 다만 생전에 그리스도를 만나게 해 주지 못한 책임을 나는 느꼈다.

(8) 여덟 번째 사례

이 분은 63세의 남성 의사로 대학교수 시절에 걸린 열병의 후유증으로 건망증이 생겨서 교수직도 그만두고, 정양(靜養)을 하던 중 갑자기 돌아가셨다. 그의 부음을 듣고 달려가 관 앞에 앉아 묵도를 드리니 내 죄 때문에 돌아가신 것이 아닌가하고 눈물이 떨어졌다.

그가 생전에 적적해서 친구들을 찾아다닐 때, 나는 한 번도 시간을 내서 그분을 기쁘게 해드리지 못했던 죄책감을 느꼈다. 사는데는 친구의 정이 필요한데, 그의 생명과 관련해 나의 생명은 그의 필요를 채워주지 못했으니 어찌 친구 된 책임을 다했다 할 수 있을까.

결론

죽음은 생물학적으로 보나 정신의학적으로 보나 생명의 한 부분이며 과정이다. 불신자는 생물학적 생명의 보존을 위한 희망으로 끝마치지만, 예수 그리스도를 믿는 자는 죽음을 지나 예수님의 영원한 생명으로 이행移行한다.

  이성이 건전한 사람은 정신 이완에 빠지지 않고, 소망 중에 죽음을 맞는다. 기독 의사는 그 소망을 예수 그리스도의 생명으로 인도해 주어야 한다. 육의 죽음은 곧 그의 인격이 육을 벗어 버리는 현상에 지나지 않는다.

〈부산모임〉 1980년 2월호[75:13-1]

불치병과 의사

불치병이란 어떠한 병명도 아니고, 또 정해져 있는 것도 아니다. 그저 현대 의학으로 치유할 수 없는 병을 일컫는 말일 뿐이다. 예를 들면 심한 고혈압증, 심한 심장병, 심한 간경변증, 심한 신장애, 그 밖에 각 조직과 장기에서 발병하는 소위 암 종류 등이다. 과거에는 결핵과 한센병 같은 것도 불치병이라고 생각했으나, 요사이에 좋은 치료약이 개발되어서 앞으로는 근절시킬 수 있을 것 같다.

그러나 암종과 같은 병은 그 연구가 왕성함에도 아직은 간단히 낫게 하는 약을 만들지 못한다. 그래서 암 환자는 의사가 진단을 바로 알려주기 어렵다. 왜냐하면 바로 진단명을 알려줄 경우 곧 낙망하고, 불쾌해하며 우울해하기 때문이다. 그렇다고 거짓말을 한다면 병의 경과와 의사의 말이 맞지 않으므로 환자가 의사를 신용하지 못하게 된다. 그러므로 이런 경우 '의사가 어떤 태도를 취할 것인가'를 결정내리기는 정말 쉽지 않다.

어떤 이는 "환자를 낙망시키는 것은 큰 잘못이니까 진단명을 숨기고 거짓말이나 그와 비슷한 말로 넘겨 버려야 한다."고 생각한다. 그러나 나는 진실한 의사는 똑바로 병을 가르쳐 주어야 한다고 생각하고 그 까닭을 다음과 같이 설명한다.

암은 그 시기에 따라 다르지만, 현대의학, 즉 수술, 방사선요

법, 화학요법 및 호로몬 또는 면역요법으로 적어도 50% 이상이 치유되고 있다. 그러므로 암종은 될 수 있는 대로 속히 진단해서 올바른 치료를 받도록 권하는 것이 의사의 직분이다.

그런데 암이 몹시 진행해서 몸의 여러 곳에 퍼지면 어떠한 치료도 효과가 없다. 이렇게 되면 환자와 보호자들이 당황하고 낙망한다. 이러한 환자에게는 병 자체로 말미암아 일어나는 육체적 아픔과 빈혈, 쇠약, 부모 처자에 대한 책임감과 죽음에 대한 공포 등의 정신적 고통이 겸하여 일어난다.

이 때에 의사나 환자 그리고 보호자들이 주의하여야 할 것은 병이 '불치不治'라는 말과 '소망이 없다'는 것은 전혀 다르다는 점이다. 왜냐하면 불치라는 것은 육의 병에 대한 말이며, 소망이 없다는 것은 마음에 대한 말이기 때문이다. 불치병에 걸린 환자라 할지라도 생명에 대한 올바른 신념을 가지고 인생관이나 세계관이 확립되어 있기만 하면 항상 소망 가운데 평안한 삶을 지속할 수 있다.

그런데 암에 의해 일어나는 고통은 비교적 천천히 시작되는 것이므로 처음에 참아 견디면 능히 극복할 수 있는 경우가 많다. 그러므로 의사는 환자가 고통을 극복하도록 격려하고 권하는 것이 옳은 것이다. 환자를 동정한 나머지 진통제를 사용하기 시작하면 환자는 고통을 견디는 의지가 약해져서 많은 양의 진통제를 더 자주 받게 된다.

그리고 불치병 환자를 바로 지도하려면 의사, 간호사, 보호자가 생명에 대한 인식이 확립되어야 한다. 사람의 생명은 육적, 생물학적 생명만이 아니다. 사회에서 살 때, 사회적, 법적, 도덕적 생명을 살면서, 또한 하나님과 같이 사는 영적 생명을 사는 것이다. 그리고 이 생명의 본체는 하나님의 사랑이다. 생물학적 생명은 정지되는 때가 있으나 영적 생명은 사랑하는 한 영원하다.

이와 같은 순수한 사랑을 체험한 사람은 생물학적 생명의 정지를 조금도 두려워하지 않는 이성을 가지게 된다. 그리고 인격의 영생을 믿으므로 그의 말과 행동이 언제나 낙관적이다. 죽음을 두려워하기보다 생을 즐기고 감사하는 삶을 살게 되는 것이다. 즉, 이 육적 생명과 현실 세계는 잠깐이요, 영적 생명과 이상 세계는 영원한 것임을 믿고 현실에서 사랑을 실현하는 것이 곧 인생의 목적임을 강조하게 된다. 이러한 이해는 곧 성경을 진리로 믿는 믿음으로 얻어진다.

누가 불치병에 걸린 환자를 잘 치료할 수 있을까? 누가 암환자에게 소망을 주고 최후까지 자기의 직분에 충성하게 할 수 있을까? 나는 위에서 말한 바와 같은 인생관과 세계관을 가진 의사가 능히 불치병 환자를 올바르게 지도할 수 있다고 믿는다. 무엇보다 의사는 환자를 사랑으로 대해야 한다. 환자를 자기 몸과 같이 생각하고 돌아볼 때 올바른 치료가 이루어질 것이다.

불치병에 대한 치료를 의사가 약물로 하려고 하는 것은 생각할 수 없다. 즉, 죽음에 대한 불안과 공포를 약물이나 속임의 말로는 제거해 줄 수 없기 때문이다. 다만 사랑의 마음과 행동만이 그 환자의 마음에 평강과 안위를 주며 영생의 소망을 줄 수 있다. 그런데 의사는 하루에도 수십 명의 환자를 돌보아야하므로 한 명의 환자를 긴 시간동안 돌볼 수 없다. 때문에 간호사와 그 보호자들이 예수 그리스도의 사랑을 가지고 환자를 대해야 한다.

불치병 환자는 물질의 공급만으로는 전혀 도움을 받지 못한다. 그에게 더 필요한 것은 마음의 양식, 곧 진실한 사랑이다. 곧 그 인격의 긍정이며, 영원한 생명과의 호흡을 느끼게 해주는 것이다.

다시 말하면 불치병 환자를 치료하는 의사는 먼저 스스로 영생을 소유하고, 그 생명을 전달하는 역할을 해야 한다. 이 생명은 사랑의 마음이며, 사랑의 활동이다. 그러므로 병의 증상이 일진일퇴하는데, 일희일비할 것이 아니고, 항상 예수 그리스도를 바라보고 그의 생명[인격]안에서 생각하며 살도록 해야 한다. 그렇게 되면 불치병 환자라고 할 지라도 육의 생명이 존속하는 동안 자기의 책임을 다하며 살게 된다.

〈부산모임〉 1973년 10월호[38:6-5]

병원 전도

나는 어려서부터 예수를 구주로 믿고 구속을 받은 자로서 1932년에 의사가 되어 환자들에게 구원의 복음을 전하기로 결심했다. 그 후부터 지금까지 약 48년간 얻어진 약간의 경험을 기초로 해서 이 문제에 대하여 서술하려고 한다.

병원의 기능

병원은 환자의 치료기관인 동시에 질병의 예방사업과 국민의 보건을 위하여 교육하는 기능을 맡고 있다. 더 나아가서는 환자의 심령의 활동을 건전하게 함으로써 영생을 소유하게 하는 전도기관의 기능도 맡고 있다고 나는 믿고 있다.

사람의 육체는 자연물질로 구성되어 있으므로 그 생활기능도 자연법칙에 의해 이루어지고 있다. 이 법칙의 파탄으로 발생한 질병을 정상화하게 하는 것이 치료의 임무를 맡고 있는 의사와 간호원들의 첫째 임무이다. 또 병원은 이것을 운영하는데 여러 직원들이 필요하다.

그리고 질병의 발생과 치료가 사회환경과 밀접한 관계가 있으므로 병원에는 사회사업가가 있어서 사회 여러 단체와의 유대와 협력을 필요로 한다. 또한 환자는 육체의 건전뿐 아니라 정신 및 심령의 기능이 건전하게 됨으로써 건전한 건강체를 이룬다고 믿는다. 그러므로 환자를 건강체로 회복하게 하는 기능을 완수하려고 하면, 병원 내의 모든 직원은 먼저 자성하여 건전한 인격자로서 모든 사람 특히 환자에게 겸손과 사랑으로 대해야 한다. 그러므로 앞서 나간 병원에서는 종교에 깊이 들어간 목사나 전도사들을 두어 영적 생명의 진리까지도 전하게 하고 있다.

전도의 정의와 그 의의

전도라고 하면 사람의 영적생활을 건전하게 하기 위해 진리를 전하는 것을 말한다. 육체가 물질대사에 의해 에너지를 내어 생활하는 것처럼 사람의 심령은 건전한 진리에 의해 생활하는 것이다. "사람이 떡으로만 살 것이 아니요 하나님의 입으로부터 나오는 모든 말씀으로 살 것이라"마 4:4고 하셨다.

그리고 기독교에서 말하는 전도란, 하나님께서 사람을 구원하시기 위해 예수 그리스도를 보내사 십자가에서 인류를 대속해 주시고, 그리스도가 부활하심으로써 영생하게 해주신 복음을 전하는 것을 말한다.

전도의 의의는 사람이 육적 생명만으로 그치는 것이 아니라 영적 생명으로 영생하는 진리를 전함으로써 사람에게 믿음, 소망, 사랑의 생활을 하게 한다.

병원 전도의 특색

병원은 몸과 마음이 병으로 고통하는 환자들이 치료를 받는 곳으로 환자들이 몸의 고통의 제거와 상한 심령의 고침을 원하는 곳이다. 보통 사람들은 건강할 때에는 목숨의 위협과 염려를 느끼지 않지만, 병이 나게 되면 죽음에 대한 공포와 병의 원인때문에 죄책을 느끼게 된다. 이것이 충격이 되어 신경이 과민하게 되고, 여러 가지 증상을 악화시키며, 그것이 스트레스를 더하여 증상을 더욱 악화시킨다.

이렇게 되는 것을 신경쇠약 또는 신경질적 상태라고 말하는데, 지식인 60% 이상이 이러한 정신신경 상태에 이르게 된다. 이러한 상태는 인생의 근본적 문제를 생각하게 하며, 따라서 이러한 때에 '구속의 주님이시며 생명의 주님'이신 예수 그리스도의 구속의 복음을 증진하는 것은 가장 적당한 것이라 할 수 있다.

실제로 질병의 고통과 사망의 고통은 죄와 관련되어 있어서 진리를 떠나고, 반역한 죄 때문에 질병과 사망이 결과로 나타난 것이다.

환자는 병이 치료되는 동시에 그 원인인 죄의 해결을 내심 요구하고 있다. 환자는 의식적으로 또는 무의식적으로 육의 건강을 회복하는 동시에 심령의 건강도 요구하고 있다. 그러므로 병원은 생명의 진리를 전도하는데 가장 적당한 장소라고 할 수 있다.

병원 전도의 사역자들

병원전도의 사역자들은 병원 전체의 직원이다. 그 중에서 치료에 전념하는 의사와 간호원의 사역이 가장 중요하며, 직원 전원의 말과 행동이 전도에 크게 영향을 미친다. 조금 더 나간 병원에서는 종교의 깊은 소양을 가진 전도사와 목사를 두어 전도반을 조직하게 해서 기도와 말씀과 사랑의 행위로서 전도하게 한다.

병원 전도의 방법

1. 전도는 말로 할 뿐 아니라 행동으로 해야 한다.

나는 40여 년전 북경 협화대학 병원에 견학하러 갔을 때 나를 안내하는 중국인에게 크게 감동받았던 기억이 있다. 그 안내자는 마치 신부의 들러리가 신부를 안내하듯이 내 옆에서 극히 공손한 태도로 오른손으로 내가 갈 길을 가르치면서 인도하였다.

나는 이 태도에서 예수 그리스도의 겸손한 사랑을 느꼈다. 처음 찾아 오는 환자들에게 그의 고통을 자기의 것으로 느끼고, 도와 드릴 마음으로 안내하고 설명해 준다면 "예수를 믿으시요."라고 외치는 말보다 훨씬 더 좋은 전도가 될 것으로 믿는다.

2. 예수님의 이름으로 해야 한다.

나는 과거에 별명이 최권능이신 최 목사님이 "예수 천당"이라고 외치며 다니는 전도 방법에 대해 의아한 생각을 가졌던 때가 있었다.

그러나 1960년 정월 초하루 날 김교신 장로님과 같이 부산 광복동 거리를 걷고 있었는데, 김 장로님이 중·고등학교 학생이 지나가면 그 귀를 향하여 "예수"하고 외치는 것이었다. 나는 그 때 이 예수님의 이름에서 사랑을 느꼈다.

김 장로님의 마음 속에 이 중·고등학교 학생들이 예수를 구주로 영접하고 살면 그 개인이 구원받는 것 뿐만 아니라, 우리나라가 옳게 살 수 있다고 확신해서 예수님의 사랑을 전한 것이라고 생각한다. 그 후부터 "예수님을 믿으시요."라고 전할 때에는 그 사람에게 예수님의 사랑이 전달된다고 믿고 전하게 되었다.

물론 나는 예수님으로부터 여호와의 구원을 체험했기 때문에 그 이름에서 하나님의 사랑을 느낀다고 생각하면서 처음 듣는 분들에게 예수님의 제자로서 그의 향기를 드러내야 한다고 생각한다.

3. 환자의 종류에 따라 전도의 말이 달라질 수 있다.

즉, 치료되기 쉬운 환자에 따라 조금 그 방법이 달라지게 된다.

(1) 치료되기 어려운 질환, 즉 암, 심장질환, 노인병, 패혈증과 같은 환자들에 대해서는 먼저 의사가 최선을 다해 치료하고 있음을 명백히 하면서 생사는 하나님께서 주관하심을 알려준다. 육체의 생명은 한정이 있는 것이지만, 심령의 생명은 영원한 것임을 깨우쳐 준다. 또한 예수 그리스도를 믿는 사람은 죽어도 살고, 살아서 믿는 사람은 영원히 죽지 않음도 명백히 가르쳐준다.

그리고 일하는 사람들이 이 진리를 믿는 확신 속에서 사랑을 실천한다. 가족과 보호자들에게 이 믿음을 가지고 사랑을 실천하면 예수님의 사랑이 곧 영원한 생명임을 느끼게 된다. 나는 이 믿음을 가지고 살면서 전도한다.

나는 1948년 어느 날 집안 책상에서 원고를 쓰고 있었고, 아내는 밖에서 빨래를 하고 있었다. 그때 나와 내 아내의 사이에 사랑이 있음을 느꼈다. 만일 이 사랑이 우리의 육체가 없어지거나 떠나 있다고 해서 없어지는 것이라면 진리가 없겠지만, 이 사랑은 진실한 것이므로 영원히 지속될 것이다. 이 사랑은 곧 영원한 생명이다. 이것은 예수 그리스도 안에 있는 사랑에서 느끼는 실체, 곧 실존인 것이다. 이 사랑을 예수 그리스도의 이름을 가지고 실천하는 것이 곧 전도라고 할 수 있다.

그래서 나는 우리 의료인들과 보호자들과 환자가 예수 그리스도의 생명으로 하나를 이루게 되는 것이 참 전도라고 믿는다. 나는 이 일을 위해 기도하며 힘쓰고자 한다.

(2) 치료되기 쉬운 환자

병의 원인이 판명되고, 수술이 잘 되어 완치될 가능성이 있는 환자들을 보면 먼저 하나님의 은혜에 감사하게 된다. 그래서 그 환자에게 "하나님께 감사하는가, 그리고 하나님께서 어찌하여 이러한 질병을 허락하시고 생각하게 하시는가"라고 묻는다. 그래서 인생의 근본적 의의를 생각하게 한 후, 다음과 같은 전도지를 주어 읽게 한다.

"구원의 길에 대하여 들어보셨습니까?"
① 하나님은 당신을 사랑하신다.

요한복음 3장 16절에 "하나님이 세상을 이처럼 사랑하사 독생자를 주셨으니 이는 그를 믿는 자마다 멸망하지 않고 영생을 얻게 하려 하심이라"고 하셨다.

② 모든 사람은 죄를 지어 하나님의 사랑을 받을 수 없다.

로마서 3장 23절에 "모든 사람이 죄를 범하여 하나님의 영광에 이르지 못한다"고 하였으며, "죄의 값은 사망"이라고 하였다. 곧, 죄를 지은 사람은 사망에 빠지게 된다는 것이다. 우리는 모두가 죄인이기 때문에 그 결과 죽게 된 것이다.

③ 오직 예수 그리스도 만이 사람의 죄를 해결해 주셨다.

예수님은 우리가 죄인 되었을 때에 우리를 대신하여 십자가에서 피흘려 죽으심으로 그의 피가 우리의 모든 죄악을 깨끗하게 하셨다. 예수님만이 우리를 구원하실 수 있는 구주시다.

예수께서 말씀하시기를 " 내가 곧 길이요 진리요 생명이니 나로 말미암지 않고는 아버지께로 올 자가 없느니라"요 14:6 고 하셨다.

하나님께서는 그의 아들 예수 그리스도를 이 세상에 보내어 우리 대신 십자가에서 죽게 하셨다. 그리고 예수님은 3일 만에 부활하여 영생을 확정지으심으로써 우리는 예수 그리스도로 말미암아 하나님께 나아가 하나님의 사랑을 받을 수 있다.

④ 당신은 지금 이 자리에서 예수님을 믿기만 하면 구원을 얻을 수 있다.

사도행전 16장 31절에 "주 예수를 믿으라 그리하면 너와 네 집이 구원을 받으리라"고 하셨으며, 로마서 10장 9절에는 "네가 만일 네 입으로 예수를 주로 시인하며 또 하나님께서 그를 죽은 자 가운데서 살리신 것을 네 마음에 믿으면 구원을 받으리라"고 하셨다.

그리고 요한복음 1장 12절에는 "영접하는 자 곧 그 이름을 믿는 자들에게는 하나님의 자녀가 되는 권세를 주셨으니"라고 하셨다.

예수께서 말씀하시기를 "볼지어다 내가 문 밖에 서서 두드리노니 누구든지 내 음성을 듣고 문을 열면 내가 그에게로 들어가 그와 더불어 먹고 그는 나와 더불어 먹으리라"계 3:20고 하셨다.

"이제는 당신의 결정만 남았습니다. 당신은 지금 이 자리에서 예수님을 영접할 수 있습니다. 당신도 예수님을 믿으시고 구원을 얻으십시오."하고 권한다. 이것은 기도하면서 주님의 사랑 안에서 확신을 가지고 권하는 것이다. 이때에 환자가 반응을 보이며 자기를 위해 기도해 달라고 청하면, 곧 이는 주 앞에 결신하는 것으로 믿고 다음과 같이 선언한다.

"당신은 이제 예수님을 믿음으로 죄 사함을 받고 구원을 얻었습니다."
즉, 다음 성경 말씀에서 확신된다.
① 요한복음 5장 24절에 " 내 말을 듣고 또 나 보내신 이를 믿는 자는 영생을 얻었고 심판에 이르지 아니하나니 사망에서 생명으로 옮겼느니라"고 하셨다.

② 에베소서 2장 8절에는 "너희는 그 은혜에 의하여 믿음으로 말미암아 구원을 받았으니 이것은 너희에게서 난 것이 아니요 하나님의 선물이라"고 하셨다.

③ 예수께서 말씀하시기를 " 내가 온 것은 양으로 생명을 얻게 하고 더 풍성히 얻게 하려는 것이라"요 10:10고 하신 말씀에서 확신할 수 있다. 그러므로 당신은 벌써 하나님의 축복의 복음생활

이 시작된 것이라고 선언한다.

예수님이 구주로 믿어지면 곧 성경을 사서 가정에서 가족이 모여 성경을 읽고 감사드리기 바란다고 가르친다. 그 환자는 믿음으로 병이 속히 물러가고 병이 나아서 퇴원하면 예수님이 자기의 구주이며 만민의 구주이심을 증거하게 된다. 이것이 병원 전도 의사로서의 소원이며 기원이다.

결론

병원 전도는 하나님의 말씀과 뜻을 전하기에 좋은 기회를 준다. 믿음과 사랑과 소망을 가지고 하면 많은 환자의 믿음 생활을 격려해 주며 질병치유에 큰 도움이 된다.

또한 의사, 간호원과 직원, 그리고 전도사, 목사들이 주 안에서 한 유기체로서 사랑을 실천하면서 예수 그리스도를 전하면 성령의 역사로 환자들이 예수님을 구주로 영접하여 영생하게 된다. 이것이 병원전도의 효과이며 이상이다.

〈부산모임〉 1980년 2월호[75:13-1]

기독의사의 교육연구 윤리면에서

기독의사의 선생은 그리스도 예수시다. 기독의사는 누구든지 직접 예수님의 인격을 배워야 한다.

예수님께서 이 세상에 오셔서 맨 처음으로 하신 것은 "하나님의 나라가 가까웠으니 회개하고 복음을 믿으라"고 선포하시고 사탄에게 붙잡혔던 환자에게서 사탄을 내어쫓아 정신병을 낫게 하신 일이다.

어느 날 한 문둥병자가 예수께 와서 꿇어 엎드려 깨끗하게 해 주시기를 간구했다. 예수께서 불쌍히 여기셔서 손을 내밀어 그를 만지시며 말씀하시기를 "내가 원하노니 깨끗함을 받으라"하시니, 곧 문둥병이 없어졌다. 그리고나서 예수님께서는 문둥병자에게 엄히 경계하시며 "삼가 아무에게 아무 말도 하지 말고 가서 네 몸을 제사장에게 보이고 네가 깨끗하게 되었으니 모세가 명한 것을 드려 그들에게 입증하라"막 1:40-45라고 말씀하셨다. 이것은 예수님의 사랑과 진실을 여실히 나타낸 것이다.

하루는 사람들이 중풍병자를 들것에 싣고 예수님께 데리고 왔다. 그들의 사랑과 믿음을 보시고 중풍환자에게 이르시기를 "작은 자야 네 죄 사함을 받았느니라" 하시고 "일어나 네 상을 가지고 집으로 가라" 하시니 그가 일어나 곧 상을 가지고 모든 사람 앞에서 나갔다막 2:3-12. 여기서 예수님은 믿음을 가지고 찾아오는 환자들을 그의 육만 아니라 죄사함을 얻게 함으로써 심령의 정신까지도 새롭게 하여 주셨다.

병을 고치시는 예수의 특징

예수님께서 병을 고치실 때의 특징을 몇 가지로 설명할 수 있다.

첫째, 진실성이다. 더러운 귀신들이 예수를 보면 그 앞에 엎드려 "당신은 하나님의 아들이니이다."하였고, 예수께서는 자기를 나타내지 말라고 엄히 경계하셨다. 전일 한 문둥병자를 고치신 뒤에도 아무에게도 말하지 말라고 엄히 경계하셨는데, 이것은 예수님의 진실성을 나타낸 것이다.

둘째, 예수님은 전통을 초월하셨다. 예수님은 안식일에 회당에서 한편 손 마른 사람이 있는 것을 보시고 그 손 마른 사람을 한 가운데 세우셨다. "안식일에 병을 고치는가?"하고 책잡으려는 사람들에게 "안식일에 선을 행하는 것과 악을 행하는 것, 생명을 구하는 것과 죽이는 것, 어느 것이 옳으냐"하시고, 무리가 잠잠할 때 손을 펴주셨다막 3:1-5.

예수님은 안식일에 고창병 든 환자를 낫게 하시고, 또 38년 된 병자를 베네스다 양문 곁에서 "일어나 네 자리를 들고 걸어가라"고 명하셔서 낫게 하셨다. 또 나면서 눈먼 자를 침을 뱉어 진흙을 이겨 그의 눈에 바르시고, 실로암 못에 가서 씻으라고 하셔서 눈을 뜨게 하신 것도 안식일이었다. 이와 같이 예수님은 안식일의 정신으로 환자를 낫게 하시고, 많은 율법주의자들에게 올바른 교육을 하셨다.

셋째, 예수님이 병을 고치시는 것은 하나님께 영광을 돌리게 하기 위함이다. 중풍병환자가 죄사함을 받고 침상을 가지고 하나님께 영광을 돌리며 심히 두려워했으며 오늘날 기이한 일을 보았다고 했다.막 2:12.

넷째, 믿음을 보시고 낫게 하셨다. 예수님께서 회당장 야이로의 딸을 살리러 가실 때, 옹위하는 사람이 너무 많았다. 열두 해 혈루증을 앓던 여인은 예수님의 옷깃만 만져도 나을 것이라 믿고 예수님의 옷깃을 만졌다. 예수님께서는 그 능력이 나간 것을 아시고 그 옷깃을 만진 여인의 믿음을 나타나게 하셨다. "네 믿음이 너를 구원하였으니 평안히 가라"막 5:34라고 말씀하셨다. 그 다음에 회당장의 집에서 딸이 죽었다는 전갈이 왔을 때, 예수님께서는 "두려워하지 말고 믿기만 하라"막 5:36고 이르셨다.

문둥병자 열 명이 나음을 얻은 때에 그들 중 사마리아인만이 홀로 예수님께 감사표현을 했다. 이에 예수님은 그의 믿음을 보시고 "네 믿음이 너를 구원했다"눅 17:19고 선언하셨다. 또 여리고 지방을 지날 때 소경들이 길가에 앉아 "다윗의 자손이여 나를 불쌍히 여기소서"라고 외칠 때에 "네 믿음이 너를 구원하였느니라"고 하셨다눅 18:35-42.

가버나움에서 백부장의 종이 중풍병으로 앓고 있을 때에 백부장이 예수님에게 "말씀만 하사 내 하인을 낫게 하소서 나도 남의 수하에 든 사람이요 내 아래에도 병사가 있으니 이더러 가라 하면 가고 저더러 오라 하면 오고 내 종더러 이것을 하라 하면 하나이다"라고 말했을 때, 예수님은 백부장의 믿음을 칭찬하시고 백부장에게 이르시되, "네 믿음대로 될지어다." 하시니 "돌아가니 나았더라"고 했다눅 7:1-10.

어느 날 예수께서 두로와 시돈 지방으로 가실 때에 가나안 여인이 자기의 딸의 귀신을 내쫓아 달라고 간청했다. 예수님은 "나는 이스라엘 집의 잃어버린 양 외에는 다른 데로 보내심을 받지 아니하였노라"고 하시면서 "자녀의 떡을 취하여 개들에게 던짐이 마땅하지 아니하니라"고 하셨다. 그러자 그 여자가 말하기를 "주여 옳소이다마는 개들도 제 주인의 상에서 떨어지는 부스러기를 먹나이다"하고 겸손히 간청했다. 그 때에 예수님은 "여자여 네 믿음이 크도다 네 소원대로 되리라"라고 말씀하셨다마 15:22-28.

그 밖에도 예수님은 사랑을 가지고 소경을 보게 하시고, 앉은뱅이를 걷게 하셨으며, 문둥이를 깨끗하게 하시고, 귀머거리를 듣게 하셨으며, 죽은 자를 살리셨고, 가난한 자들에게 복음을 전파하셨다.

다섯째, 예수님은 창조주와 구원의 주님이심을 알리기 위해 생명을 창조하시던 능력으로 죽은 사람을 살리셨다. 예수님은 회당장 야이로의 딸을 잔다고 하시고 일으켜 깨우셨고, 또 나인성 과부의 아들이 죽어 상여에 메어 나갈 때, 예수님은 그것을 보시고 불쌍히 여겨서 살리셨다. 나사로가 죽은 지 4일 동안 무덤 속에 있었던 것을 창조의 능력으로 다시 살게 하셔서 자기가 메시아 되심을 증거하셨다.

그러나 위의 행적은 제자들의 교육이나 훈련을 목적으로 하신 것이 아니다. 다만 아버지 하나님께 받으신 진실과 사랑을 믿음으로 실천하신 것이다.

예수님의 제자교육과 훈련파견

예수님은 열 두 제자와 70인의 제자들을 전도, 파견하기 위해 자신의 사랑과 믿음을 주셔서 보내신 일이 있다.

예수께서 열 두 제자를 불러 모으셔서 그들에게 모든 귀신을 제거하며 병을 고치는 능력과 권능을 주시고, 하나님의 나라를 전파하며 앓는 자를 고치게 하려고 보내시며 "여행을 위하여 아무 것도 가지지 말라 지팡이나 배낭이나 양식이나 돈이나 두 벌 옷을 가지지 말며 어느 집에 들어가든지 거기서 머물다가 거기서 떠나라 누구든지 너희를 영접하지 아니하거든 그 성에서 떠날 때에 너희 발에서 먼지를 떨어 버려 그들에게 증거를 삼으라" 눅 9:3-5라고 말씀하셨다.

예수님은 70인을 둘씩 둘씩 내보낼 때에도 "전대나 배낭이나 신발을 가지지 말며 길에서 아무에게도 문안하지 말며 어느 집에 들어가든지 먼저 말하되 이 집이 평안할지어다 하라 만일 평안을 받을 사람이 거기 있으면 너희의 평안이 그에게 머물 것이요 그렇지 않으면 너희에게로 돌아오리라"눅 10:4-6고 말씀하셨다.

여섯째, 예수님과 하나님(성령)과 제자는 일체이다.

"내가 아버지 안에 거하고 아버지께서 내 안에 계심을 믿으라 그렇지 못하겠거든 행하는 그 일로 말미암아 나를 믿으라 내가 진실로 진실로 너희에게 이르노니 나를 믿는 자는 내가 하는 일을 그도 할 것이요 또한 그보다 큰 일도 하리니 이는 내가 아버지께로 감이라"요 14:11-12라고 말씀하셔서 제자들이 성령과 같이 전도함으로써 많은 사람이 예수를 구주로 믿어 구원을 얻게 될 것을 말씀하셨다.

예수님께서 많은 환자를 고치신 것은 예수님의 사랑과 환자들이 그의 인격을 믿는 믿음에서 이루어진 것인데, 그 일에는 하나님의 뜻이 개입되어 이루어진 것이라고 믿는다.

예수님은 구약의 말씀, 즉 시편, 예레미야, 이사야서를 설교할 때에 많이 인용하신 것을 우리는 신약 성서에서 발견할 수 있다. 예수님의 교훈과 훈련은 실천생활에서 배울 수 있고, 제자들은 직접 생활에서 교육을 받고 훈련을 쌓았다. 그래서 제자들이 둘씩 둘씩 전도 나갈 때에 사탄들이 공중으로부터 떨어지는 것을 보았다. 또 제자들은 많은 병자를 낫게 하고, 또 예수님을 구주로 증거하여 믿었던 여러 사람을 목격하였다.

나아와서 귀한 보고를 할 때 제자들의 의기는 양양하였고 주 예수님도 기뻐하사, "천지의 주재이신 아버지여 이것을 지혜롭고 슬기 있는 자들에게는 숨기시고 어린 아이들에게는 나타내심을 감사하나이다 옳소이다 이렇게 된 것이 아버지의 뜻이니이다."마 11:25-26라고 말씀하셨다.

우리 기독의사들도 예수님처럼 하나님 안에서 살면서 하나님의 진실과 사랑에 푹 젖어 있는 믿음의 생활을 보낼 것을 명심해야한다.

우리는 예수께서 하나님과 같이 내면 공동체를 이루고 살았던 것과 같이 예수님의 사랑 안에 항상 거하여야 한다. 그리하면 예수님과 같이 고난도 받아야 한다. 수난공동체를 이루는 것이 기독의사로서 하나님의 뜻이고, 우리의 훈련의 목표로 삼아야 하겠다. 그러면 우리는 예수님과 영광의 공동체를 이루고 하나님만을 평화롭게 할 것으로 믿는다.

나는 예수를 그리스도로 믿는 기독의사들의 10대 강령을 적어 보려고 한다.

1. 예수 그리스도의 마음을 가지자.
2. 너희에게 맡기실 일에 책임감과 사명감을 가지고 임하라.
3. 의학과 의술을 숙련하라.
4. 물질과 명예를 탐하지 말고, 그것들을 배설물과 같이 생각하라.
5. 육의 생명은 죽는 것이다. 영적 생명은 그리스도로 인하여 영생할 수 있는 것이다.
6. 신체의 통증은 민감한 것이지만, 그 통증은 마음과 생각에 영향을 받고 있으므로 정신력으로 극복하도록 권할 것이다.
7. 희생적 사랑으로 환자에게 봉사하라.
8. 기독의사들은 자기의 성격을 진실과 사랑으로 충만케 하여 그리스도의 빛과 향기를 발하도록 하라.
9. 기독의사는 환자의 가정에 진실과 사랑이 깃들도록 교육하라.
10. 그리스도 의료인은 조국과 인류평화의 초석이다. 기도와 성경과 성령의 인도하심을 따라 자기들의 임무를 완수하라.

결론

기독의사는 하나님께 인정받아야 한다녹 10:20.

〈부산모임〉1985년 12월호[107:18-6]

청십자의료보험조합을 창립하면서

청십자의료보험조합의 목적은 그 정관 제2조에 나타나 있는 대로 회원의 질병 예방과 치료를 위하여 서로 협동하는데 있다. 회원의 자격은 "인종, 정치에 관계없이 위의 목적을 찬성하는 자는 누구나 가입 할 수 있다"라고 되어 있지만, 오늘 여기 모인 이는 다 교회에서 추천된 집사들이라고 생각한다. 이와 같이 협동하는 일은 교회와 같은 조직과 정신이 필요한 것으로 믿기 때문에 여러분과 같이 창립총회를 가지게 된 것이다.

초대교회에서는 재산공유 즉, 유무상통 했던 것을 우리는 알고 있다. 그러나 그것은 현 사회주의 국가나 공산주의 국가에서 하듯이 강제된 제도는 아니었다. 자발적인 헌납으로 되었던 것이다. 오늘 모이는 이 조합도 자발적 의사로 이 목적에 찬동하는 사람들이 가입하는 것이다. 그리고 초대교회에서 성령이 충만하여 사랑의 교제가 이루어졌던 것을 우리는 동경하면서 사랑으로 이 조합이 운영되어야 한다고 생각한다.

이 목적을 달성하기 위해 교회의 충성된 집사들과 함께 예방과 치료를 담당하는데 복음의원이 선택되었다. 이것은 어디까지나 이 세상적인 물질에 의존하는 것 보다는 신앙으로 해보자 하는데 의의가 있다고 나는 믿는다. 믿음과 사랑으로 시작하는만큼 성공할 것이라고 생각한다. 들건데, 크리스천 리폼드교회 선교부에서도 이와 같은 보험제도를 시큰에서 실시하여 성공하고 있다고 한다.

보험료를 1인당 매월 60원으로 한 것은 미국 양친회에서 한 가족 평균 5명에서 1달러 즉, 약 300원씩 지불하여 부산의원에 의뢰하여 이 사업을 추진하고 있는 것을 참고로 한 것이다. 회원 가입이 10,000명 이상만 되면 그 회비를 가지고 운영이 가능해질 것이다.

하지만 그와 같이 많은 수가 못 될 때는 불가불 복음병원에서 더 많이 수고해야 한다. 만일 이 일이 잘되면 10,000명도 가입할 줄로 믿고 시작 하려고 한다. 여기에 정관 초안도 약속되어 있으니 잘 검토 하셔서 좋은 성과를 거두어 주시기 바라고 간단히 인사의 말씀을 대신하는 바이다.

〈부산모임〉 1968년 5월호 [4:1-4]

한국 기독의사회 제8회 총회를 보고

개회 예배에서 부산 복음병원 박동식 목사님이 누가복음 10장 25-37절 말씀을 보시고, 기독의사 윤리의 특성과 우수성을 말씀하셨다. 후에 종합 토론 때에 전종휘 박사는 '그 성경에 나타난 사마리아 사람은 의사가 아니었을까?'라고 말했다. 나는 그때 말하지 않았으나 그 사마리아 사람은 예수 그리스도 자신을 뜻하신 것으로 그리스도의 마음과 힘이 아니고서는 실천할 수 없다고 생각한다.

그리고 김일순 선생은 그 사마리아인의 행동에 만족할 수 없다고 말하며 "왜 그때 그런 일이 일어나지 않도록 방법을 강구하지 않았는가?"하고 더 나아가 생각하였다.

생각하면 개인의 구원 없이 전체의 구원이 없는 것이 아닌가. 물론 전체의 구원이 없는 곳에 개체구원도 없는 것이지만, 개인이 완전히 구원되면 전체구원의 기틀은 마련되는 것이다. 구원받지 못하고, 전체를 구원하려고 한다면, 마치 현대 과학기술의 발달이 사람에게 편리를 주었지만, 공해를 많이 일으켰던 것처럼 되지 않을까. 이것을 조정하는 데는 구원받은 사람, 곧 그리스도인의 역할이 크다고 하는 것을 느낀다.

다음 주제 강연에서 김일준 선생은 방콕에서 열렸던 아시아 기도 의사회에 참석했던 보고를 해 주었는데, 에큐메니칼 운동이 점점 좋은 성과를 보여 주고 있다고 했다. 국내에서도 이 점에 유의해서 힘써야 하겠다.

종합토론 시간에 전종휘 박사는 가톨릭 의사회에 나가서 말한 경험, 또 서울 기독의사회에 가톨릭 의사대표로서 김옹규, 윤덕선 선생을 초대한 일, 그리고 모든 형식에서 가톨릭이 많이 변경되고 있어 세례도 결혼도 신교와 같이 인정하고 있는 것들에 대해 이야기했다.

나는 하나되는 데는 어거스틴 St. Augustine의 발언을 상기시켰다. 즉, "핵심적인 일에서는 일치를, 의심스런 일에 있어서는 자유를, 그리고 모든 일에 있어서는 사랑을 In Essentials Unity, In Non-Essentials Liberty, In All Things Charity"의 정신으로 하면 될 것이다. 예수 그리스도[성부, 성자, 성신]를 구주로 믿는 것에는 하나여야 하며, 그 밖의 외식은 자유로 서로 인정해 줄 것이며, 일하는 데는 사랑으로 같이 해야 한다. 실제로 이삼열 박사는 간암측정은 가톨릭 의대 생화학 교실에 부탁해서 하고 있다고 나에게 말해 주었다.

가족계획에 대해 가톨릭 의사들은 인구 조절의 필요성을 인정한다. 그 방법은 결혼을 늦게 하는 것이 좋겠다는 것이었는데, 나도 동감이었다. 신교 선교사들 중에 성문제를 교육함에 있어서 현대 청년남녀들의 성욕을 신성시해서인지 성욕은 하나님이 사람에게 주신 향락의 기관인데, 멎을 데서 멎을 수 있는 인격의 의지, 즉 조절이 필요하다고 가르친다.

나는 한걸음 더 나아가 우리 타락한 인간에게 성욕을 제어할 능력은 하나님의 명령을 어긴 후부터 상실되었기 때문에 성의 정결을 지키는 것을 하나님의 자녀로서 가장 고귀한 것의 하나로 여기지 않는다면 가족계획의 방향도 올바르게 될 수 없다고 생각한다. 요한계시록에 음녀에게 몸을 더럽히지 않는 자 144,000명의 반열에 참여하겠다는 정신이 결혼을 늦게 할 수 있는 정신의 기틀이 될 수 있을 것이다.

일반 강연에서 박종무 선생의 의료선교회와 농촌지역사회 개발에 대한 보고는 외국의 원조 없이 우리가 독립적으로 할 때의 방법을 보여 주었고, 부산 청십자의료협동조합은 앞으로 전망이 좋다고 보고했다.

다음에 김명호 선생의 아파트 보건소사업에 대한 보고는 지역사회 의학의 적용으로 많은 시사와 격려를 주었고, 부산 김윤범 선생은 간질병에 대하여 자세히 말하여 의사는 누구나 이러한 환자를 도와주려고 하면 60%이상을 완전히 성한 사람으로 일하게 할 수 있다고 했다.

다음에 부산 기독의사회에서 과거 5년간에 걸쳐 실시한 결핵사업에 대한 것을 김동수 선생이 보고했다.

그 다음날 아침기도회에서 오하라小原 선생이 말씀한 자기의 소명감과 기독의사로서의 직분 완수에 대한 것골 3:17; 4:17은 우리에게 크게 감명을 주었다. 나는 감동하였다.

나는 한국인으로서 한국에 있는 나환자에게 아무 유익을 줄 수 없었던 것을 상기하고 오하라 선생을 도와 드려야 하지 않겠는가 하여 그 뜻을 대의원회에 제의했다. 아침식사 시간에 미야모토宮本 선생은 현재 일본사람들은 장사를 위해 외국에 많이 나가지만, 사람들에게 유익하게 공헌하는 사람은 극히 적다면서, 다만 일본 기독교 의약가 연맹은 극히 적으나 그리스도의 정신으로 협력하려고 성원을 보낸다고 했다.

다음에 전종휘 선생의 사회로 종합토론에서 유익한 말이 많았다.

〈부산모임〉 1973년 2월호[34:6-1]

한국 선교 100주년 기념 의료선교의 회고와 전망

한국 의료 선교는 1884년 9월 20일 상해에서부터 인천[제물포]에 상륙한 호레이스 알렌Horace N. Allen 의사에서 비롯되었다. 당시 한국의 국법은 기독교 선교를 금하고 있었다. 알렌은 법학과 의학을 공부하였으며, 한국의 국법을 존중해서 공개적으로 선교하는 것을 삼가는 편이었다.

거의 동시대[1884년]에 한국에 들어 온 호레이스 언더우드Horace G. Underwood와 헨리 아펜젤러Henry G. Appenzeller 선교사들은 시골로 가서 선교를 주로 하였고, 알렌은 고종황제를 돕고, 또 미국 공사관에서 일하면서 서양 의학의 우수성을 드러내었다. 갑신정변으로 귀족 중 민영식씨가 칼에 맞아 중태에 빠지자, 알렌은 서양 의학으로 지혈과 창상을 치료하여 3개월 만에 완치시켰다.

그리하여 고종황제는 알렌을 신용하게 되었고, 그를 어의御醫로 삼고, 또 광혜원을 개원하게 하였다. 알렌은 의료에 치중하고 선교는 신중히 하였다. (이영헌 저, 《한국기독교회사》, 1978.)

1885년 9월 윌리암 스크랜튼William B. Scranton이 시병원施病院을 열어 무료 진료를 했다. 1887년 여의사 메타 하워드Meta Howard가 한국최초의 부인병원을 열었다. (〈부산일보〉 1884. 4. 16)

1909년 세브란스 의학전문학교가 설립되어 올리버 에비슨Oliver R. Avison 선교사가 교장으로 취임하였다. 에비슨 교장은 1916년 즈음에 미생물학교수로, 캐나다 토론토에 있는 수의과 대학을 졸업하고 정부기관에서 우유 안의 미생물을 연구하고 있던 프랭크 스코필드 박사Frank W. Schofield를 모셔 왔다.

이분은 한국인을 몹시 사랑하여 1919년 3월 1일에 일어난 독립운동을 고귀한 운동으로 인정하고, 일본제국주의자들의 탄압 아래에서 여러 가지 위험을 무릅쓰고 힘껏 도왔으며, 자신의 이름을 석호필石虎弼이라고 하였다.

스코필드 박사는 불의를 보고는 참을 수 없는 의용義勇의 인물로서 세브란스 의학전문학교에서 학생들에게 미생물학을 강의하면서 한편으로는 성경반을 조직하여 성경을 강해하고 선교에 힘썼다.

특히, 스코필드 박사는 3·1 만세운동에 참가한 학생 중에서 이용설 학생을 특히 사랑했는데, 이용설은 세브란스병원 지하실에서 등사판을 가지고 여러 가지 홍보활동에 참가함으로써 3·1 만세운동에 공헌하고 있었다. 이용설이 일본 경찰에게 잡히게 될 위험이 있을 때 스코필드의 도움으로 몸을 피할수 있었다. (이장락 저, 프랭크 윌리엄 스코필드 박사 전기《한국 땅에 묻히리라》, 1980)

이용설은 후에 세브란스를 졸업하고 미국에 유학하여 정형외과를 전공해 세브란스병원 정형외과장으로 취임해 왔고, YMCA 이사로 활동하며 기독학생들에게 큰 영향력을 끼쳤다.

세브란스 의과대학교장 에비슨 선교사는 피부과에는 오긍선 교수, 외과에는 알프레드 러들로Alfred I. Ludlow 교수, 고명우 교수들을 양성하여 기독교 선교에 공헌하였다. 에비슨 선교사의 영향을 받아 크리스천이 되어 의료선교에 공헌한 인물들로는 김명선, 고병간 등을 들 수 있다.

김명선 교수는 모교의 생리학교수로 있으면서 세브란스 의전 학생들에게 선교하였고, 후에 평양연합기독병원장을 겸하여 서울에서 평양으로 내왕하면서 의료선교에 공헌했다.

고병간 교수는 처음에 함흥에 있는 영생병원과 원산에 있는 기독병원에 가서 의료를 담당하고 선교를 하였고, 후에는 영동 구세군 병원장을 역임하였으며, 세브란스 의과대학 외과학교수가 되어 학생지도에 크게 공헌하였다.

박용미 박사는 해방 전에 수십 년 동안 기독의사회의 회장으로 있으면서 의료 선교에 공헌하였다.

세브란스 병원의 설립과 거의 동시대에 평양 기홀병원과 대구 동산병원, 전주 예수병원이 세워져서 주로 미국 선교사들을 통해 의료선교가 진행되었다. 1945년 해방 전에도 경성의학 전문학교 학생들 중에는 YMCA 학생회를 조직해서 성경을 공부하고 조국을 위해 기도하는 그룹이 있었다. 그 중의 소수들이 신앙을 굳게 잡고 의료에 종사하고 있다. 대단히 송구하지만 연자와 전종휘 박사는 1922년 경성의전 YMCA 학생으로 알게 되어 지금까지 교제를 계속하고 있으면서 의료선교에 종사하고 있다.

〈부산모임〉 1984년 4월호[97:17-2]

선교 100주년을 맞이하여, 의료선교의 전망

전호에 나는 한국의료선교의 회고를 간단히 기재했다. 기독병원의 개설에 대한 지식이 없기 때문에 의료선교에 대한 것은 대부분 생략하였다. 그러나 해방 전후의 기독병원들이 원목과를 설치하고, 목사님과 전도사님들이 전담하면서 환자들에게 복음을 전할 수 있게 되었다.

원목실 전도

종전과 같이 직원들은 목사님과 전도사님 또는 자원 전도인들이 함께 매일 아침 직원 예배를 통하여 정성을 바치고, 말씀으로 교훈을 받을 것이며, 방송 전도를 통해 환자들에게 말씀을 전할 것이다.

또 결심한 사람들에게는 인근 교회를 소개하여 계속 교회 출석을 권할 것이다. 그리고 서신 교환을 통하여 신앙 지도에 힘쓰게 될 것이다. 또 신앙생활의 열매를 보도함으로써 불신자들을 격려할 것이다.

의료인 전도

의료인이라고 하면 좁은 의미에서는 의사와 간호원을 말하지만, 넓은 의미에서는 의료기관에서 종사하는 여러 직원을 총칭한다고 할 수 있다.

그래서 이 여러 의료인들의 언행심사가 선교사업과 관련되어 있다고 생각한다. 즉, 이 의료인들의 진실한 생활과 희생, 친절한 봉사와 언동 등은 선교와 직접적인 관계가 있다.

좁은 의미의 의료인으로서 특히 고려되는 것은
1. 정신신체의학에 속하는 환자들에 대한 선교이다.

정신신체의학이라고 하면 20세기에 들어와 많이 논의된 의학 부분인데, 감정과 관계되는 자율신경, 즉 교감신경과 부교감신경계의 부조화로 말미암아 내분비계의 변동을 일으켜 신체 여러 기관에 병증을 일으키는 병을 말한다.

피부에는 두드러기와 그밖에 여러 가지 알레르기성 피부병, 소화기 계통에는 신경성 위염을 비롯해서 소화성 궤양, 식도의 기능장애, 신경성 대장의 기능장애, 궤양성 대장염, 호흡기 계통에서는 기관지성 천식, 순환기 계통에서는 고혈압, 부정맥, 협심증, 내분비 계통에서는 갑상선 기능 항진증과 같은 많은 질환이 자율신경장애와 호르몬의 이상으로 일어나는 것이다.

그 밖에도 막연한 소화불량, 심한 두통, 복통, 사지통을 호소하지만, 신체적으로는 해당장기에 병적 현상을 발견할 수 없는 것이 많다. 외래 환자의 3분의 2는 이러한 환자에 속한다. 그런데 흥미 있는 것은 이들 환자는 육적 고통이 심하고 그것을 없애 달라고 의사에게 호소하면서 그 원인에 대해서는 생각하려고 하지 않는다. 그 원인을 물어보면 처음에는 대다수가 무단히, 그렇다고 하던가? 무엇을 잘못 먹고 그렇게 되었다고 호소하는 경우가 많다. 이런 때에 20분간 홀로 묵상하는 기회를 주면 약 70%는 내적 고민이 먼저 있었다는 것을 알아낸다.

그것을 종합해서 정리해 보면 여자는

첫째, 가정에서 남편이 술을 먹고 비인격적 행동을 하는 등 사랑의 배신이 가장 많고 강하다. 다음에는 시어머니와 시누이들의 압력, 또는 자녀들의 불순종 태만, 성적불량들에 대한 염려들이다.

둘째, 금전에 대한 손실, 즉 장사하다가 실패했다던가, 계를 하다가 돈을 떼인 경우

셋째, 종교 별로 보면 4분의 2가 불교라고 하는데, 불교의 자비심을 아는 사람은 10분의 1도 되지 못한다. 4분의 1은 무종교이고, 4분의 1이 기독교신자인데, 대다수가 자기애에 빠진 사람들이다.

기분과 감정이 자율신경에 작용하여, 평활근의 수축 또는 이완으로 증상이 일어난다고 설명해주면, 이해하는 환자는 10분의 1도 안 된다. 그러나 의사의 설명을 이해하는 사람은 소량의 투약에도 유효한 반응을 보인다.

이와 같은 환자들에 대한 기독 의료인의 태도는 자명하다. 즉, 사랑에 대한 잘못을 이해하는데, 그 원인이 있는 것이다. 하나님의 사랑을 알지 못하고, 현실적으로 사랑을 받기를 원하는 마음이 강렬한데 그 원인이 있다고 보인다. 그러므로 하나님의 사랑

을 전달하는 것이 필요하다. 즉, 예수그리스를 구주로 믿는 신앙을 전하게 한다.

2. 인격 의학적 전도

인격 의학을 제창한 학자는 폴 투르니에(Paul Tournier)박사이다. 인간은 육과 마음과 영으로 구성되어 있다. 의사는 육의 질병을 치료하는 동시에 마음과 영혼의 생각도 바로 인도해 주어야 한다.

육체의 병은 심령에 관계가 많다. 또 심령의 병은 육체의 병증을 나타낸다. 그런데 사람은 육체의 고통을 느끼는 것이 심령의 고통을 느끼는 것보다 늘 우위에 있다. 그래서 육의 고통에서 해방되기를 가장 크게 느끼고 또한 소원한다.

그런데 심령의 이상으로, 즉 인격적 병이 성립되는 것은 보통 환자들은 느끼지 못하며, 또 그것을 치료받으려 하지 않는다. 그러므로 기독 의사들은 환자들에게 생명에 대한 기독교적 견해와 그 뜻을 설명해 줄 필요가 있다. 육적 병의 치유와 심령과의 관계를 자세히 알게 되면 육체의 병이 우위가 아니고, 도리어 심령의 건전이 육체의 병을 낫게 하는데 큰 역할을 하는 것을 알게 된다.

심령의 활동이 정상이 되게 하는데는 성경 말씀과 기도를 통해 성령의 감동을 받아야 한다. 기독 의사는 환자의 인격을 존중하고, 성경 말씀과 기도로 스스로 해결을 얻도록 지도해야 한다. 또한 기독 의사 자신이 예수 그리스도의 사랑 안에 살면서 그 사랑을 전달하며 실현하는 것이 인격 의학의 요체이다.

"예수를 믿으시오."라고 전할 때에는 사랑으로 해야 하는 것을 인식해야 한다.

3. 호스피스에 의한 선교

암환자의 말기, 또는 고혈압증의 말기에서 어떤 약으로 치료하여도 회복되지 못하고 죽어 가는 환자들의 고통을 경감해 주고, 또 소망을 가지고 갈 수 있도록 힘써주는 시설을 호스피스라고 한다.

여기에는 주치의와 간호원, 목사[전도사]와 사회사업가, 여러 가족들이 다 합심하여 시간 시간 하나님의 긍휼과 자비를 깨달아 감사하므로 이 세상을 떠나 가도록 노력하는데 그 뜻이 있다. 이 문제에 대한 해결은 의료인들의 희생적 사랑을 통해 부분적으로 성취할 수 있다고 생각한다.

성경 가정 모임

우리는 환자들에게 "예수를 믿으십시오."하고 권한다. 그러면 흔히들 "나는 불교가정에서 살기 때문에 교회를 나갈 수 없습니다."라고 대답하거나 "우리 아이들은 교회에 나가는데 사업 때문에 못 나가고 있습니다."라고 한다.

예수 믿는 것과 교회에 나가는 것을 동일시하는데, 이것은 아마도 원목실 전도에서 그 신앙을 자라게 하기 위해 교회와 연결을 시켜주는데 힘썼던 탓인지도 모른다.

어떤 이들은 교회에 나가 보았더니 나는 돈이 없고, 헌금을 낼 수 없어서 못 나가겠다고 솔직히 말해주는 이도 있다. 나는 "예수 믿는 것과 교회에 나가는 것과는 꼭 같은 것이 아닙니다."라고 대답했다. 또한 예수님을 자기구원의 주님으로 믿는 일은 마음에서 되는 일이며, 참으로 구주로 믿어질 때에는 자기의 반신인 남편[또는 아내]에게 증언하게 되는 것으로 가정에서 성경을 보고 기도하는 것으로 시작된다고 말해 준다.

마가복음 6장 7절에서 13절까지의 말씀과 누가복음 10장 1절에서 16절까지의 말씀을 보면 예수님께서 열 두 제자를 파견하실 때나 칠십인 제자들을 선교하러 내보내실 때에는 둘씩 둘씩 내보내시고, 어느 동네에 들어 가든지 먼저 평안을 빌고 환영하는 집에 유하면서 병을 고치고, 마귀를 제어하고, 하나님의 나라가 가까이 왔다고 복음을 전하라고 하셨다.

그래서 그 제자들은 저희들의 선교에 크게 성공하고 돌아왔다. 나는 믿고자 하는 사람들이 가정 모임에서 성경을 공부하고 예수님께서 그리스도이심을 발견할 때, 부모님과 아이들에게 언행으로 전도하게 될 것을 말해준다.

이와 같이 성령의 능력으로 성경 가정 모임에서 진리를 깨달아 원목실과 자기를 치료해 준 의사나 간호원에게 편지로써 신앙 간증으로 성도의 교제가 이루어 질 때, 하나님의 사랑에 의한 생명을 느끼게 되리라고 믿는다.

유럽에서나 미국에서는 큰 교회의 모임의 수는 줄어들고 성경 가정 모임은 늘고 있다는 소식을 듣는다. 또 중공과 소련에서도 가정 모임은 늘고 있다고 한다. 베트남에서도 큰 예배당은 없어지고, 성서 가정 모임은 계속된다고 한다. 일본 전쟁 말기에 종교 탄압이 심할 때에 야나이하라 타다오 선생은 성서 가정 모임에서 "에스겔서 강의"를 계속할 수 있었다. 이 "성서 가정 모임"

은 복음 선교의 기본이 되며 초석이 된다고 믿는다.

그래서 나는 "가정 성서 모임"이 예수님 당시에 제자들을 통하여 보여 주셨던 교회의 단위라고 보고, 마가 요한의 다락방에서 일심으로 합심 기도를 함으로써 성령을 받았던 것이 모범적인 교회였다고 생각한다. 물질과 금력으로 교세를 확장하려고 하는 교회의 풍조는 다시 생각해 볼 필요가 있다.

〈부산모임〉 1984년 6월호[98:17-3]

새 시대를 향한 참다운 봉사

기독교아동복리회 수양회에서의 강연

여러분이나 나는 봉사하는 직업에 봉사하는 자들이다. 오늘의 주제에는 우리가 자기의 직업을 수행하는데 참다운 봉사를 하고 있는지 반성해 보자는 뜻이 많이 들어 있다.

봉사에는 섬김을 받고자 하는 봉사, 의무적으로 하는 봉사, 자발적으로, 사명으로 하는 봉사가 있을 수 있다. 이 세 가지 중에 어떠한 것이 '참다운^{Faithful}' 봉사에 속하겠는가? '참다운'이라는데 그 깊은 뜻이 있다. 나는 평소에 성경말씀에서 배운 것을 조금 소개해 보고자 한다.

주제 처음에 '새 시대를 향한 – 새 시대에 있어서'라고 하는 조건을 부쳤는데, 그 말부터 생각해 보려고 한다. 새 시대는 보는 입장에 따라 그 특징을 여러 가지로 표현할 수 있을 것이다. 예를 들면, 물리학자는 새 시대를 원자학시대에서 양자학시대라고 지적할 것이다. 또 우주인들은 새 시대를 우주시대라고 정의할 것이다.

그러나 시대 의식은 역사의식이며, 그것은 주로 철학적 사상과 관련된다. 그런데 철학사상과 주의 방면에서 보면 영국의 벤담과 존 스튜어트 밀에 의하여 제창된 공리주의 철학, 프랑스의 생 시몽과 오귀스트 콩트에 의하여 제창된 실증주의 철학(이것에서 칼 마르크스의 유물사관 유물주의·사회주의·공산주의가 파생되어 나왔다), 미국으로 건너가서는 윌리암 제임스와 존 듀이에 의해 제창된 실용주의들이 현대에서 근대로 내려온 주의와 사상을 대표하는 것들이다.

위의 세 가지 주의는 이익을 사랑하는 마음이 공동으로 통하고 있다. 그러므로 근대인의 대다수는 공리의 마음을 조금도 부끄러워하지 않는다. 기독교까지도 이 공리적 풍조에 휩쓸려 부자가 되는 것을 큰 축복으로 믿는 신자가 많다.

그런데 이러한 사조와 풍조가 횡행하는 이 시대에서도 든든히 서서 흔들리지 않고 버티고 있는 것은 칸트의 철학이다. 칸트는 무릇 행복 또는 쾌락을 목적으로 하는 행위가 절대로 선이 아니라고 밝히고 있다. 결과를 가지고 말하는 자의 심술이 결코 진실하지 않음을 지적하고 있다.

다만 도덕의 대법大法에 대한 존경심에서 움직이는 의사意思가 어떻게 주옥과 같이 빛나는 영광인 것을 만인 앞에서 입정立政하고 있다. 그리고 역사의 발전은 사회과학적 법칙에 의해 규정된다고 하며, 그것은 경제학적 법칙과 사상에 의해 결정된다고 하고 있다.

그런데 최근에 소위 새 시대에 이르러 공리주의, 실증주의, 실용주의로서는 인류를 행복하게 할 수 없음이 증명되고 있다. 즉, 과학, 생산, 기술혁명이 고조되다가 공해 문제로 기술 조정이 필요하게 되었다. 다시 말하면 과학을 어떻게 인류에게 적용할 것인가하는 것은 곧 인간의 도외심과 성품이 과학의 적용 문제를 결정하는 것이므로 인간성 문제가 더 중요하게 대두되고 있다. 만일 윤리, 도덕, 종교라 하더라도 인간성 문제를 올바르게 해결하지 못한다면 그 윤리와 도덕, 종교까지도 규탄을 받아야 마땅하다는 시대에 이르게 된 것이다.

이처럼 새 시대는 인류애와 휴머니즘을 가지고 협력 사회를 이룰 것이며, 집단을 형성하여 조직적으로 계획적 사업을 추진할 것인데, 우리의 봉사는 어떻게 하는 것이 참다운 봉사가 되겠는가 하는 것이 오늘의 주제이다.

한편 사람들의 생각에는 역사의식이 강하게 작용하고 있다. 즉, 인류의 종국은 어떻게 되며, 국가와 민족의 목표 및 진로는 어떻게 규정지을 것인가 하는데 관심을 갖게 되었다. 다시 말하면, 이 사회적 탐구와 정치적 행동에 큰 관심을 모으게 되었다.

이처럼 사람들의 관심이 외부로 향하고, 사회적 책임을 자각하게 된 것은 큰 진보이다. 그리고 또한 많은 사람의 노력의 결과로 이러한 문제 해결의 단서가 잡히게 되었고, 또 이것이 사람들에게 사랑과 희망 그리고 의욕을 더하게 해주는 요인으로 작용하고 있다.

그러나 이와 아울러 사태의 진전에 따라 중대한 장애에 부딪쳐 정치나 사회 활동만으로 해결할 수 없는 '인간 형성 문제'가 대두되고 있다. 예를 들면, '중증 심신장애자' 문제를 보면, 우리나라에는 시설과 경제적 원조가 부족한 형편이지만 외국, 주로 미국과 일본 같은 곳에서는 시설이나 경제적 원조가 어느 정도 해결되고 있는데도 불구하고 일할 일꾼이 없어서 큰 문제이다.

일본의 예를 들면 40명이 수용할 수 있는 시설이 간호원의 퇴

직과 이탈로 인해 두 곳이나 비어 있는 형편이라고 한다. 이 문제를 매스컴을 통하여 해결해 보려고 여러 가지 앙케이트를 내서 조사해 보았지만 "후생성이 나쁘다.", "운영이 틀렸다."는 것이 대다수이고, 이 문제를 희생적 봉사를 통해 해결되어야 할 것이라고 하는 사람은 극히 드물었다.

물론 이 문제의 해결을 위해서는 시설의 정비와 운영의 지혜가 필요하지만, 인재의 결핍이라고 하는 문제가 더 중요하다. 전체로 근대화된 여러 가지 제도를 올바르게 그 기능을 발휘하게 하려면 그것을 운영하는 사람 자신이 정직하고, 성실하지 않으면 안 된다.

그러므로 어느 시대에도 참다운 봉사는 봉사하는 사람의 마음에 달렸다고 말할 수 있다. 인류 역사에서 참다운 봉사의 표본은 그리스도이시다. 즉, 그리스도만이 실행하신 것이므로 나는 참다운 봉사라고 하는 것은 '그리스도 안에서 사는 사람으로서의 봉사이다.'라고 믿는다. 나는 봉사에는 세 가지가 있을 수 있음을 지적했다.

첫째로 봉사를 받기 위한 봉사 이러한 것은 많다. 총리대신에서 '대신'이라고 하는 'minister'는 '섬긴다.'는 뜻을 가진 글자이다. 한 나라의 대신들은 국민들을 섬긴다는 생각에서 대신이라고 부르지만, 실은 '지도한다.'는 의식이 진하기 때문에 장관이라고 고쳐서 부르고 있는 듯하다.

소위 윗사람으로서 아랫사람을 위해서 하는 일들은 대개는 다 이러한 종류에 속한다. 다만 그리스도만이 윗사람으로서 제자들의 발을 씻으며, 섬기는 법을 가르치셨는데, 이것은 특예라 하겠다.

둘째는 의무적으로 책임감에서 하는 봉사이다. 책임감에서 의무적으로 그 직업에 충실하여 봉사의 직분을 완수하는 일, 그 자체가 귀하다. 그런데 우리가 반성할 때에 나의 힘, 의무적으로 하는 일에서 도저히 만족할만하게 했다고 답할 사람은 극히 드물 것으로 생각된다. 왜냐하면 사람은 나면서부터 합리적으로 살아서 인도주의를 성취하는 것이 성장이라고 말할 수 있는데, 실제로 생활해 보면 이기적으로 되고, 생력주의Vitalism로 살아서 유물주의에 빠지게 되는 경우가 많다. 그러므로 사람은 우리를 지으신 하나님과 교제하면서 살아서 복음주의를 실천할 때에 마음속에서 자발적으로 참다운 봉사[인도주의]를 실현하게 되는 것이다.

셋째는 자발적으로 기뻐서 하는 봉사, 즉 성령의 감동으로 하는 봉사이다. 이것은 의무적으로 하는 것보다 훨씬 바람직한 참다운 봉사이다. 그 특징을 몇 가지로 들어 보려고 한다.

(1) 의무적 봉사는 이해 타산적인데 반해 자발적인 것은 인격적인 것이다. 예수님께서 십자가에 달리시기 일주일 전에 베다니 시몬의 집에 계실 때, 마리아는 지극히 비싼 향유, 곧 순전한 나드 한 근을 가져다가 예수의 발에 붓고 자기 머리털로 그 발을 씻었다.

그때에 그것을 본 가룟 유다는 말하기를 "이 향유를 어찌하여 300데나리온에 팔아 가난한 자들에게 주지 아니하였느냐"고 하였다. 이때에 예수님께서는 "저를 가만 두어 나의 장사할 날을 위하여 이를 두게 하라"라고 말씀하셨다. 이것이 자연인 유다의 생각과 예수님의 생각의 차이라고 볼 수 있다.

유다는 이해타산적이었기 때문에 진실하지 못했다. 예수님은 마리아의 마음을 보셨기 때문에 인격적이었다. 여기에서 우리는 하나의 원리를 발견할 수 있다. 즉, 이웃에 대한 선이 자기의 정의와 일치되지 않을 때에는 거기에 불진실, 즉 죄가 개재되어 있다. 다시 바꾸어 말하면, 그 봉사가 하나님에 대한 사랑에서 출발한 것인가, 그렇지 않으면, 자기의 영광을 위하는 생각에서인가 하는 차이가 있다고 볼 수 있다.

여러분이 자기의 직분을 행할 때에 규정에 의해 단순히 사무적으로 의무를 행했을 경우와 가련한 사람이 불쌍해서 여러 가지 방법을 관계되는 직원들과 의논해 가면서 규정을 자유로이 선용해서 도와주었을 때, 어떤 경우에 마음의 기쁨과 감사를 느꼈는지, 참다운 봉사를 했다고 생각되었는지 자명自明한 일이다.

가룟 유다보다 예수님은 훨씬 가난한 사람의 친구였다. 예수님께서 음행 중에 잡혀 온 여자에게 "나도 너를 정죄하지 아니하노니 가서 다시는 죄를 범하지 말라"고 하신 것이라든지, 사마리아의 수가성에서 살던 창녀에게 "하나님은 신이시므로 예배하는 자가 신령과 진리로 예배할지니라" 하시고 예수께서 친히 메시아이심을 나타내 보여주신 것은 다 그들의 인격을 사랑하신 까닭이다.

예수님은 세리와 죄인의 친구셨고, 어린아이의 인격도 존중히 여기셨다. 예수님은 병자를 낫게 하신 후에 엄히 경계해서 말씀하시기를 "삼가 아무에게도 말하지 말라"고 하셨다. 그런데 병

나은 사람들은 그것을 선전하는 것이 의무인 것처럼 선전한다.

요컨데, 어느 것이 진실한 것이며, 하나님의 영광을 구하는 것일까? 바리새인들은 교리를 사람의 편에 두고 살았기 때문에 안식일의 종이 되었고, 예수님은 사람의 인격을 하나님의 사랑으로 보았기 때문에 안식일의 주인이 되었다.

의무적 봉사는 사람이 자기 힘으로 노력하는 봉사이니만큼 힘들고 제한을 받게 되지만, 자발적으로 즐겨하는 봉사는 성령의 감동으로 하나님의 사랑을 가지고, 사람의 인격을 존중히 여겨서 하는 것이므로 하나님께 영광이 돌아가게 된다.

(2) 의무적 봉사는 그 행동과 태도에 관계하고 있는데 반해 자발적 봉사는 그 동기에 관계하고 있다. 사랑은 최고의 법칙이다. 사랑의 동기에서 나오지 않는 법칙이나 규정은 순종할 만한 도덕적 가치가 없다. 가령 우리의 모든 것을 다 팔아 가난한 자를 구제하고 또 자기를 불사르는데 내어 줄지라도 사랑없이 행한다면 아무 유익이 없다. 행동으로만 볼 때에는 그보다도 더 나은 선은 없을 것이다.

그러나 그 동기가 자기의 명예와 자기 중심주의에서 행했다면, 참 사랑은 아니다. 곧 자발적으로 했다고 할 수 없다. 예수님은 "구제할 때에 너의 오른손이 하는 것을 왼손이 알지 못하도록 하라. 여러 사람들 앞에서 나팔을 불지 말라, 은밀히 기도하라, 은밀히 주고 은밀히 금식하라."라고 말씀하셨다. 이것은 그 동기가 보이는 사람을 상대로 하지 말고, 보이지 않는 하나님을 상대로 해서 봉사하라고 하신 말씀이다.

우리는 자기의 임무를 수행할 때, 과연 사랑에 이끌려 자발적으로 하는지 그렇지 않으면 직업적으로 책임에 마지못해 하고 있는 것은 아닌지 반성해 볼 필요가 있다.

(3) 의무적 봉사는 제한적이나, 자발적인 봉사는 무한하다. 의무적으로 봉사할 때에는 두 세 번, 많게는 일곱 번까지 시도하다가 성공하지 못하면 아무리 선한 것이라도 중단하고 만다. 그러나 자발적인 봉사는 그 상대자가 자립적으로 살 때까지 일곱 번씩, 일흔 번이라도 용서하고 사랑을 베푼다.

"또 너를 고발하여 속옷을 가지고자 하는 자에게 겉옷까지도 가지게 하며 또 누구든지 너로 억지로 오 리를 가게 하거든 그 사람과 십 리를 동행하고 네게 구하는 자에게 주며 네게 꾸고자 하는 자에게 거절하지 말라"마 5:40-42는 것이 주님의 정신이었다.

의무적으로 하는 봉사는 자기의 형식적 책임과 물질적 구제를 함으로서 만족할 수 있는데 반해 자발적 봉사는 상대자의 육적 생명만이 아니라 영적 생명, 곧 인격까지 관심을 가지고 지도하게 된다.

(4) 의무적 봉사는 민족, 신조 또는 인종에 따라 적용하는 일이 있는데 반해 자발적 봉사는 보편성을 가진다.

오늘날에도 이 땅 위의 어떤 곳에서는 종족적 편견과 반유대주의, 그리고 인종적 장벽들이 공개적으로 되어 있어서 보편적 사랑이 무시당하고 있다.

선한 사마리아 사람에 대한 예수님의 비유가 이 관계에 대해 말씀하신 것으로 볼 때, 우리 사회사업 또는 의료 사업에 종사하고 있는 사람들에게 큰 교훈을 주는 것이다. 즉, 제사장과 레위인은 종교 지도자이면서, 동시에 공중 보건지도자이기도 했다.

그런데 이방 사람이었던 사마리아 사람은 의사도 아니고, 공중보건의 책임도 없으면서도 도적을 만난 사람을 볼 때, 긍휼히 여기는 마음이 일어나서 그에게로 가까이 가 술로 씻고, 기름을 바른 뒤에 붕대로 싸매고, 자기가 탔던 나귀에 태워서 여관에 데려다 눕히고, 돈 두냥을 내어 주면서 잘 돌보아 달라고 부탁하고, 비용이 부족할 때에는 돌아올 때에 갚아 주겠다고 했다.

이 사마리아인은 의무적으로 행한 것이 아니고, 자발적 사랑에서 행했다. 그는 특히 그의 원수 유대인의 봉변을 가련하게 생각해서 그렇게 실행했는데, 그것은 순간적 감정에서가 아니라 그 고통당한 사람을 돌보아주려는 계속적인 사랑에서였다.

오늘의 사회사업가들 중에는 불쌍히 여기는 마음으로 소수에 대한 봉사를 하는 것보다는 더 과학적으로 조직적인 집단 봉사가 더 유효하다고 하는 사람이 있을 것이다. 그런데 자발적 봉사의 밑뿌리가 되는 긍휼의 마음에는 과학적 봉사를 반대하지 않을 뿐 아니라 더 과학적으로 하게 한다.

또 자발적이고 보편적으로 봉사를 할 수 없다고 하는 사람들 중에는 사람은 유한하여 만능이 아니므로 할 수 없다는 핑계를 할 것이다. 그런데 이 선한 사마리아 사람의 역할을 예수께서 실천해 주셨다. 예수 그리스도는 진리를 반역한 인류를 위해 목숨을 버리셨다. 예수 그리스도와 연합하여 살 때에, 즉 국적, 민족, 인종을 초월하여 생명을 전달하는 봉사를 할 수 있는 것이다.

(5) 의무적 봉사는 사람의 직관, 양심, 이유 또는 전통에 의거하고 있는데 반해 자발적 봉사는 하나님의 성품에 기초하고 있다. 예수께서 말씀하시기를 "새 계명을 너희에게 주노니 서로 사랑하라 내가 너희를 사랑한 것 같이 너희도 서로 사랑하라"요 13:34; 15:12라고 하셨다. 우리는 때때로 사회사업을 할 때에 '이 말씀을 어떻게 적용시킬까' 하고 생각하게 된다.

크리스챤 사회사업가들이 비신자인 자연인의 사회사업가들보다 능력과 기술면에서 부족할 수도 있고, 과오가 더 많을 수도 있다. 그러나 자기 이웃을 사랑하는데 뛰어날 수만 있다면 곧 자기를 희생하는 일에 우수할 수 있다. 하나님의 성품으로 하지 않는다면 자발적 봉사는 거짓이다.

우리 의료사업을 하는데 황금술로 지적되고 있는 것은 저 유명한 영국의 외과의사 리스터 Joseph Lister의 말이다. 즉, '너 자신을 환자의 입장에 두게 하라'라는 금언이다. 이 금언은 "네 이웃을 네 몸과 같이 사랑하라"는 말씀의 구체적 표현이다. 그런데 의무적으로 봉사에 종사하는 사람들은 자기의 양심, 또는 그때 그때의 환경과 이유를 들어 또는 전통을 내세워 봉사를 가감할 때가 있다.

그리고 책임에 관해서도 불가항력이라고 해서 단념하게 된다. 그러므로 회개, 또는 혁신이 없다. 그러나 하나님의 성품으로 하는 자발적 봉사는 성령의 인도로 즐겁게 진리에 순종하므로 이유가 없고, 조건이 없다. 자기의 양심의 제재도 받지 않는다. 그저 사랑의 실천이 있을 뿐이다. 조건 없는 봉사인 것이다. 우리는 조건을 내세우고 말하게 되지만, 그것은 참다운 충성된 봉사라고 할 수 없다.

결론

새 시대를 향한 참다운 봉사는 다음 성구에 기초하고 있다고 믿는다. 즉, "네 마음을 다하고 목숨을 다하고 뜻을 다하여 주 너의 하나님을 사랑하라 하셨으니 이것이 크고 첫째 되는 계명이요 둘째도 그와 같으니 네 이웃을 네 자신 같이 사랑하라 하셨으니 이 두 계명이 온 율법과 선지자의 강령이니라"마 22:37-40고 하신 말씀이다. 이 말씀은 예수 그리스도께서 인류를 대표하셔서 완전히 성취하시고, 그 영을 우리에게 보내 주셔서 또한 우리로 하여금 성취하게 하심을 뜻한다. 이 말씀을 믿으면서 다음과 같이 결론한다.

1. 사회사업의 봉사는 직업의식을 가지고 의무적으로 할 것이 아니고, 사명감에서 자발적으로 해야한다.
2. 참다운 봉사는 인격적인 사랑의 동기에서 그리스도의 성품을 가지고, 즉 무한하고도 보편적인 사랑으로 충성을 다 하는데 있다.
3. 참다운 봉사는 아무도 모르게 하는 것이며, 하나님만을 상대로 하는 것이다.
4. 참다운 봉사는 상금을 바라고 하는 것이 아니고, 자기의 임무를 다한 뒤에도 스스로 무익한 종이라고 느끼는 데 있다.

〈부산모임〉 1973년 8월호[37:6-4]

사회봉사의 참 뜻

 사회봉사를 주 목적으로 하는 국제라이온스 협회의 초청을 받아 '사회봉사의 참 뜻'이란 제목으로 말씀 드리게 된 것을 무한한 영광으로 생각한다.

 사회봉사라고하면 국가나 사회를 위해 헌신적으로 일하는 것을 뜻한다고 말할 수 있다. 국가나 사회는 유기체로 되어 있으므로 마치 우리 몸과 같이 여러 가지 계통과 기관으로 되어 있고, 또 기관과 계통은 여러 가지 조직과 세포로 구성되어 있다.

 이 유기체가 건전하려면 각 기관과 조직, 그리고 모든 세포들이 각기 기능을 완수함으로써 이루어지는 것이다. 그런데 우리 인체에 대해 생각해 보면 우리 인체는 뇌와 심장을 제외하고, 폐장은 2분의 1, 간장은 4분의 1, 콩팥도 둘 중의 하나, 위, 장관은 5분의 1만 가지고도 제대로 기능하면 생활에 지장 없이 살 수 있다. 즉, 하나님께서 우리의 기관과 조직을 지어 주실 때, 넉넉히 지어 주셨고, 또 신체의 일부가 손상을 입어 기능을 잘 못할 때에는 그 기능을 대신 할 수 있도록 해주셨다.

 천재지변이나 전염병의 유행으로 환자가 많이 발생하고, 또 전쟁이나 질병으로 신체 장애자가 발생했을 때, 사회적으로 동정이 많고 현명한 인사들이 여러 가지 환난을 당한 자들의 불우한 환경을 개선해 주고, 굶주릴 때에 먹을 것을, 헐벗을 때에 침구와 입을 것을 공급하고, 병들었을 때에 치료를, 신체 장애자에게는 기능회복과 직업보도를 알선해 주는 일이 사회봉사라고 말할 수 있다.

그런데 위에서 본 바와 같이 우리의 신체가 상해를 당하면 우리의 신체는 생물학적 자연법칙에 의해 생리학자 월터 캐논$^{Walter Cannon}$이 주장한 항상성^{Homeostasis} 법칙으로 재생기전을 통해 정상화된다. 소련의 생리학자 오르벨리는 이것을 정상크기의 법칙이라고 말했으며, 창상의 수복기전이 자연 치유력에 의해 이루어지는 것이다.

그러나 사회의 법칙에는 단순한 과학적 법칙뿐 아니라 사랑의 법칙, 즉 긍휼의 마음과 자비의 마음으로 자기를 희생하고, 남을 돕는 박애의 정신이 필요한 것을 우리는 잘 알고 있다.

나는 사회봉사의 참 뜻을 밝히기 위해 성경과 맹자의 두 가지 예를 통해 소개하고자 한다.

첫째는 누가복음 10장 25절-31절까지의 말씀이다.

하루는 유대교의 율법사가 예수께 나아와 어떻게 해야 영생을 얻을 수 있는지에 대해 물었다. 그러자 예수님께서 유대인의 율법사로서 어떻게 읽고, 어떻게 가르쳤는지 반문하셨다. 율법사가 "네 마음을 다하며 목숨을 다하며 힘을 다하며 뜻을 다하여 주 너의 하나님을 사랑하고 또한 네 이웃을 네 자신 같이 사랑하라 하였나이다"라고 대답하였다. 이에 예수님은 "네 대답이 옳도다 이를 행하라 그러면 살리라"고 하셨다. 이 청년이 자기를 옳게 보이려고 자신의 이웃이 누구인지 다시 물었다. 그 때 예수님은 한 예를 들어 사회봉사의 참 뜻을 가르쳐주셨다$^{눅\ 10:25-29}$.

어떤 사람이 예루살렘으로부터 여리고로 내려가다가 한 강도를 만나서 있는 것을 다 빼앗기고 몸에 상처가 나도록 얻어 맞고 거의 죽게 된 채로 버려졌다. 마침 그리로 제사장이 지나가다가 보고 피하여 지나가고, 당시의 보건 일꾼인 레위인도 보고 피하여 지나갔다.

그 뒤에 사마리아인이 그리로 지나가다가 그 광경을 보고는 불쌍한 생각이 들어서 자기가 탔던 나귀에서 내려와 그 상처를 알코올로 닦고, 기름을 바르고, 깨끗한 붕대로 싸매주었으며, 또 자기가 탔던 나귀에 태워 주막으로 데리고 가서 주막 주인에게 돈을 주어 잘 돌보아 달라고 부탁을 한 뒤에 만일 비용이 더 들면 돌아올 때에 자신이 갚겠다고 갔다면, 이 세 사람 중에 누가 강도 만난자의 이웃이겠냐고 물으셨다. 이에 그 율법사는 자비를 베푼 자라고 말하였다. 예수님은 율법사에게 "가서 너도 이와 같이 하라."고 말씀하셨다.

사실은 이 선한 사마리아 사람은 예수께서 그렇게 실천하셔서 사회봉사의 참 뜻을 나타내 주신 것이다. 우리도 우리를 살리신 그 하나님의 사랑을 실천함으로써, 곤란에 빠진 사회를 구출해야 한다.

둘째는 이것은 〈양혜왕편상제칠제환진문장〉梁惠王篇上第七齊桓晉文章에서 나오는 맹자의 말씀이다.

제齊나라 의왕宜王이 물었다.

"제나라 환공桓公과 진晉나라 문공文公의 일에 대해 말씀을 들려주실 수 있겠습니까?" 맹자께서 대답하셨다.

"공자의 제자들 중에는 환공桓公과 문공의 일을 말한 사람이 없나이다. 이런 까닭으로 후세에 전해지지 않고 있기 때문에 저는 아직 그 일을 듣지 못하고 있나이다. 싫지 않으시다면 왕王 노릇 하는 이야기나 하시지요."

의왕이 말했다. "덕德이 어떠하여야 왕 노릇 할 수 있나이까?"

맹자가 "백성을 평안히 살게 해 주고 왕 노릇 한다면 아무도 이를 못하게 막아 낼 수 없을 것입니다."하고 말하였다.

"나 같은 사람도 백성을 평안히 살게 해 줄 수 있을까요?"하고 의왕이 물었다. "하실 수 있나이다"라고 맹자는 말했다.

"무엇을 가지고 내가 할 수 있음을 아십니까?"라고 의왕이 물었다.

"제가 호흘에게서 이런 말씀을 들었나이다. 왕께서 당堂 위에 앉아 계실 때에 소를 끌고 당 아래를 지나가는 사람에게 '소를 어디로 끌고 가는가?' 하시니, 그 사람이 '종鐘에 피를 바르려 하나이다.'라고 대답했나이다. 그랬더니 왕께서 '놓아주어라. 나는 그 소가 부들부들 떨면서 아무 죄도 없이 사지로 끌려가는 꼴을 차마 보지 못하겠구나!' 하고 말씀하셨나이다. 그 사람이 '그러면 종에 피를 바르는 것을 그만 두오리이까?' 하고 여쭈었더니 왕께서 '어찌 그만 둘 수야 있겠느냐? 양으로 바꿔서 하려무나.'라고 말씀하셨다고 하십니다. 저로서는 잘 모르겠사오나 과연 그런 일이 있었나이까?"라고 맹자가 묻자, "그런 일이 있었나이다."라고 의왕이 대답하였다.

"그러한 마음이면 넉넉히 왕 노릇을 할 수 있나이다. 백성들은 모두 왕께서 소를 아껴서 하신 것이라고 말하고 있습니다만, 저는 진실로 왕께서 그 꼴을 차마 보실 수 없어서 하신 것임을 알고 있나이다."라고 맹자가 말하였다.

그러자 의왕은 "그렇습니다. 정말 그렇게 말하는 백성들이 있습니다만, 제나라가 아무리 작다고 한들, 내 어찌 한 마리의 소를 아까워 하겠나이까? 바로 그 소가 부들부들 떨면서 죄도 없이 사지에 끌려가는 꼴을 차마 볼 수 없었기 때문에 양으로 바꾸라고 말한 것입니다."라고 대답하였다.

이에 맹자는 "왕께서는 백성들이 왕께서 소를 아껴서 하신 것이라고 이르는 것을 괴히 여기지 마옵소서. 작은 것으로 큰 것과 바꾸게 하셨으니, 그들이 어찌 왕의 마음을 알 수 있겠나이까? 왕께서 만일 아무 죄도 없이 사지로 끌려가는 것을 불쌍히 생각하셨다면 어찌 소와 양의 구별이 있겠나이까?"라고 말하였다.

그러자 왕이 웃으면서 말했다. "그것은 정말 무슨 마음으로 그랬던가? 나는 그 재물을 아끼느라고 양으로 바꾸라고 한 말이 아니건만, 백성들이 나보고 인색해서 그랬다고 말하는 것도 무리가 아니겠군요." 그러자 맹자가 말하기를 "무상야시내인술 無傷也是乃仁術입니다. 왕께서는 너무 상심하지 마옵소서. 이것이 바로 인仁의 방법입니다. 즉, 소는 보셔서 측은한 마음이 일어났고, 양은 보시지 않았기 때문입니다. 군자가 금수를 대할 때 그 생生 모양을 보고서는 그들의 죽는 꼴을 차마 보지 못하오며, 그 죽는 소리를 듣고서는 그 고기를 차마 먹지를 못합니다. 그러므로 군자는 푸줏간을 멀리하는 것입니다."

제나라 의왕이 처음에 제나라 환공과 진나라 문공에 대한 소식을 듣고 자기도 천하통일의 꿈을 품어 보았지만, 왕의 도는 힘으로 천하를 지배하고 장악하려고 하는데 있지 않고, 불쌍한 것을 불쌍히 여기고, 백성을 살피며 덕을 가지고 인술(仁의 方術)을 할 수 있음을 깨달았다. 이 측은히 여기는 마음은 누구나 다 가지고 있는데, 이것을 실천하는 사람은 적다.

우리 눈앞에 불쌍한 상황이 나타날 때, 그 불쌍히 여기는 하나님의 마음을 거스르거나 소멸하지 말고, 남을 도와 주는 일이 사회봉사의 참 뜻이다.

그러므로 우리의 사회봉사에는 어떠한 칭찬이나 명예를 염두에 두지 않고, 극히 자연스럽게 사람의 도리로서 사람을 구하는 사랑의 실천이야말로 사회봉사의 참 뜻이라고 감히 말씀을 드리는 바이다.

〈부산모임〉 1985년 10월호[106:18-5]

내 이웃은 누구인가

　예수님께서 율법사에게 영생의 도리를 설명하실 때, "내 이웃을 네 몸과 같이 사랑하라."고 하셨다. 이 율법사가 자기를 옳게 여겨 "누가 내 이웃입니까?" 하고 물었다. 이 때에 예수님께서 강도 만난 사람의 예를 들어 교훈하셨다.

　"예루살렘에서 여리고로 가는 길에서 한 사람이 도둑을 만나 많이 상처를 입고 거의 죽게 되어 길에 누워있을 때, 대제사장이 그리로 지나 가다가 그를 보고 비켜 지나가고, 레위인도 그것을 보고 비켜 지나갔는데, 한 사마리아인은 그리로 지나가다가 이 광경을 보고 불쌍히 여겨 나귀에서 내려 강도 만난 자의 상처를 기름과 포도주로 씻고, 붕대로 싸매어 주고, 또 자기가 탔던 나귀에 태워서 주막에 데려다 주인에게 잘 돌보아 달라고 부탁하고, 떠날 때에 돈 두 데나리온을 내어주면서 비용이 더 들거든 자기가 돌아올 때에 갚겠다고 했으니 너의 생각은 누가 이 강도 만난 자의 이웃이 되겠는가?"눅 10:30-37 라고 물었다. 그러자 율법사는 "자비를 베푼 자"라고 대답하였다.

　이 비유에 네 가지 인물이 등장한다.

　첫 번째 인물은 강도 만난 사람이다. 강도는 누구인가? 공중에 권세 잡은 자, 곧 사단이다. 사단은 금력과 권력, 이것들이 합하여 폭력을 가지고 세상 사람들에게 군림하고 있다. 그리고 또 하나는 물질의 풍부함을 얻어 행복하게 살고자 하는 풍조에 물들어 있는 상태이다. 그래서 남은 어떻게 되든지 자기만은 명예와 지위와 부귀 영화를 누려야 하겠다고 해서 인격적 파탄에 이르기까지 한다. 참으로 가련한 상태이다.

이 인류의 참상에서 건져줄 자가 누가 있는가? 종교지도자 일까? 그러나 두 번째 인물인 대제사장은 이것을 보고 그저 지나갔다. 왜 그랬을까? 이 문제를 '나의 직접 책임이 아니다. 나의 힘으로 해결할 수 없다.'고 판단 했기 때문일지도 모른다.

세 번째로 레위인도 그저 지나갔다. 레위인은 당시 사회에서 보건의 책임을 지고 있었던 계층의 사람이다. 그런데 왜 지나갔을까? 그도 자기 중심적 생각에 붙잡혀 있었던 사람이었다. 아마도 이 한 사람을 구하는 일에 시간을 쓰기보다는 사회제도를 개혁해서 강도가 나오지 않도록 하는 일을 도모하여야겠다고 생각하고 지나갔을지도 모르겠다.

마지막으로 사마리아 사람이다. 이 사마리아 사람의 역할을 하신 분이 이 역사에서 누구였을까? 그러한 사람은 단 한 분 밖에 없었다. 곧 예수 그리스도이시다.

예수님만이 이러한 사랑을 실천하셨다. 이 사마리아 사람은 강도를 만나 부상당한 유대인과는 잘 상종하지도 않는, 소위 당시에 원수 지간에 있었던 사이였다. 그런데 예수님은 원수와 같은 우리 죄인들을 살리기 위해 십자가를 지고, 희생 제물이 되신 것이다.

우리는 다 강도 만난 자 같아서 남을 돌볼 자격이 없는 자들이지만, 이제 예수 그리스도의 은혜로 구원을 얻었으니 그의 성령을 의지하여 예수님을 구주로 증거하고, 또한 주님이 하신 일을 우리도 협력하여 받들어야 한다.

〈부산모임〉 1982년 6월호[86:15-3]

문둥이와 예수님

마가복음 8장 1절-4절, 누가복음 17장 11절-19절

문둥이에 대한 첫 기사는 모세의 누이동생, 미리암이었다.민 12:10. 그리고 문둥병의 진단과 치료와 완치된 증거를 내릴 수 있는 것은 제사장이었다레 13, 14장.

구약에 문둥병자로 진단받은 기사는 미리암을 비롯해서 아람 왕의 군대장관 나아만, 나아만의 예물을 탐내었다가 문둥병에 걸린 엘리사의 사환 게하시가 있고왕하 5:1, 27, 이스라엘 왕 여로보암 때에 유다왕 아사랴는 정직했으나 산당을 헐지 않아서 우상숭배를 근절하지 못하여서 죽는 날까지 문둥이가 되었다왕하 15:1-5. 또 유다 왕 웃시야는 교만함으로 여호와의 전에 들어가 분향하다가 제사장에게 노를 발하여 그 이마에 문둥병이 발해서 죽기까지 문둥이로 지냈다대하 26:16-21.

이러한 이유로 문둥병은 하나님의 진노로 인해 저주받은 결과라고 생각하게 되었고, 또 그 비참한 경과와 전염성 때문에 금고 禁錮(교도소에 가두어 두기만 하고 노역은 시키지 않는다)되고 성 밖으로 추방되었다레 13장, 14장. 그래서 유대의 랍비들도 문둥이를 만나면 "부정하다 부정하다."고 하면서 멀리 피해 가고, 또 문둥이가 사는 동네에서 팔러 오는 계란은 사 먹지도 않았다. 즉, 구약시대에 문둥병은 저주받은 병이요, 죄로 인한 하나님의 징벌이라고 생각했다.

이형섭 교수의 연구에 의하면, 팔만 대장경에 기록된 문둥병에 대한 관념도 죄의 벌, 곧, 저주로 인정되었다고 한다. 현재도 일반 사람들은 문둥병을 싫어하고 피하려고 한다.

그러나 예수님이 친히 손을 내밀어 만지시면서 "내가 원하노니 깨끗함을 받으라"마 8:3고 말씀하시니 곧 문둥병이 물러가고 병인은 나음을 얻었다. 그리고 나음을 받은 사마리아 사람, 문둥이었던 사람은 예수님께 와서 큰소리로 하나님께 영광을 돌리며 감사했다눅 17:15. 지금도 문둥병은 예수를 믿는 나라에서는 치료와 예방이 잘 되고 있는데, 그것은 믿는 의료인들이 예수님의 사랑을 가지고 이 병을 다스리는데 기인하기 때문이다.

성경의 기사는 어디까지나 그 뜻을 나타내는 것으로 구약시대에 문둥병은 하나님의 진노를 통한 저주로 임한 것이라고 보았다. 그러나 신약시대에 예수님은 문둥병도 나을 수 있는 병으로 믿고, 친히 사랑의 대상으로 여기셨으므로 손을 내밀어 상처를 만지셨다. 그러자 문둥병인은 나음을 얻고 하나님께 영광을 돌렸다눅 17:15.

현대의학은 노르웨이의 의사, 게르하르 아르메우에르 한센Gerhard Henrik Armauer Hansen이 나균을 발견한 후 전염병임을 확인하였고, DDS Diamino-Diphenyl Sulphone라고 하는 치료약이 발견되어 지금 문둥병은 치료만 하면 거의 완치되는 것으로 알고 있다.

문둥병은 크게 두 가지로 나누게 되는데 나종성 나癩腫性 癩는 치유가 더디되어 몇 년간 계속 DDS를 복용하여야 하며, 또 그

중에는 다 나은 것 같다가도 수년 후에 재발하는 것도 있다. 그러나 결핵 모양의 문둥병인 결핵양 나結核樣癩는 DDS에 잘 반응하여 수년 내에 완치되어 재발하지 않는다. 이 형은 자연히 나을 수도 있는 것이다.

그래서 문둥병 전문의사들 중에서 문둥병을 사회 사람들이 싫어하는 관계로 일찍이 진단을 받지 않고 숨기는 일이 있어 예방과 치료에 지장을 가져온다고 해서 각기 자기 집에 있으면서 치료를 받게 하자고 강조하는 학자도 있다. 그러나 나종성 나癩는 때로는 재발하는 일이 있어 우리나라에서는 지금도 오히려 집단 부락으로 사회복귀를 시켜 일반생업을 영위하도록 하게 하고 있다.

요컨대 문둥병은 콧물과 창액, 혈액 등으로 전염되는 병이지만, 사람들 대부분은 면역 상태에 있고, 또 면역을 얻게 하여 예방할 수 있다. 우리나라 나병 전문가 유준 교수는 그리 오래지 않아 문둥병은 근절될 것이라고 말한다. 나도 그렇게 될 것을 바라며 예수 그리스도의 사랑으로 이 병을 물리치도록 힘쓰면 더 좋은 결과를 얻게 될 것이라 믿는다.

그런데 예수님은 문둥병자를 낫게 하신 다음에 문둥병자가 기뻐서 그 소식을 전하려고 하는 기색을 하므로 엄격하신 태도로 그것을 금지하셨다. 다만 구약에서 명한 대로 제사장에게 몸을 보인 후 예물을 드려 완치 진단서를 받아 사회에 복귀하고, 예수님을 병을 고치는 기적을 행하는 사람으로 선전하지 말라고 엄명하셨다.

왜 그랬을까? 예수님의 인격은 사랑과 진실을 겸비하신 분이어서 사랑은 문둥병을 자기의 것으로 생각해서 손으로 어루만져

낮게 하셨지만, 그의 진실하신 성격은 선전을 금지하셨던 것이라고 생각한다. 이것이 오늘날 소위 기도로 신유의 기적을 행한다고 선전하는 기도자들과 분명히 다른점이라고 할 수 있다.

아마도 병이 나은 사람은 그 기사를 선전하는 것을 그 은혜의 보답으로 생각했을지 모르나 실상은 그 말씀을 순종하는 것이 주님께서 기뻐하시 것임을 알아야 한다. 우리도 흔히 자기를 선전하면서 그것으로 하나님께 영광을 돌린다고 생각하지만, 예수님의 진실하신 성격에 감격하여 두려움으로 하나님을 섬기며, 마음으로 주님의 말씀에 순종하여야 할 것이다. 이것이 주님의 진실에 대한 진실의 응답이라고 믿는다.

누가복음 17장에 나타난 기사에서는 나음을 얻은 문둥병인 열 명 중에서 사마리아 사람 한 명만이 예수님께 돌아와 사례하고 하나님께 영광을 돌렸다. 아홉 유대인이 어디 가서 어떻게 하고 있는지 기사가 없어 모르지만, 하나님께 영광을 돌리지 않고, 대제사장이신 예수님께 예물을 드리지 않은 것만은 확실하다. 그러나 그것은 예수님께서 대제사장으로 임하신 것을 모르는 것이니 불행하다고 생각한다.

그 당시 유대인들은 과거 앗수르가 이스라엘을 쳐들어 왔을 때, 사마리아 인들이 그들과 잡혼해서 자손을 보았기 때문에 순수한 이스라엘 혈통을 지키지 못했다고 여겨 천하게 여겨왔다. 그런데 천민 사마리아 사람만이 홀로 예수님께 돌아와 예물을 드리고, 소리 높여 여호와의 영광을 찬송했다.

우리 인격도 죄악으로 인해 파탄되어 문둥병과 같이 되었는데, 지금은 예수님의 피로 말미암아 하나님께 돌아와 구원을 받고 하나님의 자녀가 되었다. 우리는 이 은혜를 매일 감사 찬송을 하며 영광을 하나님께 돌려야 한다.

〈부산모임〉 1977년 4월호[58:10-2]

〈평화〉

지극히 높은 곳에서는 하나님께 영광이요
땅에서는 자비하심을 입은 사람들 중에 평화로다

눅 2:14

평화란 각 개인이 가정과 사회생활에서 상부상조하여 만족감을 가지고 각기 사명을 수행하는 상태이다

〈부산모임〉 1979년 8월호

마틴 루터 킹 박사의 죽음

마틴 루터 킹 박사는 1968년 4월 4일 미국 데네스주 멤피스 시에서 백인의 테러에 의하여 암살되어 전 세계 사람들의 마음을 아프게 하였다. 특히 미국에 있는 흑인들의 마음을 자극하여 분노를 자라나게 했다. 나는 그의 죽음을 슬퍼하면서 떠오르는 생각을 적어본다.

먼저 연상된 것은 인도의 간디Mahatma Gandhi와 미국의 케네디John F. Kennedy의 죽음이다. 테러분자의 동기와 방법은 마찬가지이다. 즉, 폭력이 비폭력을 제거하려는 동기에서 폭력을 가지고 죽인 것이다. 이 일은 폭력으로 정복하려는 것이 확실히 악이라고 하는 것을 더 밝히 보여줬다. 우리는 이 사건에서 다음과 같은 것을 느낄 수 있다.

폭력으로 세계를 제패하려고 하는 자들이 아직도 세력을 쥐고 할애하고 있다. 킹 박사의 희생은 폭력주의자들의 양심을 강하게 자극하여 회개를 촉구하려는 하나님의 뜻으로 허락된 것이 아닌가? 비폭력 저항의 방법이 옳다고 하는 것을 더 밝히 보임으로써 그와 같은 뜻을 가진 사람들을 더 많이 일으키고 동기를 더해 주었다는 것이다.

킹 박사는 미국에서 흑인과 백인이 분열되는 것은 죽는 길이고, 서로 이해하고 협조하는 것이 사는 길임을 강조하였다. 그런데 킹 박사의 죽음은 그 사는 길을 상하게 한 것이어서 크게 염려된다. 1945년 독일이 제2차 세계대전에서 지게 되었을 때에 샌프란시스코에서 영국, 미국, 소련의 정치가들이 회담을 열었다. 그 때 전후 독일에 대한 냉혹한 조약을 체결할 것을 의논할 때였다고 기억되는데, 일본 야나이하라 타다오 선생은 그 때에 "메네 메네 데겔 우바르신"이라고 쓰어지는 손가락을 보셨다고 말한 것이 기억난다. 나는 이번에 그와 같은 동정을 연설한다. 이제라도 백인이 회개하지 아니하면 "메네 메네 데겔 우바르신"의 예언이 이루어질 것이다.

나는 킹 박사와 더불어 비폭력으로 폭력을 비판하면서 "미국의 백인들이여, 회개하고 머리를 수그리라!"고 외치고 싶다. 왜 분열되고 자멸할 것인가? 너희는 함과 야벳의 자손들이 아닌가? 하나님은 죄인이 죄에서 죽는 것을 원하지 않고, 회개하고 사는 것을 기뻐하신다고 말씀하셨다. 이러한 인종문제와 폭력의 지배에 대한 문제들은 현대 과학이나 물질 문명으로는 해결되지 못할 것이다. 다만 하나님의 자녀가 되는 그리스도의 구원의 능력과 은혜를 시인하고 믿게 될 때에 해결될 수 있다.

〈부산모임〉 1968년 4월호[3:1-3]

착하고 충성된 종, 마틴 루터 킹

마틴 루터 킹은 온 인류 가운데 공평치 않은 대우를 받는 흑인의 민권을 옹호하기 위하여 싸우다가 대적의 흉탄을 맞고 가셨다.

나는 본래 비겁한 자였다. 킹 목사의 죽음은 나에게 용기를 주었으며 그를 따르고 싶은 마음을 일으켜 주었다. 폭력주의자는 폭력을 반대하고 공평하지 않은 것을 바로잡으려고 저항하는 이를 폭력으로 죽였으나 그 정신과 행동은 비겁자들을 깨웠으며 그 대적하던 자들의 마음까지도 찔렀다.

킹의 운동은 그리스도의 정신에 서 있는 것이며 그 동기는 사랑, 그 방법은 간디에게서 배운 비폭력 저항이었다. 아무리 법에 제정된 것이라 할지라도 하나님 뜻에 맞지 않는 불공평과 인권 유린은 그대로 보고 지낼 수 없었다. 그것을 지적하고 반대하는 것이 압제자들과 압박을 당하는 자들을 깨우고 살리는 하나님의 뜻이라고 믿었다. 그래서 그는 인권 옹호를 위하여 일어섰다.

그런데 현 자본주의 체제에서 살면서 그 법률을 존중하는 사람들 중에는 이 킹의 운동을 못마땅하게 생각하며 "왜 법을 위반하면서까지 싸워야 하는가?"하고 비판하는 사람이 있다. 크리스천 중에도 근본주의자들 중에는 그러한 사회운동을 크게 생각하지 않는 사람도 있다. 또 킹의 운동을 너무도 격찬한 나머지 그리스도의 이루신 일과 마찬가지로 보거나 또는 보다 더 큰 일이라고 강조하는 무리가 있어 그 지나친 평가에 눈살을 찌푸리는 사람들도 더러 있다. 그래서 나는 나로서의 느끼는 바를 적어서 비판을 받고자 한다.

나는 킹의 저서 《왜 우리는 더 기다릴 수 없는가》를 읽으면서 마틴 루터 킹은 예수님이 하늘나라를 비유해서 가르치신 말씀 중의 금 다섯 달란트를 받았던 자와 같이 자기 직분에 충성했던 사람이었음을 느꼈다. "오랜 후에 그 종들의 주인이 돌아와 그들과 결산할새 다섯 달란트 받았던 자는 다섯 달란트를 더 가지고 와서 이르되 주인이여 내게 다섯 달란트를 주셨는데 보소서 내가 또 다섯 달란트를 남겼나이다 그 주인이 이르되 잘하였도다 착하고 충성된 종아 네가 적은 일에 충성하였으매 내가 많은 것을 네게 맡기리니 네 주인의 즐거움에 참여할지어다"마 25:19-21라고 하였던 비유를 나는 생각하게 되었다.

그런 의미에서 간디도 작은 일에 충성한 분이셨다. 곧 믿음에 충성된 분이셨다. 믿는다고 하는 사람들이 작은 일에 충성한다면 다 그들과 같이 될 것이 아닌가? 그들이 한 일이 기독교의 주장과 별로 다른 일이라고 생각하지 않는다.

누가 슈바이처에 대한 비평을 할 때, 그의 주장이 기독교와 부합한 것은 아니나 그의 행동은 그리스도의 정신에 부합하다고 한 것을 읽은 기억이 있다. 나는 킹 목사가 지도한 운동이 주님의 하신 것과는 같지 않다고 비판을 받을 수 있을지 모르나 그 정신은 온전히 주님에게서 나온 사랑에서 출발한 것이며 그의 방법도 주님의 뜻을 나타낸 행동이라고 생각한다. 주님은 이들을 "착하고 충성된 종아 네가 적은 일에 충성하였으매 내가 많은 것을 네게 맡기리니 네 주인의 즐거움에 참여할지어다."라고 칭찬하실 것이다. 그리고 한편 그렇게 살지 못하고 그 운동을 의아하게 생각하고 비평하는 자들에게는 "악하고 게으른 종아"하면서 "이 무익한 종을 바깥 어두운 데로 내쫓으라 거기서 슬피 울며 이를 갈리라 하니라"하는 말씀이 응하지 않겠는가.

〈부산모임〉 1970년 4,5월호[19:3-3]

로버트 케네디의 죽음

　어떠한 사건이든지 그 진상을 정확하게 파악하는데는 먼저 동정하는 마음을 가지고 그 사건을 진리에 비추어 보는 것이 필요하다.

　어떠한 분은 케네디의 죽음에 대하여 말하기를 미국사회에 있어서의 현실적 물질주의, 정치주의, 과학주의가 과거의 청교도적인 신앙을 약화시킨데 기인하며 그리고 케네디가 천운인 하나님의 때를 단축시키려고 한 것은 신앙적으로는 일종의 교만이며, 정치적인 문제의 해결만으로는 과열하는 미국과 온 인류에 대해 하나님은 "아니야"하고 못마땅하게 생각하시는 점이 계시는 것이 아닌가라고 말했다.

　보는 입장에 따라 그렇게 보일지 모른다. 그러나 나의 생각은 그렇지 않다. 확실히 케네디를 쏜 사람은 미국 사회에 있어서 과학주의, 정치주의, 물질주의, 경제주의, 현실주의 심리와 사상에 의하여 하나님에 대한 신앙을 잃었기 때문에 폭력으로 해결하려는 자들의 앞잡이로 등장했다고 생각된다. 그러나 케네디가 대통령 후보로 나선 것은 월남전의 과열과 존슨의 출마포기를 계기로 갑작스럽게 추진되었다 할지라도 하나님의 때를 단축시키려고한 교만에서 한 것이라고는 보여지지 않는다. 그리고 그가 정치적으로 문제를 해결하려고 한 것을 하나님은 "아니야"하고 못마땅하게 생각하신다고 생각하는 이가 있을 지 모르지만 나는 정치적으로 문제를 옳게 해결하려고 하는 자를 찾으시고, 어떤 가를 뒷받침 해주시는 하나님으로 믿어지지 그것을 못마땅하게 생각하실 것 같이 생각되지는 않는다. 사회악을 제거하는 것은 반드시 생존시의 정치활동을 통해서 정치문제를 해결해야 되는 것도 아니다. 때로는 죽음이 더 큰 일을 하는 수가 있다. 또 하나님은 영혼의 문제를 해결케 하기 위하여 육의 문제(현실문제)도 올바른 방향으로 인도하시는 줄을 믿는다. 과연 나는 로버트 케네디가 대통령이 될런지도 모르고 되었어도 죽지 않았더라면 미국에서 무기 휴대 금지법안이 그렇게 속히 통과시킬 수 있었겠는가가 의문이다. 킹 박사와 로버트 케네디의 희생이 이 법안을 속히 통과 시켰을 것이다. 아니 어찌 이들의 죽음만이리요, 어떤 정신병자가 시카고에서 간호원들을 쏘아죽인 일로부터 지금도 미국 내에서는 6분마다 한 사람씩 총기 오발로 생명을 잃게 된다는 이 사실은 그 많은 사람들의 피가 무기유해금지법안을 그렇게 변경시킨 것이라고 본다.

하나님은 왜 정치가의 두뇌로 하지 못하는 것을 이와 같이 많은 사람의 피를 흘리게 해서 역사를 이루시는지 나는 잘 모른다. 다만 하나님은 진리시요 원리이시기 때문에 십자가를 통하여 부활로 죽음을 지나 영생으로 가는 원리를 보여주셨기 때문에 회의하면서도 그렇게 되는 것이 옳은 줄 믿을 뿐이다.

로버트 케네디는 세계평화와 흑백인 간의 문제를 해결해 보려고 마음 먹었던 사람으로 보여진다. 대통령이 되어 해결해 보겠다는 생각은 명예와 지위 또는 자기자신의 정치역량을 과신한 교만의 태도라고 보는 것은 너무도 동정해 보지 않는 생각이 아닌가 한다.

만일 그러한 생각 뿐이었더라면 하나님은 네 마음대로 해보아라 실패하고 더 깊은 진리를 깨달아라 라고 하시고 내버려 두셨을 것 같이 생각된다. 세계평화와 흑백문제 해결에 어느 것이 더 접경이겠는가? 케네디가 대통령이 되어 정치적으로 대결하는 길이겠는가? 그렇지 않으면 폭력배의 손에 맞아죽어 그들의 마음을 움직이게 하는 것이 더 접경이겠는가 아마도 나는 후자가 아닌가 생각된다. 그래서 하나님은 케네디를 뽑아 그렇게 사용하셔서 비폭력주의가 옳다는 것을 또 한번 세계에 외치고 많은 사람을 감동케 하셨다. 그는 다시한번 그리스도의 뜻을 전했다고 보는 바이다.

〈부산모임〉 1968년 8월호[7:1-7]

화목하게 하는 자

　화목하게 하는 자는 복이 있나니 저희가 하나님의 아들이라 일컬음을 받을 것이라 하였다.
　사람과 사람 사이에 왜 분쟁이 있으며 불화가 조성될까? 그들의 인격이 진리에서 떠났기 때문이다. 진리 안에서 모든 인격은 유기체가 되어 조화를 이루고 서로 협동하는 것이지만, 진리에서 떠나면 모든 인격은 자기주장만을 하게 되며 서로 알력이 생기게 된다. 불화와 분쟁은 상대적이며 쌍방에 책임이 있는 것이다. 어느 한 편이 절대로 옳고 선하면, 불화는 성립되지 않을 것이다. 절대선은 화목하게 하시는 까닭이다. 그런데 현실에서 분쟁의 원인을 살펴보면 인식의 잘못에 기인하는 것이 거의 전부가 아닐까 생각한다. 우리가 사물을 보고 판단할 때 하나님께서 주관하고 계신다고 하는 것을 잊을 때가 거의 전부 아닌가? 또 모든 것이 하나님의 것인데, 하나님의 것을 제 마음대로 비판하고 판단하는 잘못에 기인하는 것이 대다수인 줄 안다. 또 자기의 생각과 판단은 진리에 속해 있는지 반성하지 않을 때가 많다. 그래서 차별의식을 갖게 되고 그것으로 판단하니 생각이 불공평하고, 불의로우며, 불법적이다. 상대방의 의견은 이기적이요, 탐욕적이요, 편견이요, 고집이라고 하여 '네가 그러하면 나도 그러한다.'는 식으로 하게 된다. 그래서 냉전이 계속되고 열전으로 변하게 된다. 교회 안에서도 파당의 싸움은 다 이런 순서를 밟아 일어나는 것이다.

그렇다 하여 나는 정의의 싸움을 부정하는 것은 아니다. 예수님이 말씀하시기를 "내가 온 것은 불을 땅에 던지러 오셨다."고도 하셨고 집안사람이 서로 불화하여 딸이 어미와, 며느리가 시어머니와, 아들이 아버지와 불화케 하시겠다고도 하셨다마 10: 34-36. 이것은 진리에 대한 말씀으로서 사도 바울도 그리스도와 벨리알(보통 명사로 불량자, 비류 등으로 쓰이고 신약에서는 바울이 사탄과 같은 뜻으로 이 말을 사용했다.)이 어떻게 조화되겠는가 하여 완전히 갈라져야 할 것을 주장했다고후 6:14-16. 우리는 진리와 공의에 대하여는 자기의 신념을 굽힐 수 없으며 타협할 수 없다. 이것은 진리이신 예수 그리스도를 위주로 하여 살아야 한다는 교훈이다. 자기를 주장하여 싸우라는 말씀은 아니다. 그런데 현실에서 분쟁이나 불화는 자기주장에 기인하는 것이다.

잠언에는 다툼을 멀리하라는 교훈이 많다.
1. 다투는 여인과 함께 큰 집에서 사는 것보다 움막에서 혼자 사는 것이 나으니라잠 21:9
2. 다툼을 멀리하는 것이 사람에게 영광이어늘 미련한 자마다 다툼을 일으키니라잠 20:3
3. 노하기를 더디 하는 것이 사람의 슬기요 허물을 용서하는 것이 자기 영광이니라잠 19:11
4. 사람의 행위가 여호와를 기쁘시게 하면 그 사람의 원수라도 그로 더불어 화목하게 하느니라잠 16:7

5. 노엽게 한 형제와 화목하기가 견고한 성을 취하기보다 어려운즉, 이러한 다툼은 산성문의 빗장 같으니라 잠 18:19
6. 마음의 화평은 육신의 생명이나 시기는 뼈의 썩음이니라 잠 14:30

위의 말씀을 보면 화평케 하는 일은 쉬운 것이 아님을 알 수 있다. 노엽게 한 형제의 감정을 유화케 하는 일은 견고한 산성을 빼앗기보다 어렵다고 한다. 성령의 능력이 아니고는 상한 자의 마음을 고쳐줄 수 없다고 생각한다. 성령의 능력과 감화도 사람의 마음과 인격을 통하여 이루어지는 것을 우리는 매일의 생활에서 경험하게 된다. 어떠한 사람의 마음과 인격을 통하여 이루시는가 하면, 불화가 자기의 책임, 즉 자기 죄 때문인 것을 깨닫고 회개하는 자, 그의 생활이 그리스도 안에서 진지하여 사단의 궤계를 쳐부수고 승리의 생활을 하는 자의 인격을 통하여 성취하시는 것으로 나는 믿는다. 이러한 행위는 여호와께서 기뻐하시고, 그 원수라도 그로 더불어 화목하게 하는 것이다. 가정의 평화, 한민족과 사회의 평화, 온 세계 평화의 기본은 각 개인이 그리스도로 말미암아 하나님과 유화하는 데 있다. 자기 죄를 깨달아 회개한 사람들만이 세계 평화의 체계와 기구를 이룩하게 될 것을 믿는다. 자아를 진리에 완전히 봉헌할 때, 그 인격이 평화의 소유자가 되어 세계 평화에 이바지하게 될 것이다.

〈부산모임〉 1972년 6월호[30:5-3]

구원, 평화, 믿음

우리 인격의 가장 깊은 소원은 인격의 평강과 인류의 평화이다. 간디는 인도인의 독립과 세계의 평화를 위하여 싸웠고, 마틴 루터 킹은 흑인의 자유와 세계 평화를 염원하여 생명을 바쳤다. 토인비[6]는 역사에 나타난 하나님의 섭리를 통하여 인류의 평화를 추구하였다. 현재 세계 평화의 필요성에 관하여는 일반 지성인에게는 널리 알려진 것이어서 더 말할 필요조차 느끼지 못 한다. 그리고 그 중에서 선각자들은 세계 평화 체계를 세워보려고 세계 평화 체계 연구기구를 조직했으며 일본에서는 이 일을 연구하는 간담회가 조직되었다.

나는 평화를 얻는 원리에 대하여 성경에서 찾아보려고 한다. 사람의 인격이 평화를 추구하는 것은 사람의 생명이 영생을 바라는 것과 같이 본능적인 것이다. 그리고 사람의 육적 생명이 현실에서 죽는 까닭에 그 인격이 불안과 공포에 떨면서 살고 있으며, 또 그 원인이 탐욕과 정욕을 제어할 수 없는 데 있다는 것도 쉽게 느낄 수 있다.

그러면 이제 이 평화의 본체와 평화를 얻는 일에 관하여 잠깐

---

6. 아놀드 토인비(Arnold J. Toynbee, 1889-1975): 영국의 역사학자로서 문명이 발생, 성장, 해체의 과정을 주기적으로 되풀이하는 것으로 보았다. 그 과정에서 종교의 힘이 있어야 '서구 문명'의 구원이 이루어질 수 있다고 주장하였다.

생각해 보기로 하자. 평화의 본체는 진리라고 믿는다. 진리는 자유와 평화를 수반한다. 평화는 진리의 상징이다.

인류 역사가 시작한 후 참된 평화의 소유자는 누구였는가? 예수 그리스도밖에 없었다고 나는 단정하고 싶다. 왜냐하면 사람이란 사람은 다 하나님을 떠나 각각 제 길로 나갔기 때문에 진리를 떠난 것이 공포와 불안의 원인이 되었다. 이와 같은 사실은 성경이 가르쳐 주는 것이며, 또한 우리의 양심이 수긍하는 바이다. 그러므로 평화의 본체는 진리이신 하나님이시며, 평화의 소유자는 그의 아들 예수 그리스도이심을 알 수 있다.

예수가 탄생하실 때, "지극히 높은 곳에서는 하나님께 영광이요 땅에서는 기뻐하심을 입은 사람들 중에 평화로다"눅 2:14라고 천군 천사가 하나님께 찬양을 돌렸다. 예수님께서 마지막 유월절 전에 예루살렘에 올라가실 때 "가까이 오사 성을 보시고 우시며 말씀하시기를 너도 오늘날 평화에 관한 일을 알았더면 좋을 뻔하였거니와 지금은 너희에게 숨기웠도다"눅 19:41-42라고 탄식하셨다. 이 말씀은 현대의 종교 지도자들이 듣고 반성해야 할 것이라고 깊이 느낀다.

또 예수께서 십자가에 달려 돌아가셨다가 사흘 만에 부활하신 후 불안과 공포에 싸여있는 제자들에게 찾아오셔서 "너희에게 평강이 있을지어다."라고 세 번이나 말씀하셨다요 20:19,21,26. 예수님은 진리 자체이신 분이어서 평화의 주님이시다.

불안과 공포, 그리고 전쟁의 원인은 어디 있을까? 그것은 사람이 하나님을 떠나 진리를 반역한 데 기인한다. 즉, 죄가 사람의 인격에 불안과 공포를 일으키며 그 결과로 전쟁이 일어난다. 하나님과의 약속을 저버린 인격은 평화를 저버렸으며, 따라서 불안과 공포에 떨게 되었다. 아담이 하나님과의 약속을 어기고 선악과를 따먹을 때, 나뭇잎으로 하체를 가리고 나무 뒤에 숨어서 찾아오시는 하나님의 음성을 듣고 떨었다. 현재의 전쟁도 인류의 죄의 결과이며 하나님의 심판인 것이다. 하나님을 하나님으로 공경하지 않고 의에 대한 양심을 버렸으니, 하나님께서도 그대로 내버려 두신 것이다. 이것이 곧 심판이다. 그러므로 전쟁과 학살과 모든 죄악의 실천으로 나타난다. 양심 있는 사람이라면 어찌 두려워하지 않겠는가?

그런데 사람은 간사한 자이다. 어느 전쟁치고 정의와 평화의 아름다운 이름을 빼놓고 일으킨 것이 있었는가? 지금도 해방 전쟁이라고 하며 눌리고 압박당하는 자들을 자유케 해서 평화를 이룩해 주겠다는 이름으로 전쟁을 일으키고 있다. 하나님을 떠난 자들은 불안과 공포를 가지게 되며, 그것을 예방하려고 소위 예방전쟁을 일으키게 된다. 불안과 공포, 눌림과 압박, 방종과 부자유는 다 죄의 현상이며 그 결과이다.

이 죄 문제의 해결이야말로 평화 회복의 길이요 열쇠이다. 이 죄의 문제는 어떻게 해결될 것인가? 하나님을 떠난 인격은 스스로 하나님에게 돌아와 하나님의 아름다운 인격으로 될 수 있을 것이다. 그렇게만 될 수 있다면 얼마나 좋을까? 우리의 인정은 그러한 길을 긍정하려고 하는지 모른다. 그러나 하나님의 진실은 그 반역의 죄를 죄 아니라고, 또는 죄인을 죄 없다고 무시하거나 묵인하시지 못한다. 곧 거룩한 분노를 발한다. 공의의 하나님의 성격에 합당한 발로發怒인 것이다. 하나님의 성품은 무엇보다도 진리요 공의인 까닭이다. 그러나 그것은 그 인격의 한쪽 면일 뿐이다. 그 반대쪽 면은 사랑이시다. 자기를 반역한 자를 구해주시지 않을 수 없다. 친히 사람이 되어 오셔서 십자가에서 피를 흘려 속죄하시고, 사람을 다시 하나님께 돌아오게 하셨다. 곧, 예수 그리스도는 죄인을 하나님과 화친케 하시는 화목제물이 되셨다. 이 예수님의 십자가는 사람을 하나님과 화친케 했을 뿐 아니라, 사람과 사람 사이의 불신과 불안 및 공포를 소멸하시고 둘로 하나를 만들어 화평케 하는 일을 이루셨다엡 2장. 이것이 구원이다. 구원받지 않고는 평안을 누릴 수 없다. 화목하게 하는 자는 그리스도이며 하나님의 아들이시다. 이제 그리스도 예수로 말미암아 구원받은 자는 또한 하나님의 아들이라고 일컬음을 얻게 되며, 그는 화목하게 하는 자가 될 수 있다.

그러면 이 하나님의 구원을 어떻게, 어떤 사람이 받는 것일까? 그것은 그리스도를 믿음으로 된다고 한다. 즉, 자기의 죄를 깨달아 회개하고 예수님을 구주로 영접하는 일에 의하여 구원을 받는다. 세례요한이 광야에서 외치기를 "때가 찼으니 회개하고 복음을 믿으라."고 했다. 예수님께서도 "기약이 이르렀으니 회개하고 복음을 믿으라."고 하셨다. 하나님께서는 사람의 인격을 존중하신다. 기계적으로 구원하시지 않으신다. 사람이 인격으로 돌아오기를 기다리신다.

예수를 믿는다고 하는 것은 예수님의 속죄를 믿는 것이어서, 자기의 진리, 곧 하나님을 반역한 죄를 진리이신 예수께서 십자가에서 대속해 주셨다는 사실을 믿고, 자기의 인격을 예수님께 바쳐 예수님과 인격적으로 결합하여 하나를 이루는 것을 의미한다. 즉, 자기의 의사 또는 의지로써 진리를 거부한 것을 깨닫고, 그 죄가 속해지지 않는다면 하나님 앞에 설 수 없음을 절실히 느끼며, 또 그 죄가 예수 그리스도로 말미암아 대속되었다는 사실을 받아들이게 된다. 그래서 감사와 감격으로 자기의 인격을 전폭적으로 그리스도에게 내어 맡기고, 또 바쳐 드리는 것을 통하여 그리스도의 인격과 결합하게 된다. 이것은 예수를 구주로 영접하게 될 때의 심리적 사실이다. 이것을 믿음이라고 한다. 소위 바울이 말한 바와 같이 크리스천은 예수를 믿게 될 때, 자기의 육의 정욕과 탐욕을 예수 그리스도의 십자가에 못 박아 자기를 장사 지내고, 부활하신 주님과 같이 전적으로 하나님의 뜻에 순응하여 의의 병기로서 살며, 또 영의 자유함을 얻어 기쁨과 즐거움으로 하나님의 뜻을 이루는 열매를 맺게 된다. 이 열매는 사랑과 평화와 기쁨이다.

이 믿음의 생활은 평화를 얻는 길이며 이룩하는 길이다. 그러므로 바울은 데살로니가 교회에 편지할 때에 주목해 말하기를 "평강의 하나님이 친히 너희로 온전히 거룩하게 하시고 또 너희 온 영과 혼과 몸이 우리 주 예수 그리스도 강림하실 때에 흠없게 보전되기를 원하노라 너희를 부르시는 이는 미쁘시니 그가 또한 이루시리라"살전 5:23-24고 축원하셨다.

우리 인격이 가장 사모하는 것은 평강의 하나님이셔서 무엇보다도 평화를 구하고 있다. 이 평화를 이룩해 주시는 이는 평강의 하나님이시며, 또 우리를 온전히 거룩하게 하심으로 이루어 주신다. 그리고 우리의 영과 혼과 몸을 우리 주 예수 그리스도께서 강림하실 때까지 흠없이 보전되기를 기원하셨다. 즉, 우리의 인격이 이 세상 풍조에 휩쓸리지 않고, 또 자기 교만이나 과학 만능 물질문명에 의존하는 현실주의로부터 흠없이 보전되기를 나는 바울 선생의 마음으로 기원한다. 우리 인격의 완성과 믿음생활은 우리의 노력으로 이루어지는 것이 아니고, 우리를 부르신 이는 미쁘셔서 성령으로 이루어 주신다고 말씀하셨다.

나는 믿는다. 나와 우리가 십자가에서 그리스도와 같이 한 번에 죽고, 부활하신 주님과 같이 연합하여 하나님에게만 감응하여 의의 병기로 살고, 또 자유하는 영으로 진리에 순응하며 기뻐 선을 성취하게 될 때, 개인의 구원과 평화를 얻고, 우리 사회에 평화의 세계가 이루어질 것이다. 이처럼 평화의 세계에서 사는 자들은 그 진리에 순응하는 것이 자기의 공로로 된다고 생각하지 않고, 다만 주님의 구원을 감사할 뿐이다. 이러한 믿음과 마음의 소유자들을 통하여 이루어지는 연구·조직·협조는 자유하는 영의 활동이어서 진리 중심의 계획과 실천으로 인하여 물이 바다를 덮음과 같이 평화의 세계가 될 것이다. 하늘 이편에서 저편까지 그리스도의 군림을 깨달을 것이다. 우리는 지금도 어린양의 혼인 잔치에서 느끼는 평화를 맛보면서, 믿는 자들을 부르고 있다. 우리는 다 한 형제자매이다. 주 안에서 구원받은 평화를 믿음으로 누리는 열매를 나누자.

〈부산모임〉 1970년 2월, 3월호[18:3-2]

평화에 관한 일 1
〈참 평화, 예수 그리스도〉

> 너도 오늘 평화에 관한 일을 알았더라면 좋을 뻔하였거니와 지금 네 눈에 숨겨졌도다 누가복음 19:42

이 말씀은 예수님께서 마지막으로 예루살렘에 올라가실 때에 감람산 기슭을 지나 예루살렘을 바라보시면서 하신 말씀이다.

민중들은 예수님의 하신 모든 능하신 일을 보고 어린 나귀를 타시고 올라가시는 예수님을 찬양하여 말하기를 "찬송하리로다 주의 이름으로 오시는 왕이여 하늘에는 평화요 가장 높은 곳에는 영광이로다" 눅 19:38 라고 감격하였다. 그런데 무리 중에 어떤 바리새 교인은 "제자들을 책망하소서"하고 항의하였다.

이스라엘의 수도인 하나님의 성, 예루살렘에 사는 사람은 어떠한가? 인생의 사명, 본분을 깨닫고 살고 있었는가? 종교를 가지고 세계만민을 하나님에게로 지도할 책임을 가지고 있는 저들이 그 예언자들을 통하여 말씀하신 메시아를 받아들였던가?

예수님은 오셔서 외식하는 바리새 교인들을 책망하시고 위선의 종교 지도자들을 여지없이 꾸짖으시며 회개를 외쳤건만 회개할 마음은 일으키지 않고, 예수님을 없앨 마음으로 가득차 있는 것을 보실 때 민망하기 그지 없었다. 오늘이라도 늦지 않았다.

자기들의 불신과 인식을 곧바로 고백하고 예수님을 메시아로 받아들이기만 하면, 세계 만민에게 하나님의 뜻을 전하고 세계의 평화를 이룩할 수 있다. 그러나 아직도 종교적 옛 습관과 전통에 사로잡혀 하나님의 궁휼을 저버리는 저들이 되고 말았다.

하나님은 공의의 아버지이시므로 불의와 부정은 공인할 수가 없다. 하나님은 진실하시기 때문에 거짓과 위선을 그대로 묵인할 수 없다. 저들이 택한 백성이건 이방인이건 다 마찬가지이다.

그것을 알아야 할 택한 백성이, 또한 성경의 말씀을 잘 아는 종교 지도자들이 이 세상 지위, 명예와 탐심에 어두워 자기의 죄를 깨닫지 못하고 회개하지 않음은 도리가 없는 것이 아닐까? 하나님의 심판은 곧 문 앞에 이른 것이다. 지금까지 받아주시고 권고해 주신 것만도 길게 참아 주셨건만, 아직도 그 보내신 자, 예수를 그리스도로 영접하지 않으니 평화가 어떻게 있겠는가?

평화는 그리스도만이 이루어 주시는 것이다. 예수 그리스도의 십자가 없이 인간 세상에 참 평화는 없다. 예수님의 십자가는 죄의 담을 허시고 인간으로 하여금 하나님과 화목하게 하시고 또 모든 원수되었던 것을 소멸하는 능력엡 2:16인 것이다. 그러므로 참 평화를 이루려면 자기의 불진실을 회개하고 어둠에서 구습을 벗어버려야 한다. 빛의 아들답게 그리스도의 말씀에 순종하며 하나님의 아들이라고 일컬음을 받은 사람이 참 평화를 누릴 수 있다. 나부터 믿는 삶을 살아야 하겠다.

〈부산모임〉 1968년 3월호[2:1-2]

평화에 관한 일 2
〈평화의 열쇠, 예수 그리스도의 십자가〉

평화는 사랑의 결과이다.
사랑은 빛에 거하여 기쁨을 낳고 기쁨은 평화를 가져다 준다.
성령의 열매는 사랑과 희락과 화평이다^{갈 5:22}.
사람(아담과 이브)이 하나님과의 약속을 위반함으로써 하나님의 사랑에서 떨어지게 되어 하나님과의 불화가 생겼다. 이 불화를 제거하고 나서 하나님과 평화를 이룩하게 한 이는 예수 그리스도이시다. 이 주님은 우리의 화평이시다^{엡 2:24}.

평화의 주님은 위에서 내려오셨다^{눅 2:14}

1985년 전에 유대 베들레헴 지경에서 목자들이 밤에 들에서 양을 지키고 있을 때 주의 사자와 천군 천사가 함께 나타나 "지극히 높은 곳에서는 하나님께 영광이요, 땅에서는 기뻐하심을 입은 사람들 중에 평화로다"고 하나님께 찬송하였다. 그리고 하늘로 올라가는 것이었다. 이 찬송에 응하여 목자들은 베들레헴까지 가서 마리아와 요셉과 구유에 누우신 아기를 찾아 보고, 천사들이 자기들에게 말한대로 된 것을 확인하고 하나님께 영광을 돌리며 찬송했다.

이 사실과 거의 때를 같이하여 동방(메데와 파사 지방)에서 별을 관찰하며 시세를 연구하던 박사(점성가)들이 이상한 별이 나타난 것을 보고 그 별을 따라 유대 예루살렘 성에까지 와서 "유대인의 왕으로 나신 이가 어디 계시뇨?"하고 물었다. 그 때 헤롯왕이 대제사장과 백성의 서기관들을 모아 "그리스도가 어디서 낫겠는가?"하고 물었다. 서기관이 대답하기를, "유대 땅 베들레헴아 너는 유대 고을 중에 가장 작지 아니하도다. 네게서 한 다스리는 자가 나와서 내 백성 이스라엘의 목자가 되리라고 기록되어 있다."미가 5:2고 말했다. 동방 박사들이 그 말을 듣고 예루살렘성을 나아오니 그 별이 다시 나타나 베들레헴까지 인도해 주었다. 기뻐하고 기뻐하면서 아기 예수께서 그 어머니 마리아와 함께 있는 것을 찾아 보고 엎드려 아기에게 경배하고 보배함을 열어 황금과 유향과 몰약을 예물로 드렸다.

당시 예루살렘에 살고 있던 시므온이라고 하는 사람은 의롭고 경건하여 이스라엘의 구주를 기다리고 기도 생활을 하던 중 성령의 감동으로 성전에 들어가 할례를 행하고 있던 예수 아기를 안고, "주재여, 이제는 말씀하신대로 종을 평안히 놓아 주시는도다. 내 눈이 주의 구원을 보았사오니, 이는 만민 앞에 예비하신 것이요, 이방을 비추는 빛이요, 주의 백성 이스라엘의 영광이니이다." 하고 하나님을 찬송했다.

아셀지파 바누엘의 딸 안나라 하는 여자 선지자는 출가하여 7년간 남편과 같이 살다가 과부가 되어 84년을 성전을 떠나지 않고 주야에 금식하며 기도로 섬기고 있었다. 그 때 아기 예수를 보고 영감을 얻어 하나님께 감사하고 예루살렘이 구속됨을 바라던 모든 사람에게 이 아기 예수에 대하여 구주로 증거했다.

그런데 당시 정치의 권력자 헤롯왕과 유대교의 지도자, 서기관과 바리새인들은 아기 예수를 영접하지 않았다. 헤롯왕과 같은 권력자는 시기가 나서 베들레헴 지경에 있는 2세 이하의 갓난 아이들을 다 죽이도록 명하여 모두 다 죽여버렸다.

그 때에 천상의 현몽으로 아기 예수는 부모에게 안기어 몰래 애굽에 피난 가셨다가 헤롯이 죽은 뒤에 갈릴리 나사렛으로 와서 살게 되었다.

이 예수님은 우주 만물을 창조하실 때 하나님 품속에 계시면서 성령과 같이 사랑으로 만물을 창조하신 세 위격 중 제2위격에 속하신 분이어서 성령께서 잉태케 하시므로 인체를 입으시고 내려오셨다. 그 사명은 첫째로, 하나님을 나타내 보이시는 것이며, 둘째로는 사람이 하나님의 명령 곧 진리를 반역한 죄를 대속하셔서, 하나님과 원수되었던 죄의 담을 허시고 사람을 하나님과 화목케하려고 오신 것이다.

이와 같이 해서 평화의 주님은 위에서 내려오신 것이다.

평화에 관한 일에 대해서

당시 종교지도자들은 무관심했고 영접하지 않았다.

예수님은 이 세상에 인류를 구원하시려 내려오셨는데, 인류는 악령의 유혹에 의하여 하나님을 떠난 상태에서 죄에 빠지고 말았다. 예수님은 이 죄의 담을 허시고 인류를 하나님과 화목하게 해 주셨다.

예수님은 이 사명을 실천하시기 위하여 유월절에 예루살렘으로 올라가셨다. 즉, 베다니와 벳바게 마을에 가까이 왔을 때 두 제자를 보내시면서 "그 건너 마을에 가서 나귀 새끼를 풀어오라. 누가 왜 푸는가 하고 묻거든 주님이 쓰시겠다고 하라."고 하셨다. 두 제자가 하라고 명하신대로 해서 나귀 새끼를 풀어가지고 예수께로 와서 그 등에 자기들의 겉옷을 펴고 예수님을 타시게 한 뒤에 무리들은 옹위하고 "호산나"를 부르면서 나아갔다. 또 저희들은 "주의 이름으로 오시는 왕이여 하늘에서는 평화요, 가장 높은 곳에는 영광이로다"하고 찬송했다. 그것은 예수님이 예루살렘에 올라가셨다가 십자가에 못 박혀 죽어 장사지내게 될 것과 3일만에 부활하여 승천하실 것을 뜻하는 것으로서 예수님이 하늘에 올라가시면 그곳에 평화가 임할 것을 뜻하는 것이었다. 이와 같은 찬송 소리가 굉장히 컸기 때문에 무리 중 어떤 바리새인들이 예수님에게 제자들을 책망하여 조용하게 해달라고 청했다. 아마도 로마 군인들의 탄압을 고려해서 그랬겠지만 이 사실도 바리새인들은 예수님을 구주로 영접하지 않았음을 말하는 것이었다. 이때에 예수님이 대답하시기를, "만일 이 사람들이 잠잠하면 돌들이 소리 지르리라"고 하셨다.

 예수님이 감람산 기슭을 서남쪽으로 돌아와 예루살렘성을 바라보시니, 먼저 눈물이 앞을 가리웠다. 하나님께서 자기 백성에게 나타나 말씀하기로 약속되어 있는 이 성이 하나님의 말씀을 배역함으로 말미암아 장차 멸망할 것을 생각하니 예수님은 슬픔의 눈물을 금할 수 없었다.

 "너도 오늘 평화에 관한 일을 알았더라면 좋을 뻔하였거니와 지금 네 눈에 숨겨졌도다 날이 이를지라 네 원수들이 토둔을 쌓고 너를 둘러 사면으로 가두고 또 너와 및 그 가운데 있는 네 자식들을 땅에 메어치며 돌 하나도 돌 위에 남기지 아니하리니 이는 네가 보살핌 받는 날을 알지 못함을 인함이니라"눅 19:42-45고 말씀하셨다.

예루살렘성은 하나님께서 친히 택하신 이스라엘 백성에게 말씀하시고 가르쳐 주시기로 약속한 곳이 아니었던가? 이제 그 약속하신 말씀이 나타나 내려오셨는데, 그 친백성인 서기관과 바리새인들은 예수님을 그리스도로 영접하지 않으니 참으로 화가 있을 것이다.

예수님은 감정이 극하여 우셨다. 오늘날 이제라도 예수님을 구주로 믿고 자기들의 위선과 외식을 회개만 하면 구원될 것인데, 유대교의 지도자들은 현실에 눈이 어두워 하나님을 두려워하지 아니하고 도리어 어리석은 자들을 우롱하고 약한 자들을 착취하며 있는 것이 아닌가? 참으로 눈물이 앞을 가리울 뿐이다. 예수님은 다윗의 자손으로 오셨고 이스라엘 사람이었다. 예수님께서 열두 제자들을 둘씩 둘씩 전도하러 내어보내실 때에도 "너희들은 이방인의 길로도 가지 말고, 사마리아인의 고을에도 들어가지 말고 차라리 이스라엘 집의 잃어버린 양에게로 가라"마 10:5-6고 지시하셨다. 예수님은 이스라엘을 이처럼 아끼시고 예루살렘을 사랑하셨다. 그래서 "너도 오늘날 평화에 관한 일을 알았더면 좋았을 것인데, 지금 네 눈에 숨기웠도다"눅 19:41-42하시면서 우셨다.

생전에 들어가셔서 장사하는 자들을 내어 쫓으시면서 "그들에게 이르시되 기록된 바 내 집은 기도하는 집이라 일컬음을 받으리라 하였거늘 너희는 강도의 소굴을 만드는도다"마 21:13하시면서 종교 개혁을 단행하셨다. 그리고 저희들의 불순종으로 인하여 멀지않은 장래에 예루살렘이 멸망할 것을 내다보고, 외식하는 서기관과 바리새인이여 하고 7차에 걸쳐 회개를 재촉하였다^{마 23장}.

그러면 어찌하여 서기관과 바리새인, 그리고 사두개교인 산헤드린 의원들은 예수님을 메시야(그리스도)로 영접하지 않았을까? 한마디로 말한다면, 저희들은 율법을 지켜 의를 얻으려고 했기 때문이다. 즉, 저희들은 그 율법을 정신에서 이해하여 지키려 하지 않고 문자대로 형식적으로 지켜 의에 이르려 했던 것이다. 그래서 그들의 율법주의는 형식주의가 되어버리고 말았다. 그런데 예수님은 진실과 사랑을 가지고 율법과 선지자의 예언을 완전히 성취하셨다. 즉, 서기관과 바리새인은 율법의 정신, 곧 하나님의 뜻을 지키려하지 않고 현실적인 물질에 치중해서 사람에게 의로 나타나려고 하며, 진실이 없었기 때문에 위선자가 되고 말았다. 자기들의 눈에는 들보가 있으면서 남의 눈속에 있는 가시를 뽑으라고 하는 외식자가 되었던 것이다. 그러나 예수님은 이들의 죄악도 그들에게 책임을 돌리려하지 않고 친히 그들의 죄악을 짊어지시고 십자가에 달리려고 결심하셨다.

그러면 이스라엘인이 아닌 이방인들은 어떠하였을까? 이방인들은 마음에 하나님 두기를 싫어하였기 때문에 하나님께서 그들을 그 상실한 마음대로 버려 두셨던 것이다. 그래서 그들은 그 육의 소욕대로 합당치 못한 일을 하게 하셨다.

곧 모든 불의, 추악, 탐욕, 악의, 충만, 시기, 살인, 분쟁, 사기, 악독, 수근수근하는 자, 비방하는 자, 하나님을 미워하는 자, 능욕자, 교만자, 자랑하는 자, 악을 도모하는 자, 부모 거역자, 우매한 자, 배약자, 무정한 자, 무자비한 자^{롬 2:28-31}들로 되어 온 인류는 죄에 빠져있는 것이다. 예수님은 이 온 인류의 죄를 대속하시기 위하여, 그리고 저희들을 하나님의 자녀로 회복하게 하기 위해서 십자가에서 피를 흘려 속죄해 주셨다.

평화의 열쇠는 예수님의 십자가이다^{엡 2장}

예수님은 이방인의 허물과 유대인의 죄를 대속하시기 위하여 십자가를 지셨다. 그리고 죽어 장사 지난지 3일 만에 부활하셔서 우리를 살리셨다. 우리는 세상 풍속을 좇아 공중의 권세잡은 자를 따랐고 육체의 욕심이 원하는 것을 자행하여 본질상 진노의 자식이었는데 하나님의 궁휼과 은혜로 구원을 얻은 것이다. 즉, 그 은혜로 인하여 믿음으로 구원을 얻은 것으로서 하나님의 선물로 된 것이다. 이제 우리는 유대인에 비하면 전에는 이스라엘 밖의 사람이었고, 약속의 언약도 없이 이 세상에서 하나님도 모르고 아무 소망도 없이 살았는데, 이제는 그리스도 예수 안에서 그리스도의 피로 가까워진 것이다. 그래서 이제는 유대인이나 이방인의 구별없이 하나님의 자녀로 회복이 되었으니 예수님은 우리의 화평이 되셨다.

즉, 유대인과 이방인 사이의 막힌 담을 허시고 계명의 율법을 십자가로 폐하사 자기 안에서 새 사람을 지어 화평하게 하신 것이다. 그리고 그 십자가를 이방인과 유대인을 한 몸으로 하나님과 화목하게 하신 것이어서 과거에는 원수 되었던 것을 십자가로 소멸하시고 온 인류에게 평안을 전해주신 것이다. 즉, 한 성령으로 아버지 하나님께 나아감을 얻게 해주셨다. 그러므로 이제 우리는 사도들과 선지자들의 터 위에 세우심을 입은 자들이 되어 그리스도께서 친히 모퉁이 돌이 되신 건물의 하나의 벽돌과 같이 서로 연합하여 주님의 성전을 형성하고 있는 것이다. 즉, 우리는 성령 안에서 하나님의 거하실 처소가 되기 위하여 예수 안에서 함께 지어져가고 있다.

이것이 예수 그리스도의 십자가로 화평을 이루신 원리이며, 실상이라고 할 수 있다.

현대에서의 고찰

현실에 있어서 과연 누가 평화의 주님을 영접하여 평안을 얻어 그 그리스도를 전하고 있는가? 기독교인인가? 천주교인인가? 이들은 예수님 초림 당시 서기관과 바리새 교인들보다 마음이 비어 있고 순결하며 겸손한가?

세계의 사조는 크게 둘로 나누어 볼 수 있다. 그 하나는 예수 그리스도를 믿는 기독교인이요, 그 다른 하나는 불신 사회인(무신론자)들이다. 후자 중 가장 큰 세력을 이루고 있는 것은 사회주의 또는 공산주의자들이다.

소위 무신론자들은 철저한 현실주의자들로서 인간의 인격을 거의 육적 욕구의 만족을 얻고자 하는 방향으로 사고한다. 그래서 그들은 인격을 하나님과 관련시켜 생각하지 않으므로 하나님과의 화해, 곧 평화를 느끼지 못한다. 다시 말하면, 죄의식이 희박하므로 회개하여 구주를 영접하려고 하지 않는다. 즉, 유물론자들에게는 평화가 있다고 생각되지 않는다. 맑스, 엥겔스, 레닌, 스탈린, 모택동에게서는 '계급투쟁'과 같은 말은 들을 수 있으나, 평화의 체험과 원리는 들을 수 없다.

한편 기독교인과 그 지도자, 즉 목사, 신부들에게 있어서는 어떠한가? 참으로 회개하고 물질과 명예와 모든 권리를 초월하여 순교의 모범을 보여 예수 그리스도를 옷 입고 승리한 성도들을 엿볼 수 있는 것도 사실이다. 그래서 우리 믿는 자들을 격려하고 있다.

그러나 대다수에 있어서는 현대 사조에 휘말려들어 물질주의 및 현실주의와 타협하여 하나님과의 평화를 얻지 못하고 있다. 그래서 예수님 초림 때의 서기관과 바리새인들이 예수님을 배척하고 죽이려고 했던 것처럼, 현대 기독교의 지도자들이 그러한 잘못을 되풀이하고 있지 않는지 반성하여야 할 것이다. 우리는 예수님의 책망을 자신들에게 비춰보고 회개하여 하나님과의 평화를 이룩하여야 한다. 이것이 우리들 자신이 구원받는 길이요 또 우리 민족과 동포가 구원을 받아 참 평화를 누릴 수 있는 길이라고 믿는다.

즉, 우리는 그리스도의 십자가의 은혜에 감사하여 자기의 죄를 온전히 회개하고 그리스도 안에서 우리가 서로 사랑함으로써 평화를 이루어야 할 것이며 그리스도의 십자가로 우리가 하나가 되어 연합하여 그리스도의 교회와 성전을 이루어가는 데 합심하여야 하겠다.

그런데 내가 이 글을 쓰려고 한 동기는 현대에 있어서도 평화는 하나님이 이루어 주심을 믿게 되어 그것을 강조하고 싶었다.

하나님께서 평화를 유지시켜 주시는 데는 소수의 믿는 성도, 즉 종으로 부르심을 입고 전적으로 성령에게 순종하는 이들의 신앙 생활과 또 의를 위하여 희생제물이 된 성도들을 통하여 심판을 연장하여 주심으로 이루어 주시는 것이 아닌지 생각한다. 참으로 믿는 성도들의 경건한 희생 봉사의 생활에는 그러한 의미가 있는 것이다. 이어서 지금에도 전쟁과 기아와 천재지변을 통하여 많은 사람이 희생되고 있다. 한편 또 무수한 종들이 예수님의 제자로서 경건한 생활을 하고 있다. 또 사회 정의를 외치다가 희생되는 성도들의 생활을 통해서 평화는 유지되며 연기되어 가고 있는 것이 아닌지 생각된다. 그러나 진정한 평화는 하나님의 나라에서 실현될 것인데 최후 심판 후에 이루어진다고 믿는다.

평화의 완성은 하늘나라에 있어서 기대된다

평화의 완성은 현실 세계에 있어서는 기대하기 어렵다.

평화는 하나님의 속성인 사람의 결과이므로 인류도 영체를 입은 후에야 이루어질 것이 아니겠는가 생각된다. 그래서 예수님의 부활체가 그리운 것이다. 이 하나님의 나라는 하나님께서 하늘에 준비하셨다가(성령으로 지금도 이룩하고 계신다.) 하늘나라는 예수님의 재림과 같이 내려 주시는 나라로서 우리가 지금 현실에 있어서 순간적으로 느낄 수 있으나 이 이상의 세계는 장래에 속한 것이라고 믿는다. 즉, 우리가 육의 옷을 벗고 영의 몸을 입은 후에 얻어질 것이다. 그러므로 우리는 육체를 벗어버리는 육의 죽음을 두려워 할 것이 아니고, 도리어 환영하고 기다려야 할 것이다. 자기의 모든 욕심을 그리스도의 십자가에 못 박고, 주님의 부활체를 덧입은 성도의 생활로서 평화를 누리며, 평화케 하는 자가 되자.

〈부산모임〉 1985년 2월호[102:18-1]

평화에 관한 일 3
〈평화의 근본, 종교 숙청〉

　평화는 나 개인뿐 아니라 나의 가정, 우리 사회, 우리 민족, 온 세계 인류에게 또한 현실에서 절실한 문제이다.
　평화의 근원은 무엇이며 누가 주관하고 있는가? 평화는 왜 이룩되지 못할까? 평화는 어떻게 하면 이룩될 것인가에 대하여 생각해 보자.
　이에 앞서 평화의 정의를 시도해 보면, 평화란 각 개인이 가정과 사회생활에서 상부상조하여 만족감을 가지고 각기 사명을 수행하는 상태이다. 이러한 상태가 사회의 각 계층, 각 민족, 각 나라 사이에서 진행되는 상태를 말한다고 나름대로 정의해 보았다.
　그러면 평화의 근원과 주관자는 누구인가? 나는 성경 말씀에서 공부한 바를 소개하고자 한다.
　하나님은 사랑과 희락과 화평이시다. 갈라디아서 5장 22절에는 '성령의 열매'라고 기록되어 있는데, 하나님의 성품이라고 이해해도 잘못이 아니다. 하나님은 사랑이어서 사랑은 실존을 낳는 원리에서 만물이 창조되었다. 하나님은 희락이셔서 창조의 단계마다 만족을 느끼시고 기뻐하셨다창 1:4,10,12,18,21,25,31. 그리고 하나님은 화평이셔서 제7일에는 안식하시면서 에덴동산에서 아담과 이브와 만물을 화평으로 인도하셨다.

다음에는 그 누가, 그 무엇이 이 화평을 깨뜨렸는가?

창세기 3장 이하에서 보면 천사 중에서 하나님을 배반한 천사[사탄이라고 하고 옛 뱀이라고도 한다.]가 아담과 이브를 꾀어 하나님의 금령, 즉 선악과를 따 먹게 한 데서 기인한 것이다. 즉, 하나님의 명령을 어긴 죄이다. 하나님께서 사람에게 자유하는 영을 주셨는데, 하나님의 영과 교제하며 그의 진리를 순종해야 할 사람이 악령에게 순종하여 하나님을 반역한 죄 때문에 하나님과 화평할 수 없게 된 것이다. 그 첫 열매가 아담의 아들인 가인과 아벨 사이에 나타난 것이다.

형인 가인이 동생 아벨을 미워하여 죽인 것이 하나님과의 불화의 첫 증상이었고 첫 열매였다. 진리이신 하나님을 반역한 죄가 인류에게 들어 온 후로는 그 결과로 심판을 받지 않을 수 없게 되었다. 즉, 노아 때에 죄악이 관영貫盈하여, 노아를 통해 하나님의 심판을 예고하면서 회개를 촉구했으나 사람들이 청종하지 아니함으로써 물로 심판을 내리셨다창 6-8장. 다음에는 소돔과 고모라의 사람들이 하나님을 떠나 살아서 하나님께서 천사를 보내어 아브라함과 롯에게 그 뜻을 전하고 경계했음에도 불구하고 소돔과 고모라 사람들이 회개하지 아니하여 불의 심판을 받았다창 18-19장.

그 다음 이스라엘 역사는 하나님을 떠나 육체를 중심으로 살 때 전쟁에 패하여 압제와 곤욕을 당하게 되고, 회개하고 하나님에게로 돌아오면 평안을 누리게 되었다는 것을 보여주고 있다. 하나님께서는 계명과 양심을 통하여 메시야가 오셔서 이스라엘과 온 인류를 구원하실 것을 예고하셨다. 하나님께서는 아브라함에게 약속하신 것, 곧 인류 구원을 실천하시기 위하여 기약이 차매 그 품에 계시던 이 예수를 이 땅에 보내셨다.

예수님께서 이 세상에 오셔서 하나님의 긍휼과 정의를 가지고 복음을 전하시면서 많은 병인을 고쳐 주시고 기적으로 무리를 먹여 주셨다. 그러나 무리들은 현실만 생각하고, 또 종교지도자들, 즉 바리새인과 서기관, 장로들은 자기들이 율법의 정신대로 살지 못하면서 다른 사람들에게 율법의 준수를 강요하며 사람들의 인격을 죽이고 있는 것을 예수께서 보시고 탄식하셨다.

그리고 전도하던 갈릴리 지방을 떠나 지중해의 연안에 있는 두로와 시돈을 지나 갈릴리 북방에 있는 헤르몬 산에 올라가셔서 모양을 변화하시고 베드로와 요한과 야고보에게 하늘나라의 모습을 잠깐 보이셨다. 그리고 데가볼리 지방, 벳세다까지 내려오셨다. 다시 산수가 화려한 가이사랴 빌립보에 가셔서 두 번 제자들에게 십자가에 달려 돌아가실 것을 미리 말씀하시고 그 일을 당할 때 당황하지 말도록 준비시켜 주셨다. 그리고 제자들을 데리시고 베뢰아 지방으로 내려오셔서 요단강을 다시 건너시고 여리고성에 들어 오셨다. 여리고에서 나오실 때 세리장 삭개오의 집에 들러 삭개오 가정의 구원을 선포하시고 나오셨다. 해발보다 200척 낮은 여리고에서 해발 800척에 위치한 예루살렘으로 올라가는 길은 비탈로 길이 고불고불하고 울퉁불퉁해서 몹시 험했다.

평화를 위하여 제자들이 하여야 할 일의 비유 눅 19:11-27

인류의 역사는 하나님의 인류 구원사로 읽을 때 더욱 뜻이 깊다. 예수님께서 이 세상에 오신 사명이 인류의 구원에 있었으므로 이 마음을 굳혀서 여리고를 지나 예루살렘으로 올라가시는 길이었다.

예루살렘에 가까이 오셨을 때에는 하나님의 나라가 당장에 나타날 줄로 생각하고 있던 제자들에게 한 비유를 말씀하셨다.

즉, 어떤 귀인이 왕권을 받기 위하여 먼 나라에 갈 때에 그 종 열 명을 불러 은 열 므나를 주면서 내가 돌아오기까지 장사하라고 했다. 이것은 십자가에 달려 돌아가신 그리스도께서 부활하여 승천하셨다가 심판하는 권세를 받아서 하늘나라의 왕으로 재림하실 것을 비유로 하신 것이다. 므나는 신앙 또는 신앙을 증거하는 복음으로 이해된다. 장사하라고 하신 것은 신앙을 생활에 실천하라는 뜻이다. 마태복음 25장에는 달란트의 비유가 있는데 그 비유에는 능력의 차이와 활동량의 차이는 있어도 보상의 차이는 없다. 그런데 이 므나의 비유에는 신앙과 복음이 같은 그리스도를 구주로 믿는 일이어서 다 같이 하나님의 즐거움에 참여하게 되지만, 신앙의 능력이 큰 자가 하나님 나라에서도 신앙의 힘을 크게 발휘할 것이라고 하셨다. 이 두 가지 비유는 신앙의 활용과 그것에 대한 천국의 보상에 대하여 아름다운 교훈을 주신 것이다. 즉, 우리가 하나님을 믿고 하나님을 사랑해서 한 행위는 심판을 두려워하지 않고 맞이할 수 있다고 믿는다. 이 비유는 예수님의 재림을 기다리는 제자들에게 격려로 주신 말씀이다. 하나님 나라가 임하기 전에 예수님은 한 번 죽어 장사 되었다가 부활하셔서 심판 자리에 앉으실 것이다. 심판을 지나지 않고서는 하나님 나라가 실현되지 않는다는 교훈은 예수께서 십자가를 지시기 직전에 제자들의 마음 준비를 위하여 주신 비유이다. 참된 평화는 심판을 지나 이루어진다.

평화의 왕 눅 19:28-40

이 비유를 말씀하시고 두 제자를 불러 맞은 편 벳바게에 가서 나귀 새끼 하나를 풀어 오라고 하시면서 "누가 어찌하여 푸느냐 묻거든 주님이 쓰시겠다 하라 그러면 허락할 것이다."라고 하셨다. 그래서 두 제자는 그 말씀 하신 대로 일찍이 아무 사람도 타 보지 않은 나귀 새끼를 끌어다가 그 위에 자기들의 겉옷을 걸쳐 놓고 예수님을 타게 했다. 무리는 자기의 겉옷을 길에 펴고 종려나무 가지를 꺾어 손에 들고 예수님을 따라갔다.

감람산 산록을 돌아 예루살렘으로 내려가는 비탈길에 가까이 왔을 때 따라오던 무리와 제자들 사이에 아무도 선동하는 일이 없었는데도 불구하고 마치 개선장군이나 임금이 예루살렘성으로 들어가는 것과 같은 열광적 흥분이 일어났다. 이것은 군중심리의 기대로부터 일어난 것이어서 무리와 제자들은 "찬송하리로다 주의 이름으로 오시는 왕이시여 하늘에는 평화 지극히 높은 곳에서는 영광이 있을지어다"눅 19:38라고 외쳤다.

무리 중에 어떤 바리새인들은 예수님을 향하여 "선생님이시여 당신의 제자들을 금하소서."라고 말했다. 이것은 단순한 소동이라기보다는 무리와 제자들이 예수님을 가르쳐 "주의 이름으로 오시는 왕"이라고 외치는 말에 바리새인들은 들을 수 없는 모독을 느꼈던 까닭이다. 그런데 예수님은 이 말에 대답하시기를 "내가 너희에게 이르노니 이들의 무리가 잠잠하면 돌이 소리 지르리라."고 하셨다. 즉, 예수님은 무리와 제자들의 찬송을 내용적으로 시인하시고 외치는 대로 외치게 했다눅 19:39-40.

이 말씀은 네 복음서에 나타나 있다. 즉, 누가복음 19장 38절, 마태복음 21장 9절, 마가복음 11장 9-10절, 요한복음 12장 13절인데 그 내용이 조금씩 다르다. 그러나 공통된 것은 "주 이름으로 오시는 왕[임금]이여"하는 것이다. 제자들과 무리는 이와 같이 외치고 주님은 그것을 시인하셨지만, 그 이해하는 내용은 천지 차이다. 무리와 제자들은 예수님께서 예루살렘에 입성하면 로마 총독의 정부가 뒤집어지고 하나님의 나라가 곧 나타나서 지상에서의 정치적 혁명이 성취될 것이라고 생각했다. 이와 반대로 예수님의 나라는 이 세상의 것이 아니요, 하늘의 영원한 생명의 나라였다. 이때 예수님께서 염두에 두신 말씀은 "시온의 딸아 크게 기뻐할지어다 예루살렘의 딸아 즐거이 부를지어다 보라 네 왕이 네게 임하시나니 그는 공의로우시며 구원을 베푸시며 겸손하여서 나귀를 타시나니 나귀의 작은 것 곧 나귀 새끼니라"슥 9:9는 예언이었다. 용맹하여 군마를 타는 자는 이 세상 나라의 왕이시다. 온유하여 나귀를 타시는 이는 하늘나라의 왕이시다.

로마 총독의 정치를 뒤엎고 유대 나라의 정치적 독립을 꾀한 자는 저 마카비 집의 유다[7]였다. 그는 용맹스럽게 군마를 타고 입성했으나 예수님은 사람을 죄에서 해방시켜 영원한 생명, 자

---

7. 유다Judas는 그의 부친 제사장 마따띠아Mattathisas와 자신의 형제들과 더불어 마카비 전쟁167-164 B.C.을 일으킨 인물이며, 망치를 뜻하는 '마카비Maccabee'는 그의 별명이다. 당시 팔레스타인을 다스리고 있었던 시리아의 셀룩시드Seleucid제국이 헬라화 정책을 통해서 유대의 종교를 혼합주의적으로 바꾸려고 하자, 율법 준수와 종교적 자유를 표방하는 이들이 전쟁을 일으켜 팔레스타인에 하스모니안Hasmonean왕조164-63 B.C.를 세우고 시리아로부터 일시적인 정치, 종교적 자유를 쟁취하였다.

유하는 인격을 가지게 하려고 하셨다. 이것이 진정한 정치적 자유요 독립이라고 믿었다. 예수님은 사람을 죄로 속박하는 사단을 부수고 영의 나라를 세우려 하신 것이다. 그래서 예수님은 그것을 암시하기 위하여 나귀를 타셨다.

다음에 무리와 제자들이 외친 찬미에는 "하늘에는 평화 지극히 높은 곳에는 영광"이라고 했는데, 이것은 예수님이 베들레헴에서 탄생했을 때, 천군 천사들이 하나님을 찬송한 노래 "지극히 높은 곳에서는 하나님께 영광이요 땅에는 주의 기뻐하심을 입은 자들에게 평화"라고 한 것을 연상케 한다. 예수님께서 지상 생활을 마치고 하늘로 개선하려고 함에 있어 그를 믿고 따르던 제자들과 무리가 주님이 가시는 하늘에 평화라고 외친 것은 천군 천사가 예수님이 땅에 탄생하실 때 "땅에는 평화"라고 외친 것과 서로 대조가 되는 환희의 노래이다. 땅에서는 여호와의 기뻐하심을 입은 자들, 즉 회개의 심령을 가지고 예수님을 구주로 영접하는 자들에게 하늘의 평화가 임한다. "하늘의 평화"라고 한 것은 골로새서 1장 16-20절에 "하늘에 있는 것, 땅에 있는 것, 보이는 것, 보이지 않는 것, 혹은 보좌들이나 주관들이나 정사들이나 권세들이나 만물이 다 그로 말미암고 그를 위하여 창조되었고 …… 하나님은 모든 충만으로 예수 안에 거하게 하시고 그의 십자가의 피로 화평을 이루사 만물 곧 땅에 있는 것들이나, 하늘에 있는 것들을 그의 피로 말미암아 화목하게 되기를 기뻐하심이라"고 한 것과 통한다. 여기에 보좌, 주관, 정사, 권세들이라고 한 것은 공중의 권세 잡은 사단을 뜻하는 것으로, 예수님의 십자가의 속죄는 인류의 죄뿐 아니라 사단이 하나님을 배반한 죄까지도 속죄하시려는 크신 뜻이었음을 생각하게 한다. 사단도 예수 그리스도의 속죄를 믿고 구원받을 수 있음을 뜻하는 것이어서 야고보서 2장 19절에 "사단도 또한 믿고 떠느니라"고 했다.

예수님은 이렇게 해서 "주의 이름으로 오는 왕"으로서 사단의 권위를 짓밟고, 십자가의 피로 사람을 죄의 속박에서 해방하셨다. 그리하여 하늘에는 평화가 있게 되고 지극히 높은 곳에서는 하나님에게 영광이 되는 것이다. 예수님께서 계신 곳에 평화가 있다. 예수님은 평화의 왕이시다.

이 예수님이 예루살렘으로 입성하시는데 만일 말할 수 있도록 창조된 사람이 잠잠하다면 여기 있는 돌들이 천사와 사람과 모든 피조물을 대표하여 소리 지를 것이다.

이 호산나를 외치는 무리와 고요히 나귀 새끼를 타시고 가시는 온유하신 주님과는 어떠한 외관상의 모순이다. 이 모순 중에 그리스도의 복음의 근본적 비밀이 있다. 제자들도 이 비밀을 깨달은 것은 예수님께서 부활하셔서 영광을 받은 다음이었다. 예수님이 부활 승천하신 후 하늘에는 평화, 예수님이 재림하신 후에는 땅에 평화가 있을 것이다. 그때까지 우리는 이 모순을 모순으로 느끼지 않고 믿음으로 나아 갈 것이다.

평화에 관한 일 녹 19:41-48

(1) 심판의 예언

예수님 일행은 감람산 산록 동남쪽을 돌아 예루살렘 성내가 내려다보이는 곳에 이르렀다. 성내 동편 끝에 우뚝 솟은 건물은 헤롯 대왕이 세운 굉장한 성전이다. 예수님은 아마도 이 도성을 보시고 소리내어 우시면서 말씀하셨다.

> 너도 오늘날 평화에 관한 일을 알았더면 좋을 뻔하였거니와 지금 네 눈에 숨기웠도다 날이 이를찌라 네 원수들이 토성을 쌓고 너를 둘러 사면으로 가두고 또 너와 및 그 가운데 있는 네 자식을 땅에 메어치며 돌 하나도 돌 위에 남기지 아니하리니 이는 권고 받는 날을 네가 알지 못함을 인함이니라 하시니라 눅 19:42-44

평화에 관한 일이란 "이 도성이 멸망하지 않고 평화를 즐기기 위해서는 어떻게 하면 될까?"하는 일을 말한다. 여기서 상기되는 것은 세례요한이 요단강에서 세례를 베풀 때 그에게 나오는 무리에게 한 말이다. "독사의 자식들아 누가 너희에게 장차 올 진노를 피하라 하더냐 회개에 합당한 열매를 맺고……." 그리고 요한은 "우리는 무엇을 하리이까?"하고 묻는 사람들에게 "두 벌 옷 있는 자는 없는 자에게 나누어 주고, 먹을 것이 있는 자도 그렇게 하라 또 세리들에게는 정한 세 외에는 더 빼앗아 받지 말라."고 말했다. 또 병졸들에게는 사람을 협박하지 말고 무소(誣訴)하지 말며 받는 봉급으로 족한 줄 알라고 했다. 즉, 긍휼과 정의를 실행하는 것이 장차 임할 멸망에서 구원되는 길이라 했다 눅 3:7-14.

그런데 예수님은 이보다 더 깊이 사람에게 주어진 근본적 구원의 길을 보여 주셨다. 그 길이란 예수님을 "가난한 자에게 복음을 전하고 갇힌 자에게 놓임을, 소경에게 보게 하고 눌린 자는 해방시켜 자유케 하며 주의 기뻐하시는 해를 선전하기 위하여 보내심을 받은 자", 곧 그리스도로 믿는 믿음을 말하는 것이다.

예수를 그리스도, 즉 구주로 믿기만 하면 사람과 나라와 세계는 구원될 것이다. 예수 그리스도를 믿는 신앙에 의하여 하나님과 사람 사이에 평화가 이뤄지고 그것을 기초로 해서 국민과 국민 사이에 평화가 형성된다. 이것이 평화의 길이다.

하나님은 죄를 심판하실 때 반드시 예언자를 통하여 경고하시고, 진노의 물과 불을 내리셨다. 노아의 홍수, 소돔과 고모라의 불의 심판 때와 같이 슬픈 것은 국민들이 이 예언자의 경고를 듣지 않는 상태, 즉 죽은 상태였기 때문이다. 예수님은 세례 요한의 뒤를 이어 이 예루살렘을 멸망에서 구하려고 예언하고 있으나, 종교 지도자들과 시민들은 여전히 형식적 종교의식에 전념하고 위선에 가득 차서 회개할 줄 모르고 하나님의 긍휼과 자비를 배척하고 있으니 어떻게 그 진노를 피할 수 있겠는가?

누가복음 13장 34절에서 "아! 예루살렘아! 예루살렘아! 예언자들을 죽이고 보낸 사람들을 돌로 치는 자들이여 암탉이 자기 병아리를 날개 아래 품으려고 하는 것 같이 내가 너희들의 자녀들을 품으려 한 것이 몇 번이었던가? 그러나 너희가 싫어했느니라."하신 주님이 지금은 그 심정으로 우시면서 예언을 하시는 것이다.

아! 여러분이 이날에도 평화에 관한 일을 알았더라면……. 이날이 마지막 기회이다. 우리는 오늘 일을 내일로 미루는 연약한 인간들이다. 이날에 참 예수 그리스도의 제자가 되고, 예수 그리스도에게 자신을 전적으로 드려서 그와 동일체가 되는 이런 사람이 열 명만 있어도 구원받겠는데 열 명도 없다는 말인가? 누가복음 13장 34절에는 "너희가 좋아하지 않았도다."라고 했다가 여기에서는 하나님의 경륜이라고 하는 객관적 입장에서 "너의 눈에 감추었느니라."고 하셨다.

예루살렘의 멸망은 예수님 시계視界에 있으나, 예수님의 본질은 예루살렘 시민들의 눈에는 감추어져 있는 것이다. 이것은 하나님의 경륜에 있는 때의 순서여서 완고한 마음, 비겁한 마음은 장차 예수를 십자가에 못 박고 자멸하게 될 것이다. 슬픈 일이요 두려운 일이다. 이것이 하나님이 정하신 것이라고 이해하기가 참으로 어렵다.

그날에는 원수가 여러분을 둘러싸고 성을 공격하려고 보루를 세우고 여러분을 사방으로 공격하여, 드디어 성벽을 파하고 성에 들어가 참살할 것이다. 돌 하나도 돌 위에 남지 아니하고 폐허가 될 것이다.

여러분이 '은혜'의 때 '평화'에 관한 일을 알지 못하고 어떻게 멸망을 피할 수 있겠는가? 이날이라도 회개하고 복음을 믿으면 죄 사함 받고 구원을 얻을 터인데 여러분 눈에 그것이 감추어져 있다. 그 결과 예수는 십자가에서 죽지 않으면 안 되는 것이다.

예수님께서 이 예언을 하신 것은 십자가에 못 박히기 수일 전이어서 기원후 30년 전후일 것이다. 그 후 10년, 곧 기원후 40년 경에는 로마 황제 칼리굴라Gaius Caligula가 자기의 우상을 예루살렘 성전에 세우려 했으나 당시 총독이 하지 못하게 하여 그만 두었다. 그러나 총독 알비누스Lucceins Albinus와 총독 플로루스Gessius Florus의 정치는 가혹했고 압제가 심했기 때문에 드디어 66년 봄에 예루살렘 민중의 반란이 폭발하여 플로루스는 교외로 도주했다. 수리아 주재의 로마 총독 케스츄스, 가르스가 군을 끌고 구원하러 왔었으나 뜻을 이루지 못하고 66년 11월에 물러갔다. 그 틈에 예루살렘에 살고 있던 그리스도인들은 요단강 저편으로 도피했다. 예루살렘은 열심당의 지배에 들어갔고, 파쇼적인 과격정치가 행해져서 열심당과 온건파와의 사이에 내분이 끊이지 않고 계속되었다. 67년 로마 본국으로부터 티투스가 대군을 끌고 와서 예루살렘 주위에 큰 보루를 쌓고 70년까지 3년간 공략해서 드디어 이것을 함락시키어 성전을 불태우고 시가 전부를 파괴했으며 대량 학살을 자행했다.

(2) 성전 숙청 눅 19:45-46

감람산에서 예루살렘을 내려다보시고 비통한 애국의 정을 말씀하신 예수님은 발걸음을 예루살렘 성전 구내로 옮기셨다.

거기 '이방인의 뜰'이라고 하는 밖의 뜰에는 많은 상인이 책상을 벌이고 어떤 자는 제물용의 비둘기를 팔고 있었고, 어떤 자는 연보 드리는 돈을 바꾸며 떠들고 있었다. 그 모양을 보신 예수님은 거룩한 분노를 발하시고 "내 집은 기도하는 집이거늘 너희는 이것을 강도의 소굴로 만들었구나."하고 말씀하시면서 상인들을 내쫓으셨다.

이 소위 성전 숙청의 기사는 누가복음뿐 아니라 마태복음 마 21:12-13과 마가복음 막 11:15-17, 요한복음 요 2:13-17에도 있다. 이때의 예수님의 격심한 행동은 제자들에게 "너희의 집을 사모하는 열심이 나를 삼키리라."고 하는 시편 69편 9절의 말씀을 상기케 했다요 2:17 참조.

지금까지 예수님의 마음이 찢어질 정도로 감동이 연속되었다.

이렇게 예루살렘에 대한 그의 사랑이 절정에 달한 때, 예루살렘에서의 그의 죽음도 또한 결정적으로 되려고 한다.

예수님은 성전의 구내를 떠나 감람산 뒤에 있는 베다니 촌에 돌아가서 아마도 마르다, 마리아의 집에 유숙하셨을 것이다. 그래서 아침에는 예루살렘에서, 저녁에는 베다니로 돌아가시면서 매일 성전에서 사람들을 가르치셨다. 최후의 한순간에라도 예수를 구주로 영접하여 구원을 얻을까 하고 심혈을 기울였다. 만일 믿지 아니하면 멸망을 자초한다 할지라도 예수님은 자기의 사명을 다하지 않으면 안 된다고 생각하셔서 끝까지 사람들과 제자들을 사랑하셨다.

제사장, 서기관, 장로들이 예수를 잡아 죽이려 했으나 민중들이 예수님의 교훈에 귀를 기울이고 있었으므로 잡을 수 없었다눅 19:47-48. 제사장이 예수님을 잡아 죽이려는 데 참여하게 된 것은 이 성전 숙청과 관계가 있었다. 즉, 그들의 이권이 침해되었다고 생각했던 까닭이었을 것이다. 처음에는 바리새인들이 예수님을 대적하여 죽이려 하였고, 그와 교리를 달리하던 사두개인인 제사장들은 냉정한 태도였다. 그런데 자기들의 이권이 빼앗겼다고 생각이 되어 바리새인과 더불어 예수를 죽이려고 했다.

예수님께서 이렇게 제사장들도 적으로 해서 스스로 죽을 곳을 택하시듯 성전 숙청을 감행하신 것은 거기에 '평화에 관한' 근본 문제를 보신 까닭이다. 정치의 부패도, 경제의 부패도, 교육의 부패도 그 근본은 하나님에 대한 태도의 부패에 있다. 성전, 즉 종교가 부패하니 국민 생활의 전부가 부패하지 않을 수 없다. 참 하나님을 하나님으로 예배하지 않고, 혹은 하나님을 간판으로

해서 이익을 탐하거나, 또는 하나님이 아닌 것을 하나님으로 섬기는 모든 우상숭배는 정치, 경제, 교육과 문화의 부패, 타락의 근본이어서 그 근원을 밝히지 아니하면 국민은 멸망할 수밖에 없다. 여기에 '평화에 관한 일'의 근본이 있는 것이다.

"화평케 하는 자는 복이 있나니 저희를 하나님의 아들이라 일컬을 것이다"마 5:9라고 했다. 그는 하나님의 아들 예수님에게 속한 자이다. 즉, 화목하게 하는 자야말로 그리스도 신자이다. 평화주의자, 평화운동가의 모범은 예수님에게 있다. 그는 '평화에 관한 일'의 근본이 어디 있는 것을 예민하게 알고 계셨다. 그리고 그것을 무시하고 멸시하는 국민은 장차 올 하나님의 진노를 면할 수 없음을 고하시고, 이날에라도, 이 순간에라도 회개하고 주 예수를 믿으라고 우시면서 자기를 내어 주셨다. 이 길을 알 때 구원을 얻게 되고 이 길을 무시할 때 멸망하게 된다. 이 길이란 무엇인가? 평화에 관한 근본이란 무엇인가? 그것은 종교 숙청이다. 진정으로 하나님을 예배하는 일이다. 하나님이 보내신 자 예수 그리스도를 믿고 그와 하나를 이루는 일이다. 이것 없이는 개인도, 국민도, 세계도 참 영구적 평화는 없다.

이사야 6장 9-12절 말씀을 읽고 예수님께서 예루살렘을 향하여 우시면서 예언하신 말씀을 되새겨 본다. 예수님을 믿는 자는 누구든지 그 그릇에 따라 성령을 받는다. 성령의 인도 하심을 소멸치 말고, 전부를 그리스도에게 바치고 연합하자. 평화를 이룩할 것이다. 아멘.

우리는 다시 생각해 보자. 우리 마음에는 비둘기 팔고 돈 바꾸는 자들과 같은 탐심은 없는가? 현실 교권에 눌려 타협하고 있지는 않는가? 너희 몸은 성령이 거하실 성전이라고 했는데, 정욕을 피하고 성결한 생활을 하고 있는가? 과연 주님을 모시고 살고 있는가? 전적으로 하나님의 아들로서 살 때에 개인의 평화가 이루어지고, 가정 안에 주님이 계실 때 그 가정이 화평함 같이 믿는 무리의 사회와 나라는 평화를 누릴 것이다.

〈부산모임〉 1979년 8월호[72:12-4]

평화의 복음

성경을 공부하면 예수님은 평화의 복음으로 임하심을 알 수 있다. 예수님께서 유대 땅 베들레헴에 탄생하셨을 때 많은 천군과 천사들이 하나님을 찬송하여 "지극히 높은 곳에서는 하나님께 영광이요 땅에서는 기뻐하심을 입은 사람들 중에 평화로다"눅 2:14고 외쳤다.

예수님은 진실로 평화의 임금이다. 구약 성경에는 여호와께서 악을 벌하실 때 전쟁과 살육으로 심판하신 것을 우리는 잘 알고 있다. 공의의 하나님은 악을 그대로 둘 수 없어 여러가지 재앙과 전쟁과 벌로 심판하시다가 마침내는 친히 육을 입고 내려오셨다. 십자가에 달리심으로 그 공의와 사랑을 나타내어 인류를 구원하셨다. 그러므로 심판은 평화를 가져오게 하는 수단이었으며 법칙이다.

예수님은 이 법칙을 만족하게 이루셨다. 또 예수님은 "내가 세상에 온 것은 화평이 아니오 검을 주러왔노라"마 10:34고 하셨다. 또 신앙생활은 곧 싸움생활임을 보여 주셨는데 이것은 "진리가 너희를 자유케 하리라"요 8:32고 하신 말씀과 일치하는 것이어서 참 영화는 진리에 속한 것임을 나타내신 것이다. 평화를 이룩하는 사람은 불의를 기뻐하지 아니하며 진리와 함께 기뻐하는 까닭이다.

예수님은 평화의 왕이시다

예수님은 잡히시기 약 10일 전에 갈릴리에서 베뢰아를 지나 요단강을 서편으로 건너서 여리고에 이르렀다.

그리고 여리고에서 나아와 삭개오의 집에 들어가실 때 삭개오의 회심의 고백을 들으시고 이 집에 구원이 이르렀다고 선언하셨다. 이 때에 제자들과 무리들은 예수님이 예루살렘으로 올라가시면 곧 정변이 일어나 하늘 나라가 임할것이라고 생각하게 되었다.

그 곳에서 신앙과 복음은 사장해서는 안 된다고 해서 열 므나의 비유를 말씀하셨다. 즉, 어떤 귀인이 종 열 사람에게 각각 한 므나씩 열 므나를 주고 타국에 갔다가 왕위를 얻어 가지고 와서 회계했는데 어떤 종은 한 므나를 가지고 열 므나를 남겼고, 어떤 종은 한 므나를 가지고 다섯 므나를 남겨서 칭찬을 들었는데, 반대로 어떤 종은 한 므나를 땅에 파묻었다가 그대로 내어 놓았으므로 악하고 게으른 종이라고 책망을 들었다고 하였다.

그러므로 신앙과 복음은 상인이 이익을 추구하듯이 하라고 널리 전파되어야 한다고 가르치고 무리들보다 앞서 여리고에서 예루살렘으로 올라가는 언덕길을 기운차게 올라가시는 것이었다. 앞으로 십자가의 고난을 각오하시면서도 사단과 싸우려 나가는 용사 예수님을 늠름하게 발걸음도 가볍게 앞서 가신 것이다.

베다니와 벳바게에 이르렀을 때 두 제자를 불러 저 앞에 보이는 건너 마을에 가서 아직 한번도 타지 아니한 나귀새끼를 풀어 오라고 하셨다. "만일 주인이 그것을 왜 풀어 가느냐?하고 묻거든 주[예수]님이 쓰시겠다."고 하셔서 두 제자는 나귀새끼를 풀어 왔다. 이 때에 제자들과 무리들은 자기들의 옷을 나귀 새끼 등과 길에 펴고 또 감람나무 가지를 길에 펴면서 예수님은 나귀 새끼를 타게 하시고 그 길 위를 가시도록 하였다. 그리고 저희들이 감람산의 서남단을 지나 예루살렘이 보이게 될 때 저희들의 기쁨은 하늘을 찌를 듯 절정에 이르러 "찬송하리로다. 주의 이름으로 오시는 왕이여 하늘에는 평화요 가장 높은 곳에는 영광이 도다"라고 하나님을 찬양하였다. 이 때에 무리 중 어떤 바리새인들은 예수님에게 제자를 꾸짖어 잠잠하게 해 달라고 했다. 그것은 아마도 소동이라고 보여 탄압을 받을 염려에서와 또는 "주의 이름으로 오시는 왕"이라고 하는 외침에 그들은 참람(僭濫)되다고 생각해서 그리했을 것이다. 그러나 예수님은 도리어 그들에게 말씀하시기를 "만세토록 허락받은 사람들이 잠잠하면 이 돌들이 곧 자연이 소리지를 것이다."라고 반박하셨다. 지금 예수님께서 나귀 새끼를 타시고 예루살렘으로 들어가시는 것은 스가랴 9장 9절 말씀, "시온의 딸아 크게 기뻐할지어다 예루살렘의 딸아 즐거이 부를지어다 보라 네 왕이 네게 임하시나니 그는 공의로우시며 구원을 베푸시며 겸손하여서 나귀를 타시나니 나귀의 작은 것 곧 나귀 새끼니라."를 이루시는 것이어서 온 자연과 사람이 하나님을 찬송하여야 할 대우주의 합창이다. 그러므로 무리들은 예수님의 마음을 잘 이해하지는 못하고 하는 찬송이지만, 여호와 하나님을 찬송하고 예수를 그 주의 이름으로 오시는 왕으로 받아 드리는 것을 기뻐 받으신 것이다. 제자들과 무리들은 예수님이 예루살렘에 들어 가시면 유대나라 사람들을 로마의 속박으로 해방시켜 독립국으로서의 정치를 하게 될 것이라 생각하고 기뻐 소리를 외친 것이다. 그런데 예수님은 빌라도에게 말씀하신 바와 같이 "내 나라는 이 세상 나라가 아니다."라고 하셨고 이 세상 사람들을 사탄, 곧 죄와 죽음의 세력에서 해방하여 하나님과 화평케 하시고 하나님의 자녀로서 영생케 하는데 그 목적이 있었던 것이다.

그럼에도 불구하시고 예수님은 무리들이 "주의 이름으로 오시는 왕"이라고 외칠 때 기쁘게 받아 주셨다. 참으로 예수님은 평화의 왕이시다.

평화에 관한 일 눅 19:41-46

예수님은 감람산 서남단을 올라 예루살렘이 내려다 보이는 곳에 와서 성을 바라보시면서 감개가 무량해서 우시었다.

우시면서 하시는 말씀이 "너도 오늘날 평화에 관한 일을 알았더면 좋을뻔하였거니와 지금 네 눈에 숨기웠도다"고 하셨다.

예루살렘이 있는 종교 지도자들 서기관과 바리새인, 장로와 제사장들은 율법을 지켜 하나님 앞에 의롭다하심을 입는다고 해서 안일하게 지내고 있다. 그리고 하나님께서 죄인을 구속하시기 위하여 보내신 자 예수를 영접하지 않고 있다.

율법의 정신은 하나님께서 사람들에게 심령으로 지킨 것을 요구하고 있는데 사람들은 형식으로 지켰다고 하면서 하나님의 뜻을 저버리는 일을 감행하여 위선자가 되어 버렸다. 즉, 예수님의 교훈을 무시하고 예수님을 모독하는 자로 인정해 버렸던 것이다. 이것이 어떠한 죄에 빠지는 것인지 모르고 있다.

오늘 사이라도 최후의 기회를 놓치지 말고 위선을 회개하고 하나님께서 보내신 구원의 주님을 영접하기만 하면 하나님의 진노를 면할 수 있을 것인데 지금은 저희들에게 숨기어져있다고 탄식하시면서 우시는 것이다. 전에는 예루살렘 사람들을 구원하시기 위하여 애쓰시며

"예루살렘아 예루살렘아 선지자들을 죽이고 내게 파송된 자들을 돌로 치는 자여 암닭이 제 새끼를 날개 아래 모음같이 내가 너의 자녀를 모으려 한 일이 몇 번이냐? 그러나 너희가 원치 아니하였도다"라고 하셨는데, 이번에는 너희에게 숨기웠도다고 객관적 표현으로 말씀하셨다.

이것은 이사야 6장 9-10절 말씀 "여호와께서 이르시되 가서 이 백성에게 이르기를 너희가 듣기는 들어도 깨닫지 못할 것이요 보기는 보아도 알지 못하리라 하여 이 백성의 마음을 둔하게 하며 그들의 귀가 막히고 그들의 눈이 감기게 하라 염려하건대 그들이 눈으로 보고 귀로 듣고 마음으로 깨닫고 다시 돌아와 고침을 받을까 하노라"고 해서 슬피 우신 것이다. 울지 않고 어찌하랴.

"날이 이를지라 네 원수들이 도성을 쌓고 너를 둘러 사면으로 가두고 또 너와 및 그 기운에 있는 네 자식들을 땅에 메어치며 돌 하나도 돌 위에 남기지 아니하리니 이는 네가 보살핌 받는 날을 알지 못함을 인함이니라 하시니라"눅 19:43-44

예수님께서 이 말씀을 하신 것은 기원 30년 즈음이었다. 그후 40년에 로마 황제 칼리굴라가 자기 상을 예루살렘 성전에 세우려 하다가 그것은 총독의 충언에 의하여 그만두게 되었다. 그러나 총독 알비누스와 총독 플로루스의 정치는 심히도 가혹한 압제

를 감행했기 때문에 드디어 66년 봄 예루살렘의 민중이 반란을 일으키어 플로루스는 겨우 성밖으로 도주하게 되었다. 그 때에 수리아 주재의 로마 총독 세스티우스 갈루스Cestius Gallus가 군대를 이끌고 와서 구원했으나 예루살렘성을 함락시키지는 못하고 66년 11월에 물러가고 말았다. 그 사이에 예루살렘에서 살고 있던 그리스도 신사들이 요단 저편 베라로 피난 갔다. 예루살렘은 일신당에 의하여 파쇼적인 과격정치를 해서 온건파와의 사이에 내분이 그치지 않는 상태였다. 67년 로마 본국으로부터 티투스가 대군을 끌고 와서 예루살렘 성을 둘러싸고 보부를 쌓고 70년까지 3년간 맹공을 계속했기 때문에 드디어 이것을 함락시키고 성전을 불태웠으며 시가를 파괴하고 대학살을 자행하였다.

유다 역사가 요세푸스Flavius Josephus는 "그 파괴는 철저하여 이 거리를 찾는 자는 누구든지 이곳이 일찍이 사람이 살고 있었던 곳이라고 믿어지지 않을 것이다."라고 기록하고 있다. 즉, 예수님의 예언은 문자 그대로 이루어지고 말았다.

그러면 예수님의 예언은 그것으로 끝나고 말았을까? 아니다. 예수님의 예언은 진리이어서 세상 끝날까지 이 말씀은 살아있으며 지금도 경고하시고 있다.

감람산 기슭에서 예루살렘을 바라보시고 우신 예수님은 나아가 예루살렘 성전 구내에 발을 옮기셨다. 거기 이방인의 뜰이라고 하는 밖의 뜰에 많은 상인이 모여 비둘기를 팔며 돈을 바꾸는 일이 성행되고 있었다.

그 모양을 보시고 예수님은 성분을 발하셨다. 즉, "내 집은 기도하는 집이 되리라 하였거늘 너희는 강도의 소굴을 만들었도다."눅 19:46라고 하시면서 상인들을 다 내어 쫓으셨다.

그때 예수님의 행동은 격하셨다고 생각된다. 즉, 제자들에게 "주의 집을 위하는 열성이 나를 삼키고 주를 비방하는 비방이 내게 미쳤나이다."라고 하신 시편 69편 9절을 생각나게 하셨다.

예수님의 마음이 찢어질 것 같은 감동이 연속적으로 일어났다.

이렇게 예루살렘에 대한 그의 사랑이 절정에 달했을 때 예루살렘에 있어서의 그의 죽음도 결정적으로 되었던 것이다.

성전 청결로 인하여 사두개파의 제사장들은 종교적으로 의견이 다른 바리새인들과 서로 손잡고 예수님을 죽이려고 했다.

정치의 부패 · 경제 및 교육의 부패도 그 근본은 하나님에 대한 태도의 잘못에 기인하는 것이다. 성전, 즉 종교가 부패하고 국민생활이 부패하지 않을 수 없다. 참 하나님을 하나님으로 숭배하지 않고 혹은 종교를 간판으로 해서 이익을 탐하고 혹은 신이 아닌 것을 신으로 숭배하는 따위의 우상숭배는 정치, 경제, 교육, 문화의 부패와 타락의 근본이 되는 것이어서 그 근원을 깨끗이 하지 않으면 안 된다. 평화에 관한 일은 그 가운데 예루살렘이 구원을 얻을 것인가 멸망하게 되겠는가의 분기점으로 보시고 하신 것이다.

화평하게 하는 자

"화평하게 하는 자는 복이 있나니 그들이 하나님의 아들이라 일컬음을 받을 것임이요"마 5:9라고 하신 것은 예수님의 산상수훈의 일절이다. "이는 하나님의 아들이라고 일컬음을 받을 것임이요"라고 하는 것은 "예수님에게 속한 자"라는 뜻이므로 화평하게 하는 자야 말로 크리스천이라는 것이다.

평화주의자, 평화운동가의 모범은 예수님이시다. 예수님 밖에 누가 능히 사람의 죄를 속하고 사람을 하나님의 진노에서 돌이키게 할 수 있으리요. 그는 평화의 관한 일이 근본이 무엇인지를 예민하게 인식하셨다. 그리고 이 근본이 되는 종교의 타락을 경시하는 국민은 장차 올 하나님의 진노를 피할 길이 없음을 명백히 하신 것이다.

사람들이 그 길을 알아 예수님을 그리스도로 영접하고 하나님께 찬송할 때에는 기뻐 축복하시고 사람들이 그것을 알지 못하고 안일하여 있을 때에는 슬피 우셨으며 또 사람들이 그 길을 어지럽게 할 때에는 성분을 발하셨던 것이다. 그 길은 무엇인가. 즉, 평화에 관한 근본은 무엇인가. 그것은 종교를 정결하게 하는 일이다. 믿음생활을 다시 살펴, 하나님의 뜻에 순종하는 일이다. 참 하나님을 두렵게 섬기며 하나님이 보내신 그리스도를 믿고 따르는 일이다. 예수님의 복음의 뜻을 잘 살펴 헌신하는 일이다. 그것 없이는 개인에게도 국민에게도 세계에도 참 평화는 없다.

당시 바리새인이나 장로들은 왜 예수님을 그리스도로 받아 드리지 않았던가. 저희들이 율법을 지켜 의를 얻었다고 스스로 인정하고 안일하게 지냈던 까닭이다. 지금도 예수님을 믿는 신도들은 예수님의 공로로 구원을 얻었다고 스스로 인정하고, 그리스도인으로서의 책임을 그리스도를 따라가는 일을 통한히 하고 있는 것이 아닌가. 나는 스스로 반성한다.

주님은 우리 인격을 "하나님의 성전"^{고전 3:16}이라고 하셨는데 우리 인격 속에서 탐심과 정욕이 얼마나 크게 작용하고 있는 것인지 사단이 나의 탐심과 정욕에 틈타고 들어와 나를 주님에게서 떨어뜨린 때가 적지 않은 것을 깨닫고 나는 회개한다.

또 기독교의 현실 교회는 예수님의 신부로서의 제 책임을 감당하고 있는지? 현실 교회는 자본주의의 물결에 휘말려 들어가 물질주의와 타협함으로써 교세확장에만 급급하고 참 그리스도인다운 신도가 적으니 답답하여 울지 않을 수 없다.

예수의 이름으로 구원을 얻었다고 하고 자인하여 안일한 생활을 하고 있으나 예수님 당시의 바리새인들처럼 위선자라는 책망을 듣지 않겠는가. 예수님은 지금의 교회와 그 지도자들을 내려다 보시고 우시면서 누가 네 죄를 하나님의 진노에서 피하라 하던가 하시고 계시지 않을까. 이날 사이에라도 예수님의 구원에 감격하여 예수님이 겪으신 그 길을 따르면 하나님의 진노를 피할 수 있을 터인데 하시면서 최후 심판을 경고하시고 계시는 것을 나는 듣고 있다.

그런데 사람들의 마음은 완고하게 현실과 타협하고 있고 예수의 이름으로 구원받았다고 자인하며 안일하게 지내면서 사회악과는 싸우려 하지 않고 예수님의 발자취를 따르려 하지 않으니 심판 날에 나는 너희를 알지 못한다 하시고 물리치시지 않을지 염려된다.

먼저 교회 내에서 물질주의, 현실주의의 모든 요소를 제거하고 청결하자. 그리고 긍휼을 베풀자. 평화는 심판을 통하여 성취된 것이다. 인간의 완고함과 죄는 그렇게도 깊은 것이기 때문이다. 누가 능히 하나님의 심판대 앞에 설 수 있으리요. 예수님의 긍휼을 의지하지 않고는 설 수 없다. 예수님의 긍휼을 베풀지 않는 자는 예수님의 긍휼을 힘입기에 부족한 자가 되지 않을까. 교회가 스스로 반성하여 현실주의와 타협하고 있는 것을 회개하고 순수한 신앙으로 그리스도의 발자취를 따르는 것이 평화에 관한 일에 근본인 것을 다시 고조하는 바이다.

화평하게 하는 자는 누구인가. 참으로 회개한 자이다. 회개한 자만이 남의 집을 지려고 할 것이다. 속죄해 주신 주님의 공의와 그 사랑에 감격하여 공의에 살며 사랑으로 희생제물이 되는 신자가 가정과 국가 사회와 세계를 화평하게 할 수 있다고 믿는다.

〈부산모임〉 1978년 2월호[63:11-1]

평화와 주님

예수님께서 평화의 주님이심은 초림시에 천사들에 의하여 알리어진 소식이었다.

> 지극히 높은 곳에서는 하나님께 영광이요 땅에서는 기뻐하심을 입은 사람들 중에 평화로다 눅 2:14

위의 말씀은 예수님이 탄생하신 때에 베들레헴 지경에서 양떼를 지키던 목자들에게 큰 기쁨의 좋은 소식 곧 구주 예수의 탄생을 알린 뒤에 하나님을 찬송한 천군 천사들의 찬미었다.

그리고 예수님께서 인류의 죄를 대속하시기 위하여 십자가를 지시려고 예루살렘으로 올라가는 도상에서 예수님을 따라가는 제자들은 "찬송하리로다 주의 이름으로 오시는 왕이여 하늘에는 평화요 가장 높은 곳에는 영광이로다" 눅 19:38 하고 하나님을 찬양했다. 이 때에는 예수님이 십자가에 달려 돌아가셨다가 부활하여 승천하실 것을 뜻하는 찬미인 것이다.

예수님은 평화의 주님이어서 땅에 임하시면 그를 믿는 자들에게 평화가 있고, 하늘에 올라가시면 하늘에 평화가 있는 것이다.

그러면 하늘에도 평화가 없었단 말인가 중세가 기독교 사상을 잘 그려낸 밀턴의《실락원》에서 보면, 하나님을 뫼시던 천사 중에서 하나님을 모반하고 불순종하던 천사들이 사단이 되어 하나님을 순종하여 섬기는 선한 천사들과 더불어 싸우는 광경을 나타낸 시가 있다. 이 사상은 예수님 당시에도 희미하나마 있었던 것이다. 즉, 골로새서 1장 16절에서 20절을 보면, "만물이 그에게 창조되되 하늘과 땅에서 보이는 것들과 보이지 않는 것들과 혹은 보좌들이나 주관들이나 정사들이나 권세들이나 만물이 다 그로 말미암고 그를 위하여 창조되었고 또한 그가 만물보다 먼저 계시고 만물이 그와 함께 섰느니라 아버지께서는 모든 충만으로 예수 안에 거하게 하시고 그의 십자가의 피로 화평을 이루사 만물 곧 땅에 있는 것들이나 하늘에 있는 것들을 그로 말미암아 자기와 화목케 되기를 기뻐하심이라"고 했다.

위의 말씀에서 보좌들이나 주관들이나, 정사들이나, 권세들이라는 것은 천사들을 뜻한다. 천사들도 창조된 자들로서 하나님을 배반했던 천사들까지도 예수 그리스도의 십자가의 피로 화평을 이루사, 만물 곧 땅에 있는 것들이나 하늘에 있는 것들을 예수로 말미암아 자기[하나님]와 화목케 되기를 기뻐하신다는 뜻이다. 야고보서 2장 19절에는 "네가 하나님은 한 분이신 줄을 믿느냐. 귀신들도 믿고 떠느니라"고 했다.

우리들도 예수님을 구주님으로 받아드리기 전에 있어서 양심이 하나님을 믿고 떨었던 것을 안다. 그랬던 것이 성령의 은혜로 예수님을 구주님으로 모시고 하나님과 화목된 것이다.

예수님을 믿기 전에는 하나님을 반역했기 때문에 불안했다. 죄 때문에 죽을 것을 두려워했다. 지금은 예수님 안에서 그의 지체로서 살기 때문에 두려움이 없어지고 평안을 누리고 있다. 사단의 힘은 그리스도 안에 있는 자에게는 무력하다. 즉 귀신이 있으나 마나이다. 이러한 신자를 통해서도 사단도 나중에는 회개하고 예수님을 믿게 될 것이다. 그 때에는 평화의 나라 곧 주님의 나라가 이루어 질 것이다.

〈부산모임〉 1981년 2,4월호[80:14-1]

〈사랑과 생명〉

사랑은 오래 참고 사랑은 온유하며 시기하지 아니하며
사랑은 자랑하지 아니하며 교만하지 아니하며

고전 13:4

그런즉 믿음, 소망, 사랑 이 세가지는 항상 있을 건인데
그 중의 제일은 사랑이라

고전 13:13

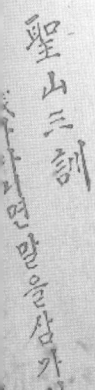

바울의 사랑의 찬미 1

고린도전서 13장

사랑이 없다면

사회를 형성하고 있는 사람들은 여러가지여서 어떤 사람은 감정이 풍부하여 미를 잘 표현하며, 어떤 이는 이성이 발달하여 진리를 잘 붙잡으며, 어떤 이는 의지가 강하여 큰 사업을 이룩한다.

그런데 그들에게 성령의 감화가 한번 임하면 그 고유한 특성들은 연합되고 성취되어 우수한 기능을 발하게 될 것이다. 즉, 감정이 풍부한 사람에게 성령이 임하면 영적 감각이 고조되어 사람의 방언과 천사의 말일지라도 하게 될 것이며, 위대한 시인, 음악가, 예술가가 될 것이다.

그러나 사랑이 없으면 울리는 징과 요란한 꽹과리 밖에 되지 못할 것이다. 만일 나의 이성이 성령의 감화로 시대의 변천과 역사의 법칙을 잘 알아 예언을 하게 되고 성령의 오묘한 이치를 잘 깨달아 하나님의 뜻을 알게되고 또 모든 이 세상의 이치와 과학의 지식을 통달하였다 할지라도 그리고 또 하나님의 뜻을 알고 그 마음을 움직이게 하여 산을 바다에 옮기게 할만한 믿음을 가졌다 하더라도 사랑이 없으면 아무것도 아님을 잘 안다. 또 내가 비록 내 모든 소유를 다 나누어주고 내용을 불사르는데 내어주어 불사르게 시켜 희생제물이 된다 하더라도 자기 명예를 위하여 한 것이라면 그것은 참 사랑으로 한 것이 아니기 때문에 내게 아무 유익이 없게된다고 주장한다. 사랑과 대단히 비슷하면서도 참사랑이 아닐 수 있다.

그러므로 이 하나님의 사랑이 없다면 모든 것이 전부 허공을 치는 것에 불과하다는 것이다.

사랑의 성질

위에서 말한 바와 같은 절대로 없어서는 안 될 사랑의 성질은 어떠한 것일까? 바울은 사랑의 덕성을 사랑의 인격적 성질을 말했다.

즉, 예수 그리스도와 하나님의 성질을 포함케 된 것이다.

사랑은 오래참으며 사랑은 온유하다고 정의했다. 이것은 하나님께서 구약시대에 율법을 주시고는 사람들이 그것을 마음으로 즐겨 지키지 못하고 반역하여 혈육의 정욕대로 살 때에 오래 참으신 것을 뜻하며 또 온유하다고 한 것은 은혜롭다는 뜻인데 즉, 때가 차매 예수 그리스도를 보내셔서 속죄해 주신 사실을 말한 것이다. 사랑은 여기에 나타났으니 우리가 하나님을 사랑한 것이 아니오 하나님이 우리를 사랑하사 그의 외아들을 우리의 속죄제물로 하신 것이다. 이 예수님을 통하여 나타난 하나님의 사랑은 반역자와 원수들을 살리시기 위하여 친히 십자가에 달려 죽음으로써 하나님의 자유의사로서 하신 영구적인 성품인 것이다. 아가서에 표현된 "가시밭의 백합화"는 바로 이 사랑의 표현이다.

사랑은 오래 참고 은혜로우며라고 한 뜻은 사랑은 자기부정이다.라는 말이다. 그러므로 사랑하는 곳에는 자기 본위의 보기 흉한 갈등은 없다. 자기 중심의 사람은 남이 잘하는 것을 보면 질투하고 남의 좋은 점을 존중해 줄줄 모르며 스스로 자랑하게 된다. 그래서 무례히 행하며 자기의 이익을 구하고 성내며 남의 악한 것을 기억하여 그 사람을 낮게 보고 불의를 좋아하는 등 이와 같은 쓰라린 경험을 하지 않은 사람은 없다. 만일 우리사회에서 이러한 괴로움만 없어진다면 얼마나 행복되지 않으랴 그런데 이 하나님의 사랑은 자기 부정이다. 그러므로 시기하지 않고 자랑하지 않으며, 교만하지 않고 무례히 행치 않으며 자기의 이익을 구하지 않고 성내지 않으며 남의 악행을 기억치 않고 불의를 기뻐하지 않는다. 그리고 진리와 함께 즐거워한다. 이 하나님의 사랑은 자기를 부정할 뿐 아니라 불의를 부정한다. 즉, 사람본위가 아니고 하나님 본위이다. 사랑과 진리는 하나님에게 있어서 하나이다. 사랑의 재현이신 예수님은 또한 진리이시다. 이들은 본래 일체이다. 그러므로 함께 기뻐한다.

여기에 또한 진리가 인격화 되어있다. 우주 깊은 곳에 있어서 서로 포옹하는 사랑과 진리, 하나는 끝없이 뜨겁고 하나는 끝없이 차다. 그러나 이 두 개의 심장에는 같은 피가 흐르고 있다. 그러므로 진리가 기뻐하는 바를 사랑도 즐거워하며 사랑이 슬퍼할 때에는 진리가 이것을 위로해 준다. 즉, 사람을 보지말고 하나님을 보라고 하며 위로해주는 것이다. 그래서 모든 것을 덮어주고 모든 것을 믿으며 모든 것을 견디는 것이다.

사랑은 영원히 있다

그러나 이 세상의 예언도 방언도 지식도 다 필요 없을 때가 온다. 그 때는 완전한 세계가 된 때이다. 왜 그런가하면 우리가 지금 안다고 하는 것이 온전하지 못한 까닭이다. 우리의 예언도 지식도 다 온전하지 못하다. 그러므로 온전한 것이 올 때에는 온전하지 못한 것은 사라진다.

내가 신앙생활을 함에 있어서 전에는 말하는 것이나 깨닫는 것이나 생각하는 것이 어린아이와 같았다. 율법을 지켜 의에 이르려고 하던 때는 참으로 어린아이와 같은 때였다. 그러나 예수님을 구주로 발견하게 되어 하나님의 참사랑을 깨달은 후로는 율법을 지켜 의롭다 함을 얻으려는 생각은 온전히 버렸다. 하나님께서 친히 이 세상에 내려오셔서 뭇 사람의 죄를 대신하여 십자가에서 죽으심으로 죄의 값을 치르시고 부활하셔서 영원한 생명을 증거하시며 부어주시는 이 하나님의 의와 사랑을 알게된 후로는 자기의 의는 전혀 없어지고 자기부정으로 되었고 진리 중심의 생애가 되었다.

그런데 우리가 지금은 아직 육의 기관을 가지고 있기 때문에 그 느끼는 것 보는 것이 거울 속의 그림자같이 희미한 것을 면할 수 없다.

우리 주님 앞에 설 때에는 얼굴과 얼굴을 맞대고 볼 것이며 지금은 내가 하나님과 우리 주님의 사랑과 은혜[진리]의 어느 부분에 알지 못하나 그 때에는 하나님께서 나를 아신 것 같이 내가 온전히 알게 될 것이다. 우리의 현재 이상은 아직 희미하나 그것이 이루어지면 확실히 알게 될 것이다.

그러므로 믿음과 희망과 사랑이 세 가지는 언제나 하늘나라에서도 영원히 있게된다. 그것은 하나님을 섬기며 찬양하는 일이 믿음을 가지고 하게 되기 때문이며 또 영화에서 영화로 나아가는 것이 희망을 가지고 나아가게 되는 것이기 때문이다. 그러나 믿음과 소망은 생명이 아니며 하나님은 아니다. 하나님은 사랑이시다. 또한 생명이시다. 그러므로 그 중에서도 제일은 사랑이다.

〈부산모임〉 1968년 8월호[7:1-7]

바울의 사랑의 찬미 2

사도바울은 교회 안에 여러가지 직분[1. 사도 2. 예언자 3. 교사 4. 기적행하는 사람 5. 의사 6. 남을 도와주는 사람 7. 관리자 8. 방언자]을 가진 사람들이 있음을 말하고 그것이 각각 받은 은혜이지만 더 귀중한 은혜의 선물을 사모하라고 권했다. 그리고 더 귀중한 은사, 가장 좋은 길을 여러분에게 보여드리겠다고 하고 사랑에 대하여 말한 것이다.

사랑이 없다면

사도 바울은 자기에게 교회에서 귀중한 직분을 다하기에 필요한 은사를 예를 들어 낱낱이 설명한 후에 만일 사랑이 없다면 아무 유익이 없다고 주장하였다. 첫째로 감정, 정서 방면에 재능이 뛰어나 문학, 시, 음악 등 예술 방면에 있어서 감동시킬만한 것을 창작하고, 그것으로 사람의 감정과 정서를 움직이게 하여 사람을 감명케할 은사를 발휘한다고 하면 그 얼마나 좋을 것이 아니겠는가 더욱이 그 정서가 하나님의 영에 감동되어 황홀한 지경에 들어가 마치 오순절날 마가 요한의 다락방에서 경험하였던 과 같은 방언과, 더 고조가 되면 천사의 말을 하게 될수도 있을 것이다. 이것 얼마나 높고도 귀한 은사가 아닌가 그러나 이러한 능력있는 행위가 사랑이 없이 행하여진다면 나는 울리는 징과 요란한 꽹과리가 될 것 밖에 없을 것이다. 당시 고린도 교회에서는 신도들 중에 방언한다는 광적 신도들이 있어 요란한 꽹과리처럼 떠들었던 것을 상기하면서 이렇게 말한 것이다. 둘째로, 만일 나의 지성, 깨닫는 오성悟性방면에 은혜가 많아서, 이 시대의 역사의 법칙과 현실의 진상을 잘 파악하여 앞으로 역사가 어떻게 진전할 것을 미리 말하고 또 성경의 지식을 잘 통달하여 하나님의 섭리를 가르칠 수 있게 되고, 이 세상 과학적 지식, 즉 근일에 발전하는 핵에너지, 우주선의 제이기술, 전파·컴퓨터들의 이론과 이것을 응용하는 기술을 통달하고 그리고 산을 옮길만한 모든 믿음을 가졌다 하더라도 사랑이 없으면 나는 아무것도 아니다고 한다. 우리가 원할 것은 방언보다도 예언하는 지식과 또한 사회를 바로 잡을 수 있는 믿음의 능력이다. 그런데도 불구하고 그 마음 속에 사랑이 없이 이러한 일과 예언을 할 수 있다. 그러한 귀중한 은사도 성령의 능력이지만 성령의 열매는 아닌 것이다.

셋째로, 의사의 방면에서 사랑의 행위와 흡사하면서도 아닌 종류가 있다. 내가 비록 내 모든 소유를 나누어주고 자선사업, 의료사업에 헌신하여 그것을 성공적으로 수행하고 또 어떤 주의와 사상을 위하여 몸을 내주어 불사르게 한다고 해도 사랑이 없이 행한다면 내게는 아무 유익이 없다. 즉, 그의 행위가 자기 명예를 위하여 행하여 졌다면 그것은 진심으로 한 일이 아니며 따라서 하나님의 뜻이 아니기 때문에 아무 유익이 없는 것이다.

사랑의 아름다움

사랑은 오래 참고 친절하다고 한다. 여기에 사랑은 인격화되어 표현되어있다. 이것은 하나님의 사랑을 뜻하는 것이다. 하나님은 인류를 대하는 데 있어서 구약시대에는 주로 참는 것으로 하셨다. 즉, 회개하고 돌아오기를 기다리고 바라면서 오래 참으셨다. 선지자들을 보내어 회개하라고 외치셨고 인간의 법칙으로 교육하시면서 참으셨다. 그래도 회개하지 아니하매, 친히 육을 입고 오시어서 피를 흘려 속죄해 주셨다. 이것이 친절이요 은혜이다.

신약시대는 이 하나님의 사랑이 친절과 은혜로 나타난 것이다. 하나님의 사랑은 친히 괴로워하시면서도 오래 참는 것이며 참다 참다 못하여 친히 자기를 희생하여 은혜를 베푸시는 친절로 나타나셨다. 자기 희생의 사랑을 소유한 사람은 시기하지 않는다. 자랑하지 않는다. 교만하지 않는다. 시기, 자랑, 교만은 자기를 사랑하는 자기 중심주의의 소산이다. 자기를 사랑하지 않고 진리를 사랑하고 남을 사랑하는 사람은 다른 사람에게 무례히 행할 리가 없다. 자기 이익을 구하지 않는다. 성내지 않는다. 성내는 것은 자기 의사대로 되지 않을 때가 가장 많다. 사랑은 모든 것을 뚫어보고 그 배후의 섭리를 보게된다. 그래서 사랑하는 자는 남의 악행을 기억하지 않는다. 위의 것들은 사회적 관계를 말한 것이다.

그리고 그 근본적 입장을 말하는데는 불의를 기뻐하지 않는다. 불의는 하나님의 뜻을 어기고 배반하는 행위이다. 그러므로 아무리 사랑하는 사람이라 할지라도 불의를 생각하거나 행할 때에는 견딜수 없어 그들을 책망하고 꾸짖고 권면하다가 듣지 않으면 많을지언정 같이 협조할 수 없는 것이다.

  사랑은 진리와 함께 즐거워한다. 사랑과 진리는 하나님의 성품의 양면이다. 참된 사랑은 진리와 일체가 되어 사랑이 괴로움을 당할 때에는 진리는 속삭여 말하기를 일은 그렇게 끝나는 것이 아니야 눈을 들어 영원하신 하나님을 바라보라하고 위로해 준다. 이것으로 새사랑은 힘을 얻어 회복된다. 이 세상의 사랑은 감정이 움직이는 대로 변하지만 진리와 함께 기뻐하는 사랑은 진리가 움직이지 않는 것 같이 변하지 않는다. 그래서 범사에 모든 것을 덮어준다. 즉, 버리려고 하다가 버릴 수 없어 참게 되며, 괴롭게 하는 자까지도 싸매주며 덮어준다. 그리고 사랑은 진리와 같이 있으므로 영원히 믿을 수 있는 하나님을 보고 그 섭리를 믿기 때문에 모든 것을 믿는다. 벌써 신뢰하니 소망이 없을 수 없다. 사람의 눈으로 보아 아무리 희망이 없는 상태에서도 하나님의 지혜와 능력은 무한하시면 그는 또한 사랑이신 고로 드디어 세워지는 날이 올 것을 바라게 된다. 그리고 바라는 자는 견딘다. 바라는 자는 어떠한 나쁜 조건에라도 눌리지 않고 견딘다. 아무리 견딜 수 없는 쓴 잔을 마시게 되고, 설사, 반역을 당해 그 마음이 찢어지는 것 같은 마음에도 사람은 아직 견디는 것이다. 사랑의 특성은 무엇으로든지 깨어지게 할 수 없는 초자연적 참는 힘에 있다. 이렇게하여 바울은 사랑의 아름다움을 표현하였다. 이 얼마나 아름다움인지! 그런데 이 사랑의 특성은 소극적면 들이다. 사랑의 적극적인 면은 기쁨과 즐거움에 도취하는 때이다. 그러나 이 환락에 도취하는 것은 이기주의의 사랑도 이것을 잘한다.

현대인의 사랑은 이기주의의 것이다. 너희들, 자기를 사랑하는 자를 사랑하면 무슨 상이 있으리오. 세리도 그렇게 하지 않느냐?이다. 사랑은 그 소극적 방면에 있다. 오른편 뺨을 치거든 왼편 뺨을 돌려 댈 수 있는가 자기를 꾸짖는 자를 위하여 기도할 수 있는가 이것이 그 갈라지는 길이다. 또 바울은 이 사랑의 특성을 율법적으로 명한 것이 아니다. 여기에 사랑을 찬미한 것이다. 우리로 하여금 사랑의 재현이신 예수님을 받아드림으로써 기적적으로 이러한 높은 덕을 실현하려고 하였다. 사랑은 도덕이 아니고 생명이다. 살아계신 그리스도를 영접함으로써만 우리 속에서 사랑이 용솟음쳐 나올 수 있다. 벌써 내가 사는 것이 아니고, 그리스도 내 안에 계셔서 사는 그 지위에 설 때 이 아가페의 사랑은 실현된다. 율법은 모세로 말미암아 왔고 은혜와 진리는 예수 그리스도로 말미암아 온 것이다. 이것이 복음이다.

사랑은 영원하다

사랑은 주관적으로 끝까지 참는 성격일뿐 아니라 객관적으로 영원히 썩지않는 생명을 가지고 있다. 왜 사랑은 불멸인가, 그것은 하나님의 생명이 사람에게 부어진 것이며, 하나님의 사랑의 반사인 까닭이다. 가령 그 광도가 약하다고 하더라도 실질적으로는 하나님의 빛 그것과 다름이 없다. 우리는 사랑하는 때에만 사람다운 사람, 하나님의 아들의 경험을 갖게 된다. 우리의 경험 중 사랑만이 완전한 것이다. 이 하나님의 생명과 성질을 같이하는 사랑은 영원불변임을 말할 것도 없다.

이와 반대로 사람의 우수한 능력, 즉 예언, 방언, 지식(지혜) 이들의 귀한 경험이 언젠가는 사라지고 말 것이다. 그 이유는 어느 것이나 완전치 못한 까닭이다. 현재 우리의 지식은(그것이 과학적인 것이든지, 철학적인 것이든지, 신학적인 것이든지 어느 것이나) 조금 높은 입장에서 보면 진리의 한 부분만을 안 것에 불과하다.

우리의 예언도 완전치 못하다. 생각컨대 능력은 기관에 의하여 제한됨을 면치 못하기 때문이다. 우리 육체의 구조가 완전한 것으로 영화되지 않는 한 우리의 지식도, 예언도, 시도, 음악도, 단편적임을 면치 못하리라. 그러므로 완전한 것이 올 때에는 완전치 못한 것은 폐하게 될 것이다. 그리스도의 재림의 날, 우리의 부활, 영화의 날, 그 한 날, 신학, 철학, 과학, 정치, 경제, 교육, 문화가 폐절될 것이다.

그런데 성령의 능력만은 계속할 것이 아니겠는가. 생각하는 사람이 있을는지 모른다. 그것을 바울은 다음과 같이 설명하고 있다.

내가 어렸을 때에는 말하는 것이 어린아이와 같았고, 깨닫는 것도 어린아이와 같았으며, 생각하는 것이 어린아이와 같았다. 그러나 어른이 되어서는 어린 아이의 일을 버렸다. 그것과 마찬가지로 하늘나라에서 하나님의 자녀도 완성이 된다. 이 세상에서의 성령의 능력인 지혜, 지식, 예언까지라도 어린 아이의 비밀, 깨닫는 것, 생각과 같아서 버릴 수 밖에 없이 된다고 하는 것이다. 우리의 예언은 하나님을 보는 실험에 의하는 것인데, 우리는 이 세상에서 하나님을 보는 방법은 자연에 나타난 그의 능력과 지위를 보는 법과 복음서에 계시된 그리스도에게 있어서 하나님의 자태를 보는 법의 두 가지가 있다. 즉, 말씀에 의하여 하나님을 볼 수 있다. 그럼에도 불구하고 이들 계시를 통하여 얻은 경험은 마치 옛날 금속제의 거울 속으로 보는 것 같이 희미하다. 즉, 언어의 제한, 인물이란 범주, 육체의 제한들에 의하여 말씀을 이해하는 것과 같은 인간성 적응성의 제한을 면할 길이 없기 때문에 주님과 하나가 되는 이해가 부족하게 될 수 밖에 없다. 그러나 부활 생명으로 들어가는 그 때에는 "얼굴을 대하여 서로 보게 될 것이다. 직접 하나님과 서로 대하여 볼것이다 나는 깨어날 때 거룩한 얼굴을 가지고 만족할 수 있으리라"시 17:15라고 하셨다. 그 때에는 우리가 그에게 알려진 것처럼 완전히 우리는 그를 알 수가 있다. 루터는 이 때에 지식, 예언, 방언들이 소용이 없이 되는 것은 인쇄물이 완전히 인쇄된 때에 그 교정하던 원고가 소용이 없이 되는 것과 같다고 했다.

 현재의 경험에서 완전한 것은 믿음, 소망, 사랑이다. 믿음이란 그리스도의 피로 인하여 구원받음을 받아들임이다. 소망은 하나님의 영원한 영광에 참여할 것을 바라는 것이다. 이들은 어느 것이나 완전한 것을 대상으로 하여 무조건적 관계에 서기 때문에 자연히 완전하지 않을 수 없다. 그렇다. 내세생활에 있어서 우리들은 현세생활과 같이 믿음과 소망과, 사랑과의 생활을 계속할 것이다. 그리스도의 속죄를 믿고 , 하나님의 무한하신 영광이 우리에게 실현될 것을 바라고 영광에서 영광으로 나아가는 삶을 살리라. 그리고 우리는 그리스도의 마음으로 하나님과 사람을 사랑하는 무한한 생명을 살 것이다. 내세는 진실로 하나님의 사랑으로서 가득찬 사랑의 나라이다.

결론

우리들의 지금의 경험은 남김없이 없어지리라. 가장 우수한 성령의 은사일지라도 사라지리라. 사라지지 않는 것은 믿음, 소망, 사랑 이 세 가지 뿐이다. 지식은 없어도 좋다. 믿음은 없어서는 안 된다. 예언은 못해도 좋다. 시와 찬미는 없어도 좋다. 없어서 안될 것은 사랑이다. 이 세 가지만 있으면 만족하다. 왜냐하면 모든 필요한 능력은 그 가운데서 발생한다. 이 셋 중에서도 가장 귀한 것은 사랑이다. 믿음과 소망은 이 생명[사랑]을 얻기 위한 수단방법이다. 목적은 항상 사랑인 생명에 있다. 하나님은 사랑이시다. 그러나 믿음도 소망도 아니다. 사랑이야말로 거룩하신 이의 본질이다. 그의 생명 자체이다. 그러므로 사랑은 믿음, 소망보다도 더 우수하다. 귀한 것은 사랑이다. 우리의 전심으로 사모할 것은 이것 뿐이다. 하나님은 사랑이시다. 그러므로 우리는 믿고 바라서 거룩하신 축복, 즉 영원한 생명에 들어가게 되리라. 원컨대 그의 사랑이 만민의 생명이 되어 온 세상에 충만하기를!

〈부산모임〉 1969년 1,2월호[11:2-1]

사랑이란 무엇인가 〈요한의 사랑의 철학〉

후지이 다케시 전집 초역

사랑의 본체

근대 사상의 가장 큰 제목은 사랑이다. 사랑은 인생의 최고선이다. 하나님은 사랑이시다. 과거의 사람은 능력, 진리, 정의의 하나님을 알았다. 그러나 사랑의 하나님은 몰랐다. 기독교가 도덕의 왕좌에 사랑을 올려 앉게 한 것은 가장 큰 진보라고 할 수 있다. 그런데 근대인들은 사랑을 정당히 이해하고 있는지, 그 본체를 알고 있는지 의문이다. 근대인은 사랑의 가치를 알고 있으나 본체를 모른다. 그래서 비슷하면서도 아닌 것을 붙잡아 가지고 그것을 예찬하며 그것에 빠져있는 자가 많다.

사랑의 발견은 즉 예수님의 죽음이다.

"주님은 우리를 위하여 목숨을 버리셨도다 이에 의하여 사랑을 알게 되었다" 요일 3:16

이 한 사실에서 인류는 비로소 사랑이란 것을 알았다. 이것은 독특한 것이어서 다른 것은 참 사랑이라고 할 수 없다. 그러면 사랑의 본체란 무엇인가?

"하나님의 사랑이 우리에게 나타났도다 하나님은 그의 독생자를 세상에 보내사 우리로 하여금 그에 의하여 생명을 얻게 하신 것이다." 이것이 그 설명이다.

"하나님의 사랑이 우리에게 나타났도다."라고 하신 것으로 보아 사랑이라고 하는 것은 어떠한 사실의 배후에 있는 성격임을 알 수 있다.

희생은 주려고 하는 충동의 이상적인 것이다. 다음에 "우리로 하여금 그로 말미암아 생명을 얻게 하기 위함이다."라고 한 것으로 보아 사랑은 사랑받는 자의 영원한 생명을 목적으로 하고 있음을 알 수 있다. 즉, 자기 만족도 아니고 상대방의 행복도 아니다. 그의 생명이다. 영원한 생명에 들어가게 하기 위한 자기의 희생이 곧 사랑이다. 다시말하면 사랑이란 상대방의 영원한 생명을 위하여 자기를 드리려고 하는 의사의 영구적인 성격이라고 말할 수 있다. 그런데 이와 같은 조건을 갖춘 사랑은 어머니의 사랑, 친구의 사랑, 연인의 사랑에서도 발견할 수 있다. 어떠한 주의에 있어서도 볼 수 있다. 그러나 요한이 "이에 의하여 사랑을 알았다."고 한 사실에는 예수님의 죽음에 관하여 한 말씀인 것을 알 수 있다. 그러면 예수님의 죽음에 의하여서만 표현된 사랑은 독특한 것이다고 주장하는데 그것은 무엇일까? "하나님이 그의 독생자를 세상에 보내사"라고 하는 '세상에'에 주의하여야 한다. 세상은 인류 총체를 뜻한다. 하나님을 배반한 자들의 집단에 대한 말이다. 온 인류는 하나님 앞에서 사랑을 받을만한 자들인가. 아니다. 오히려 진노의 자식들이다. 하나님은 사랑할 수 없는 자들을 사랑하셨다. 예수님은 자기를 미워하고 자기를 죽이려고 하는 자들을 위하여 생명을 바치셨다. 역사가 있은 이후 이와 같은 사실이 어디 있었는가? 요한은 다시 첨가해서 말했다.

"사랑은 여기 있으니 우리가 하나님을 사랑한 것이 아니요 하나님이 우리를 사랑하사 우리 죄를 속하기 위하여 화목 제물로 그 아들을 보내셨음이라."요일 4:10. 사랑의 본형은 하나님이 우리를 사랑하셨다고 하는 한 일에 있다. 주체가 하나님이시고 객체가 우리가 된 여기에 사랑의 오묘한 뜻이 있다. 모든 인간애는 수동적이다. 상대방의 사랑의 조건을 찾아 사랑한다. 남녀, 친구, 골육의 사랑 다 그렇다. 따라서 인간애는 사랑의 조건이 소멸될 때 사라진다. 상대방의 변화 뿐 아니라 자기의 평가의 변화에 의해서도 변화된다.

이와 반대로 예수님의 죽음에 의하여 나타난 사랑은 자발적이다. 하나님의 뜻 이외에 아무 조건이 없다. 감정의 사랑이 아니고 의사, 즉 자유의사의 결정으로 하는 사랑이다. 따라서 영구적이다. 하나님의 자유의사를 꺾을 자가 있겠는가 영원불변의 참사랑이다.

예수님의 죽음에 있어서 인류가 발견한 사랑은 참으로 새발견이었다. 이와 같은 아가페의 사랑은 사람으로부터는 나오지 못한다. 일찍이 성경을 제외하고 어떤 서적에서든지 이 아가페의 단어를 사용한 일이 없다. 이 자발적, 영구적, 의사적 사랑을 표현하기 위하여[예수님의 죽음에 나타난 사랑] 아마도 아가페의 단어가 가장 적절하기 때문에 보류되었던 것 같다.

이와 같은 사랑은 결코 사람에게서는 나오지 못 한다. 하나님으로부터 나온다요일 4:7. 무릇 진실한 사랑은 하나님의 마음이 사람의[가슴 속]마음에 작용하여 나오는 것이므로 하나님과 결부되지 않고는 이와 같은 사랑을 체험할 수가 없다.

귀한 것은 이러한 사랑이다. 이것은 인류의 지상 선이다. 그런데 우리는 때때로 잘못 생각케 되는 일이 있다. 즉, 하나님을 사랑하는 마음만 있으면 사람에 대한 사랑은 자연히 일어날 것이라고 하여 사람을 사랑하지 못하는 것을 변호하려는 때가 있다.

사랑하는 자들아 하나님이 이같이 우리를 사랑하셨은즉 우리도 서로 사랑하는 것이 마땅하도다요일 4:11. 이 하나님의 우리에게 대한 사랑의 반향은 우리들의 하나님에게 대한 사랑보다도 차라리 형제에게 대한 것으로 나타나야 한다. 왜냐하면 보이는 형제를 사랑하지 않는 자는 보이지 않는 하나님을 사랑할 수 없기 때문이다요일 4:20. 아직 하나님을 본 자가 없다. 우리가 만일 서로 사랑하면 하나님이 우리 안에 계시고 그 사랑은 우리에게서 완전히 이루게 된다.요일 4:12

하나님은 우주를 초월해 계신다. 아무 부족함이 없으시다. 사람으로 섬김을 받기를 원하시지 않으신다. 그러나 우리 주위에는 도와야 할 사람이 너무도 많다. 하나님의 사랑이 우리 안에 있으면 형제를 사랑하지 않고는 그대로 있을 수 없다. 내가 하나님을 사랑하고 있는 지를 알려면 내가 내 원수를 사랑하고 있는지를 살펴보면 안다. 사람이 만일 내가 하나님을 사랑한다고 말하고 그 형제를 미워하면 이는 거짓말하는 자이다. 우리는 거짓말쟁이가 되지 않기를 바란다. 주는 자는 받는 자보다 복되도다. 사랑하는 자는 사랑을 받는 자보다 복되다. 자기를 배척하는 자를 사랑해 본 경험이 없고는 참 승리의 기쁨을 맛보지 못한다. 사랑을 받지 못한다고 슬퍼하지 말고 자진해서 사랑하라. 사랑하여 승리의 기쁨을 누릴지어다.

광명으로서의 사랑

우리가 사람을 사랑할 때 그 사람의 현실의 인격배후 이상의 인격을 본다. 그리고 다른 사람들이 볼 수 없는 아름다운 성질이 우리 눈에 띄게 되는 것을 경험한다. 사랑의 눈으로 보면 누구에게나 독특한 귀한 것이 있다. 이것이 아마도 그 사람을 영원히 보고 알 수 있는 진실의 개성이라고 생각된다.

참으로 사랑은 우리의 눈을 예비해 준다. 사랑없이 보는 것은 실상은 겉껍질을 보는데 지나지 않는다. 사랑하여 비로소 진상을 뚫어 볼 수가 있다. 다만 사람에 대해서만 아니라 자연에 대해서도 그렇다. 자연을 사랑하는 자는 자연의 마음, 즉 탄식과 소망을 안다.롬 8:21 예수님께서는 인격을 꿰뚫어 보셨다. 시몬 베드로, 나다나엘에게 너는 참 이스라엘 사람이니 간사한 것이 없다고 하신 것은 그 사랑으로 그들을 꿰뚫어 보신 것이다. 하나님은 항상 만인의 인격을 그 이상의 인격으로 보신다. 우리도 어떤 때 몇 사람들을 그 감추인 귀한 성질에서 기억하는 때에 웬일인가 그것이 하나님이 다 깨닫게 하신 것 같은 생각이 들 때가 있다.

생각컨대 사랑은 광명이다. 하나님으로부터 나온 광명이다. 그러므로 사랑으로서 모든 인격과 자연을 볼 때 하나님의 뜻을 알 수 있고, 그 진상을 알 수 있다. 요한은 하나님의 빛[사랑]에 비치어 나타나는 자태를 '진리'라고 불렀다. 사랑은 즉 진리의 계시자이다. 사랑으로서 본 인생은 건전하고 사랑으로서 본 우주는 진실하다.

그 형제를 사랑하는 자는 빛에 거하고 넘어지지 않는다요일 2:10. 사랑으로서 그 형제를 대하는 자는 항상 그의 인격을 잃지 아니하므로 경모하며 질투하지 아니하며 찬미가 있고 교만하지 아니하며 관용하나 자기의 이익을 구하지 아니하며 용서하고 복수하는 일이 없다. 인내하고 남을 학대하지 아니한다. 한마디로 말하면 사랑의 세계에는 죄를 지을 원인이 없다. 우리가 어떤 때 어떤 사람에게 어떻게 대할까하고 미혹하게 되는 것은 사랑이 없는 증거이다. 예수님의 심정을 가지고 나아가면 자연히 해결의 길이 열리게 된다. 빛 가운데로 걸어가는 자가 되어서 넘어지지 않는다.

그러나 형제를 미워하는 자는 암흑에 있다. 어두움에 걷고 있음을 모른다요일 2:11. 사랑이 없을 때 그 판단은 틀리다. 미움이라고 하는 것은 심리적 사실이다. 가령 우리가 자기만 생각하고 남을 사랑하지 않는다고 해보자. 모든 사람이 언행의 동기가 다 악으로 해석되고 보이는 것, 듣는 것 다 불만의 원인이 된다. 그래서 빛과 평안을 잃고 저주의 날을 보내든지 자기만을 옳다하고 남을 부정하게 될 것이다. 근래의 혼란의 원인은 자기 중심적인 인생관 때문이다. 사람은 본래 사랑으로 살도록 지어졌다. 생활의 중심을 자기 이외의 인격자에게 두도록 정하여 졌다. 이것을 옮겨서 자기에게 두게 된 것이 발광과 혼란이 시초이다. 왜냐하면 중심위치가 틀리게 되면 반드시 전 생활이 틀리지 않을 수 없는 까닭이다. 만일 많은 사람이 자기 중심주의를 버리고 형제 사랑주의로 나아간다면 얼마나 행복되랴. 인생의 화는 모두가 자기 중심의 사상으로부터 온다. 이 사상이야말로 우리가 온갖 힘과 뜻과 정성을 다하여 기도하여 멸절시켜야 할 잘못된 사상이다.

우리 기독교는 이 점에서 혁명을 요구하고 있다. 회개를 재촉하고 있다. 귀 있는 자는 들을지어다.

영원생명으로서의 사랑

영원의 생명이란 사랑이라고 말한다. 왜냐하면 생명은 하나님에게 있고 하나님은 사랑이신 까닭이다. 요한 1서 3장 14절에 말씀하시기를 "우리는 형제를 사랑함으로 사망에서 옮겨 생명으로 들어간 줄을 알거니와 사랑하지 아니하는 자는 사망에 머물러 있느니라." 라고 하였다.

우리에게 영원한 생명이 있는가 없는가는 사랑에 의하여 시험해 볼 수 있다. 형제를 사랑하는 자만이 참으로 살고 있다. 사랑하지 않는 자는 많은 것이 있다해도 생명은 없는 것이다. 가령 어떠한 선행 능력, 성경지식, 전도사업, 신앙의 열심이 있어도 생명만은 없다. 가령 아침과 저녁으로 힘찬 기도를 드려도 그 제목이 '나, 나, 나'의 연속이면 결단코 영원한 생명은 없는 것이다.

생명은 사랑이라고 말했다. 그러면 사랑은? "그가 우리를 위하여 목숨을 버리셨으니……."요일 3:16 이에 의하여 사랑이라고 하는 것을 알았다. 사랑은 예수님의 십자가에서의 죽음이다. 사랑이란 다른 사람을 위하여 생명을 버리는 일이다. 즉, 영원한 생명은 자기의 생명을 버리는 일이다. 참 생명은 죽음에 있음을 알 수 있다.

죽음을 아끼는 자에게 참 생명은 죽음에 있음을 알 수 있다. 죽음을 아끼는 자에게 생명은 없다. 잘 죽는 자만이 잘 사는 자이다. 다른 사람을 위하여 현세의 생명을 버리는 자만이 영원한 생명을 가진 자이다. 다시 말하노니 생명은 죽음에 있다. 사랑의 죽음은 생명을 얻는 오직 하나의 길이다.

모든 사람이 죽음을 두려워한다. 생명을 원하는 까닭이다. 그런데 죽음은 반드시 생명을 잃은 것이 아니라고 하는 것을 알게 된 것은 얼마나 기쁜 소식이 아닐까? 소크라테스는 영혼불멸 이것을 가르쳤다. 바울의 부활론이 이것을 더 강조했다. 여기에 사도요한의 사랑의 철학이 있다. 이에 가르쳐 말하기를 죽음에만 생명이 있다. 죽지 않으면 생명이 없다라고 한다. 어떠한 역설적인 제창인가? 실로 생명철학의 한 큰 혁명이다. 이제부터 우리는 죽음을 두려워 하지 않으리라. 오히려 열심히 이것을 구할 것이다.

"주는 우리를 위하여 생명을 버리셨도다. 이에 의하여 사랑을 알았다. 우리도 형제를 위하여 생명을 버릴지니라."

어떠한 진리인가? 아멘, 아멘, 아멘이다. 이것은 요한의 신앙이며 우리의 신앙이다. 우리는 사랑하기 위하여 세상에 보내진 것이다. 온 생애를 형제를 위하여 버리는 것이 우리의 사명이다. 이것은 반드시 순교자만을 뜻하는 것이 아니다. 매일 매일의 죽음이다. 실로 순교자는 매일 매일의 죽음의 삶을 계속하다가 몇 년 몇 십년 후에 순교자가 된 것이다.

세상의 재물을 가지고 있으면서 형제의 궁핍을 보고 도리어 궁휼의 마음을 막는 자에게 어떻게 하나님의 사랑이 그 속에 있을 것인가? 요일 3:17

우리는 형제를 위하여 생명을 버릴 것이다. 그런데 생명은 커녕 재물도 버리지를 못한다. 부자만이 아니다. 없다고 해도 우리는 반성이 있어야 하리라.

"자녀들아 우리가 말과 혀로만 사랑하지 말고 행함과 진실함으로 하자"요일 3:18 우리를 택하신 이는 우리로 하여금 이것을 실천케 하실 것이다. 기도하라.

통신

여일하신 평안을 빈다. 얼마전 축하하는 글을 받고 이제야 붓을 들게 된 것 죄송하게 생각한다. 양해를 부탁드린다.

9,10월 합병호의 〈부산모임〉지를 통하여 국제평화 세미나의 상황을 잘 읽었다. 부산모임의 주최로 제1회의 세미나를 실시하게 된 것 우리 겨레의 자랑이라고 생각되어 대단히 흐뭇했다.

일본에서 참석해 주신 것이 참 다행스런 일이다. 앞으로는 대만에서도 참석하고 기타에서도 많은 참가가 있었으면 하는 생각이 간절하다.

진정하고 항구적인 평화의 달성은 우리 주 예수 그리스도의 재림을 기해서만이 바랄 수 있지만, 진인사 대천명盡人事 待天命이 아니라 수인사 신천명修人事 信天命이라는 자세로써 우리 신자들은 가능한한 평화를 위하여 최대의 노력을 해야 될 것으로 믿는다.

〈부산모임〉 1968년 12월호[10:1-10]

유물론자에게 전하고 싶은 요한의 사랑의 철학

사도 요한은 요한 1서에서 진리이신 하나님을 세 가지로 표현했다.

첫째, 하나님은 빛이다.[1:1]

둘째, 하나님은 사랑이다.[4:8]

셋째, 하나님은 생명이다.[5:11]

그리고 신자의 생활원리로 세 가지 법칙을 강조하고 있다.

첫째, 교제[1:3,7]

둘째, 계속 항구적 동거생활[2:27,28; 3:24]

셋째, 엄격한 구별[1:5; 3:6,14]

하나님은 빛이다

빛, 아! 얼마나 청명한 빛인지! 가을 아침 신선한 공기가 우리의 얼굴을 스치고 햇빛이 우리의 마음과 정신을 비출 때, 우리 인격의 상쾌함은 말할 바를 모르며 무한한 감사로 가득 차게 된다. 만물을 창조하시던 처음에 빛이 있으라 하신 그 하나님은 빛 자체이시다. 빛은 하나님의 본질이다. 빛이 있으라 하심은 그 본질을 우주와 인류에게 향하여 하나님의 뜻을 나타내시는 하나님의 행동이다. 그리고 빛은 만물을 육성하고, 만물에게 생명을 주며, 만물에게 사는 도리를 인도하는 것이 그 성질이다. 일점의 어두움이나 일호의 불순한 것도 허용하지 않는 공명정대함과 질서를 확립하는 것은 하나님의 의이며, 모든 것을 비추어서 위로하고 넘어지게 하는 차질을 제거하여 생명의 길을 걸어가게 하는 것이 하나님의 사랑이다. "하나님은 빛으로서 조금도 어두움이 없다"요일 1:5라고 하신 것은 이 하나님의 의와 사랑의 본질을 말씀한 것이다. "하나님은 빛 가운데 거하신다"요일 1:7라고 하신 것은 하나님의 생활원리를 말씀한 것이다. 사람으로서 하나님의 공명정대의 의와 생명을 주는 사랑을 실천하신 분은 예수님이시다. 예수님은 사람의 인격을 통찰하셨다. 그는 나다나엘을 처음본 때에 "보라 이 사람은 참 이스라엘사람이라 그 속에 간사한 것이 없다."라고 말씀하셨다. 그는 세례 요한이 의심을 받게 된 때에도 오히려 그를 변호해서 말씀하시기를 "그렇다. 너희에게 말하노니 예언자보다 나은 자이다 진실로 너희에게 말하노니 여인이 낳은 자 중에 그보다 큰 자는 일어나지 않았다."라고 하셨다. 또 그는 영성이 격렬했던 베드로에 대해서 "나는 또한 너에게 이르노니 너는 베드로이다."라고 말씀하셨다. 그는 반석이었고, 예언자들보다 나은 자이며, 참 이스라엘 사람이었다. 예수께서 이 사람들을 뚫어 보신 것은 저들을 진실로 사랑하셨던 까닭이었다. 사랑의 눈에 비치는 모양은 하나님의 눈에 띄는 것과 가장 비슷할 것이다. 우리가 사랑하는 때에 사람을 보는 것처럼 하나님은 항상 우리를 보신다. 하나님은 만인을 하나하나 그 이상의 인격에서 사람을 식별하신다.

생각하건대 예수님의 공명정대하신 인격은 하나님으로부터 나온 빛이다. 예수님은 그 빛을 우리에게 전달해 주셨다. 그러므로 사랑을 가지고 사람의 인격이나 자연을 비추어 볼 때, 하나님께서 보시는 자태와 비슷한 자태에서 우리도 볼 수 있다고 생각한다. 무릇 하나님 자신이 빛으로 나타나시는 자태를 요한은 진리라고 했다. 사랑은 즉, 진리의 계시자이다. 사랑으로 본 인생은 건전하다. 사랑으로 본 우주는 진실하다. "그 형제를 사랑하는 자는 빛에 거하여 넘어짐이 그 속에 없느니라"요일 2:10. 사랑으로서 형제에게 대하는 자는 항상 그 이상의 인격을 보게 되므로 우러러 사모하되 질투하지 아니하며, 칭찬과 관용, 용서는 있으나, 오만하거나 이기적이 되거나 복수하는 일은 없다. 요컨대 사랑의 세계에는 형제에 대하여 죄를 범할 원인이 없다. 사랑하는 자는 빛 가운데 다니므로 넘어지지 않는다. "형제를 미워하는 자는 어두움에 있어 어두운 길을 걸음으로 갈 바를 알지 못하나니 이는 어두움이 그의 눈을 몽롱하게 한 까닭이다"요일 2:11. 사랑이 없을 때 우리의 판단은 미혹된다. 특히 영계에 있어서는 더욱 그렇다. 미움이 이성을 흔들어 혼란하게 한다. 우리 속에 사랑이 없을 때에는 사람에 대한 미점美點, 장점은 보이지 않고 결점과 단점만이 보인다. 그렇지 않은 자는 자기만 옳다 하고 다른 자는 다 부정한다. 근대에 이르러 발광이 많아진 것은 이 자기중심적 인생관 때문이 아니겠는가? 사람은 본래 사랑에 살도록 지어졌다. 생활의 중심을 자기 이외의 인격자에게 두는 것으로 정해졌던 것이다. 이것을 자기에게로 옮겨 놓으면서 발광이 시작되었다. 왜냐하면 중심의 위치가 틀려짐에 반드시 전 생활이 미치게 되지 않을 수 없다. 인생의 화는 자기 중심사상에서 왔다. 우리 그리스도인은 이 자기 중심사상과 더불어 싸워 승리함으로써 그리스도의 빛을 비추고, 또 사랑이 없어 갈 바를 모르고 헤매는 '유물론자'들에게 인생 본연의 사랑의 삶을 보여주어야 하겠다.

하나님은 사랑이다

'하나님은 사랑이다.'라고 하는 이 말에서 우리는 사랑의 본체를 발견한다. 사랑은 확실히 인생의 가장 높은 선이다. 사랑에서 율법은 완성된다. 도덕의 도덕, 생명 중 생명은 사랑이다. '하나님은 참으로 사랑이다.'라는 진리를 배우기 위하여 인류는 긴 세월을 보냈다. 이 진리는 스스로 명백하고 보편적인 진리이며, 참으로 기독교 최초의 발견에 속한다. 사람은 능력의 신, 진리의 신, 또는 정의의 신은 알고 있었다.

그러나 다만 사랑의 하나님은 알지 못했다. 이 하나님을 발견해서 도덕의 왕좌에 올려놓은 것은 인류 최대의 진보라고 말할 수 있다. 그러나 현대인은 과연 사랑을 알고 있는가? 그 본체를 알고 이해하고 있는가? 사랑이란 무엇인가? 현대인은 그 가치를 안다고 하면서도 그 본체를 모른다. 그래서 사이비한 것을 가지고 찬양하며 도취하고 있다. 누추한 것을 가지고 고귀한 것처럼 문예인들은 날뛰고 있다. 사랑의 발견은 어디 있었는가? "주는 우리를 위하여 생명을 버리셨으니 우리가 이로써 사랑을 알았도다"요일 3:16. 즉, 예수의 죽음으로 인류는 사랑이라고 하는 것을 알게 되었다. 그때까지 그와 비슷한 것은 있었다. 그러나 사랑, 그것은 어디나 없었다. 예수님의 죽음으로 나타난 사랑은 독특하다. 이것은 그 이외의 것과는 완전히 그 성질이 다르다.

예수님의 죽음에서 나타난 사랑의 본체는 어떠한 것인가? "하나님의 사랑이 우리에게 나타나셨도다 하나님은 그의 독생자를 세상에 보내사 우리로 하여금 그로 말미암아 생명을 얻게 하려 하심이니라"요일 4:9라고 하셨다. 즉, 사랑의 본체를 세 가지로 설명한다.

그 첫 번째는 "하나님의 사랑이 우리에게 나타나셨다."는 말에서, 사랑이란 나타난 사실 배후에 있는 어떠한 성격임을 알 수 있다. 예수님께서 이 세상에 오셔서 이룩하신 역사적 사실들은 그 하나의 사랑의 발현에 지나지 않는다. "사랑은 주로 하나님의 성향이어서 의사意思의 영구적 품성이며 도덕성의 고유한 경향이다."라고 로바트로는 말했다. 속에 이러한 경향이 없으면, 밖으로 사랑의 꽃이 필 수 없고 열매도 맺을 수 없습니다. 사랑을 행위의 일로 보는 것은 천박한 태도이다. 둘째는 "독생자를 보내서"라고 하신 것으로 보아 사랑이란 하나의 희생임을 알 수 있다. 희생은 주려고 하는 충동의 가장 이상적인 것이다. 사랑하는 자는 주려고 한다. 보내신 이가 "독생자"라고 함에 의하여 최대의 희생임을 알 수 있다. 독생자에게는 하나님의 전 성질, 전 존재가 들어 있다. 사랑은 실로 자기 자신의 그것을 보내주신다. 셋째로 "우리로 하여금 그로 말미암아 생명을 얻게 하심이라."라고 한다. 이것에 의하면 사랑은 사랑하는 자의 영원한 생명을 목적으로 하고 있음을 알 수 있다. 즉, 참 생명, 곧 영원한 생명에 들어가기를 바라서 자기를 버리는 데 사랑이 있다.

이러므로 사랑이란 상대방의 영원한 생명을 위하여 자기를 다 바쳐드리고자 하는 의사의 영구적 품성임을 알 수 있다. 그런데 이러한 사랑은 예수님의 죽음이 아니고도 나타날 때가 있다. 즉, 아들을 품은 어머니의 가슴에, 친구를 생각하는 벗의 마음에, 또한 깨끗한 연애를 하는 남녀의 마음에도 이러한 사랑은 머물러 있을 수 있다. 그러나 사도 요한이 "이에 의하여 사랑이란 것을 알았다."라고 고백한 말에는 그 독특한 성질이 지적되어 있음을 알아야 한다. 즉, 그 특성이 무엇인가 하면 "하나님은 독생자를 이 세상에 보내셨다."고 한 '이 세상'에 주의해야 한다.

이 세상은 장소만을 뜻하지 않는다. 인류 총체를 말한다. 하나님을 대적하는 전 인류를 말한다. 하나님은 이 반역한 인류에게 영원한 생명을 주시기 위하여 독생자를 보내셨다. 예수님은 자기를 미워하고 배척하고 자기를 죽이려고 하는 자들을 위하여 기쁘게 그 생명을 바쳤다. 이 같은 사랑이 인류 역사 중 어디에 나타났을까? 그러므로 요한이 첨가해서 말하기를 "사랑이라 함은 우리가 하나님을 사랑한 것이 아니요 하나님이 우리를 사랑하사 우리 죄를 위하여 화목제물로 하신 일 이것이다"요일 4:10라고 했다.

사랑의 본령本領은 하나님이 우리를 사랑하신 것에 있다. 즉, 주체가 하나님이시고 객체가 우리인 것에 사랑의 오묘한 비밀이 있다. 그 거룩하신 하나님이 죄의 골짜기에서 헤매는 인류를 위하여 그 아들을 보내사 우리의 죄 때문에 화목제물로 삼으신 이 일에 사랑의 깊은 비밀이 있다. 무릇 인간애는 다 수동적이다. 상대자의 어떤 성질에 마음이 끌리어 일어나는 충동에 지나지 않습니다. 즉, 그 인격에, 그 기질에, 그 외모에 좋아져서 사랑하는 것이어서 조건적 사랑에 지나지 않는다. 남녀의 사랑, 친구의 사랑, 골육의 사랑까지도 다 그런 것이다. 그러므로 인간애는 그 조건의 변화에 따라 변화한다. 또 자기 평가의 변화에 따라 변화한다.

이에 반하여 예수님의 죽음에 나타난 하나님의 사랑은 완전히 자발적이다. 사랑하려고 하시는 하나님 자신의 뜻 이외에 아무 조건이 없다. 사랑은 양심과 지성으로 인도되는 자유의사이다. 따라서 영구적이다. 참사랑은 상대방이 어떻게 변해도 자기는 변하지 않는다. 예수님의 죽음에서 나타난 사랑은 이러한 것이다. 곧 아가페이다. 즉, 자기를 책하는 자를 위해 빌고, 자기를 적으로 하는 자에게 생명을 주는 아가페이다. 이처럼 사랑은 사람 속에서 자연히 우러나오지 못한다. "사랑은 하나님에게서 나온다"요일 4:7라고 한다. 사랑의 유일한 원천은 하나님이시다. 그러므로 하나님을 알지 못하고 또 하나님과 결부되지 않고서는 사람은 결국 사랑할 줄 알지 못한다.

그런데 한번 깊이 생각할 바가 있다. 즉, 하나님에 대한 사랑만 있다면 사람에 대한 사랑은 자연히 그것으로부터 일어나리라고 말하며 사람에 대한 사랑의 부족을 변호하려고 한다. 그러나 하나님의 우리에 대한 사랑의 반향은 우리의 하나님에 대한 사랑보다도 차라리 형제들에 대한 사랑으로 나타나지 않으면 안 된다.

그러므로 사도 요한은 "사랑하는 자들아 이와 같이 하나님이 우리를 사랑하셨으니 우리도 또한 서로 사랑하자"요일 4:11라고 했다. 왜냐하면 보이는 형제를 사랑하지 않는 자는 보이지 않는 하나님을 사랑할 수 없는 까닭이다.요일 4:20. "아직 하나님을 본 자는 없다 우리가 서로 사랑하면 하나님이 우리 중에 거하시고 그 사랑이 또한 우리에게 완전케 되나니"요일 4:12. 그대로이다. 하나님께는 영광과 능력, 존귀와 권위 모든 것이 충만하다. 그런데 형제는 우리 주위에서 우리와 같이 번민하고 넘어진다. 만일 우리 속에 하나님의 사랑과 같은 자발적인 사랑이 일어난다면 그것은 먼저 이웃, 곧 형제에게로 향하지 아니할 수 없다. 우리의 하나님에 대한 사랑이 참사랑인가 아닌가는 자기를 사랑하지 않는 사람을 사랑하고 있는가 어떤가에 의하여 시험받는다. 만일 이러한 사랑이 우리 속에서 자기를 미워하는 공산주의자들을 위하여 생명을 버린다면, 하나님은 확실히 우리 안에 계셔서 조국도 통일되고 하나님의 사랑이 우리나라에 완성될 것이다. 그런데 우리가 스스로 반성해 봅시다. 하나님을 사랑한다고 말은 하면서도 사람에게는 얼마나 냉정하게 대하고 있는지요. 부끄럽고 두려움을 금할 수 없다. "사람이 만일 하나님을 사랑한다고 말하고 그 형제를 미워하면 이는 거짓말하는 자이다"요일 4:20. 원컨대 우리는 오늘 이러한 위선자의 죄에 빠지지 않기를 바란다. "주는 것은 받는 것보다 복이 있다."라고 예수님은 말씀하셨다. 참으로 사랑하는 자는 사랑을 받는 자보다 낫다. 자기를 미워하고 배반하는 자를 사랑할 수 있는 때의 복은 경험하지 않고는 알 수 없다. 사랑은 생명의 확장이다. 자신의 세계는 자신이 사랑하는 곳에 있다. 그것은 자신의 영원한 왕국이다. 아무도 빼앗지 못한다. 인생의 승리는 사랑하는 자에게 있다. 사랑받지 못한다고 슬퍼하지 말자. 우리는 자진해서 사랑하자. 그러면 사랑을 받는 자보다 더 나은 환희로 충만하게 될 것이다.

하나님은 생명이다

영원한 생명이란 무엇인가? 그것은 사랑이다. 왜냐하면 생명은 하나님에게 있고, 하나님의 본질은 사랑인 까닭이다. "우리가 형제를 사랑함으로 죽음에서 생명으로 옮겨진 것을 알거니와 사랑하지 않는 자는 사망에 거하느니라"요일 3:14. 우리에게 생명이 있는지 없는지는 또한 사랑을 통하여 시험할 수 있다. 형제를 사랑하는 자만이 참으로 살고 있는 것이다. 사랑하지 않는 자에게는 무엇이 있다 해도 생명만은 없는 것이다. 가령 어떠한 선행, 어떠한 능력, 어떠한 성경 지식, 어떠한 전도 사업, 또는 신앙적 열심이 있을지라도 생명만은 없다.

우리가 가령 아침부터 저녁까지 하나님의 이름을 불러 땀을 흘리며 기도를 계속해도 만일 우리의 기도 제목이 저를 중심한 것이라면 우리에게는 결단코 생명은 없다. 생명은 사랑이라고 했다. 그러면 생명의 사랑이란 어떠한 것인가?

"주는 우리를 위하여 목숨을 버리셨도다 이로써 사랑이란 것을 알았다"요일 3:16. 인류 역사상 단 한 번 사랑이 그 본체를 드러냈다. 그리스도의 십자가에서의 죽음, 바로 이것이다. 즉, 사랑이란 다른 사람을 위하여 목숨을 버리는 일이다. 여기에서 생명이란 목숨이어서, 곧 생물의 생활 원리에 대한 말이다. 다시 말하면 우리의 육의 생활 원리를 다른 사람을 위하여 희생적으로 한다는 말이다.

사랑은 다른 사람을 위한 죽음이다. 그리고 영원한 생명은 사랑이다. 그러므로 참 생명은 죽음에 있다고 하는 것을 알 수 있다. 죽음을 두려워하거나 목숨을 아끼는 자에게는 생명이 없다. 잘 죽는 자가 잘사는 자이다. 다른 사람을 위해서 자기의 목숨을 버리는 자만이 영원한 생명을 소유한 사람이다. 다시 말하면 생명은 죽음에 있다. 사랑의 죽음은 생명을 얻는 유일의 길이다. 그래서 사도 요한의 이 사랑의 철학은 실로 생명철학의 일대 혁명이다. 이제부터는 다시는 죽음을 두려워하지 아니할 것이다. 도리어 열심히 이 죽음의 길을 찾을 것이다. "우리도 또한 형제를 위하여 목숨을 버릴 것이니라"요일 3:16

독자들이여 이 짧은 한 구절의 말씀, 즉 "주는 우리를 위하여 생명을 버리셨도다 이로써 사랑을 알게 되었으니 우리도 또한 형제를 위하여 목숨을 버릴지니라."를 되풀이해서 외우도록 하자. 그러면 "그렇다, 그렇다. 아멘."의 소리가 속에서 솟아나는 것을 느끼게 될 것이다. 우리는 사랑하기 위하여 이 세상에 보내심을 받은 자들이다. 그런데 사랑은 죽음을 요구한다. 버리는 것이 우리 생애의 목적이다. 참으로 우리 각 개인은 다 사랑을 위해서 죽어야 한다. 이것이 예수님의 길이며, 참되게 산 사람들의 길이었다. 단, 목숨을 버린다고 하는 것은 반드시 순교자와 같이 최후를 마쳐야 한다는 뜻은 아니다. 우리는 최후에 죽을 뿐 아니라 매일 죽을 수 있다. 그렇다. 매일 죽지 않으면 안 된다. 인류에 대한 사랑을 위하여 자기의 행복과 재물을 다 희생하여 죽지 않으면 안 된다.

"세상의 재물과 보화를 가지고 형제의 궁핍을 보고도 도리어 긍휼의 마음을 막는 자는 어떻게 하나님의 사랑이 그 마음속에 거할까보냐"요일 3:17. 우리는 형제를 위하여 목숨을 버려야 한다. 그런데 목숨은 커녕 이 세상의 재물도 버리는 것을 아껴서 눈앞에서 형제의 궁핍을 보면서도 긍휼의 마음을 막는 것과 같은 것은 어떠한 죄인가? 현세와 같이 자기 중심주의, 이기주의로 되어 많은 재물을 가지고 있으면서도 궁핍한 형제를 돌보지 않는 큰 죄악을 우리는 반성하여 회개해야 한다.

회개하지 않는 자에게는 야고보서 5장 1-3절까지를 읽고 회개하라고 권하고 싶다. "부자여 들으라 너희들 위에 임한 가난을 위하여 울어라 너희들의 재물은 썩었고 너희들의 옷은 좀 먹었으며 너희들의 금은 녹슬었도다 이 녹슨 것이 너희를 향하여 증거하며 또한 불과 같이 너희의 육을 좀먹나니 너희가 이 말세에 재물을 쌓았도다"약 5:1-3. 나는 무신론, 사회주의를 찬성하지 않는다. 그러나 부자계급에 대한 가난한 자들의 외침은 실로 인류의 여론이다. 부자들이 고통을 당할 때가 올 것이다.

이 문제는 다만 부자 계급만의 일이 아니다. 부족하다고 해도 우리는 어느 정도 재물을 가지고 있다. 그런데 형제의 궁핍을 보고도 도와줄 마음을 막는 일은 없는가? 아, 크리스천이 믿음의 형제의 궁핍을 보고도 단순한 동정심을 일으키지 않고 조금의 기부금도 내는 사람이 적은 것은 얼마나 저주받은 사회인가. 물질적 원조일지라도 순수한 마음으로 자유롭게 행하지 않는 사회에 어떻게 하나님의 사랑이 그 속에 있겠는가?

"젊은 자들아 우리는 말과 혀로만 서로 사랑하지 말고 행위와 진실로써 서로 사랑할지니라"요일 3:18. 이것은 비꼬아 하는 말이 아니라 진실한 말이다. 이 말씀을 듣고 부끄러워하지 않을 사람이 몇이나 있겠는가? 우리 전도자들에게 힘든 말씀 같으나 하나님은 많이 말하게 하는 자에게 또한 많이 실행케 하신다. 저를 택하신 하나님은 나로 하여금 형제를 위하여 목숨을 버리게 하신 것이다. 나는 이제부터 이것을 위하여 기도하려고 한다.

〈부산모임〉 1974년 8월호[43:7-4]

생명과 사랑

"생명의 본체는 사랑이다."라고 나는 말한다. 그것은 성경이 가르치는 진리이다. 말씀은 영원 전부터 하나님과 같이 계셨다. 하나님은 잠시도 홀로 계실 수 없었다. 왜냐하면 하나님은 사랑이신 까닭이다. 사랑하지 않고는 그는 살 수가 없었다. 이리하여 아버지이신 하나님과 아들이신 말씀과의 사이에 영원한 사랑의 사귐이 있었다.

이 사랑에 의하여 하나님은 생명을 사셨다고 나는 믿는다. 사랑하는 것은 곧 사는 것이고, 사랑하지 않는 것은 곧 살지 않는 것이다. 여기에 우리는 사랑과 생명과의 완전한 일치를 본다.

요한복음 1장 4절에는 "그 안에 생명이 있었으니 이 생명은 사람들의 빛이라"고 하였다. 나는 먼저 생명에 대한 고찰을 시도하기로 한다.

생물학적 생명

우리는 누구나 생명의 사실을 인식하고 있다. 그러나 아무도 이것을 설명하기 어렵다. 근세의 생물학자, 철학자들은 때때로 생명의 정의를 내렸으나 모두가 실패하였다.

류에스는 말하기를 "생명이란 어떤 개체의 내부에 있어서 생기는 구조 및 조직상의 일정한 연속적 변화여서 이에 의하여 동일성을 잃지 않는 것이다."라고 말하였다. 스펜서 Herbert Spencer(1820-1903)는 말하기를 "생명이란, 외계의 공재적 및 계속적 관계에 응하는 동시에 연속적으로 일어나는 여러 가지 변화의 일정한 연합이다."라고 했다. 이러한 정의는 옛날 아리스토텔레스에 의하여 알려진 "생명이란, 영양 발육 파괴작용의 연합이다."라는 정의와 큰 차이가 없다.

또한 오스본은 생명의 본질을 설명할 수는 없다고 지적하고 생명의 현상으로서 다음의 6대 작용을 들고 있다. 즉, 갱신과 회복에너지의 흡수와 일의 수행기억과 이해를 말했다.

그런데 이것들의 생명현상들은 죽음과 동시에 소실되는 것들이라고 말할 수 있는데, 사람에 있어서는 심박동 및 호흡정지, 의식상실, 동공산대 및 반사 상실들을 죽음이라고 진단한다. 그러나 생물 중에는 고등[사람]에서 하등[세균]까지 여러 가지가 있어서 세균종류는 심心과 뇌腦가 없으며 어떤 것은 호흡도 없는 것이 있다. 최근에 분자생물학의 발전에 의하여 생물의 생명현상을 분자측에서 물리화학적 법칙으로 설명하게 되었다. 즉, 분자생물학은 모든 생물에 공통된 생명현상을 물리화학적 법칙으로 설명하는 학문인데 생물학자들에 의하면 모든 생물에게 있어서 공통되는 생명현상은 대사代謝와 유전이라고 한다.

현대생물학이 생명문제에 접근하고 있는 방향을 조금 소개하고 생명본질에 대하여 말해보고자 한다.

(1) 대사의 분자적 해명

대사란 외계로부터 물질을 섭취하여 자체에 필요한 에너지를 내고 또 자체의 구성성분을 합성하는 생체내의 화학적 반응이다. 이 화학적 반응이 체온에서 진행되는 데는 촉매의 도움이 필요하다. 이 생체 내 촉매를 효소라고 한다. 이 효소는 생체 내 반응이 진행하는데 절대로 불가결의 물질이다. 그리고 이 효소들은 촉매성과 특이성과 제어성이 있음이 명백해졌다.

즉, 효소는 단백질로서 아미노산이 중축합 된 모양으로 길게 연속된 것인데 아미노산은 대체로 20여 종이 있다.

효소의 구조를 해명하기 위하여 다음의 두 가지 방법이 연구되었다. 첫째는 프레더릭 생어Frederick Sanger(1918-2013)가 개발한 방법인데, 끝에서부터 제1아미노산은 무엇이고 제2아미노산은 무엇인가를 결정하는 일이었다. 그래서 제 몇 번째의 아미노산이 활성을 가지고 있는 것임을 알 수가 있게 되었다. 또 하나의 방법은 효소의 결정에 엑스레이X-ray를 조사하여 그것에 의하여 일어나는 엑스레이 간섭을 이용하여 각원자의 공간적 위치를 결정하는 것이 발견되었다.

그래서 효소분자의 입체구조가 해명된 것이다. 이 효소의 기질을 결합시켜서 결정을 만들어 가지고 이것에 대하여 엑스레이를 조사해 보면, 기질과 효소와의 결합이 어떻게 되어 있는지를 알 수 있다. 즉, 그 특성의 기구가 명백히 된 것이다.

위와 같이 효소의 촉매작용과 특이성이 해명이 되었으며 앞으로 제어기구가 효소의 분자의 입장에서 해명이 된다면, 대사반응의 분자 측면에서의 해명이 끝나게 된다. 그리고 이 해명이 다 되면 인류는 희망하는 효소를 인공적으로 합성할 가능성을 얻게 될 것이다.

(2) 유전의 분자적 해명

최근 유전학의 연구는 염색체 내에 있는 DNA가 유전물질이며 그 위에 효소합성에 관한 정보가 기입되어 있음을 명백히 했다. 그리고 수정세포가 분열할 때, 유전물질이 자기복제를 하는 기구도 왓슨 크릭$^{Watson-Crick}$에 의하여 DNA구조가 해명됨으로써 알려지게 되었다. 즉, DNA는 데옥시리보스^{deoxyribose}라고 하는 당과 린산이 서로 중결합하여 이루어진 고분자이다. 이것이 전자계산기에 사용되는 테프와 같이 되어 있다고 생각한다. 각당의 부분에는 Adenine(A), Cytosine(C), Guanlne(G), Thymine(T)라고 하는 4종류의 화합물 중 어느것인가 결합되어 있다. 즉, DNA상에는 A.C.G.T.의 4문자로 정보가 기입되어 있을 것이다. 다음에 각각의 효소의 아미노산 결합순서에 관한 정보의 내용도 해명하게 되었다. 예를 들면, 100개의 아미노산으로 된 효소에 있어서 첫 번째에서부터 백 번째까지의 아미노산을 순서대로 지정하는 것이 그 내용이 되겠는데 염기의 종류는 4종이고 아미노산은 20종이므로 한 개의 아미노산을 지정하는데 3개의 염기를 요한다. 따라서 100개의 아미노산으로 된 효소에 대한 정보는 300개의 염기로 칠해져 있는 것이어서 각 아미노산에 대응하는 정보를 나타내는 3연염기^{蓮塩基}도 결정짓게 되었다.

즉, AAA는 라이신^{lysine} A.T.G.는 메티오닌^{methionine}와 같이 따라서 아미노산 결합순서가 알려져 있는 효소에 대응하는 DNA의 염기결합 순서를 말할 수 있다. 그래서 DNA의 합성은 원리적으로 가능하게 되었다. 다음엔 DNA상의 염기배열을 아미노산에 맞추어 고치는 일, 즉 정보를 효소에 번역하는 기구도 알려지게 되었다.

즉, DNA의 정보는 메신저Messenger RNA에 배열된다. 이 RNA의 복사는 생물에 있어서 중요한 의미를 가진다. 생체가 가지고 있는 효소 중에는 상비해 두지 않으면 안 되는 것도 있으나 다만 비상시에만 필요한 것도 있다. 한편 DNA에는 상용 또는 비상용을 묻지 않고 모든 효소에 대한 정보를 포함하고 있다.

따라서 DNA의 정보를 직접 옮기면 비사용의 효소를 합성하게 되어서 도리어 생체에 나쁘다. 그래서 생체에 필요한 효소의 정보에 관한 부분만을 복사해 가지고 이것에 따라 효소를 합성한다면 필요한 효소만을 갖추게 될 것이다. 이와 같이 정보를 복사한 메신저 RNA는 리보솜Ribosome이라고 하는 번역기계에 옮겨져서 그 정보가 지칭하는 대로 순서에 아모노산을 결합함으로 효소가 합성되는 것을 알게 되었다.

이상 분자생물학의 진보는 생물의 공통되는 대사와 유전의 기본지식을 해명하므로 위의 두 가지 현상을 다 갖춘 간단한 생명체를 합성할 가능성을 제시하게 되었다고 말할 수 있다. 또, 분자생물학은 앞으로 뇌의 과학적 해명까지도 시도하려고 해서 상당한 학자들이 기억 감정 의지라고 하는 우리의 정신작용의 문제를 분자측면에서 해명하려고 하고 있는 것이다.

위에서와 같이 생물학의 진보에 의하여 바이러스와 같은 생명체가 합성이 되고, 뇌의 작용이 분자적측면에서 해명된다고 가정해 보자. 그리하면 생명에 대한 가치관이 달라질 것이며 윤리 철학 기타 인문과학에 큰 혼란을 초래하게 될 것이 아니겠는가? 그러나 바이러스와 아메바와 같은 미생물의 생명체는 지금 우리가 논하고 있는 생명과 사랑이란 제목에 포함될 수 없는 것임은 자명하다. 왜냐하면 그것들에게는 영적생명이 없기 때문이다.

그러므로 자연과학에서 추구하는 생명이란 것은 현재 우리 인류의 생명의 본질과는 천지의 차가 있음을 알 수 있다.

생명의 본질은 사랑이다

사람의 생명에는 세가지 종류가 있다. 즉, 그 첫째는 생물학적 생명이고, 그 둘째는 도덕적 생명이며, 그 셋째는 영적생명이다.

생물학적 생명은 물리화학적 법칙에 도덕[윤리]적 생명은 사회[법]적 법칙에 영적 생명은 하나님[영]의 법칙에 지배되어 있는 것이다.

그리고 위의 세 가지 생명은 사람의 인격에 통일되어 있으면서 주종의 관계를 가진다.

즉, 생물학적 생명은 도덕적 생명을 성취하기 위하여, 도덕적 생명은 영적 생명에게 섬기기 위하여 있는 것이어서 최고의 가치를 가지고 있는 것은 영적 생명이다. 그러므로 생명이라고 하면 영적 생명을 지칭하는 것이다.

다음에 사랑에 관하여 조금 관찰해 보자. "하나님의 사랑이 우리에게 이렇게 나타난 바 되었으니 하나님이 자기의 독생자를 세상에 보내심은 그로 말미암아 우리를 살리려 하심이라"^{요일 4:9}라고 하였다. 로버트 랜드^{Robert Rand}는 "사랑이란, 상대자의 영원한 생명을 위하여 자기를 희생하여 바쳐 드리고자 하는 의사의 영구적 품성이다."라고 설명했다. 그런데 이와 같은 사랑은 어머니와 친구 또는 연애에도 있다.

그러나 하나님의 사랑의 독특한 점은 이 세상에 보내셨다고 하는데 있다. 이 세상은 사랑을 받을 만 했던 것이 아니다. 이 세상은 하나님을 반역한 인류 전체를 가르쳐 하신 말씀이다. 하나님은 가증한 인류에게 영생을 주시기 위해서 독생자를 보내셨다.

이러한 사랑은 인류 역사에 어디 나타났던가?

무릇 인간애는 다 조건적 사랑이다. 그러나 하나님의 사랑은 양심과 지성으로 인도되는 자유의사이다. 무조건적 사랑이다. 그러므로 영원히 떨어지지 않는다.

그런데 친척애, 친우애, 이성애와 같은 인간애는 그 좋아 보이는 데가 있어서 사랑하는 것이다. 그 조건이 달라지고 또 자기의 평가가 달라지는 것에 따라 사랑도 식어진다. 사랑은 하나님에게 속한 것이어서 하나님과 결부되지 않고는 사랑을 실천할 수 없다.

이 영적 생명의 본질을 알기 위하여 우리는 그 소재와 원천을 찾아 보기로 하자. 이 영적 생명은 "영원 전부터 살아계신 하나님과 말씀 안에 있었다"요 1:4고 한다. 여기에서 우리는 생명의 본질이 무엇인지를 알 수 있다. 왜 말씀은 영원 전부터 하나님과 같이 계셨던가. 하나님은 사랑이신 까닭이다. 곧 사랑하지 않고는 그는 살 수 없는 까닭이다.

다시 말하면 사랑하는 일, 곧 사는 일인 까닭이다. 왜 만물은 말씀으로 창조되었는가.

하나님과 말씀과의 사이에서 사랑은 이렇게 발언하지 않을 수 없었던 것이라고 생각된다. 사랑! 하나님과 말씀과의 영원적 생활은 다만 사랑뿐이다.

아버지는 만물을 아들에게 주어 그 사랑을 나타내셨고 아들은 만물을 아버지를 위하여 거룩하게 함으로서 아버지의 영광을 드러내고 있다. 저들의 생활은 거룩한 사랑 이외에 아무것도 아니다. 하나님의 생명은 사랑에 있다.

그렇다. 사랑, 이것이 곧 생명이다. 생명의 본질은 사랑이며 그 근본적 특징도 다만 사랑인 것이다.

다시 말하노니 생명은 영원의 거룩한 사랑이다. 그리고 이 생명은 말씀에 있어서 실재한다.

만물은 다 그 사랑인 생명의 표현이며, 장식이다. 그러나 만물 중에 특히 은혜를 입은 자는 사람이다.

사람은 다만, 이 사랑의 표현과 장식으로 지음을 받았을 뿐만이 아니라, 그 자신이 그 귀한 사랑에 참여할 수 있는 특권도 받았다. 이르기를 "이 생명은 사람의 빛이라"요 1:4라고 했다.

빛이란 무엇인가. 그것은 사람으로 하여금 식별하게 하는 도구에 불과한가? 태양을 보라. 빛의 가치는 물론 그것 자체에 있다. 빛 그것이 미의 극치요, 진리의 가장 좋은 체현자이다. 빛은 자기를 내어주어 어둠을 몰아내는 것으로 자기의 영분을 한다.

그러므로 빛은 넓은 의미에 있어서 구속이다시편 27:1. 그리고 사도 요한은 "이 생명은 사람의 빛"이라고 하셨다. 즉, 말씀에 있어서 실재하는 사랑의 생명이 우리의 빛이요, 구속이다.

다시 말하면 저 말씀이 인류를 위하여 자기를 내어 줌으로써 인류로 하여금 그 자신의 귀한 생명에 참여하게 하려고 하신다. 이리하여 그에게 있는 거룩한 영원의 사랑의 생명이 언젠가 우리를 자신의 것으로 될 소망이 갖추어진 것이다.

아 ! 이것 어떠한 행복인가!

우리의 빛은 민주주의나 공산주의나 문화생활이 아니다. 사랑의 생명이다. 그렇다. 사랑이신 말씀, 그 자신이다. 그가 나의 구원, 소망, 빛이시다. 우리도 또한 그에게 비춰어 그와 같이 사랑의 생명으로서 빛날 수가 있다.

"이 생명은 사람의 빛이다."라는 위대한 소식을 듣고 우리의 마음은 뛰놀지 않을 수 없다.

돌이켜 생각하건대 생명은 사랑이라고 하며 하나님만이 소유한다고 한다. 이것은 사상으로는 실로 아름답다고 할지라도 너무도 사실을 무시한 독단이 아니겠는가. 또 저 생물학자가 생명이라고 칭하고 또 일반인이 승인하고 있는 모든 자연적인 생물학적 생명은 왜 생명이 아니겠는가.

또 사람의 도덕적 생명은 왜 참 생명으로 인정할 수도 없을까? 많은 사람이 의문을 제기할 것이다.

그러나 우리가 유의할 것은 각종의 생명의 지위이다. 앞에서도 말한 것처럼 생명에 자연적인 것이 있고, 도덕적인 것이 있으며 그 위에 또 영적인 것이 있으나 이들 3종의 생명은 각각 독자적인 지위와 목적을 가진 것이 아니다. 시험컨대 사람에 대하여 보라. 그에게 몸(육신)이 있고 혼(정신)이 있으며 또한 마음(심령)이 있다.

그리고 말할 것도 없이 육체는 정신을 위하여, 정신은 심령을 위하여서이다. 즉, 사람으로 하여금 완전한 영적 생활을 하기 위하여 도덕적 생명도 또한 육적 생명도 존재하고 있다고 나는 믿는다. 이와 같은 원리가 동식물에 대해서도 적용이 된다.

무릇 자연생명이나 도덕적 생명은 자기 고유의 목적을 가지고 있는 것이 아니다. 모두 다 보다 더 나은 생명에 봉사하려고 존재하는 것이다. 각종의 생명은 자연히 주종의 관계에 있어서 서로 연락되어 있다.

그리고 피조물에 있어서 생명 중 생명은 영적 생명인 것이다.

그러면 영적 생명은 모든 사람에 있어서 실재하는가? 사람은 나면서부터 그 소유자인가? 성경은 다음과 같이 가르친다.

사람에게 영은 있다. 그러나 영적 생명은 없었다. 사람은 하나님과 교통할 수 있는 영은 받고 있으면서 도리어 하나님에게 반역하여 그 귀한 영적 생명을 실현할 것을 포기해 버렸다. 그래서 사람은 누구나 나면서 이 생명을 가지고 있지 못하다.

그러나 이 영적 생명이야말로 사랑의 생명인 것이다. 왜냐하면 이 영적 생명은 마치 말씀이 영원부터 하나님과 같이 계셔서 사귀는 것처럼 사람이 친히 하나님과 사귀는 생명인 까닭이다. 이 하나님의 생명이 사람에게 부어진 것, 즉 그리스도의 생명에 연결된 것, 이것을 영적 생명이라 한다.

그러므로 예수님은 사랑이다. 거룩한 사랑이다. 자기를 남김없이 하나님에게 드려 그들을 사랑하고 또 그의 마음으로 사람을 사랑하며, 원수일지라도 사랑하는 생명인 것이다. 사랑을 위하여 수고하고, 자기 전부를 희생하는 생명이다. 이 생명에 붙들리어 사람은 비로소 사람답게 살며 참으로 산다.

우리는 형제를 사랑함으로 사망에서 옮겨 생명으로 들어간 줄을 알거니와 사랑하지 아니하는 자는 사망에 머물러 있느니라
요일 3:14

우리에게 영원한 생명이 있는지 없는지는 사랑에 의하여 시험

이 된다. 형제를 사랑하는 자만이 참으로 살고 있는 것이다. 제 아무리 선, 덕행, 능력, 지식, 전도, 신앙, 기도가 있다고 해도 사랑이 없으면 생명만은 없다고전 13:1-3 참조. 생명은 사랑이라고 했다.

그러면 사랑은 무엇인가? 다시 물어보자.

> 그가 우리를 위하여 목숨을 버리셨으니 우리가 이로써 사랑을 알고 우리도 형제들을 위하여 목숨을 버리는 것이 마땅하니라 요일 3:16

또 한번 나타난 하나님의 사랑은 예수님의 십자가 위에서의 죽음, 바로 이것이다. 사랑이란 다른 사람을 위하여 목숨을 버리는 일이다. 여기에서 목숨이라고 하는 것을 생물의 생활원리에 대한 말이다. 다시 말하면 우리의 육의 생활원리를 다른 사람을 위하여 희생적으로 한다는 의미이다. 그러므로 다시 말한다. 사랑은 다른 사람을 위하여서의 죽음이다. 그리고 영원한 생명은 죽음에 있다고 할 수 있다. 죽음을 두려워하거나 생명을 아끼는 자에게는 생명이 없다. 잘 죽는 자가 잘 사는 것이다. 생명은 죽음에 있다. 사랑의 죽음은 생명을 얻는 유일한 길이다.

모든 사람은 왜 죽음을 두려워하는가? 그것은 살기 위해서이다. 그런데 죽음은 반드시 생명을 잃는 것이 아니다.

소크라테스는 영혼불멸의 철학을, 바울은 부활의 복음을 가르쳤다.

그런데 여기에 보다 나은 사도 요한의 사랑의 철학이 있다. 이 교훈에 의하면, 죽지 않으면 영원한 생명을 얻지 못하며 죽음에만 생명이 있다고 한다. 이 얼마나 역설적인 제창인가! 그러나 이는 놀랄만한 가신嘉信이며 진리이다.

이것은 실로 생명철학의 일대혁명이다. 이제 후로는 다시는 죽음을 두려워하지 않을 것이며 도리어 죽음을 찾아 구할 것이다.

요한일서 3장 16절의 말씀, "우리도 형제들을 위하여 목숨을 버리는 것이 마땅하니라"처럼 이것이 우리의 매일의 기도와 염원이 되어야 할 것이다.

이 한 구절을 삼창하여 보라. "주는 우리를 위하여 생명을 버리셨도다." 이에 의하여 사랑을 알게 되었으니 우리도 형제를 위하여 목숨을 버리게 될 것이다.

우리는 사랑하기 위하여 보내심을 받은 자들이다. 사랑은 죽음을 요한다. 목숨을 버리는 것이 우리의 생애의 목적이다. 참으로 우리 각 개인은 사랑을 위해 죽어야 산다. 이것이 예수님이 가신 길이다.

믿음의 선배들도 다 이 길을 걸어 가셨다. 생명을 버린다는 것은 반드시 순교적 최후를 마쳐야 한다는 것이 아니다. 우리는 매일매일 죽어야 산다. 즉, 희생적 생활을 하여야 한다.

누가 이 세상의 재물을 가지고 형제의 궁핍함을 보고도 도와줄 마음을 닫으면 하나님의 사랑이 어찌 그 속에 거하겠는가? 자녀들아, 우리가 말과 혀로만 사랑하지 말고 행함과 진실함으로 하자 요일 3:17-18

나의 작은 경험

생명과 사랑의 관계에 대한 경험은 교회 또는 사회생활에서 체득함으로서 "생명은 사랑이다."라고 하는 원리를 보편화 시킬 수 있다.

그런데 위에서 말한 성경적 진리를 현실 교회나 사회에서 실험하기는 쉽지 않다. 그러나 교회와 사회의 하나의 단위인 가정에 있어서 이 원리를 실현할 수만 있다면, 그것은 곧 인류에게 보편화시킬 수 있는 이상이라고 할 수 있겠다. 그러므로 나는 나의 가정에서 얻은 작은 경험으로 증언하려고 한다.

나는 1932년 4월 현재 이북에 있는 나의 아내와 결혼했다. 천정배필로 믿고 가정 내에서 예수 그리스도를 주님으로 모시고 신앙생활을 하려고 노력했다. 그래서 아내와 나와의 사이는 마음이 하나가 되어 개성과 직능은 다르면서도 생의 목적이 같아서 소위 정상적인 가정생활로서 부모님을 모시고 3남 3녀를 양육하는 축복을 받았다.

결혼 후 10여 년을 경과한 어떤 공휴일에 나는 집안에서 글을 쓰고 있었던 때인데 처음으로 나와 아내와의 사이에 사랑이 있음을 느끼게 되었다. 만일 이 사랑이 육적 생명이 다함으로 없어지거나 또는 멀리 떨어져 있으므로 감퇴한다면 이 세상에 진실이라고 하는 것은 하나도 없을 것이라고 생각에 잠기게 되었다. 이 생각이 어떻게 영감적이었던지 그때의 사랑의 감정은 잊어버렸으나 그때의 나의 생각은 한 진리를 파악한 것처럼 경이를 느꼈으므로 잠시도 잊어지지 않는다.

그때의 결론은 가정은 이와 같은 사랑을 체험하라고 주신 하나님의 축복이며 인류라고 믿게 되었다.

이와 같은 경험은 예수 그리스도를 가정에 모시는 신앙생활에서 얻어졌다. 그래서 그 후부터 참된 신앙생활은 영적 생활이라고 나는 말하고 있다. 그것은 참된 사랑을 통해 영원한 생명을 느꼈기 때문이다.

나는 당시에 우리는 육을 벗어 버리고 그와 같은 사랑, 예수 그리스도의 사랑으로 영원히 살 것을 확신했다.

그 후부터 내가 의사가 되기 원할 때 하나님에게 서원한 것, 즉 가련한 환자를 위하여 의사가 되겠다는 생각은 조금도 변치 않고 있다. 큰 희생적 생활은 하지 못하고 있으나 희생적 생활이 참된 삶이라고 하는 신념과 마음은 조금도 변치 않고 있다.

지금도 나는 동포를 위하여 원수를 위하여 주님의 사랑으로 죽게되기를 기원하고 기도한다.

다음에 나는 환자들을 돌보면서 참된 사랑은 영원한 생명인 것을 발견하게 되어 그것을 예로 들어 증거하고자 한다.

나는 내가 담당한 암 환자들에게는 적당한 때에 영원한 생명을 소신껏 말해 드린다. 그것은 육적 생명은 언젠가는 육을 벗어 버려야 하므로 영원히 산 사람은 하나도 없는 것이지만 하나님께서 주신 생명으로 산 사람은 영생하는 것임을 예증한다. 그 분은 첫째로 예수 그리스도시다. 이분은 지금도 하나님 우편에 계시면서 인류의 구원을 위하여 기도할 뿐 아니라 성령으로 인간 세상에 찾아 오셔서 하나님의 의와 사랑을 가르쳐 주시며 진리를 찾아 살도록 인도하신다.

인류 역사에 있어서 많은 성도들이 그를 믿고 그를 따라 영원히 살고 있다. 즉, 초대교회의 순교자들로부터 아프리카 또는 인디언 원주민들에게 순교를 당한 성도들과 최근 일본제국 정치시대에 신사참배를 거부하고 순교한 성도들에 이르기까지 또 오늘에 있어서도 진리를 위하여 고통을 당하는 이들은 다 같이 늠름한 영적 생활을 하고 있는 것이다.

그리고 영생을 믿고 육적 생명, 목숨을 초월해서 사는 사람들은 그 죽음이 빛나는 것이다.

나의 친구 최목사는 식도암으로 최후를 마쳤다. 임종기에 교인들이 그의 피골이 상접하고 기운이 없는 것을 보고 눈물을 흘리고 있을 때에 최목사는 오히려 교우들을 위로하며 "내가 죽을 줄 알아? 그렇게 죽는 것이 아니야."라고 말했다.

참된 사랑은 죽음을 초월하여 영생으로 연결된다.

또 나의 친구 중 한 사람은 자기 부인이 악성 임파종으로 세상을 떠났는데 그 친구가 옆에서 간호를 하면서 느낀 것이 생체가 살려고 하는 현상을 보고 감탄했다는 것이다.

생명은 살려고 하지, 결코 죽는 것이 아니라고 증거하고 있다. 그것은 그 분이 사랑으로 아내의 병을 간호하면서 얻은 영감이다. 사랑은 빛이다. 진리를 바로 보는 빛이다. 우리가 사랑의 눈으로 볼 때, 상대방의 참 인격을 보고 존경하고 사랑할 수 있는 것이다. 더욱 현저한 일은 우리 가까이에서 찾아 볼 수 있다.

우리 가톨릭대학의 중진이신 한 신부님은 간경화증에 의한 식도 정맥류 파열로 위기에 처해 있었다. 그 때 수술을 담당했던 이 교수도 몹시 걱정을 하면서 수술에 임했다. 수술 후 경과는 우리 의사들의 상식을 초월해서 좋아져 지금도 평강을 누리고 계시는 줄 안다. 이 일에 대해서는 여러 가지로 소감을 말할 수 있다.

다만 한 가지로 공통적으로 느낄 수 있는 것은 생명은 하나님이 주관하는 것이며 하나님께서 살려 주셔서 살고 있다는 점이다. 현대에 있어서 나사로의 부활의 사건과 같은 사실이라고 나는 생각했다. 우리는 하나님을 믿는 믿음으로 자기의 삶을 생각해 본다면, 하나님의 기적으로 살고 있음을 깨닫게 될 것이다.

하나님의 사랑으로 살고 있다고 느끼고 믿고 사는 것이 참 생명이 아니겠는가? 하나님이 나를 사랑하셔서 살게 하여 주시니 나도 원수까지 사랑해서 살겠다는 심령이 왜 죽을 이유가 있겠는가?

〈부산모임〉 1975년 12월호[87:8-6]

〈단상〉

믿음, 소망, 사랑의 삶으로 정상에 오르는 사람은 더 복이 있는 사람이다. 이것은 지나가는 이 세상의 명예보다 훨씬 나은 영원한 영광이요, 생명의 발현인 것이다.

〈부산모임〉 1973년 4월호

우리들

'주기도'를 공부하는 가운데 제1부의 '하늘에 계신 우리 아버지여 이름이 거룩히 여김을 받으시오며 당신의 나라가 임하옵소서'라고 하는 부분은 별로 이의가 없이 수긍하였다.

그런데 '우리 아버지 하나님의 이름'이라고 하는 데는 한 번 더 주의해야 한다. 하나님은 개인을 사랑하셔서 구원하셨지만, 나를 구원하여 주신 것은 인류 전체의 구원을 위한 것이다. 또한 하나님은 구원받은 자 전부의 아버지이시므로 '우리 아버지의 이름'이라고 부름이 합당하다.

제2부에서 인간의 현실적 문제에 대한 기도에서도 '우리의 일용할 양식을 매일 주옵시고'라고 가르쳐 주셨다. 우리의 일용할 양식이라고 말은 하면서도, 나는 자기 개인을 위하여 생각하면서 기도하였음을 고백하지 않을 수 없다.

또 그다음 '우리가 우리에게 죄지은 자를 사하여 준 것과 같이 우리의 죄를 사하여 주옵소서'라고 기도할 때에도 나는 나에게 나쁘게 한 자를 사하여 주었는지 반성하면서 기도를 했고, 우리가 우리에게 죄지은 자에 대해서는 별로 생각도 못 했고, 반성하지도 않았음을 고백한다.

그렇게 생각하니 나의 믿음은 개인주의적 신앙이었음을 인정하지 않을 수 없다.

그리고 나는 나에게 잘못한 이웃의 죄를 용서해 줄 수 있겠지만, 이웃이 이웃에게 감행한 죄, 특히 간음하는 죄와 우상 숭배의 죄는 내가 용서할 수도 없고, '어떤 의미에서는 나와는 관계가 없는 것이 아닌가'하고 생각할 때도 있다. 그런데 이렇게 생각한 것은 '주기도'의 정신에서 먼 것이 아닌지 반성하게 된다.

어떤 사람들은 이 부분에 이르러서는 그만 그치고 다음 기도로 넘어가는 신도들도 있는 줄을 알고 있다. 양심에 정직하다고 할지 모르나 주님의 가르치심에 순종하는 마음은 아니다.

그다음 인간을 위한 기도에는 '우리를 시험에 들지 않게 하여 주옵시고, 악에서 구하여 주옵소서'라고 기도하라고 하셨는데, 여기서도 나 개인을 위한 기도로 생각하고 외웠던 것이 사실이다.

아! 우리는 얼마나 자기중심적인지 모른다.

주님은 '주기도'를 통해 하나님은 구원을 받은 인류 전체의 아버지이시고, 그의 이름이 거룩히 여김을 받아야 하며, 존귀한 여김을 받도록 신령과 진실로 예배드려야 할 것을 가르쳐 주셨다. 그리고 주님의 나라가 임하셔서 주님의 통치를 기다리는 것이 인생 최상의 기도임을 알게 하셨다.

하나님은 인류를 창조하실 때에 우리[성부·성자·성령]의 형상을 따라 우리 모양대로 우리가 사람을 만들자고 하셨고[창 1:26], 또 전도자를 파견하려고 하실 때에도 "누가 우리를 위하여 갈꼬"[사 6:8]라고 하셨다.

요한복음 14장에서 17장까지에는 하나님 아버지와 아들이신 예수 그리스도와 성령님이 삼위일체이심을 말씀하시고, 또 제자들이 예수 그리스도와 하나가 되고, 또 제자들의 증언을 통하여 예수를 그리스도로 영접하는 자들도 다 하나가 되기를 위하여 기도하셨다.

  이제 우리는 예수님과 더불어 환난공동체, 생명공동체, 영광공동체로서 하나가 된 우리임을 확신하고 '주기도'를 드린다!

<부산모임> 1986년 12월호[113:19-6]

공동체적 삶

공동체적 삶이라고 하면 현실적으로 의·식·주를 같이 하면서 공동 목적과 이상을 가지고 조직적으로 사는 것이라고 말할 수 있다. 사실 백여 년 전에 유토피아를 꿈꾸던 사람들이 있었다는 이야기를 들었다. 나도 일본이 우리 민족을 압박하던 때에 일본 히로시마 고등사법학교를 졸업하고 돌아와서 강원도 안변에 농토를 사서 청년들에게 농사기술 교육과 애국심을 고취하는 목적으로 7, 8명의 대학 출신들과 뜻을 같이 하여 집단 생활을 하려는 꿈을 가졌었다. 그런데 이 꿈은 교양문제와 직능의 관계로 자연히 해산되고 말았다.

나는 그리스도를 믿는 신도로 '무신론자들을 이해시킬 수 있는 단어는 없을까?' 하고 생각해 보았다. 왜냐하면 무신론자들에게 하나님, 예수 그리스도, 성령이라고 말을 하면 알 수 없을 뿐 아니라, 곧 적개심을 가지고 대하기 때문이다. 그러므로 불신자들에게 하나님의 뜻을 표현하는 단어는 무엇일까? 또는 예수 그리스도를 표현하는 단어는 무엇일까? 우리는 무엇으로 일치를 이루며 공동체의 목표를 삼을 수 있을까? 이것은 귀중한 문제라고 생각한다. 과연 나 자신에게 이상理想이라고 할 단어는 무엇일까? 나는 다음 세 가지를 들고 싶다.

진실된 공동체

진실만을 생각하고 말하며 행동하는 공동체를 말한다. 진실하지 않은 것은 생각도 말고, 행동도 하지 말자는 주의이다.

이것은 물론 양심의 문제이다. 사람과 약속한 것은 나에게 해로울지라도 지켜야 한다. 그러므로 좀처럼 사람에게 맹세나 서약은 삼가해야 한다. 그리고 한번 자기 마음에 옳다고 정한 것은 남이 알건 모르던 간에 지켜야 한다.

현실적인 공동체를 이뤄서 약속한 것도 물론 지켜야 하지만, 자기 자신이 양심으로 결심한 것이나 하나님께 서원한 것을 그대로 지키는 것이 진실이다. 나는 가난해서 진료를 받지 못하는 사람이 가장 불쌍한 것 같아서 그러한 환자들을 위한 의사가 되겠다고 생각했기 때문에 그 서원을 지금 지키고 있다.

사랑의 공동체

사람이 천사의 말을 하고 위대한 지식이 있어 장래 일을 예언하고, 또 산을 옮길 만한 믿음과 또 자기의 것을 다 팔아 가난한 자에게 구제하고 자기를 희생 제물로 바치는 자라고 해도 자기의 유익과 명예를 위해서 했다면 그것은 참 사랑이 아니다^{고전 13:1-3}.

참 사랑이라고 하는 것은 구제를 해도 오른손이 하는 것을 왼손이 모르게 하는 것이며, 자선을 해도 나팔을 불지 않고 자기의 명예가 세상에 알려지는 것을 부끄럽게 생각하는 것이다. 즉, 사람에게 보이려 하지 않고, 은밀히 보시는 하나님께만 인정되기를 원할 뿐이다. 그래서 모든 것을 잊고 행하는 사랑이다. 우리는 이러한 공동체가 되기를 절실히 원한다.

성실한 공동체

우주, 천지 만물은 성실로 창조된 것이다. 창조의 한 계단, 한 계단이 이루어질 때 창조주는 "참 좋았다."고 기록하고 있다. 진실과 사랑의 공동체는 그것이 충만할 때에 자연히 성실한 공동체로 나타난다.

〈부산모임〉 1986년 12월호[113:19-6]

우리는 주 안에서의 평화공동체

'우리'는 인류에서 예수를 그리스도로 신봉하는 사람들을 의미한다. '주 안에서'라고 하는 것은 창조주 하나님과 구원의 주 하나님, 그리고 성령이신 하나님, 곧 삼위일체를 주님으로 모시는 것을 의미한다.

'평화'라고 함은 예수 그리스도의 속죄를 믿고, 여호와 하나님과 화합함으로써 얻는 평안을 의미한다. '공동체'는 일체감을 가지는 사회를 의미한다.

이상적 사회를 사모하는 자들의 호소가 "평화공동체"라고 믿는다. 평화공동체는 인류 전체의 소망이라고 할 수 있지만, 성경에서 얻는 지식에 의하면, 삼위일체 하나님을 주님으로 믿고 모시는 자들에게 허용되는 것이다. 요 14장-17장

나는 예수님께서 초림시 제자들에게 결별유훈訣別遺訓으로 주신 말씀, 즉 요한복음 14장에서 17장까지의 말씀 중에서 "평화공동체"의 뜻을 찾아 보려고 한다.

우리는 생명공동체이다

제자 빌립이 예수님께 "아버지를 우리에게 보여 주옵소서 그리하면 족하겠나이다"라고 말할 때에 예수님은 "나를 본 자는 아버지를 보았거늘 어찌하여 아버지를 보이라 하느냐 내가 아버

지 안에 거하고 아버지는 내 안에 계신 것을 네가 믿지 아니하느냐 내가 너희에게 이르는 말은 스스로 하는 것이 아니라 아버지께서 내 안에 계셔서 그의 일을 하시는 것이라 즉 하나님과 예수 그리스도는 내면 일체이심을 나타내신 것이다. 내가 아버지 안에 거하고 아버지께서 내 안에 계심을 믿으라 그렇지 못하겠거든 행하는 그 일로 말미암아 나를 믿으라"요 14:9-11고 말씀하셨다.

또, 계속해서 "내가 아버지께 구하여 또 다른 보혜사를 너희에게 주사 영원토록 너희와 함께 있게 하리니 저는 진리의 영이라…… 그[가 이르는] 날에는 내가 아버지 안에, 너희가 내 안에, 내가 너희 안에 있는 것을 너희가 알리라…… 보혜사 곧, 아버지께서 내 이름으로 보내실 성령 그가 너희에게 모든 것을 가르치고 내가 너희에게 말한 모든 것을 생각나게 하리라"요 14:16-26고 말씀하셨다.

우리는 이 성령의 역사로 진리를 깨닫게 되고, 예수 그리스도의 말씀으로 생명의 주님과 일체[공동체]가 될 수 있다. 또 예수님은 제자와 일체가 되는 사실을 요한복음 15장에 말씀하셨다. "나는 포도나무요 너희는 가지라 그가 내 안에, 내가 그 안에 거하면 사람이 열매를 많이 맺나니"요 15:4-5라고 하셨고, 그 가운데로 진액이 통하고 있는 것은 제자들이 그의 계명을 지켜 사랑하는 것임을 알게 하셨다. 즉, "아버지께서 나[예수]를 사랑하신 것 같이 나도 너희를 사랑하였으니 나의 사랑 안에 거하라 내가 아버지의 계명을 지켜 그의 사랑 안에 거하는 것같이 너희도 내 계명을 지키며 내 사랑 안에 거하리라"요 15:9-10라고 말씀하셨다.

이 사랑은 우리의 생명의 진액과 같아서 열매를 맺게 한다. 이

제자들뿐 아니라 이 사랑의 유통을 받은 바울도 "내가 그리스도와 함께 십자가에 못 박혔나니 그런즉 이제는 내가 사는 것이 아니요 오직 내 안에 그리스도께서 사시는 것이라 이제 내가 육체 가운데 사는 것은 나를 사랑하사 나를 위하여 자기 자신을 버리신 하나님의 아들을 믿는 믿음 안에서 사는 것이라"갈 2:20고 하였다.

또 예수님께서 결별 기도를 드리시는 가운데 "아버지께서 내 안에, 내가 아버지 안에 있는 것 같이 저희도 다 하나가 되어 우리 안에 있게 하사 세상으로 아버지께서 나를 보내신 것을 믿게 하옵소서"요 17:21라고 말씀하셨다.

우리는 수난공동체이다

"세상이 너희를 미워하면 너희보다 먼저 나를 미워한 줄을 알라. 너희가 세상에 속하였으면 세상이 자기의 것을 사랑할 터이나 너희는 세상에 속한 자가 아니요 도리어 세상에서 나의 택함을 입은 자인 고로 세상이 너희를 미워하였느니라", 또 "내가 아버지께로서 너희에게 보낼 보혜사 곧 아버지께로서 나오시는 진리의 성령이 오실 때에 그가 나를 증거하실 것이요 너희도 처음부터 나와 함께 있었으므로 증거하느니라"요 15:18-19; 26-27고 하시며, 진리와 그리스도를 증거함에는 수난이 따르는 것을 말씀하신 것이다. 또한 "세상에서는 너희가 환난을 당하나 담대하라 내가 세상을 이기었다."요 16:33고 말씀하시면서 수난당하는 제자들을 격려하셨다.

우리는 평화공동체이다

"평안을 너희에게 끼치노니 곧 나의 평안을 너희에게 주노라 내가 너희에게 주는 것은 세상이 주는 것과 같지 아니하니라 너희는 마음에 근심하지도 말고 두려워하지도 말라 내가 갔다가 너희에게로 온다 하는 말을 너희가 들었나니 나를 사랑하였더라면 내가 아버지께로 감을 기뻐하였으리라"요 14:27-28고 하셨고, "지금은 너희가 근심하나 내가 다시 너희를 보리니 너희 마음이 기쁠 것이요. 너희 기쁨을 빼앗을 자가 없으리라"요 16:22고 하셨다.

세상이 주는 평화는 평화가 아니다. 아무리 세상 권력의 균형이 유지되고, 생산물의 분배가 균등화된다고 하여도 우리의 인격을 좀먹고 하나님으로부터 떨어지게 하는 마귀의 세력을 이길 힘은 우리 자연인에게는 없는 것이 사실이다. 우리 인간에게는 우리 본능에 틈타고 들어와 유혹하고 시험하는 자를 스스로 이길 힘이 없다고 하는 것이 진실이다. 한번 하나님을 떠난 우리 육체는 연약해서 원하는 선은 행하지 않고, 원치 않는 악을 행하게 된다.

"오호라 나는 곤고한 사람이로다 이 사망의 몸에서 누가 나를 건져내랴 우리 주 예수 그리스도로 말미암아 하나님께 감사하리로다"롬 7:24-25, "그러므로 이제 그리스도 예수 안에 있는 자에게는 결코 정죄함이 없나니 이는 그리스도 예수 안에 있는 생명의 성령의 법이 죄와 사망의 법에서 너를 해방하였음이라 율법이 육신으로 말미암아 연약하여 할 수 없는 그것을 하나님은 하시나니 곧 죄로 말미암아 자기 아들을 죄 있는 육신의 모양으로 보내어 육신에 죄를 정하사 육신을 따르지 않고 그 영을 따라 행하는 우리에게 율법의 요구가 이루어지게 하려 하심이니라 육신을 따르는 자는 육신의 일을, 영을 따르는 자는 영의 일을 생각하나니 육신의 생각은 사망이요 영의 생각은 생명과 평안이니라"롬 8:1-6라는 말씀처럼 우리는 연약하다. 하지만 예수 그리스도는 성령을 보내셔서 우리 믿는 자들을 하나님과 화목하게 하심으로 거듭나서 평화의 공동체를 이루게 하신다.

우리는 주안에서의 영광공동체이다

예수님은 하나님의 뜻에 순종하여 십자가를 지시기로 결심하셨을 때에 "지금 인자가 영광을 받았고 하나님도 인자로 말미암아 영광을 받으셨도다 만일 하나님이 그로 말미암아 영광을 받으셨으면 하나님도 자기로 말미암아 그에게 영광을 주시리니 곧 주시리라"요 13:31-32라고 말씀하셨다.

예수님은 "그러하나 진리의 성령이 오시면 그가 너희를 모든 진리 가운데로 인도하시리니 그가 스스로 말하지 아니하고 오직 듣는 것을 말하시며 장래 일을 너희에게 알리시리라 그가 내 영광을 나타내시리니 내 것을 너희에게 알리겠음이니라"요 16:13고 하셨고, 요한복음 17장에서 하늘을 우러러 다음과 같이 기도하셨다.

> 때가 이르렀사오니 아들을 영화롭게 하사 아들로 아버지를 영화롭게 하게 하옵소서 아버지께서 아들에게 주신 모든 사람에게 영생을 주게 하시려고 만민을 다스리는 권세를 아들에게 주셨음이로소이다 아버지께서 내게 하라고 주신 일을 내가 이루어 아버지를 이 세상에서 영화롭게 하였사

오니 아버지여 창세 전에 내가 아버지와 함께 가졌던 영화로써 지금도 아버지와 함께 나를 영화롭게 하옵소서요 17:1-5

내가 그들을 위하여 비옵나니 내가 비옵는 것은 세상을 위함이 아니요 내게 주신 자들을 위함이니이다 그들은 아버지의 것이로소이다 내 것은 다 아버지의 것이요 아버지의 것은 내 것이온데 내가 그들로 말미암아 영광을 받았나이다 요 17:9-10

그들을 진리로 거룩하게 하옵소서요 17:17

내게 주신 영광을 내가 그들에게 주었사오니 이는 우리가 하나[공동체]가 된 것 같이 그들도 하나[공동체]가 되게 하려함이니이다 아버지여 내게 주신 자도 나 있는 곳에 나와 함께 있어 아버지께서 창세전부터 나를 사랑하시므로 내게 주신 나의 영광을 저희로 보게 하시기를 원하옵나이다 17:22,24

맺는말

위의 말씀을 요약하면, 우리를 창조하시고, 구원하시고, 그 구원을 성취하시는 성령의 삼위일체의 하나님은 예수 그리스도와 그의 성령을 통하여 우리를 생명공동체로 삼아 주시고, 수난공동체와 평안 공동체를 이루게 하사 영광공동체를 보게 하여 주시는 것을 예수께서 제자들에게 말씀하신 결별유훈에서 배우게 된다.

이것은 이 세상에서도 순간적으로 성취되고 체험할 수 있는 것이지만, 이 위대한 이상은 예수님이 재림하셔서 하나님의 나라를 이루어 주실 때에 볼 수 있는 이상이다. 물질을 초월한 우리의 심령으로서는 현실에서도 가능한 사실이다.

즉, 예수님의 계명, "너희가 서로 사랑하라 내가 너희를 사랑한 것 같이 너희도 서로 사랑하라"요 13:34를 지킬 때에 성취되는 것으로 믿고 현실에서도 주 안에서 체험하게 되기를 간절히 기원한다.

〈부산모임〉 1987년 8월호[117:20-4]

인간윤리

> 네 마음을 다하며 목숨을 다하며 힘을 다하며 뜻을 다하여
> 주 너의 하나님을 사랑하고 또한 네 이웃을 네 자신 같이
> 사랑하라 하였나이다 눅 10:27

사람이 사람을 알고, 사람이 지켜야 할 도리를 깨달아 지키면 참 사람다운 사람이 될 것이다. 사람은 피조물이며 영원 자존자가 아니다. 영원 자존자이시고 창조의 근본이시며 진리이신 영인 여호와 하나님께 지음을 받은 자가 사람이다.

사람은 육의 기관을 가진 겉 사람과 하나님과 교제하여 영생할 수 있는 심령, 즉 속 사람으로 되어 있다. 만일 속 사람이 자유하는 심령으로 하나님의 뜻, 진리에 순종하였다면 영생하는 몸을 가지고 영생하였을 것이며, 그 사회도 영원한 하나님의 나라가 되었을 것이다. 그러나 사람이 하나님의 진리를 순종하지 않고 거역했기 때문에 겉 사람의 죽음과 사회의 알력과 싸움을 계속하게 되었다.

이와 같이 불순종의 사람이 사는 사회에 질서를 세우기 위해 성현들이 나타나 계율을 주었다. 유교에서는 삼강과 오륜을 강조하였다. 즉, 군신, 부자, 부부의 도를 삼강이라 하였고, 군신의 사이에는 의리가 있어야 하고君臣有義, 부자의 사이에는 친함이

있어야 하며^{父子有親}, 부부의 사이에는 분별이 있어야 하고^{夫婦有別}, 어른과 아이 사이에는 질서가 있어야 하며^{長幼有序}, 친구들 사이에는 믿음이 있어야 한다^{朋友有信}고 오륜을 강조하였다.

불교에는 "살생하지 말라, 간음하지 말라, 도적질 하지 말라, 술 취하지 말라, 거짓 증거하지 말라."등의 계율이 있다. 이 계율은 겉 사람에 대한 금령들이고, 속 사람에 대한 격려의 말들은 거의 볼 수 없다. 공자는 도덕률을 가르칠 때에 "네가 하고자 하지 않는 것을 남에게 하라고 하지 말라."^{己所不欲, 勿施於人}고 했다.

그런데 기독교에서의 교훈은 도덕과 윤리의 열쇠를 사랑이라고 가르친다. 개인이 구원되고, 사회가 구원되어 평화와 질서를 얻는 것은 하나님의 사랑으로 하나가 되는데 있다고 강조하는 것이다. 하나님은 사랑이시다. 사랑이 도덕의 지상선이라고 한 것은 기독교가 처음으로 발견한 진리이다. 기독교에서 하나님의 사랑을 고조하는 것은 유교에서의 어진 마음^仁이나, 불교에서 부르짖는 자비보다 더 높고 구체적인 것을 보여 주고 있다. 곧 어진 마음이나 자비심을 사람의 노력으로 품어 보자는 것이지만, 하나님의 사랑은 예수 그리스도의 희생으로 인류의 죄를 대속하여 주시고, 그를 믿고 순종하는 사람에게 그 사랑의 생명을 계승시켜 주심을 실제로 실현시켜 주신 데 있다.

실제로 사울이 유대교를 위하여 기독교인을 잡아 옥에 가두려고 내려가던 다메섹 도상에서 부활하신 예수님을 만나기 전에는 율법을 지켜 구원을 얻으려고 열성을 다 했다. 그러나 그의 마음에는 평안이 없었다. "오호라 나는 곤고한 사람이로다 이 사망의 몸에서 누가 나를 건져내랴"^{롬 7:2}고 탄식했다. 부활하신 예수님을 만난 후에는 새로 거듭났고, 하나님의 은혜와 사랑을 체험하고 그것을 실천하게 되었다. 다시 말하면 자연인으로서는 할 수 없는 윤리와 도덕을 실천할 수가 있었다.

겉 사람이 요구하는 윤리와 크리스천이 요구하는 윤리는 다음의 몇 가지 점에서 차이가 있다. 즉, 자연 윤리는 겉 사람의 처세하는 행동과 관련하여 논하게 된다. 그러나 크리스천의 윤리는 겉 사람의 처세적 행동보다는 속 사람의 애정과 그 동기에 치중하여 말한다. 예수께서 베다니 문둥이 시몬의 집에서 음식을 잡수실 때, 한 여자가 매우 값진 향유, 곧 순전한 "나드" 한 옥합을 가지고 와서 그 옥합을 깨뜨리고, 예수의 머리에 붓고 머리 털로 씻었다. 가룟 유다는 그것을 300데나리온에 팔아 가난한 사람을 구제하는 것이 더 좋겠다고 했다.

그러나 주님은 그 여인의 마음의 사랑의 동기를 높이 평가하셔서 복음이 전해지는 곳에서 이 여인의 진실된, 정신 어린 사랑도 전해져야 할 것이라고 하셨다. 그렇다고 유다를 책망하시지 않으셨다. 요한복음에는 유다 마음에 도둑의 마음이 있었다고 기록되어 있다. 그러나 마가복음에는 가난한 사람은 너희들과 항상 같이 있으므로 기회가 있을 것이라고 기록되어 있어 그것도 용납하시는 예수님 마음이 사랑으로 충만하심을 알 수 있다.

참 사랑은 남의 사랑을 부정하지 않는다. 그리스도는 가난한 사람의 구제를 금하지 않으셨다. 그러나 그 구제는 그 여인이 예수님을 사랑하는 마음으로 하여야 하는 것을 교훈하셨다. 자연인의 사랑은 한계가 있다. 시몬은 예수님께 "형제가 내게 잘못했을 때에도 일곱 번 용서해 주리이까?"하고 물었다. 예수님은 "일흔 번씩 일곱 번이라도 용서해 줄지니"라고 대답하시면서 하나님의 사랑은 무한하심을 가르친다.

자연인의 도덕은 인종, 국적, 환경에 따라 제한을 받을 수 있다. 그러나 크리스천의 사랑은 그 모든 제한을 초월하고 보편적이다. 전시의 형편에 따라 적군 병사의 어려움을 도와주지 않았다고 해서 이 세상 법에서는 문책하지 않을 수 있다. 그러나 크리스천의 사랑은 적군 병사의 생명이라도 동포의 생명과 같이 존중히 여겨야 한다.

예수님께서는 다음의 비유를 드시며 "여리고로 가는 길에서 강도를 만나서 부상을 당하여 쓰러져 있는 환자를 제사장이 그리로 지나가다가 보고 그저 지나갔고, 레위 사람도 그 환자를 보고 그저 지나갔으나, 사마리아인은 그 광경을 보고 그저 지나 갈 수 없어서 나귀에서 내려서 알코올로 그 상처를 씻고 기름을 바른 후에 붕대로 싸매주었다. 그리고 자기가 타고 가던 나귀에 태워서 여관으로 가서 여관 주인에게 돈을 주며 잘 돌보아 달라고 부탁하고, 또 비용이 부족하거든 돌아올 때 갚겠다고 했으니 제사장, 레위인, 사마리아 사람 중에서 누가 강도 만난 자의 이웃으로서의 책임을 다했는가?"라고 물으셨다.

그것은 물론 사마리아인이었다. 그는 국적도 다르고, 평소에 적의를 가질 수 있는 유대인이었으나 그것을 초월한 사랑을 나타낸 것이다. 자연인의 윤리는 직관, 전통, 신조 등에 관련되어 형성되는 것이지만, 크리스천의 윤리는 하나님에 대한 사랑이다. 곧 예수님의 사랑을 가지고 서로 사랑하여야 한다. 예수님께서는 "새 계명을 너희에게 주노니 서로 사랑하라 내가 너희를 사랑한 것 같이 너희도 서로 사랑하라"요 13:34라고 말씀하셨다. 이것이 크리스천 윤리의 대강령이다.

〈부산모임〉 1981년 8월호[82:14-3]

사람의 생명

사람의 생명은 생물의 생명 중에서 독특하다. 창세기 2장 7절에는 "여호와 하나님이 흙으로 사람을 지으시고 생기를 그 코에 불어 넣으시니 사람이 생령이 된지라"고 기록되어있다. 또 데살로니가전서 5장 23절에는 "평강의 하나님이 친히 너희로 온전히 거룩하게 하시고 또 너희의 온 영과 혼과 몸이 우리 주 예수 그리스도께서 강림하실 때에 흠 없게 보전되기를 원하노라"고 기록되어 있다.

위 말씀에서는 사람의 생명을 세 가지 성격으로 나누어 설명하였다. 우리도 영적 생명, 혼의 생명[도덕적 생명], 육적[몸] 생명으로 나누어 생각하려고 한다.

육적 생명

이것은 생물학적 생명이라고 말할 수 있어서 다른 동물에서와 마찬가지로 생화학적 반응으로 사는 것을 의미한다. 사람을 생물의 분류학적 위치에서 보면 척추동물 문門, 포유 강綱 중의 영장목靈長目에 속한다. 이 영장목은 식충목食蟲目, Insectivora과 의후아목擬候亞目, Prossimi과 유인원아목類人猿亞目, Antiproda으로 나뉘며, 유인원아목은 다시 유인원과類人猿科, Antropoidae와 인과人科, Hominidae로 나뉘는데, 사람은 인과에 속한다. 인과는 현서종現胥種으로서는 현대인現代人, Homo Sapiens만을 포함하는 것이어서 약 50만 년 전에 나타났다.[≪최신생물학≫ 265p. 1971년도판 참고]

사람이 다른 동물과 다른 점은 코를 지나는 연직선과 귀에서 안과 하연을 연결하는 선이 거의 직각으로 되어 있으므로 두뇌가 가장 큰 것이 그 특징이다. 또 기능적으로 동물과 구별되는 것은 사람은 자의로 언어를 구사하며, 언어를 매개로 해서 의사를 소통하는 데 있다.

언어는 대뇌의 측두엽에 있는 후언어야 Wernike's Center와 전두엽의 운동영역 밑에 있는 전언어야 Broca's Center와 대뇌반구의 내측면에 있는 보조적 역할을 하고 있는 언어중추의 연합작용으로 이루어진다.

후언어야 주위에는 시각중추, 후각중추들이 있어서 서로 관련해서 언어를 이해하고, 그것은 대뇌변연계를 지나 신피질계로 옮겨서 말에 대답할 것을 생각해서 말을 만들 수 있는 전언어야로 보내 의사를 전달하게 한다. 또, 의식과 의사에 대한 것은 해마구海馬溝가 손상 받았을 때에는 단기 기억은 소실되지만, 과거의 장기 기억은 보전되는데, 그것은 손상 당한 해마구 부분에서 신경의 전달물질인 에피네푸린 Epinephrine, 세로토닌 Serotonin, 도파민 Dopamine 등이 생겨서 이것들이 대뇌변연계를 지나 신피질계에 옮겨감으로써 기억된다.

또, 수면시에 뇌간부주위에 있는 망양체網樣體, Reticular Formation에 자극이 형성되면 여기에서 피질 저지물질이 생겨서 피질계를 저지함으로써 수면이 이루어진다. 그래서 동물과 다른 영장인으로서의 기능은 주로 뇌척수 신경의 지배로 이루어지는 것이다.

이에 대한 연구는 주로 소련의 신경생리학자인 파블로프^Ivan Petrovich Pavlov에 의해서 이루어졌는데, 그 유명한 조건반사의 실험을 통해 생물의 기계적인 현상을 이해하려고 하였다. 그리고 사람이 사람 된 기능, 즉 고등의 정신 능력과 고차적 정신활동은 주로 뇌척수신경계의 기능이라고 해서 소위 소련의 신경학설^nervism을 강조하고 있다. 저들은 삶의 모습과 3개의 통합계를 지적했다.

〈삶의 모습과 3개의 통합계〉[954-9쪽 참고]
살아있다 …… 반사활동 …… 조절작용 …… 뇌간척수계
살아간다
"건강하게" …… 본능행동 …… 정동행동 …… 대뇌변연계
"잘" ……………………… 적응행동 ┐
"훌륭하고 보람 있게" …… 찬조 활동 ┘ 신피질계

위에서와 같이 인간의 고등중추는 뇌에 있다고 해도 인간이 여러 가지 강한 자극에 견디며 살아가는 것은 무엇일까? 여기서 생각하게 되는 것은 한스 셀리에^Hans Selye 의 스트레스 학설이다. 셀리에의 스트레스 가설은 스트레스와 일반적응증후군으로 특징지어져 있다. 질병 일반에서 셀리에는 내분비의 역할이 신경의 과긴장 상태 하에서 신체의 기본적 반응을 보여준다고 보았고, 또 그 반응은 비특이성 반응이라고 지적했다. 그리고 셀리에는 "스트레스는 체외로부터 가해진 각종의 유해한 작용에 대해 체내에 생긴 상해와 방어의 총화이다."라고 정의했다. 또 스트레

스를 일으키는 원인을 '스트레소르'라고 부르고, '스트레소르'에 의해 생기는 신체적 왜곡을 '스트레스'라고 했다.

스트레스는 비특이적으로 동일한 기본 양상을 나타내는 것이므로 일반적응증후군 general adaptive syndrome 이라고 불렀다. 셀리에는 또 상해에 대한 몸의 변화를 3기로 나누어, 제1기를 경고 반응기, 제2기는 저항기, 제3기는 피폐기로 반응한다고 지적했다. 우리 생체는 위와 같은 반응에 의해 우리 몸에 일어나는 상해에 반응함으로써 인체의 생명을 보전한다고 보았다.

사람의 성장과정을 살펴보건데, 영아기, 유아기, 소아기에는 주로 식욕에 의해 영양물을 먹고 성장하며 자아의식을 갖게 된다. 소년기와 사춘기를 지나 청년기가 되면 종족을 유지하기 위해 결혼하여 가정을 이루게 되며, 그간에 공부한 지식과 기술을 가지고 일에 힘쓰게 된다. 그렇게 사업을 성취하고는 노년기에 들어가게 되는데, 그 동안에 교통사고와 질병으로 죽게 되며, 노인이 되면 소위 성인성 질환으로 죽는 일이 많다. 이것에는 고혈압, 당뇨병, 암 등이 있다. 위와 같이 낫기 어려운 질병이 아니더라도 인간의 장기와 조직은 탈수 현상으로 위축이 되고, 뇌에 빈 구멍이 생기면 소위 노망의 현상을 나타내다가 죽게 된다. 그래서 의학에는 생명 현상 가운데 '나중에는 죽는 것이다.'라고 되어 있다.

사람은 청춘기에 결혼을 하게 되면 사회의 단위인 가정을 이루어 소위 사회생활을 영위하게 된다. 그러므로 사람은 육의 생물학적 생명을 살면서 사회적 생명인 도덕적 삶을 살게 되는 것이다.

사회적 생명

사람은 자연계에 개인적으로 생물학적 생명을 사는 동시에 전술한 바와 같이, 언어로서 의사를 발표하고 또 정서를 가지고 교제함으로써 여러 가지 문화를 창조하며 살아간다. 사람의 사회생활은 사회법칙과 사람의 지·정·의에 의해 영위되는 것으로 대단히 복잡하며 마치 육의 생명이 자연계에 있어서 병이 드는 것과 같이 사회적 생명도 자연계에서 질서 파괴라고 하는 병에 걸릴 수 있다. 다시 말하면, 도덕적으로 또는 법적으로 질서를 법이라 할 수 있다. 그래서 사회적 생명이 도덕적, 또는 법적 생명이라고 불리는 까닭도 여기에 있다.

동양의 공자, 맹자의 도에서는 삼강[군위신강君爲臣綱, 부위자강父爲子綱, 부위부강夫爲婦綱]과 오륜 [군신유의君臣有義, 부자유친父子有親, 부부유별夫婦有別, 장유유서長幼有序, 붕우유신朋友有信]을 들어 사회질서의 법으로 삼았다. 이것은 옛날 봉건사회에서 적용된 표현으로 현대와 같은 민주사회에서는 군신유의는 그 근본취지는 잘못이 아니지만, 잘 표현되지 않는 말이 되고 말았다. 나는 차라리 기독교의 십계명 중에서 제5에서 제10까지의 계명이 맞다고 생각한다.

즉, 제5계명은 너희 부모를 공경하라. 부모님은 하늘 아버지의 상징이기도 하다.

제6계명은 살인하지 말라. 남을 미워하지 말라. 하나님의 자녀이니까 인권을 존중하라.

제7계명은 간음하지 말라. 부부유별이어서 인권 존중이다.

제8계명은 도둑질 하지 말라. 즉, 탐욕을 버리라.

제9계명은 네 이웃을 해하려고 거짓 증거하지 말라. 즉, 정직하고 진실하라.

제10계명은 네 이웃의 것을 탐내지 말라.

제 5계명은 인륜인 동시에 천륜으로 보아도 좋은 것으로 가장 큰 법이라고 할 수 있다. 제6에서 제10까지의 계명은 인권 존중과 탐심을 절제하라는 두 가지로 요약할 수 있다. 사람이 사회적 생활을 하는 데 부모님과 어른을 잘 공경할 것과 탐내지 말고 남의 인권을 존중히 여길 것을 교훈하고 있다.

또, 성경에는 금지할 법이 없다고 가르친 곳도 있다. 즉, 갈라디아서 5장 22절에 기록되어 있는 성령의 열매인 사랑과 희락과 화평, 관용과 자비와 양선, 충성과 온유와 절제와 같은 아름다운 도덕은 아무도, 어떤 사회에서도 금지하지 못한다. 다시 말하면, 공의와 정의를 사모하여 사람의 자유와 평등을 사랑하고, 서로 섬기게 될 때 그 사람의 사회적 생명이 긴 것이다.

그런데 육의 생물학적 생명이 끝나면 이 사회학적 생명도 끝나고 만 것이다. 제 아무리 지위가 높고 권세와 부가 굉장했다 하더라도 목숨이 다하면 모두가 끝난다.

그러나 사람의 영은 육의 생명이 끝나 목숨이 다한 후에도, 새로운 몸[기관]을 입고 영생한다는 것이 성경의 교훈이다. 우리는 육적 생활을 할 때에도 도덕적으로 사회 생활을 하고, 또 그의 인격이 성령으로 거듭나서 성령의 감화에서 살면, 육의 현실 생활에 성령의 열매를 맺는 천국 시민의 자격을 가지고 살 수 있다. 즉, 성령의 지배 하에서 살면 탐심이 없어질 뿐 아니라, 무엇을 먹을까 입을까 하는 염려 없이 천국 생활을 할 수 있으며 사생활을 초월하여 공생애를 살수 있는 것이다.

영적 생명

사람은 성령으로 거듭나면 영적 생활을 하게 된다. 즉, 믿음, 소망, 사랑의 생명을 살게 된다. 다시 말하면, 하나님께서 예수 그리스도로 말미암아 하나님의 자녀로 삼아 주신 것을 믿고 사는 생활로 예수님이 이 세상에 계실 때에 느끼신 자각처럼 분명하지는 않더라도 그의 공로로 죄 사함을 받은 기쁨과 그 은혜에 감사하며, 그에게 자기의 생명을 바쳐 드림으로서 느끼는 평화는 성령으로 말미암아 얻어지는 열매이다.

또 현실에 있어서 부조리와 불의가 횡행하더라도 성령의 바람이 일어나면, 낮은 자가 올려지고 갇힌 자가 놓이며, 눌리운 자가 자유케 되는 민주의 바람이 일게 되고 그로 말미암아 하늘 나라의 사회를 앙모하게 된다. 그래서 극히 순간적이기는 하지만 현실세계에서 살면서도 이상 세계에서의 삶을 개인적으로 경험하게 된다. 이와 같은 생명이 영적인 생명이다.

성령에 충만한 사람은 바람이 임의로 불매 어디서 와서 어디로 가는지 모르는 것과 같은 삶을 살 수 있다. 현실에서 수 많은 종들이 전도자의 소명감을 가지고 모든 것을 버리고 그리스도를 좇아 가는 것을 나는 많이 보고 있다. 저들은 예수님께서 제자들을 둘씩 둘씩 내보내실 때 모든 것을 버리고 가서 "너희를 환영하는 집에 들어가서 하나님의 나라가 가까이 와 있다고 전하라."고 하신 말씀에 순종하는 종들이다. 그래서 아무것도 준비하지 않고 초대교회의 사도들과 같이 살면서 복음 전도에만 전념하는 이들이다. 그들은 무엇을 먹을까, 무엇을 입을까, 전혀 염려하지 않고 성령의 인도대로 복음 전도 생활에 전념하는 자들이다. 나는 이와 같은 종들을 많이 만나고 교제하고 있다.

현대의 기독교는 개혁을 요하고 있다. 마틴 루터, 칼빈 John Calvin, 존 웨슬리 John Wesley, 퀘이커 Quaker, 우치무라 간조 內村鑑三 같은 개혁자들이 일어났지만, 예수 그리스도의 초대 교회에 돌아가서 생활하는 자는 극히 드물다.

나는 최근 예수 공동체와 비슷한 생활을 하면서 아무 업적을 남기지 않고 오직 예수 그리스도만을 전파하는 무명의 전도자를 알고 있다. 기독교회의 개혁은 저들의 전도 생활로 돌아가야 한다고 느낀다. 그렇지만 이 이상은 예수 그리스도께서 재림하실 때 완성될 것을 믿고 저희들과 교제하고 있다. 역사는 완전을 향하여 나아가고 있는 것이다.

또, 성령으로 거듭난 자는 예수님의 계명을 지킨다. "내가 너희를 사랑한 것 같이 너희도 서로 사랑하라 너희가 서로 사랑하면 이로써 모든 사람이 너희가 내 제자인 줄 알리라"요 13:34-35 라고 말씀하셨다. 예수님은 우리가 반역하고 떠나있을 때에 우리의 죄를 속하시려고 십자가에서 희생 제물이 되셨다.

그는 하나님의 사랑을 실천하셨으므로 하나님이 다시 살게 하사, 그를 믿고 따르는 자들을 영원히 살도록 하셨다. 예수님은 영원한 생명의 처음 익은 열매가 되신 것이다. 우리도 그리스도와 같이 고난을 당하면 또한 그와 같이 영생할 것이다. 그러므로 우리는 죽음을 두려워하지 말고 원수를 위하여 죽으신 그리스도의 사랑을 실천하자. 이 길이 영적 생명의 길임을 우리는 실천으로 빛내자.

맺는 말

사도 바울은 데살로니가 교회에 편지할 때에 "평강의 하나님이 친히 너희를 온전히 거룩하게 하시고 또 너희의 온 영과 혼과 몸이 우리 주 예수 그리스도께서 강림하실 때에 흠 없게 보전되기를 원하노라 너희를 부르시는 이는 미쁘시니 그가 또한 이루시리라"살전 5:23-24라고 확신하였다.

즉, 바울은 사람의 생명의 세 가지 성격으로 나누어 인정하고, 사람의 생명은 먼저 성령의 인도하심으로 거듭난 영적 생명을 살아야 하며, 그로 말미암아 사회적 생명이 도덕적으로 완전해지고, 따라서 육의 생명도 온전히 보전되기를 원했다. 예수 그리스도의 재림 시에 완성되는 이것을 이루시는 이는 성령이시기 때문에 틀림없이 성취될 것이라고 사도 바울은 말했다. 이 믿음을 가지고 살기를 여러분께 간곡히 전한다.

〈부산모임〉 1987년 10월호[118:20-5]

정상頂上

1973년 4월 9일 나는 친구 김병삼 박사 부부의 안내로 한국이 낳은 바이올리니스트 정경화 양의 바이올린 연주와 그녀의 남동생 정명훈 군의 피아노 협주를 들을 기회를 가졌다.

정경화 양의 가족은 음악적 소질이 풍부해서 그녀의 언니 명화는 첼리스트로서 세계적 연주가라는 평을 받고 있다고 한다.

정 양은 제25회 미국 리벤트리트 국제 음악 경연대회에서 1등으로 입상하여 세계의 정상에 가깝다는 것이다. 이날 나는 이 유명한 내 동포의 연주를 듣게 된 기쁨에 난도 모르는 사이에 흥분되어 있었다.

그날 저녁 신문에는 우리나라의 여자 탁구 선수들이 세계의 강자 중국 팀을 3대 1로 압승했고, 내일 일본팀을 이기면 세계의 정상에 오르게 된다고 크게 보도됐다. 과연 그 다음날 한국팀은 일본 팀을 3대 1로 격파해서 세계의 정상에 올랐다.

정상이라는 낱말은 나라의 최고 권력자를 뜻할 때에도 쓰여져서 그들의 회담을 정상회담이라고 사용한다. 그러므로 정상에는 여러 가지 종류가 있을 수 있다. 그런데 어떤 종류의 정상이든 간에 정상이 되는 데는 소질과 환경이 중요한 요인이 된다.

그 때 우리는 스포츠나 정치에서 정상이 되는 것 보다는 음악에서 정상이 되는 것이 웬일인지 더 고상해 보이며 더 바람직하다고 말했다. 그리고 정경화 양의 경우를 생각하면서 그와 같이 유명한 미국 리벤트리트 국제 음악경연대회에서 1등으로 입상하게 된 것은 본인의 소질과 노력의 결과라고 할 수 있겠지만, 한편으로는 훌륭한 지도 선생을 만난 것도 생각해야 한다고 했다.

그래서 그녀의 지도 선생이었던 양해협, 신상철, 안병소, 안용구, 이반 갤러미안Ivan Galamian 교수 등과 또 그녀의 어머님의 숨은 공로에 찬사를 보냈다. 이들은 그녀의 인격형성에 큰 역할을 한 것으로 우리는 전체로 하나님의 은혜인 것을 인정하지 않을 수 없었다. 과연 정 양은 이날 많은 박수갈채를 받았으며, 또 많은 관중은 그녀의 겸손한 태도에 감탄하였다.

사람은 흔히 이와 같은 명예욕의 충격을 느끼리라고 생각한다. 그리고 나 자신을 돌아보게 된다. "너는 지금까지 무엇을 사명으로 삼고 힘썼는가"하고 반성하면서 과거에 별로 생각해본 일이 없었던 생각이 떠 올랐다. 내가 자기의 사명에 전심하지 못했던 것을 부끄럽게 생각할 때, 마음 한구석에서 일어나는 것은 "자기를 죽이고 온유와 겸손으로 이 세상 누구보다도 손색이 없이 살아 그것으로 정상에 오르면 되지 않을까"하는 생각이었다. 그래서 이 마음을 내 친구들에게 말했더니, 그것이 이 세상에서 무슨 명예가 되며, 그러한 정상을 누가 알아주겠는가 하는 것이었다.

이 세상의 명예는 지나가고 만다. 그러나 자기의 몫의 십자가를 지고 온유와 겸손으로 일관한 생애는 하나님의 성품을 드러낸 것으로 이것은 사람의 인격을 변화시키는 힘이 있다. 음악은 그 중의 미묘하고도 아름다운 소리와 협주악의 조화로 사람의 감정을 기쁘게 하고 평안을 줄 수 있지만, 그 인격을 변화시키는 것은 믿음, 소망, 사랑의 삶이다.

믿음, 소망, 사랑의 삶으로 정상에 오르는 사람은 더 복이 있는 사람이다. 이것은 지나가는 이 세상의 명예보다 훨씬 나은 영원한 영광이요, 생명의 발현인 것이다.

이 날 그림의 거장 피카소가 91세로 영면했다. 그의 예술은 오래 남을 것이다. 그의 그림의 구상과 선의 미^{美}와 전제의 조화는 어디에서 기인한 것일까? 즉, 그의 감정과 이성, 인격이 그것을 성취하게 한 것이다. 그의 예술은 그 인격의 표상이었다. 그의 인격은 후세 사람들에게 영향을 줄 것이다.

우리 믿는 사람은 그리스도안에서 살아서 종교의 정상이시며 창조주이신 그리스도를 증거하는 것에 전심하자.

〈부산모임〉 1973년 4월호[35:6-2]

성공적 생활을 위하여

나는 오늘 대구에 한국사회 사업대학을 창설하신 이영식 선생의 고매하신 정신을 소개함으로써 성공적 생활의 면모를 드러내 보려고 한다. 이것은 내가 직접 뵙고 배운 지식은 아니고, 일본에 있는 무교회 신도 다카하시高橋三郎[8]가 이영식 선생의 "사랑과 빛과 자유"라는 제목의 전기를 읽고, 감명하여 일본 자치의대에서 강연한 내용의 일부를 소개 하려고 한다.

이영식 선생은 1894년에 출생하셨는데, 그의 부친은 의협심이 풍부하고 남을 잘 도와주는 성격을 가졌으며, 다른 사람들이 싫어하는 것을 잘 맡아 돌봐 주는 분이었다. 자기가 곤경에 있으면서도 괴로워하는 사람을 볼 때에는 그대로 지나가지 못했다고 한다. 그래서 남을 돕기 위해서 자기는 곤경의 밑바닥까지 내려가게 되었다. 다른 사람의 차용증서에 보증인이 되어 많은 낭인을 해서 어머니를 울리기도 하였다고 한다.

이영식 선생의 부친은 1899년 이영식 선생이 5세 때 별세했다. 그 후에는 빚이 남아서 어머님께서 아무리 일을 해도 빚을

---

[8] 다카하시 사부로(高橋三郎, 1920-2010): 1920년 충남 강경에서 정미소를 운영하던 아버지로 인해 한국에서 태어났다. 동경제일고등학교와 동경대 공학부를 졸업하고, 독일에서 유학했다. 국제기독교대학에서 오랜 시간 교원으로 역임하다가 1973년부터 모든 교직에서 물러나 복음 전도에 전력하였다. 개인 잡지 〈십자가의 말씀〉을 1965년부터 2009년까지 간행하였다.

갚을 길이 없고, 거기에 악성 피부병이 발생해서 피부 전면에 농포가 생기게 되고, 마치 문둥병과 같이 되어 실명하게 되었다.

당시는 일본정부에 의한 민족차별이 심했는데 학교에서는 매일 아침 궁성요배가 행해지고, 매월 신사참배, 그리고 창씨개명에 이르기까지 일본화 정책이 강행되었다. 어머니는 아들을 공부시키기 위하여 서당에 보냈다.

1908년 그가 14세 때 서당을 그만두고, 기독교 계통의 소학교에 들어갔다. 그리고 최하층의 사람들을 위해 일할 포부를 가지고 개성 중학교에 입학을 했으나 장학금을 받지 못하면 생계가 어려웠기 때문에 입학취소가 될 뻔했다. 그러나 하나님의 도우심으로 학비전액 면제의 혜택을 받게 되었다. 단, 그 때문에 운동장의 정지작업과 신축을 위한 기초공사에 투입되어 하루도 쉬지 않고 일했다. 그 때 그는 "땀방울을 많이 흘리면 흘릴수록 학문의 진가는 두뇌의 주름 깊이 숨어들었다."고 술회하고 있다.

이 밖에도 생활비를 벌기 위해 개인상점과 공장에서 일했고, 직공으로 페인트 칠, 외국인 집의 정원 소제, 시내 야경 등의 일을 했으며, 그리고 그 일들이 끝나면 밤을 밝히면서 공부를 했다. 그래서 이 선생에 대해 "문 닫을 시간이 다 됐을 때 고양이처럼 돌아오는 것을 매일 밤 보지만 자리에 누워 자는 것은 볼 수 없다."라는 평판이 기숙사에 있었다. 실제로도 자기의 시간표에는 수면 시간은 없었다고 한다. 철새와 같이 앉아서, 또는 서서 잤다고 그는 말하고 있다.

이렇게 해서 그는 7년이 걸려서 겨우 중학교를 졸업했는데, 그 해 3월 1일 독립만세운동이 일어났다. 조선총독부의 통치를 거부하고, 조선민족의 독립만세를 외치는 데모가 조선 전 지역에 확대되어 그것에 대한 처참한 탄압이 가해졌다. 혈기왕성한 이영식도 그 과정에 뛰어들어 대구 학살 사건도 직접 목격했고, 결국에는 체포되어 3년간 옥중생활을 하게 되었다.

1922년 출옥은 했으나 그는 정신적인 피폐로, 일본유학을 가게 되었다. 동생과 둘이서 1922년 4월 일본 대관에 도착하니 소지금이 7전밖에 없었다고 한다. 이제부터는 가난과 싸우지 않으면 안되었다. 그래서 그들은 잡화점의 점원으로 일하고, 때로는 직공 노릇도 해서 1년 후에 동생은 동지사대학同志社大學 부속중학교에, 영식은 신호神戸신학교에 입학하게 되었다.

그 다음해 1923년 관동 대지진이 일어나 동경과 요코하마 지방에 큰 피해를 입혔을 뿐만 아니라 그 지방의 재일在日조선사람에 대한 학살사건이 일어났다. 그러나 그 와중에도 그는 모든 차별을 견디고 계속 공부하여 1927년 무사히 졸업한 뒤, 고국에 돌아와 대구 서문교회에 목사로 취임하게 되었다. 이때 그의 나이 33세였다.

그런데 목사 생활 중 그 마음에 깊은 의혹이 일어났다. 이것은 어떤 의미로 신앙의 동요라고 볼 수 있을는지 모르지만 다른 편에서 보면 자기의 내적 공허감의 자각이었다. 구체적으로 말하면 목사로서 하나님의 말씀을 말하지만, 자기의 마음 속에는 큰 공허감이 있었다. 자기가 현실에서는 아무것도 실천하지 못하고 있다는 생각이 들었다. 그리고 자기 불신과 자기혐오에 빠진 정신적 고민을 극복하기 위해서는 스스로 약자가 되어 약자의 세계를 걷지 않으면 안 된다고 결심하게 된다. 그래서 대구에 있는 애락원이라고 하는 나환자 교회의 목사가 된다.

그는 기뻐서 사람들의 영혼을 돌보려고 힘차게 일했지만, 환자들은 건강한 사람이 주는 동정의 손에 어떤 거리감을 느끼게 되었고, 이러한 일정한 거리감은 없앨 수 없음을 깨닫게 되었다.

그러던 어느 날, 그는 자기도 나환자가 된 것을 느꼈다. 눈썹이 없어지고 피부 감각이 둔해졌다. 그리고 목사가 문둥병에 걸렸다는 소문이 퍼지게 되었다. 지금까지 간격을 두고 교제하던 나환자들이 자신들과 같은 동료로 대하기 시작했다. 이렇게 해서 그는 나환자의 세계를 보는 기회를 얻게 된다.

그런데 다행인지 불행인지 수 개월이 지난 후 그가 진짜 나병에 걸린 것이 아니라는 것이 밝혀졌다. 그것은 그에게는 좋은 일이었다. 그는 이 시간동안 진짜 나병환자들과 거리낌 없이 마음 속을 들여다 볼 수 있는 귀중한 체험을 할 수 있게 된 것이다.

당시의 조선총독부가 나환자들을 전부 소록도에 수용한다고 하는 정책을 취하면서 애락원의 환자들을 소록도로 보내게 되었고, 그도 가정의 사정으로 인해서 북편에 있는 성률 중앙교회에 부임하게 되었다.

1938년 그가 44세 되던 해, 그 동네의 한 중병의 나환자 부인이 가정에 숨어 있는 것을 발견하게 되었다. 그러나 소록도는 벌써 정원에 달해 있었다. 그는 이 부인을 대구의 애락원으로 옮기려고 하였다. 그러나 그들은 관헌에게 발견되어 열차에서 강제로 끌려 내려지고 역의 창고 속에 3일간 감금되어 있었다. 음식은 하루에 보리밥 한 공기였다. 4일이 지나니까 겨우 소독이 끝났다는 삐라를 붙인 화차 한 차량이 배당 되었다. 두 사람을 위한 전용 격리차량이지만 실은 이것은 지옥의 고통을 가득 실은 '고통여행'의 전용차였다.

조잡한 텐트를 친 화물차이므로 겨울의 추위를 막기 위한 것은 하나도 없었고, 열차가 달리기 시작하면 불어오는 강풍에 천막은 언제라도 날라갈 것 같았으며, 차량의 소리까지 합쳐져 산 기분이 아니었다. 또 터널을 지날 때마다 검은 연기는 끊임 없이 얼굴과 코를 엄습해서 호흡할 수 없고, 거의 졸도하는 것 같았다.

거기에다가 그 여자는 복통과 설사로 견딜 수 없었다. 할 수 없이 이 선생이 자기의 셔츠를 벗어서 차량의 한 모퉁이에다가 임시 화장실을 만들었더니, 그 여자는 몇 번이나 "미안합니다."를 반복하면서 셔츠의 문을 들추고 출입하였다. 역에 정차하면 역장실에 들어가 구급처치를 의뢰했지만 어느 역에서도 도움을 주지 않았다. 이러한 '고통과 분노의 여행'이 끝나고 거의 죽어가는 여자를 애락원에 입원시킨 후 이 선생은 간염에 걸려 약 2년간 자택요양을 하게 되었다.

이 선생은 이와 같은 인생의 고난을 외부 세력에 강요에 의해 한 것이 아니고, 자진해서 가장 가난한 사람과 같이 살려고 하는 의욕으로 한 일임을 우리는 명심해야 한다.

그 후 이영식 목사님은 만주와 일본에서 목회 일을 하시다가 1945년 5월에 조국의 해방과 독립을 위하여 모국으로 귀국했다. 그 다음해 1946년부터 그의 평생의 대사업에 착수하게 되었는데 그의 나이 52세가 된 해였다.

대구시의 중앙교회의 계단 아래의 방을 빌려서 "대구맹아학교"를 개교했다. 수용한 제1기생은 12명에 불과했다. 수업료도 없었다. 그는 다음과 같이 말하고 있다. "나에게 큰 자력이 있었다. 그것은 재력은 아니다. 내 자신의 열정이었다. 그런데 열정은 금전과 같이 소모되지 않았지만, 항상 고난을 수반했다. 위기는 속히 찾아왔다. 개교 1개월 후였다."라고 말하였다.

그가 이야기한 위기는 교회로부터 나가 달라는 요청을 받은 것이다. 교회의 유리가 매일같이 파손되고, 벙어리 아이들은 난폭해서 의자와 책상을 상하게 하며, 또 화장실을 더럽게 한다는 것이 주요한 이유였다.

결국 40일이 못되어 쫓겨나, 벽도 창문도 없는 빈집에서 돗자리로 주위의 벽을 두르고 신문지를 깔고 수업을 시작했다. 한국에서 제2의 헬렌 켈러$^{Helen\,A.\,Keller}$가 나온다는 확신을 가지고 교육을 했다.

그 후 그가 모금을 위한 전국 캠페인을 할 때의 에피소드가 이 책 중에 기록되어 있다. 맹인 학생 두 명과 농아 2명을 데리고 대구를 출발한 그는 서울에 가서 여자중학교를 방문하여 400명의 학생들을 앞에 두고 "신체부자유자도 자립의 정신을 이해한 교육을 통해 사회복귀가 완전히 가능함을 나는 실제로 이 눈으로 확인하고 있다. 그러나 정부는 입으로는 교육 균등을 외치고 있지만, 지금도 저희 부자유자들에 대하여 교육의 기회를 주지 않고 있다."고 외쳤다.

그가 말한 후에 2명의 맹아의 학생이 접차 책을 가지고 큰 소리로 읽고 노래를 불렀다. 다음에는 여자중학교 학생 중 주산을 제일 잘 다루는 학생과 주산 경쟁을 해서 이겼다. 또 벙어리 학생은 흑판에 글씨를 잘 쓰고, 어려운 산술문제를 풀고, 그림을 그려서 보여 주었다. 그때까지 숨을 죽이고 보고 있던 많은 여학생들이 손수건으로서 얼굴을 가리면서 격려의 박수와 같이 감동의 헌금을 해 주었다.

그리고 이 목사님은 국회의원들에게도 말할 기회를 얻어서 맹아들의 지능 성과를 피력한 후, 당시 현행 교육법에는 "맹아자, 심신장애자의 교육은 소학교 교육에 준한다는 조문만 있을 뿐이어서 이것은 교육균등이란 원칙에서 볼 때 심한 모순이며, 저희 부자유자에 대한 차별대우에 지나지 않는다. 그래서 이점을 시정하고 심신장애자에게도 인간적 고등교육을 받을 수 있는 길을 열어 주도록 전력해 주기를 바란다."고 역설했다.

이 연설은 곧 반향을 불러 일으켜서 여·야당이 일치해서 입법조치를 강구하게 되었고, 심신장애자를 위한 보호법, 교육법, 개정안이 3년 후에 가결되기에 이르렀다. 여기까지 진행된 것을 보면 그의 사업은 융성하였다고 말할 수 있다.

그런데 1950년 6월 25일 새벽에 북한의 군대가 밀물처럼 대구 근교까지 남하하였을 때, 이 목사는 체포되어 사선死線을 넘게 되었다. 그는 56세의 초로의 몸으로 힐문하는 이북군대의 연대장에게 설교를 하였다.

"체제를 전복하는 일이 그렇게 많은 사람을 이유도 없이 죽이는 일인가? 당신들에게 죽어간 사람들의 평화는 어떻게 될 것인가? 행복은 어떻게 될 것인가? 당신들의 행복을 위해서 사람 죽이는 것을 계속하려 하는가?"하니, 그 연대장은 "이 자식!"하고 힘껏 손바닥으로 귀통을 갈겼다. 그것을 본 4명의 치안대원들이 그에게 달려들어 차서 넘어뜨리고 뒹굴게 했다. 육체로부터 혼이 떠나 가는 듯한 순간이 몇 번이나 있었고, 늑골이 부러지는 소리가 나면서 정신을 잃게 되었다. 보통이면 이런 상황에서 죽임을 당하고 마는데, 어찌된 영문인지 그를 죽이지 않았다. 정신이 들어보니 다시 감방 중에 있었다. 왜 대장은 그를 죽이지 않았을까?

그는 "이것은 솔직히 생각해보니 내 영혼으로부터 넘쳐 나온 말이 주의와 사상을 초월하여 저 치안대장에게 없어지려고 했던 사랑을 조금이라도 불러 일으킨 것이 아닐까? 그렇다면 저 대장이 있는 동안 나는 죽지 않게 될지도 모르겠다. 나는 저 대장에게 강한 사랑의 마음을 가르쳐 주지 않으면 안되겠다."고 생각했다.

그리고 이 생각은 적중했고, 악귀 같아 보였던 군졸 중에서 정재우라고 하는 병사가 밤에 남몰래 먹을 것도 가져다 주곤 했다. 그리고 다른 병사들에게 "인간은 사랑이다.", "사랑은 반드시 돌아가는 것이다."하고 그는 어조를 높여서 강조하였다. 그는 그의 과거를 말하고, '청년들의 희망이 무엇인가?'하고 물어 보기도 했다. "저희들은 미구에 조금씩 나[이 목사]에게 동정을 가지게 되고, 어느샌가 아들이 아버지를 대하는 듯한 친절하게 변하였다."고 했다. 치안대장이 몇 번 바뀌고, 최후로 윤홍헌이라고 하는 대장이 왔을때, 드디어 이 목사님의 사형이 집행되게 되었다.

무더운 9월 23일 한밤에 정재우 병사가 다음 날 오전 11시에 총살될 것이라고 알려 주었다. 1950년 9월 24일 전쟁 개시 후 3개월이 지난 때였다.

감방으로부터 7km가 넘는 형장까지 9명의 병사에게 호위 되어 걸어갔다. 해발 700m나 되는 바위산 중간에서 사살되는 것이다. 그런데 형이 집행되기 앞서 권총을 겨누고 있는 대장이 말할 기회를 주면서 말해 보라고 했다. 그때 그의 입과 혀는 말라붙어 말이 나오지 않았다. 그는 하늘을 우러러 보고 배에 힘을 넣어 모든 세포로부터 수분을 짜내어 가지고 말했다.

1. 내가 이 세상에 없어도 가족들은 힘을 잃지 말고 강하게 이 세상을 살아 주시오. 특히 늙으신 어머님께 효성을 다해 주시오.
2. 내가 생애를 바치기로 결심했던 나병환자들의 구제와 맹아 교육 사업을 계승해 줄 것을 가족에게 전해주시오.

이것을 들은 대장은 무슨 생각이 났는지 권총을 허리에 차면서 "늙은이 당신이 지금 생각하고 있는 것을 전부 말해 보시오." 라고 말했다. 참으로 생각조차 할 수 없는 일이었다. 살아계신 하나님의 개입이 없이는 있을 수 없는 일이었다고 나는 생각한다. 그는 여기서 말 둑이 터진 것 같이 몇 시간 연설을 하게 되었다. 다 기억할 수 없으나, 이 선생 자신이 후에 기억을 더듬어 기록한 것이 35항에 달하고 있다. 그 중에는 사회 비판이 있고, 교회 비판도 있고, 여러 방면에 걸치는 사상이 전개되고 있는데, 그 중에서 기도에 대해서 말하고 있는 부분을 예를 들어 소개한다면 "기도란 미지의 자기 발견소이다. 천부의 재능 계발과 자기 완성의 방법이다 ……. 인간은 항상 상부상조해서 화목하고 평화를 구하는 영장류이다. 여러분 기도는 평화의 주문이다. 역살하는 투쟁심을 진정시키는 노래이다. 그러면 기도의 효용을 들려 드리이다."

1. 기도를 하면 무슨 일이든지 신중하게 된다.
2. 기도를 하면 반성의 마음이 일어난다.
3. 기도를 하면 관용의 마음이 자연 일어난다.
4. 기도를 하면 원한의 마음이 없어진다.
5. 기도를 하면 항상 환희에 싸인다.
6. 기도를 하면 용기가 용솟음친다.
7. 기도를 하면 인내심이 더한다.
8. 기도를 하면 공덕심이 솟아난다.
9. 기도를 하면 판단력이 몸에 생긴다.
10. 기도를 하면 자비심이 일어난다.
11. 기도를 하면 생명력이 강화된다.
12. 기도를 하면 어제보다 오늘에 큰 변화를 알 수 있다.
13. 기도를 하면 겸손하게 된다.
14. 기도를 하면 진실이란 것이 보여진다.
15. 기도를 하면 마음이 청결하게 된다.

다음 16을 말하려고 할 때, 꽝 하는 폭음과 더불어 눈이 캄캄해졌다. 국군의 지근탄이 작열한 것이다. 정신을 차려 보니까 서장도, 대장도 지면에 엎드려 있고, 무엇인가 명령을 받은 두 병사가 황급히 달리고 있다. 사방에서 기관총 소리가 났다. 모두가 시끄러운 가운데 있었지만, 그는 오히려 연설을 계속한다.

"여러분, 잠깐만 참으시오. 당신들은 1인 1살주의一殺主義, 혁명

주의라고 해서 나의 생명을 무모한 주의 앞에 인신봉공人身奉供으로 난을 크게 반복할 뿐 전혀 구원 받을 수 없는 바보들 호전 민족, 우리 인류여!"라고 하는 투의 통렬한 비판의 말까지 나왔다.

　이 몇 시간의 연설이 끝난 뒤에 대장은 사형 집행을 그치고 석방을 결심한다. 이것은 전혀 생각조차 할 수 없었던 일이었다. 이 목사는 별로 살기 위해서 이 연설을 한 것은 아니다. 될 수 있다면 죽기 전에 저들에게 도를 설득시키기 위해서 원했던 것이다.

　그는 "적을 사랑하는 크리스천으로서 미소를 남기고 죽고자 했었던 것이다. 아마도 저들에게 절망적이라고 생각되는 의의 급선회가 나의 연설을 살게 해서, 비정한 저들의 마음 가운데 사랑을 살리게 한 결과가 되었을 것이다"고 술회하고 있다.

　그 때는 국군이 부산에서 북상을 개시하여 저들 북한군에게 불리하게 되어가고 있었다. 이 목사는 이러한 시대에서 구사일생으로 새로운 건설에 매진할 수 있게 되었다. 참으로 놀라운 하나님의 섭리라고 말할 수 밖에 없다

　이 한국동란의 결과, 손해는 극대했다. 고아원의 수도 증가했다. 그는 처음 12명의 맹아원에서 출발해서 100명이 넘는 맹아원이 되었고, 교원의 수도 수십 명으로 커졌다. 그러나 학교 경영은 더 어렵게 되었다. 이 교육을 위한 경제적 보장이 전무하였으므로 모금에 의지할 수 밖에 없었다. 당시 이 목사는 "하루의 수면 시간을 2시간으로 결정했다"고 술회하고 있다. 주야를 불문하고 교장 집무와 모금 운동에 노력했다.

　어떤 날 미 종군 목사 에스데스 대령이 방문하였다. 대령은 "당신에게 필요한 돈이 주어진다면 무엇에 쓰겠습니까?"하고 물

었다. 이 물음에 이 목사는 준비하고 있던 특수학교 설계도를 에스데스 대령에게 내어 보였다.

"훌륭한 학교입니다. 비용이 얼마 있으면 이 학교를 건설 할 수 있습니까?"라는 대령의 물음에 그는 "6억원이면 되지요"라고 답했다. 이 대답에 대령은 놀랐다. 몇 일 전에 사형을 받았던 노인이 지금 6억원을 요구하는 계획을 세우고 있는 것이다.

그런데 에스데스 대령은 미소를 지으면서 "그렇겠는데요. 그 6억원 중에서 당신은 얼마나 부담할 수 있겠습니까?"하고 다시 물었다. "약 반을 낼 수 있겠지요 대령님."하고 이 목사는 대답했다. 에스데스 대령은 이 목사님의 그 강한 의지에 감동하여 자기가 모든 책임을 질 결의를 했다. 그리고 3일 후에 자금이 준비되었다는 소식을 가지고 다시 찾아 오셨다.

그리고 현재 대구대학교의 전신인 한국 사회사업대학이 건립된 장소인 대명동의 공동묘지 1만 여평의 토지를 무상으로 받고, 먼저 3만 2천기의 무덤을 신설시 지정 묘지로 정중하게 옮기는 일에 착수했다. 이 목사님과 에스데스 대령이 매일 진두 지휘하여 일을 계속해 나갔다. 1953년 5월 15일, 국경을 초월한 진심과 열애로 인간의 접촉을 통해 부자유아들의 '자유의 동산'이 드디어 완성되었다.

그 후 25년간 이 '자유의 동산'은 성장, 발전하여 금일 한국의 사회사업대학이 되었다. 이 목사님의 사업은 생사를 건 사업이었으며, 어느 누구의 강요도 사회환경에 지배된 것도 아니었다.

자진해서 나환자를 긍휼히 여기고, 맹아들을 불쌍히 여겨서 그들의 생명을 환경이 좋은 아동들의 생명과 동일하게 돌보는 것이 하나님의 뜻이라고 확신하였고, 그것을 실천하려는 의욕이 있었기 때문에 자기를 살해하려는 인민군에게 설교를 해서 사경에서도 목숨을 구하고, 대망의 사회사업대학을 건립, 성장, 발전시킬 수 있었다.

제2의 예는 나의 생애에서 간증을 한다면, 나는 치료비가 없어서 의사의 진찰을 받지 못하고 죽는 환자가 불쌍하다고 생각했고, 그런 환자를 위해 의사일을 하기로 결심하고 의학도가 되려고 지원하였다. 그래서 의사가 된 날부터 지금까지 치료비가 없는 환자를 위한 책임감이 증대될 뿐 잊어버린 날은 없었다.

나는 이 처음 결실을 잊지 않고 살면 나의 생애는 성공이요, 이 생각을 잊고 살면 실패라고 생각하고 살고 있다. 성공적 삶이란 첫째로 하나님의 사명을 자각하고, 어떠한 경우에도 그 결심을 변치 않고, 실천하고 매진하는데 있다. 그 일의 성과와 가치 판단은 하나님께 맡기고, 대중에게 돌리라. 그렇게 살면 더 큰 사명을 발견 할 때도 있다.

나는 사실 불쌍한 환자를 위하여 살겠다는 사명에만 열중하였는데, 약 10년 전부터 의사의 사명보다 더 급한 민족의 평화, 세계의 평화를 위하여 헌신하리라는 새로운 결심을 하게 되었다. 그 해결 방법도 성경에서 학습할 수 있다.

먼저 대접을 받고자 하는 대로 남을 대접하는 것이다. 너희는 먼저 남의 짐을 져주라. 다른 사람이 내게 빚진 것을 사해 주라. 그리고 너희는 먼저 주의 나라와 그의 의를 구하라. 그리하면 평화를 얻을 것이다. 즉, 육의 욕심을 죽이고, 영의 세계, 이상의 세계에서 살면서 현실을 지도하는 정신으로 희생적 봉사를 하라.

이것이 현재 저의 생의 신념이다. 이는 성공의 열쇠라고 믿는다.

〈부산모임〉 1980년 4월호[76:13-2]

인생과 신앙

인생이란 사람의 생활을 말한다. 사람이란 하나님께서 지으신 자로서 물질로 된 인체에다가 영을 불어넣어 주셔서 생령이 된 자이다. 사람이란 자연인의 곧 육의 기관, 하나님과 교제하여 살 수 있는 인격적인 영의 부분으로 되어 있는데, 인간 생활에는 자기 개인적인 생활과 사회적인 생활과 하나님 중심의 신앙 생활이 있다.

개인 생활은 주로 개체의 생명을 보존하기 위한 생물학적 생명의 생활이요, 사회적 생활은 종족을 보존하기 위한 사회적인 윤리와 도덕적 생활이며, 영적 생활은 하나님의 자녀, 하나님 나라의 백성으로서의 신앙생활을 말한다. 이 세가지 삶이 한 인간에게 이루어 지고 있는데, 이것에는 주종의 관계가 있어서 낮은 생명이 보다 더 높은 생명에 지배되어야 한다. 즉, 육적 생활은 도덕적 생활을 위하여 있고, 도덕적 생활은 영적 생활에 지배되어야 한다. 만일 육적 생활이 제일 우위에 있고, 도덕적 생활과 영적 생활이 그 육적 생활의 지배하에 있다면 그 인간의 생활은 인간다운 인간의 삶이라 할 수 없다. 여기에 신앙과 신앙생활의 필요가 생기는 것이다.

신앙이란 바라는 것들의 실상이요 보지 못하는 것들의 증거이다. 사람은 육과 영으로 구성되었는데, 육은 보이는 것이지만, 영은 보이지 않는 것이다. 그런데 물질적 육의 세계는 일과성인데 반하여 영의 세계는 본질이요, 실존하는 것으로 사람은 이 영적 실재를 바라고 이상으로 하는 것이다.

신앙이라고 하는 것은 영으로 계신 하나님을 바라고 섬기며 우러러 받드는 마음이다. 그러므로 신앙은 영적 인간의 생활 방식이라고 할 수 있다. 즉, 신앙생활은 곧 영적 생활이다. 그러므로 기독교 이상주의는 신앙에 의해 이루어지고 있다. 기독교에서 말하는 이상이란 다음의 세 가지 특징을 가지고 있다.

이상은 하나님의 경륜 또는 섭리에서 벌써 성취된 것인데, 현실에서는 아직 완성되어 있지 못하고 성취되어 가고 있는 것이다. 즉, 사람의 개인의 이상은 하나님의 자녀가 되는 것인데, 이것은 하나님의 경륜에서 예수 그리스도로 말미암아 성취된 것이다. 또 인간사회의 이상은 하나님의 나라를 이룩하는 것인데, 이것도 하나님의 섭리에서 예수 그리스도로 말미암아 이루어져 있는 것이지만, 현실에서는 완성되어 있지 못하고 성령으로 인하여 이루어져 가고 있다.

그러므로 이러한 진리를 사람이 어떻게 인식하고, 또 그 사실을 어떻게 파악해서 실현하는가 하면 이것은 신앙을 통해 이루어지는 것이다. 그렇다. 신앙은 이러한 이상을 인식하게 하며 파악하게 하여 실현하게 하는 능력이다.

그런데 인간적 이상주의라는 것이 신앙이 없는 인간과 그 사회에서 논의되고 있다. 그것은 사람의 지성과 덕성, 능력과 물질의 부와 기술들을 수양과 노력으로 향상시켜서 어떠한 레벨에 도달해 보겠다는 생각이다. 제 아무리 주옥과 같은 덕성과 최고도로 발달한 지성을 총동원 한다 할지라도, 사람이 하나님의 자녀가 되고, 사람의 사회가 하나님의 나라를 이루게 되리라고는 기대할 수 없는 것이 우리 양심의 소리이다.

다시 말하면 기독교 이상주의의 이상은 그 실재성과 실현성이 하나님에 의해 성취되는 것이므로 확실한 반면에, 인간적 이상주의의 이상은 그 실재성과 실현성이 극히 희미하다고 할 수 밖에 없다. 그리고 이상과 현실과의 관계에 대해 살펴보면 그 근본적 파악에서의 논리는 이상이 현실을 지도해야 하며, 현실을 쌓아 올려 이상에 도달하는 것이 아님을 인정해야 한다.

그러나 우리가 현실을 중요시하는 이유는 현실을 정확히 파악하지 못하고 사물을 판단하게 되면 독단에 빠지게 되거나 맹종하게 되기 때문이다. 현실에서 진상을 파악하려고 하면 사실을 법칙적으로 파악해야 하는데, 그러기 위해서는 학문이 필요하다. 그러므로 이 사회에서 학문을 저해하는 일은 눈을 못 보게 하는 일과 마찬가지다.

그러나 학자들이 사물과 사건을 학문을 통해 법칙적으로 진상을 파악했다 할지라도, 그것을 정책에 반영시키는 데는 학자의 인격이 필요하다. 그런데 학자의 인격은 신앙과 직접적인 관계가 있다.

예를 들면 일제시대에 신사참배와 궁성요배를 강요당했을 때, 기독교인들은 그것이 우상숭배에 해당한다고 인식했다. 그런데 소수의 크리스천만이 그 정책을 반대했고, 투옥되었다. 그리고 1945년 8월 15일 일본이 항복하던 날 그들의 주장이 옳았다는 것이 증명되었다. 즉, 현실, 현실 하면서 일본 정부의 정책을 추종하던 자들은 부끄러움을 당하게 되었고, 하나님의 뜻, 즉 이상에 서서 현실을 비판하고 지도하던 믿음의 선배들은 승리의 개가를 불렀던 것이다. 하나님의 뜻을 알고도 신앙이 없어 순종하지 않은 자들은 많이 매질을 당하게 되고, 믿음으로 가시밭길을 걷던 자들은 영예를 얻게 되는 것을 우리는 역사에서 밝히 보았다.

믿음에 의한 자연관과 믿음이 없는 자들의 자연관에는 상당한 차이가 있다. 신앙이 없는 자연인들은 영이신 하나님을 부인하므로 물질이 영원 전부터 스스로 있었다고 보는데 반하여 신앙인은 물질은 영이신 하나님께서 창조하셨다고 믿는다. 성서를 믿는 사람들과 유물론자들의 차이도 여기에 있다.

신앙이 없는 유물론자들은 자연계의 목적을 알지 못하고, 다만 물질 변화의 법칙과 서로의 관계에 대해서만 변증법적으로 파악하고 있을 뿐이다. 신앙인[바울의 자연관]롬 8:19-22은 "피조물[자연계]이 고대하는 바는 하나님의 아들들이 나타나는 것이니 피조물이 허무한 데 굴복하는 것은 자기 뜻이 아니요 오직 굴복하게 하시는 이로 말미암음이라"했고 또 "그 자연이 바라는 것은 피조물도 썩어짐의 종 노릇 한 데서 해방되어 하나님의 자녀들의 영광의 자유에 이르는 것이니라"고 마치 자연계에 영이 있는 것 같이 인격화해서 말하고 있다. 그래서 "피조물이 다 이제까지 함께 탄식하며 함께 고통을 겪고 있는 것을 우리가 아느니라"고 해서 동정을 아끼지 않았다. 즉, 자연계의 이상은 하나님 나라의 일원으로서 사람의 환경과 소재로서 조화된 상태를 이루는 것이다.

"그 때에 이리가 어린 양과 함께 살며 표범이 어린 염소와 함께 누우며 송아지와 어린 사자와 살진 짐승이 함께 있어 어린 아이에게 끌리며 암소와 곰이 함께 먹으며 그것들의 새끼가 함께 엎드리며 사자가 소처럼 풀을 먹을 것이며 젖 먹는 아이가 독사의 구멍에서 장난하며 젖 뗀 어린 아이가 독사의 굴에 손을 넣을 것이라 내 거룩한 산 모든 곳에서 해 됨도 없고 상함도 없을 것이니 이는 물이 바다를 덮음 같이 여호와를 아는 지식이 세상에 충만할 것임이니라"사 11:6-9하는 것이 자연의 이상이요 우리의 신앙이다.

인생관을 생각하며 하나님을 믿는 사람과 믿지 않는 사람의 차이를 살펴 보자. 하나님을 믿는 신앙인은 정의와 진실을 믿고, 하나님의 긍휼과 자비를 믿는다. 그것은 자기가 죄인임을 긍정하기 때문이다.

사람의 본질은 무엇인가? 하나님 앞에서의 죄인이라는 것이다. 사람의 본질을 연구하는 학문을 인류학Anthropology이라고 하는데 인류학을 가장 잘 설명해 준 것이 어거스틴Sanit Augustine의 《참회록》이라고 한다. 즉, 인류는 하나님 앞에서 죄인이라는 것이다. 그러므로 신앙인은 자기를 비롯한 전 인류가 하나님의 명령을 어기고 멀리 떠나 있다고 믿고, 죄의 대속을 바라면서 하나님을 섬긴다. 자기의 죄를 깨닫고 회개하면서 하나님 앞에 경배할 때 구속의 주님, 곧 예수 그리스도를 영접하게 된다. 그리하면 구원의 기쁨, 곧 하나님의 자녀가 된 기쁨을 느끼며, 이 그리스도의 구원의 복음에 합당한 생활을 해서 그에 맞는 열매를 맺게 된다.

다시 말하면, 사랑과 희락과 화평, 관용과 자비와 양선, 충성과 온유와 절제의 열매를 맺어 이 세상에서 빛과 소금의 직분을 다하게 된다.

그런데 하나님을 믿지 않는 사람은 자기를 신뢰하든지 죄를 인정하지 않아서 새로 거듭나는 체험을 할 수 없고, 따라서 물질만능주의에 빠지고 만다. 내세에 대한 소망이 없으므로 현세에서 최선을 다할 뿐이다. 누구든지 우리는 최선을 다하려고 노력하면 할수록 인간의 제한성에 실망을 느끼게 되는데, 무신론자들은 이것을 둔감하게 느끼고 있는 것 같다. 즉, 양심이 둔해져서 죄의식이 둔해져 있는 것이 특징이다. 따라서 자기도 모르는 사이에 교만에 빠져 있다. 다른 사람의 죄를 자기 책임으로 느끼는 일은 있을 수 없다.

인생이 연대라고 하는 것을 다만 변증법적으로 시인할 뿐, 예수 그리스도께서 자기의 죄를 대신하여 피 흘리신 일을 인정하지 않고, 다른 사람을 대신해서 희생하겠다는 마음을 가지지 못한다.

그러나 그리스도의 피 공로를 의지하는 자는 자기도 그리스도를 본받아 희생적 사랑을 하려고 한다. 원수를 위하여 축복하고, 그들을 살리기 위하여 축복하고, 그들을 살리기 위하여 희생하는 생애는 신앙생활에서는 실현되는 일이지만, 불신앙의 세계에서는 상상도 할 수 없는 일이다.

불신앙의 사람은 현세에서 육 본위 물질주의, 즉 인간 본위로 살지만 신앙의 사람은 영 본위 하나님의 뜻에 순종하는 신 본위로 살게 된다. 불신앙의 사람은 일을 직업의식에서 행하게 되며 신앙의 사람은 사명감에서 일하게 된다. 불신앙의 사람은 그들의 생각과 일이 현세에 그치나 신앙의 사람은 내세 즉, 하나님의 나라로 연결되어 소망으로 살기 때문에 어떤 경우에도 좌절하거나 실망하지 않는다. 그러므로 신앙은 인생에서 가장 귀한 것이다.

〈부산모임〉 1980년 12월호[79:13-5]

인생은 모순인가 조화인가

의원은 건강한 사람에게는 쓸데없고 병든 사람에게 필요하다. 예수는 의인을 부르러 오신 것이 아니고, 죄인을 불러 회개시켜 구원하고자 하셨다. 양심과 율법대로 살려고 애쓰던 바울은 "내 속 곧 내 육신에 선한 것이 거하지 아니하는 줄을 아노니 원함은 내게 있으나 선을 행하는 것은 없노라 내가 원하는 바 선은 행하지 아니하고 도리어 원하지 아니하는 바 악을 행하는도다 ······ 내 속 사람으로는 하나님의 법을 즐거워하되 내 지체 속에서 한 다른 법이 내 마음의 법과 싸워 내 지체 속에 있는 죄의 법으로 나를 사로잡는 것을 보는도다 오호라 나는 곤고한 사람이로다 이 사망의 몸에서 누가 나를 건져내랴"롬 7:18-24고 외쳤다.

인생에는 모순이 충만하다. 그 가장 큰 것은 죄에 대한 번민이다. 바울이 지적한 바와 같이 우리 가운데에는 마음의 원리 이외에 지체에 머무는 죄의 원리가 있어서 계속 서로 싸우고 있다. 즉, "육체의 소욕은 성령을 거스르고 성령은 육체를 거스르나니 이 둘이 서로 대적함으로 너희가 원하는 것을 하지 못하게 하려 함이니라"갈 5:17고 함과 같이 우리 자연인은 육과 영이 서로 싸우다가 육의 정욕과 탐심에 지게 된다.

그래서 우리의 머리는 번뇌하고, 우리의 마음은 지칠 대로 지쳐있다. 우리 자신뿐 아니라, 사람이란 다 그렇다. 본래 하나님의 형상대로 창조함을 받은 사람이 지금은 하나님의 영광을 받기에 부족하게 된 것은 어쩌면 창피한 일이지만, 다 죄를 범한 까닭이다. 죄를 행하는 자는 악마에게 속한 자이다. 악마는 처음부터 범죄한 자이다. 악마는 이 세상에 군림했다. 이 세상은 "귀신의 처소와 각종 더러운 영이 모이는 곳과 각종 더럽고 가증한 새들이 모이는 곳이 되었도다"계 18:2고 말한다.

사람과 그 세상이 하나님을 저버리고 악마에게 속하였음으로, 하나님의 진노의 자식이 되었다. 과연 불의의 세상이다. 그러면 이 불의의 세상이 하늘나라가 되고, 죄인이 의인 곧, 하나님의 자녀가 될 수 있겠는가. 이 모순된 세상과 사람이 어떻게 하늘나라와 하나님의 인격과 조화를 이루겠는가. 이것은 기적이 아니고는 이룰 수 없다.

그런데 이 기적이 예수님의 십자가에서 이루어졌다. 그리스도의 십자가를 보라. 하나님의 어린 양이 이 세상 죄를 지시고 피를 흘려 대속하신 저 십자가를 우러러 보라. "피흘림이 없은즉 사함이 없느니라"히 9:22의 말씀처럼 참으로 죄인에게 있어서는 그리스도의 십자자가 필요하다.

예수 그리스도와 그의 십자가 밖에는 알지 않기로 마음을 정했다고 말한 바울의 신앙은 모순의 신앙이다. 이상은 현실에 내재한다든가, 사람 가운데 하나님의 아들 될 소질이 갖추어져 있다든가, 소재가 형상에까지 속에서 개발되어 간다는 아리스토텔레스의 철학, 사람은 하나님과 결합되어 이끌려 올리게 된다는 가톨릭 사상은 다 초자연 앞에 자연을 살리는 길이다. 따라서 그 교점의 본질은 타협이며 조화이다.

그런데 성경은 어떻게 말씀 하는가? 구원의 길은 죽음이나 이 참에 다른 길이 없다고, 즉 자기를 버리고 십자가를 지고 따르는 길 밖에 없음을 이야기 한다.

> 내가 그리스도와 함께 십자가에 못 박혔나니 그런즉 이제는 내가 사는 것이 아니요 오직 내 안에 그리스도께서 사시는 것이라 이제 내가 육체 가운데 사는 것은 나를 사랑하사 나를 위하여 자기 자신을 버리신 하나님의 아들을 믿는 믿음 안에서 사는 것이라 갈 2:20

사람이 죽은 뒤에야 영생하는 것처럼 천지도 한번 불타서 영화 되어야 하늘나라는 이루어진다. 불타게 될 이 세상에서 나와야 구원된다. 그리스도는 이것을 위하여 오셨다.

〈부산모임〉 1972년 10월호[32:5-5]

회개

나는 진리에 대한 사랑이 없었다. 유대인들이 여호와 하나님을 사랑하는 마음이 없었기 때문에 그가 보내신 예수 그리스도를 받아들이지 않았던 것처럼 나도 그리스도를 믿는다고 하면서도 그를 사랑하는 마음이 없었기 때문에 여호와 하나님을 신령과 진리로 예배할 수 없었다.

주일 오후 세시에 부산모임에 나오는 사람들은 함께 모여 예배를 드린다. 이것은 사도시대부터 오후 세 시, 때를 정하고 기도하는 것을 따른 것이다. 우리도 1957년도부터 몇 사람이 모여 성경을 읽고, 그 해설을 듣고 기도하여 왔다. 그럼에도 지난 11일 둘째 주일에 집회의 허가를 받아야 한다고 함으로 집회원을 제출했더니 허가가 나오지 않아서 모이지 못했다. 이것은 허가원을 제출하는 것이 아니었다. 허가원을 낸 것은 하나님의 뜻이 아니고 사단의 일이었다.

사단의 꾀에 말려든 것이 죄이다. 나는 이 죄를 자복하고 회개한다. 주일 오후 세시에는 언제나 어디서든지 믿는 자들과 같이 여호와 하나님과 우리 주님과 같이 성령에게 예배하리라. 믿는 자들은 다 같이 모여 예배하자. 함 선생도 계속 참여하게 될 것이다.

〈부산모임〉 1972년 12월호[33:5-6]

극기克己를 연습하자

나는 어렸을 때부터 "적의 성을 쳐 부시고 승리한 장사도 자기 속에 들어와 시험하고 유혹하는 사단을 이기지 못한다."는 말을 여러 번 들어왔다. 또 '세 살 버릇 여든 살까지 간다.'는 속담도 잘 알고 있다. 그래서 나는 자기와 더불어 싸울 때가 많고, 연약해서 유혹에 질 때마다 회개하고 결심하지만, '작심사흘'이라고 몇 날이 안 되서 같은 잘못을 되풀이 하는 때가 많다. 그리고 내가 어렸을 때에 어머님에게 매를 맞고 "차심하지 못하느냐?"하는 책망을 듣던 것을 기억한다.

우리는 한때 자기의 죄를 깨닫고 회개하여 예수를 그리스도로 영접한 신자들이다. 원리적으로 말하면 우리는 성령을 모시고 성령 안에서 항상 성결생활과 승리생활을 해야한다. 그런데 우리의 현실은 어떠한가? "오호라 나는 괴로운 사람이로다. 이 사망의 몸에서 누가 나를 구원하랴"롬 7:24의 탄식은 바울 사도가 인류를 대표해서 말한 고백이라고 생각한다. 구속 받은 바울의 속사람은 하나님의 뜻을 행하려고 하는데, 그 육은 원치 않는 악을 행하게 되었던 것이 아닌가? 즉, 두 개의 다른 법칙의 지배 아래에 있음을 말하는 것 아닌가? 속 사람은 성령의 지배 아래에 살고 있는데, 육은 죄의 법 아래에서 때때로 실패하는 것을 말하는 것이라고 생각한다.

그래서 바울은 육의 욕심을 쳐서 속 사람에게 복종케 한다고 말했다. 우리도 바울과 같이 육의 욕심을 쳐서 속 사람에게 복종케 하는 훈련을 쌓아 올려야 하겠다.

나의 동료 선배 기용숙 박사는 양심적으로 살다가 세상을 떠나는 아침, 그 아들인 기정일이 "아버지 이 세상을 만족하게 살으셨습니까?" 하고 물었을 때, 대답하기를 "그래, 나는 만족한다."고 하였다고 한다. 그는 진리, 진실을 추구하는데 전 생애를 바쳤다고 말 할 수 있다.

그러나 진리이신 예수 그리스도 앞에 설 때 참된 회개를 했을 것으로 믿는다. 그렇게 생각하면 우리 그리스도인들은 평소에 진실히 살도록 전심 전력하여야 하겠다. 식욕이나 성욕 자체는 죄라고 할 수 없다. 그러나 멈춰야 할 때 멈추어야 한다. 특히 양심과 성령에 비추어 보아 탐욕을 제어해야 한다. 모든 허영과 사치, 안일, 호기심, 명예심들과 싸워 이겨야 한다.

두뇌가 명석하고, 사회에서 엘리트라고 불리던 나의 친우 한 사람은 나에게 이러한 말을 솔직히 고백한 일이 있다. "인생 70세가 유구한 역사에서 볼 때에 한 갱점更點에 지나지 않음을 누가 모르겠나요. 그러나 눈앞에 보이는 부귀영화를 어떻게 안 잡고 견딜 수 있겠어요."라고 했다. 육신의 정욕과 안목의 정욕과 이생의 자랑은 다 세상으로 쫓아 온 것이다.

우리는 이런 것들이 앞에 나타날 때에 사단의 유혹으로 알고 헌신짝 같이 버리자. 이와 같은 훈련을 하는데 가장 귀중한 것은 진리를 탐구하는데 몰두하는 일이라고 생각한다. 즉, 진리에 몰두하면 유혹은 멀어지는 법이다. 이 세상에 불의 세력이 강하다고 염려하지 말고, 내가 그 유혹에 빠지지 않도록 기도하고 힘쓰는 자가 되자. 우주의 질서와 인류의 질서는 내가 먼저 지켜야 되며, 내가 지키면 따르는 자가 생겨서 악의 세력을 이기는 힘이 되는 것이다. 유구한 역사를 내다 보면서 극기의 훈련을 하자.

〈부산모임〉 1986년 10월호[112:19-5]

성서적 면에서 본 인권

인권에 대해서는 하나님의 계시, 즉 성서적 면에서 보고 말할 수 있고, 또는 역사적, 현실적인 면에서 보고 말 할 수도 있다. 나는 먼저 성서적 면에서 보고 논하고자 한다.

창세기 1장과 2장을 찾아 보면, 하나님께서 천지를 창조하실 때에 우주와 만물을 여섯 단계[날로 표현되어 있음]로 지으시고 여섯째 되는 날에 하나님께서 자기 형상대로 사람을 지으시되 남자와 여자를 지으셨다. 즉, 하나님께서 흙으로 사람의 몸을 지으시고 그 코에 생기를 불어넣어 생령이 되게 하셨다는 말씀이 있다.

하나님께서 그들에게 복을 주시고, 바다의 고기와 공중의 새와 육축과 온 땅과 땅에 기는 모든 것을 다스리라고 하셨다. 여기에 인권의 기본 원리가 있다고 본다.창 1:27-28

다시 말하면, 사람은 하나님과 닮은 인격을 가지고 우주와 만물을 지배하는 권리를 부여 받은 자로, 곧 인권을 가진 자이다. 그리고 여호와 하나님이 동방에 에덴 동산을 창설하시고, 그 지으신 사람을 거기 두시고, 그 땅에 보기에 아름답고 먹기에 좋은 생명나무와 선악을 알게 하는 나무를 두셨다. 그리고 사람에게 명하시기를 "동산 각종 나무의 열매는 네가 임의로 먹되 선악을 알게 하는 나무의 열매는 먹지말라 네가 먹는 날에는 반드시 죽으리라"창 2:16-17고 하셨다. 나는 여기에서 하나님께서 인간의 선택의 자유를 허락하셨다고 보며 인권의 존중성을 교훈하신 것으로 믿는다.

다시 말하면, 사람은 진리에 순종하는가, 자기의 자유의사를 가지고 진리에 거역하는가 하는 자유를 부여 받은 것으로 진리에 순종할 때는 하나님과 자유롭게 교제함으로 영생할 수 있지만, 거역하는 날에는 그 자유를 상실하고 반드시 죽어 멸망할 수밖에 없게 되는 것이다.창 2:1-7

처음의 사람 아담과 하와는 사단의 유혹에 빠져 선악과를 따 먹은 결과 인권을 상실하게 되었다. 즉, 인권은 하나님이 사람을 지으시고 에덴 동산에서 생명나무의 실과를 따 먹고 살면서 모든 피조물들을 지배하라고 주신 권위로 그 동산에서는 생육하고 번성하라는 축복이 있었다. 다시 말하면 처음에는 자유와 평등과 평화, 사랑과 행복의 축복을 받으면서 하나님과 교제하는 권리를 받고 있었던 것이다.

그런데 사람이 그 축복을 거부하고 따먹지 말라고 하신 선악을 알게 하는 나무의 열매를 따 먹은 결과 그들의 인권은 유린을 당하였다. 그래서 두려움과 부끄러움을 느끼고 무화과 나무의 잎을 엮어 치마를 만들어 하체를 가리고 여호와 하나님의 낯을 피해 동산 나무 사이에 숨었던 것이다.

하나님께서 날이 서늘할 때에 그들을 찾아 오셔서 "아담아, 네가 어디 있느냐?"하고 자비로운 음성으로 부르셨다. 하와도 뱀도 부르심을 당하고 심판을 받았다. 하나님께서는 "네가 이렇게 하였으니 네가 모든 가축과 들의 모든 짐승보다 더욱 저주를 받아 배로 다니고 살아 있는 동안 흙을 먹을지니라 내가 너로 여자와 원수가 되게 하고 네 후손도 여자의 후손과 원수가 되게 하리니 여자의 후손은 네 머리를 상하게 할 것이요 너는 그의 발꿈치를 상하게 할 것이니라 하시고 또 여자에게 이르시되 내가 네게 임신하는 고통을 크게 더하리니 네가 수고하고 자식을 낳을 것이며 너는 남편을 원하고 남편은 너를 다스릴 것이니라"고 말씀하셨다. 또 아담에게 말씀하시기를 "땅은 너로 말미암아 저주를 받고 너는 네 평생에 수고하여야 그 소산을 먹으리라"창 3:8-24고 말씀 하셨다. 여기에서 나는 하나님의 심판에 의한 인권의 타락을 읽을 수 있다.

   그 후, 아담과 하와는 에덴동산에서 쫓겨나 현재와 같은 육의 생활을 하게 된 것이다. 아담과 하와는 가인과 아벨의 두 형제를 낳았다. 가인은 농경사회에서 가장 좋은 곡식단을 바쳐 제사를 드리고, 아벨은 목축사회에서 가장 좋은 양을 잡아 제사를 드렸다. 그런데 하나님께서 아벨의 제사는 받으시고, 가인의 제사는 물리치시고 받지 않으셨다. 그 까닭인즉 아벨은 항상 겸손하여 믿음으로 살면서 제사를 드렸고, 가인은 교만한 마음으로 마치 사단이 아담과 하와를 꼬일 때에 가졌던 불신의 마음으로 제사를 드렸던 까닭이라고 생각한다. 하나님을 섬길 때에 가장 나쁜 것은 '이만하면 되겠지.'하는 교만한 마음이고, 반면에 겸손한 마음은 정성껏 드리면서도 항상 부족함을 느끼면서 하나님의 긍휼과 자비를 구하는 마음이다.

   아담과 하와는 동침하여 아들을 얻고 그의 이름을 셋이라 불렀다. 이 아벨을 대신하여 얻은 셋도 아들을 낳고 에노스라 하였으며, 그 때에 사람들이 비로소 여호와의 이름을 불렀다 창 4:25-26.

아담에서 노아 때까지 조상들이 아들을 낳고 장수하다가 죽었다. 사람이 땅 위에 번성하기 시작할 때에 하나님의 아들들이 사람의 딸들을 취하여 자식을 낳았으니 그들은 고대의 용사들이었다. 여호와께서 사람의 죄악이 세상에 관영하고 그 마음의 생각의 모든 계획이 항상 악할 뿐임을 보시고, 자기의 영이 사람과 함께 하지 않고, 육체의 종이 됨을 한탄하시며 홍수로 심판하실 것을 작정하셨다.

그 계획으로 노아와 가축, 각종 새와 육축과 생물들을 쌍쌍이 노아가 120년 동안 지은 방주에 들어 가게 하시고, 홍수로 전멸시키셨다. 나는 이것을 인권이 얼마나 고귀한 것임을 느끼게 하시는 것이라 생각한다. 인권을 지키지 못하는 자는 있으나 마나 한 존재인 것이며, 도리어 하나님을 멸시하는 자들이다. 아니, 만물을 더럽히고, 하나님을 욕되게 하는 존재임을 교훈하는 것이다.

그 다음 소돔과 고모라를 불로 멸망시킬 때에도 사람들이 정욕에 빠져서 짐승과 같은 생활을 하게 될 때, 그 멸망을 통해 하나님께서 인권을 얼마나 존중히 여기시는지를 깨닫게 하여 주셨다. 롯과 두 딸은 아브라함의 믿음으로 구원을 얻었고, 또 롯이 포도주에 정신 없이 취했을 때에 두 딸을 통해 암몬과 모압을 얻어 두 종족을 이루었다 창 19:13-38.

그 후 아브라함은 그 아내 사라에게서 이삭을 얻었고, 이삭은 리브가와 결혼하여 에서와 야곱을 얻었는데, 에서는 에돔의 조상이 되었고, 야곱은 꾀가 많아 그 형 에서에게서 장자의 기업을 빼앗아 열 두 형제를 낳았다. 이들의 열 두 형제 중 열째되는 요셉은 애굽에 팔려 가서 여러 가지 시험과 환난을 겪은 뒤에 애굽의 재상이 되어 7년 풍년, 7년 흉년 때에 애굽사람과 그 인근 사람들을 구했으며, 또 그의 부모와 형제들을 구원했다.

그들의 자손들이 애굽에서 사는 동안에 애굽의 왕이 요셉의 공적을 잊어 버리고, 이스라엘 백성들이 흥왕함을 인하여 이스라엘 백성을 종으로 삼았다. 이것은 엄연한 인권의 유린이었다. 즉, 당대의 이스라엘 백성이 하나님의 축복을 받아 풍성하게 살게 되었으므로 바로왕은 이스라엘 백성들을 종으로 삼아 혹독한 일을 시켰고, 또 여자아이가 태어나면 살려주되 남자아이가 태어나면 죽이도록 법령을 발표했다.

이런 때에 레위족속에서 모세가 나서 하나님의 특별하신 권고로 바로의 궁중에서 양육을 받던 중 하루는 애굽사람을 쳐죽인 일이 탄로가 나서 미디안에 가서 40년을 지내며 살다가 여호와의 명을 받들어 그 형 아론과 같이 바로 왕에게 기적을 행하며 이스라엘 백성의 해방을 요구했다. 바로 왕은 완고하게 거절했으나 나중에 애굽사람의 장자가 죽는 재앙을 만나매 해방을 허락할 수 밖에 없었다.

인권 중 가장 귀한 것이 자유이다. 자유 중에서 가장 존귀한 것이 종교적 자유이다. 다시 말해서, 진리를 좇는 자유이다. 창조주 여호와 하나님을 경배하고 그의 명령대로 순종하는 것은 인권 중 가장 존귀한 것으로 모세와 아론은 자기 백성을 애굽에서 인도하여 광야에서 여호와 하나님을 섬기며, 선택된 백성으로 자유를 누리게 하기 위해 광야로 나왔다.

 인권은 자유의 길이며 하나님의 길이다. 이스라엘 백성이 광야에 나옴으로 인권을 누린 것은 아니다. 모세는 시내산에서 여호와를 만나서 계명을 받아 이것을 돌판에 새겼다. 이 율법을 지켜 사람답게 살고 여호와를 공경하여 인권을 획득하려고 했다.
 그러나 모세가 시내산에서 오래 머물고 내려오지 않자 백성들이 아론에게 이스라엘을 인도하시는 하나님을 보여 달라고 청했다. 아론은 금붙이를 가져오라고 해서 그것으로 금 송아지를 만들어 하나님이라 하고 섬기도록 했다.
 그러나 이것은 우상숭배로 모세의 노여움을 사서 그 죄의 벌을 받았다. 그래서 애굽에서 나온 이스라엘 백성은 여호수아와 갈렙 이외에는 가나안에 들어 간 사람이 없게 되었고, 다만 광야에서 새로 난 사람들 뿐이었다. 인권은 하나님이 주시는 것으로 하나님을 떠나서는 얻을 수 없음을 보여 주는 것이다. 즉, 여호와의 명령을 순종하는 것으로 인권을 누린다고 믿는다.
 인권은 창조주에게서 받은 사람이 자유롭게 건강히 행복하게 살고자 하는 기본 권리이다. 아무도 이것을 제지하거나 빼앗을 수 없는 절대적인 권리이다. 이 기본권은 어떠한 힘이나 법으로도 막을 수 없는 것이고, 힘이나 법으로 제어할 때에 인권은 유린되고 박탈이 된다.
 구약에서 이스라엘의 역사는 하나님이 주시는 인권을 찾기 위한 역사라고 해도 지나친 말은 아니라고 생각한다. 출애굽기에서는 모세가 율법을 받아 그것을 지켜 사람답게 살도록 하였으며, 또 레위기에서는 하나님께 나아가는 방법, 즉 제사드리는 방법을 가르쳐 주었다. 민수기와 신명기에서는 하나님과 같이 사는 방법을 보여 주었으며, 여호수아와 사사기에서는 지도자를 세워 주위에 있는 사람들을 물리치고 살게 하시다가 사무엘 시대부터는 예언자를 세워 말씀을 대언케 해서 순종케 하셨다. 그 후에는 이스라엘 백성의 요구대로 왕을 세워 하나님을 순종하도록 하셨다. 그러나 못된 왕이 일어나 백성을 잘못 다스리고 부패하게 만들었으므로 임금과 백성이 바벨론에 포로로 잡혀 가게 되었다. 사람의 불신과 부도덕은 하나님께서 주신 고귀한 인권을 상실하고 말았다.

이스라엘의 역사는 그 후에 바벨론 포로 생활에서 고레스 왕의 특별 배려로 옛날 본토로 돌아와 예루살렘에 성전을 짓고, 예배 또는 짐승을 잡아 제사를 드리도록 하였으나 이스라엘을 소생케하는 기쁜 소식은 없었다. 예수 그리스도께서 탄생하시기 약 400년 전에 마카비의 군단에 의해 일시 독립은 하였으나 하나님 앞에서 인권을 얻어사는 나라를 이뤄 보지 못했다.

예수님이 탄생하시기 6개월 전에 세례 요한이 나와서 요단강에서 회개의 세례를 주었다. 예수님께서도 인류의 죄의 연대책임을 느끼시고 요단강에서 세례 요한에게 세례[침례]를 받으시고, 물에서 올라 오실 때 하늘이 열리고 하늘로부터 비둘기가 성령의 모양으로 예수님의 머리 위에 임하시면서 하늘로서 소리가 나시기를 "이는 내 사랑하는 아들이요 내 기뻐하는 자라"마 3:16-17고 말씀하셨다.

이 말씀이 있은 후에 예수님은 광야에서 사단에게 시험을 받으셨으나 모든 시험을 말씀으로 이기시고 완전하신 인격으로 인권을 나타내 보이셨다. 예수님의 인권은 사단을 내어 쫓으시고, 문둥병자를 고치셨으며, 또 시몬의 장모의 열병을 물러가게 하시고, 반수불수 병자에게 "네 죄를 사했으니 네 자리를 가지고 걸어가라"하셨다. 바다의 풍랑을 잔잔케 하시고, 눈먼 자와 나면서 소경된 자를 보게 하셨고, 죽은 자를 세 번씩이나 살리셨고, 앉은뱅이를 걷게 하셨으며, 벙어리 귀신 들린 자를 말하게 하시고, 갇힌 자를 놓이게 하셨으며, 눌린 자를 자유케 하셨고, 가난한 자들에게 하나님의 자녀되는 것과 하나님의 나라가 우리의 손으로 잡을 정도로 가까이 와 있다는 아름다운 소식을 전하셨다. 이 모든 말씀을 실천하시면서 전하셨기 때문에 권위가 있었던 것이다^{마 7:29}.

예수님은 사람이면서 하나님이셨기 때문에 현 세계에서도 이상세계에서 행하시는 것처럼 기사와 이적이 많이 일어났다. 이것은 예수님의 인격을 뜻하시는 인권이 신권[하나님의 권리]에서 온 것임을 보여 주는 것이다. 그 후의 사도행전을 보면 베드로와 바울도 예수 그리스도를 전하면서 하루에 몇 천 명씩 예수님을 그리스도로 믿게 하시면서 앉은뱅이를 걷게도 하고^{행 3:6}, 병자도 낫게 하였으며, 악귀도 내어 쫓았다^{행 5:16}. 이런것이 성경에서 가르치는 인권을 의미하는 것이다.

그런데 요즘은 그와 같은 기사와 이적이 잘 일어나지 않는다. 병 치료와 같은 육적인 것은 물질로 된 것으로 과학으로 이것을 올바로 이해할 수 있다. 그래서 과학에서 치료하도록 해 주시고 그리스도께서는 영원의 영혼의 생명을 구하도록 전개해 주셨다.

오늘날에도 초대교회의 성도들과 같이 육의 생활에 대하여 무엇을 먹을까, 무엇을 마실까, 무엇을 입을까, 염려하지 않고, 믿음의 형제들이 그리스도의 구원에 감격하여 자유, 평등, 영원의 생명의 특권을 누리고 전도하는 자들을 나는 만나고 사귀고 있다. 나도 자유로운 생명의 복을 만끽하면서 이 아름다운 인권을 지키면서 전하는 바이다.

인권의 회복

나는 성경에서 그리스도의 인권의 다른 일면을 보고 추가하지 않을 수 없다. 이것은 예수님이 인류의 죄 때문에 십자가를 지고 죽으신 후 무덤에까지 내려 가셔서 장사되었다가 부활하신 사실이다.

예수님이 재판을 받으실 때, 인권은 완전히 무시되고 유린되었다. 재판정에서 고소하는 소리는 법문에 걸리는 것이 없고 거짓 증거뿐이었다. 서기관과 바리새인들이 예수께서 가이사에게 세 바치는 것을 금하고 선동한다고 했으나 예수님은 화폐를 가져다 보이라 하시고 가이사의 것은 가이사에게 바치고 하나님의 것은 하나님에게 바치라고 명하신 것뿐이었다[눅 20:22-25]. 또 빌라도가 예수에게 심문할 때에 "네가 유대인의 왕이냐?" 하는 데 대답하시기를 "네 말이 옳다"고 승인하셨다. 로마법에 능통한 빌라도는 예수에게는 죽일 죄가 없다고 세 번이나 반복하면서도 군중의 소리가 컸기 때문에 빌라도는 무리를 두려워해서 예수님을 십자가에 못 박도록 내어 주었다고 했다[눅 23장].

예수님과 같은 고귀하신 인격의 권위가 이와 같이 땅에 떨어지게 된 것은 악마의 일이 아니고는 상상조차 할 수 없다. 또 하나님의 뜻과 예수 그리스도의 희생의 사랑이 아니고는 도저히 이해 할 수가 없다.

사람은 하나님의 명령을 어긴 이후 스스로 고귀한 인권을 포기했다. 이러한 상실한 인권을 다시 회복케 하시기 위하여 완전한 고귀한 인권을 내어 주어 인류의 죄를 대속해 주셨으며, 회개하고 하나님께 돌아오는 자를 다 영접하여 처음 지어 주신 때의 인권으로 회복케 해 주신 것이 예수님의 십자가이다.

인권은 희생 제물로 바쳐진 예수 그리스도와 같이 하나가 됨으로 참 인권을 얻어 살 수가 있는 것이다. 이 인권은 다른 사람도 같은 인권을 가지고 살 수 있는 모범적 영적 능력임을 말한다. 그러므로 참 인권은 다른 사람의 인격을 감화하여 그리스도와 동일화되게 하는 영적 권위이다.

다시 말하면, 참 인권은 사랑에 의한 희생으로 말미암아 상실했던 인권을 완전히 회복시키고, 또 그것을 전달할 수 있는 권위라고 말하고 싶다.

차별 없는 인권

인권문제에 있어서 하나 더 추가하고 싶은 것이 있다. 그것은 인권은 차별이 없는 것이다.

하나님이 사람[아담]을 지으실 때에는 한 사람을 지으시고 그 몸에서 한 부분을 취하셔서 여자를 지으셔서 배필로 삼아 주셨다. 그들의 자손이 온 세계에 퍼져 살고 있다고 볼 수 있다.

노아의 홍수 이후 셈, 함, 야벳의 세 형제가 황인종, 백인종, 흑인종으로 나누어 졌는데, 노아가 포도주를 많이 먹고 취하여 벌거 벗고 잠들었을 때에 함은 그 모습을 보고도 덮어드리지 않고 그 형제들에게 고하였다. 그러자 셈과 야벳은 옷을 들고 자기의 어깨에 메고 뒷걸음쳐 들어가서 아버지의 하체에 덮었다. 노아가 술이 깨어 그 작은 아들 함이 자기에게 행한 것을 알고, 함의 아들인 가나안은 저주를 받아 그 형제의 종이 되기를 원한다고 했다창 9:25. 가나안은 셈의 종이 되고창 9:26, 야벳은 창대케 하사 셈의 장막에 거하게 하시고 ,가나안은 그의 종이 되게 하시기를 원한다고 하였다창 9:27. 이 일을 통해 인종의 차별이 생겼다고 성경은 가르치고 있다.

하나님께서는 원천적으로 차별이 없이 지으셨고 대우 하셨건만, 사람이 그의 명령을 어기고 하나님과 같이 되려고 하는 교만에 빠졌기 때문에 형인 가인이 아우 아벨을 죽이는 인권 상실에 빠졌고, 또 아들이 아버지에게 효도하는 윤리를 범했기 때문에 인종 차별의 저주를 받았다고 생각한다.

사람마다 그 지식의 차이가 있고, 권력의 차이가 있고, 능률의 차이가 있어서 지혜 있는 자가 어리석은 자를 지배하고, 힘이 있는 자가 없는 자를 압제하고, 능력 있는 자가 없는 자를 모욕하는 일이 양심의 가책 없이 행해져 왔다. 그러나 이것은 하나님의 뜻은 아니다.

예수님께서 오셔서 복음을 전하시고, 기사와 이적을 행하실 때에는 전혀 차별하지 않으셨다. 제자를 택하실 때에도 사회의 각 계층의 사람들을 뽑으시고, 특히 죄인과 어려운 계층의 사람들을 더욱 불쌍히 여기시고 사랑하셨다. 갈릴리 어부들과 세리 마태, 열렬당의 시몬, 가룟 유다와 같은 지식층에 있는 자들도 제자로 삼으셨다. 막달라 마리아와 같은 죄인을 가장 깊이 사랑하시고, 수가성의 창녀에게 자기를 메시아로 소개하셨으며, 음행하다가 현장에서 잡혀온 여인에게 "너에게 죄 주는 사람이 없느냐? 나도 너에게 죄를 주지 아니 하노니 다시는 죄를 짓지 말아라." 하시고 평안히 가게 하셨다.

세리 마태의 집에서 초청하는 때에도 가셔서 대접을 받으시고, 바리새인 시몬의 집에서 초청하셨을 때에도 제자들과 같이 가셔서 하나님의 뜻을 가르치시면서 초청에 응하셨다. 어느 누구를 더 사랑하거나 덜 사랑하는 일이 없었고, 다같이 그들의 인격을 존중하셔서 하나님께 영광을 돌리도록 하셨다.

예수님은 의식하는 바리새인과 서기관들의 인격에 대해서는 "화 있을진저" 하시면서 노하셨고, 부자와 나사로의 비유에서 거지 나사로는 아브라함의 품에 안겨서 사랑과 기쁨과 평화를 누리는데 부자는 지옥에서 목마름으로 괴로워하며 나사로를 보내어 자기와 자기 친족들을 구원해 달라고 하는 이야기를 비유로 가르쳐 주시기도 하셨다.

차별인식은 진실하지 않은 인격의 소산이라고 말할 수 있다. 주님은 인격의 진실하지 않음을 가장 노하셨다. 차별인식은 인권을 해하게 하는 독약과 같은 것이므로 우리는 항상 자기 반성을 게을리하지 말아야 한다.

현실에서는 권력의 소유자[오만한 자], 부의 소유자[물질을 탐하는 자], 무신론자[양심의 둔마], 약물 중독자[마리화나 등],

술에 취하는 자[자제력 부족], 자포자기 하는 자[낙심하는 자], 불진실한 자[속이는 자], 음행하는 자, 도둑질 하는 자[강도], 불효자 들이 인권을 좀 먹는 몇 가지 요인들이라고 할 수 있다. 인권을 좀먹는 몇 가지 요인들을 들면,

권력의 소유자[오만한 자], 부富의 소유자[물질을 탐하는 자], 무신론자[양심의 둔마], 약물 중독자[마리화나 등], 술에 취하는 자[자제력 부족], 자포자기 하는 자[낙심하는 자], 불진실한 자[속이는 자], 음행하는 자, 도둑질 하는 자[강도], 불효자 등이다.

〈부산모임〉 1988년 4월호[121:21-2]

악령을 이기기 위한 새 계명

예수님께서 십자가를 지시기 일주일 전 제자들에게 발을 씻어 주시면서 그 관계를 가르쳐 주시고 또 서로 발을 씻는 겸손을 가르쳐 주신 다음에 제자들에게 새 계명을 명하셨다.

"새 계명을 너희에게 주노니 서로 사랑하라 내가 너희를 사랑한 것 같이 너희도 서로 사랑하라 너희가 서로 사랑하면 이로써 모든 사람이 너희가 내 제자인 줄 알리라"요 13:34-35라고 하셨다.

여기에 새 계명이라고 하셨는데, 옛 계명은 어떠한 것인가. 그것은 레위기 19장 18절 말씀인데 "원수를 갚지 말고 동포를 원망하지 말며 이웃사랑하기를 네 몸과 같이 하라 나는 여호와니라"함과 같다. 옛 계명과 새 계명과의 정신은 같으나 차이는 옛 계명에는 이웃 사랑하기를 네 몸과 같이 하라고 한 대신에 새 계명에는 "내가 너희를 사랑한 것 같이 너희도 서로 사랑하라"고 하신 것이다.

새 계명의 뜻이 더 구체적이고 명백하다. 물론 우리 자연인으로서는 옛 계명을 옳게 이해하고 순종하기 어렵다. 참으로 자기를 올바르게 사랑하는 자도 없고 또한 이웃을 자기 몸과 같이 사랑하는 자도 없는 것이 아닌가 생각된다. 그러나 그 계명을 완수하신 분이 계신다. 그는 바로 이 새 계명을 명하신 예수님이시다. "그는 근본 하나님의 본체시나 하나님과 동등됨을 취할 것으로 여기지 아니하시고 오히려 자기를 비워 종의 형체를 가지사 사람들과 같이 되셨고 사람의 모양으로 나타나사 자기를 낮추시고 죽기까지 복종하셨으니 곧 십자가에 죽으신[빌2:68] 그리스도이시다.

 예수 그리스도는 하나님의 의와 사랑을 십자가에서 나타내시고 누구든지 그를 믿는 자마다 성령으로 거듭나서 예수님의 사랑 안에서 살게 됨으로 그가 우리를 사랑하신 것 같이 서로 사랑하게 되는 것이다. 이 일은 자연인으로서의 죄를 깨닫고 예수 그리스도께서 자기의 죄를 대속한 것을 믿게 될 때에 거듭나게 되는 것이다. 즉, 자기의 육과 정욕을 십자가에 못 박고 부활하신 예수 그리스도와 공동체로 살게 될 때에 그리스도의 온유와 겸손이 자기의 것이 되어 그리스도 안에서 서로 사랑할 수 있게 된다고 믿는다.

 다시 말하면 성령의 인도로 그리스도와 더불어 내면적으로 사랑, 생명공동체, 환난공동체, 영광공동체를 이루어 살 때에 우리는 신앙생활을 완수하는 것이다. 이와 같은 신자들이 이 세상에서 부르셔서 한 단체를 이룬 에클레시아(교회)의 성도들은 서로 사랑함으로써 사단의 궤계를 이길 수 있다. 그런데 이 말세에 사단은 공중의 권세를 잡아가지고 우리를 그리스도의 사랑에서 끊으려 하고 택함을 입은 성도들을 삼키려고 하고 있다. 우리 그리스도의 제자들은 그리스도의 사랑 안에서 서로 희생적 사랑으로 하나가 되어, 사단과 적그리스도와 그들의 거짓예언자들과 싸워 이기자. 이 일이 우리 동족을 구원하고 세계 평화를 이룩하는 바른 길이라고 믿어져 한 말씀 적었다.

〈부산모임〉 1986년 10월호[191:19-5]

에필로그

21세기 방향성 잃은 한국교회, 장기려 박사에 길을 묻다

장기려의 속살을 드려다 보다

짧게는 150여 년의 개신교 역사와 400여 년에 이르는 가톨릭교회 역사를 통해 한국기독교는 엄청난 신앙적이고 학문적인 유산을 만들어왔다. 한국기독교는 조선시대 집현전과 규장각에 버금가는 영적 자산을 갖고 있음에도 불구하고, 이를 정리하고 현재와 미래를 위한 중요한 토대로 삼는 작업은 게을리해 왔다. 해외신학에 대한 과도한 집착과 자국의 영적 자산에 대한 홀대, 성경과 유명한 목사의 설교집 외에 책을 거의 읽지 않는 풍토, 모든 것을 교회성장과 연결하는 성장주의는 우리가 가진 신앙적 보배들을 간과하게 하였다.

우리 것에 대한 빈천한 연구는 역설적으로 특정 인물들에 대한 역사와 이해의 왜곡을 낳았다. 예를 들어, 한상동 목사가 2,600여 페이지의 친필을 통해 남긴 자기 스스로에 관한 이해는 고신교단이나 특정 인물들이 논하는 한상동 목사의 모습과는 다르다. 해방 이후 반공 이데올로기로 무장한 안용준 목사에 의해 탄생한 《사랑의 원자탄》에서 그려지는 손양원 목사와 손양원 목사의 친필을 통해 그려진 모습은 다르다. 또한, 20세기 초반 큰 반향을 일으킨 이용도 목사의 원저작을 통한 모습과 토착 신학의 굴레에서 벗어나지 못한 몇몇 감리교

전문가들이 그려낸 이용도의 모습 사이엔 적지 않은 괴리가 있다.

　진보와 보수를 막론하고, 이제 한국기독교가 가진 위대한 자산에 대한 객관적이고 사실적인 이해가 필요하다. 특정 인물에 대한 과도한 영웅담이나 비난 대신, 각 인물에 대한 차분하고 냉철한 분석과 재해석이 필요하다. 바람을 막아주는 외투나 오랜 세월 더해진 각질을 벗겨내도, 그들의 속살이 가진 영적 능력과 역동성은 이 시대 보다 많은 사람에게 감동적일 수 있기 때문이다.

　2015년 12월로 소천 20주기를 맞이하는 장기려 박사의 경우도 마찬가지이다. 가난한 자들을 성자처럼 도와준 모습과 뛰어난 '바보' 의사……. 이미 적지 않은 사람에게 장기려 박사는 박제된 성인이 되었다. 일부 고신교단이나 보수적인 사람은 장기려 박사가 말년에 강조한 '작은 종들의 모임'이나 '무교회주의자들'의 영향 때문에 장기려 박사의 장점마저 폄하해 버린다. 이차 문헌에 익숙한 사람들은 장기려 박사에게 더 이상 무슨 대단한 신앙적인 것이 나오겠는가 하는 의구심을 던진다. 이런 맥락에서 한국고등신학연구원은 장기려 박사의 '맨살', '속살'을 한국교회와 사회와 나누고 싶었다.

〈부산모임〉

　장기려 박사는 글쓰기를 좋아했고, 다양한 방법으로 자신의 생각을 기록하고 사람들과 나누었다. 외과 의사로서 남긴 수많은 의학적 메모와 글들 외에, 신앙적 단상과 수필과 기고문을 엄청나게 남겼다. 그중 기독교인 장기려 박사의 깊고 풍부한 생각을 가장 잘 담고 있는 글들이 바로 21년간이나 정기적으로 간행된 〈부산모임〉에 담겨 있다.

　간행물 〈부산모임〉은 1957년(일부 기록엔 1956년) 시작된 매 주일 오후 모임에서 발표된 글들을 1968년부터 활자화한 간행물이다(2권 150쪽). 병원 직원들을 포함해 관심 있는 소수의 사람이 주일 오후에 병원건물과 개인의 집에서 모임을 갖기 시작했다. 모임에 도움을 줄 만한 사람들을 초대해 말씀을 듣기도 했고, 일본 신학자들이나 해외 학자들의 글을 번역해 나누기도 했다. 또한 성경을 풀어 강론하고, 여름에는 특별 모임을 갖기도 했다.

이 모임에서 다뤄진 내용을 정리해 1968년 2월에 〈부산모임〉을 발간하기 시작해, 1988년 12월까지 21년에 걸쳐 총 214회를 간행했다. 〈부산모임〉은 1968년 창간 첫해에 11회를 발행했고, 연평균 6회 정도 발간했다. 장기려 박사는 전체 214호 중에 5번을 제외하고 매번 잡지에 자신의 글을 실었는데, 자신의 글을 담지 못한 경우는 다음과 같다. 8호(1968년 10-11월호), 26호(1971년 10월호), 60호(1977년 8월호), 61호(1977년 10월), 123호(1988년 7-9월호). 이 중 26호(1971년)는 회갑 기념호로 간행되어 장기려 박사 본인의 글 대신 여러 사람들의 축하와 인사를 담았는데, 이번 전집에 함께 담았다.

장기려 박사는 만 67세의 나이에 〈부산모임〉을 간행하기 시작해, 만 87세인 1988년까지 21년간 자신의 생각을 남겼다. 일부 반복되는 글들이 있지만, 성경의 내용과 삶의 일상사에 이르기까지 다양한 주제에 대한 자신의 성찰과 의견을 남겼다. 대단한 열정이요, 필력이었다. 〈부산모임〉의 글들은 '이순'耳順의 나이를 훌쩍 넘고, '종심소욕불유구'從心所欲不踰矩의 나이인 80을 넘은 한 의사이자 신앙인의 인생과 신앙에 대한 깊은 통찰력을 풋풋하게 담고 있다.

편집적 고려와 몇 가지 독법

한국고등신학연구원은 2010년 장기려기념사업회를 통해 제본도 되어 있지 않던 1차 자료를 얻은 때로부터 5년 어간에 걸쳐 입력, 배열, 편집 등의 작업을 꾸준히 진행해 왔다. 그런데 막상 출간하려다 보니 우리가 독창적으로 공헌한 부분이 크지 않은 듯하다.

장기려 박사가 21년에 걸쳐 남긴 글을 일반 독자들이 가장 쉽게 읽고 편하게 이해하도록 하는 것이 우리의 연구출간작업의 가장 큰 목표였다. 독자들이 다음과 같은 몇 가지를 고려한다면 이 글을 보다 깊이 이해할 수 있을 것이다.

이 책의 연구자들이 장기려기념사업회가 넘겨준 자료 이상을 접근할 수 없는 상황에서 몇 개의 글 꼭지 일부가 잘려나간 부분은 전체 흐름에 큰 영향을 주지 않을 것으로 판단해 그대로 남겨두었다. 또한, 몇 개의 글은 얼추 비슷하게 반복되는 경우가 있지만, 당시 글이나 강연이 전달된 독자층의 차이를 고려한다면 동일한 주제가 어떻게 다시금 서술되고 적용되는지를 오히려 잘 보여준다고 판단해 이 책에 원본 그대로 담았다. 극소수의 경우, 몇 개의 글은 일본인 신학자의 글을 번역한 것인지 자신이 재서술한 것인지 명확하지 않는 부분도 있다(예: 1권 61쪽).

이런 어려움에도 불구하고 우리는 21년간 쏟아진 214개 이르는 장기려 박사 자신의 글 전체를 세 권의 책으로 나누어 주제별로 분류했다. 제1권《경건한 삶으로 되살린 성경이야기》는 장기려 박사 자신이 신구약을 정리하고 재서술한 부분을 담았다. 여기서 우리는 선택한 성경을 통시적으로 관통하면서 할아버지가 어린 손자들에게 구술해주는 모습을 쉽게 짐작할 수 있다. 제2권《삶 속에 임재한 예수 그리스도》는 예수의 인격을 평생 흠모하고 그렇게 닮고 살아가기를 소망한 장기려 박사의 모습을 잘 보여준다. 마지막으로 제3권《역사의식을 갖고 살다간 장기려》는 현대 기독교인들에게서 소멸되어 가고 있는 역사와 관련된 다양한 글을 담고 있다.

이 책은 이런 면에서, 빼어난 의사, 가난한 자의 친구, 평화와 사랑의 호소자, 통일을 마음에 둔 기독인…… 이런 다양한 호칭에 기독교 사상가로서의 장기려 박사의 모습을 더하고 있다. 독자들이 자신이 갖고 있을 수 있는 신학적, 사상적 편견을 내려놓고 장기려 박사의 생각과 글 자체에 흠뻑 젖어보았으면 한다. 작업 과정에서 읽을 때마다 연구자들에게 진하게 전해진 구수한 글과 신앙의 맛을 독자들도 같이 느끼기를 바란다.

장기려 소천 20주기 행사를 맞이하면서

한국고등신학연구원KIATS이 한국기독교의 집현전과 대동여지도를 만들어 우리의 신앙 자산을 국내는 물론 영어권과 중국어권과 나누려는 작업은 지난 12년 동안 100권 이상 되는 책과 각종 문화적 콘텐츠로 진행되어 왔다. 장기려 박사의 삶과 사상을 알리는 작업은 부산 운화교회(이현국 담임목사)의 후원으로 2013년 10월에 679페이지 달하는 장기려 박사 자신의 글을 한국어와 영어로 출간하는 작업에서 시작되었다.

2015년 12월 장기려 박사 소천 20주기를 맞이해 만화, 소설, 〈부산모임〉 전집, 그리고 기념 컵과 엽서 등 다양한 문화적 결과물을 만들게 되었다. 만화와 소설은 청소년과 대학청년들을 위해 기획되었다. 그리고 부산크리스마스트리 축제에 자리한 '장기려주간'을 위해 다양한 기념품을 만들었다. 2013년 출간된 〈예수의 인격을 흠모한 장기려〉에 이어, 심도 깊은 독자들을 위해 〈부산모임〉 전집이 3권으로 출판되었다.

2014년 세월호 사건에서 2015년 겨울의 매서운 추위까지 이어진 교과서의 국정화 문제, 경제-정치적인 어려움 가운데 따뜻함을 잃어버린 한국교회와 사회에 장기려 박사가 던진 가슴 따뜻한 사랑과 평화의 메시지를 함께 나누고 싶다. 어찌 보면 참 많은, 절대다수의 사람들이 '여리고로 내려가다 강도를 만난 사람'이 아닌가 하는 생각, 어쩌면 장기려 박사 시절의 이야기만은 아닌 듯했기 때문이다. 기독교와 교회의 본질에 대한 장기려 박사의 수많은 질문이 갈 길을 잃고 방황하는 한국교회에 위로와 도전이 되기를 소망한다.

이 작업은 울산교회(정근두 담임목사)와 거제 고현교회(박정곤 담임목사)의 뜻깊은 후원이 없었으면 이루어지지 못했을 것이다. 정작 주변에서 머뭇거리는 많은 사람 때문에 어렵게 연구를 해 온 연구진들에게도 깊은 감사를 드린다. 그래도 귀한 후원과 기도로 함께해 주신 수많은 성도들과 많은 교회들에 가슴 깊은 사랑과 감사를 전한다.

2015년 11월 30일
김재현
한국고등신학연구원 원장

장기려 연보

1911	평안북도 용천 출생
1928	개성 송도고등보통학교 졸업
1932	경성의학전문학교 졸업, 김봉숙과 결혼
1940-1945	평양연합기독병원 외과 과장
1942	〈성서조선〉사건에 연루, 평양경찰서 구류(12일)
1943	한국 최초 간암의 설상절제수술 성공
1945	평양도립병원 원장 취임
1947	김일성대학 외과대학 강좌장 청빙
1950	6·25 전쟁 발발로 피난, 부산 제3육군병원 근무
1951- 1976	부산 복음병원 초대원장
1953-1972	서울대, 부산대, 가톨릭대 의과대학 외과 교수
1957	성서연구를 위한 부산모임 시작
1959	한국 최초로 간암에 대한 대량 간 절제술 성공
1961	대한의학회 학술상(대통령상) 수상

1968-1979	부산 복음간호전문대학 학장
1968- 1989	청십자 의료보험조합 설립, 대표이사
1970	부산 장미회 회장
1974	한국 간연구회 창립, 초대 회장
1975-1983	청십자병원 설립, 대표이사
1976-1993	부산 아동병원장 겸 이사장
1976	국민훈장 동백장
1979	막사이사이상 (사회봉사 부문) 수상
1979-1994	부산 백병원 명예원장
1983	제3차 적십자사연맹 총회 및 대표자회(스위스 제네바)의 참석, 북한의 아내와 자녀들의 생존 확인
1990	북녘의 아내에게 보내는 '망향편지' 〈동아일보〉 기고
1991	정부의 방북 제안 거절
1995. 12. 25	소천

〈부산모임〉 전체 목차

번호	통권	호수	년 월 호	제목	KIATS 전집페이지
1	1호	01권 01호	68년 02월호	열 명의 믿는 사람	2:150-151
2	2호	01권 02호	68년 03월호	평화에 관한 일(1)	2:403-404
3	3호	01권 03호	68년 04월호	마틴 루터 킹 박사의 죽음	2:386-387
4	4호	01권 04호	68년 05월호	우리민족의 역사적 사명	3:13-15
5	4호	01권 04호	68년 05월호	청십자의료보험 조합을 창립하면서	2:344-345
6	5호	01권 05호	68년 06월호	여호와께서 통치하신다	1:70-72
7	6호	01권 06호	68년 07월호	위선과 천박한 신앙에 대한 하나님의 심판	1:61-69
8	7호	01권 07호	68년 08월호	로버트 케네디의 죽음	2:391-393
9	7호	01권 07호	68년 08월호	바울의 사랑의 찬미	2:444-448
10	9호	01권 09호	68년 11월호	나의 존경하는 후지이 다께시 선생	3:374-378
11	10호	01권 10호	68년 12월호	사랑이란 무엇인가	2:457-465
12	11호	02권 01호	69년 1,2월호	기독교 이상주의	2:219-225
13	11호	02권 01호	69년 1,2월호	바울의 사랑의 찬미	2:449-456
14	12호	02권 02호	69년 3,4,5월호	기도의 사람 예수	2:86-90
15	13호	02권 03호	69년 6,7월호	건전한 종교	2:212-216
16	14호	02권 04호	69년 8,9월호	생명의 본체	1:272-277
17	15호	02권 05호	69년 10,11월호	생명을 얻음	1:278-285
18	16호	02권 06호	69년 12월호	예수님의 십자가의 고난의 뜻	2:78-83
19	17호	03권 01호	70년 01월호	예수를 영접하는 사람	3:65-71
20	18호	03권 02호	70년 2,3월호	구원·평화·믿음	2:397-402
21	19호	03권 03호	70년 4,5월호	착하고 충성된 종 마틴 루터 킹	2:388-390
22	20호	03권 04호	70년 7,8월호	성별의 사상과 차별하지 않는 기독교	2:226-231
23	21호	03권 05호	70년 9,10월호	산상수훈 1(팔복)	1:155-160
24	21호	03권 05호	70년 9,10월호	여름모임의 뜻	3:351-352
25	22호	03권 06호	70년 11,12월호	성 예언자 이사야	1:85-95
26	23호	04권 01호	71년 3,4월호	예수님의 고난과 부활	3:100-115
27	23호	04권 01호	71년 3,4월호	이인수 선생님에게	3:388-390
28	24호	04권 02호	71년 5,6월호	너희는 먼저 그의 나라와 그의 의를 구하라(2)	1:246-249
29	24호	04권 02호	71년 5,6월호	마음의 문을 두드리시는 주님	1:457-461
30	25호	04권 03호	71년 8월호	나는 이렇게 믿는다	3:244-260
31	27호	04권 05호	71년 12월호	인생들아 여호와를 찬양하라	1:11-15
32	27호	04권 05호	71년 12월호	여러분들이 사랑으로 주신 글을 읽고	3:391-397
33	28호	05권 01호	72년 2월호	역사창조의 정신	3:33-44
34	28호	05권 01호	72년 2월호	때가 찼다	2:133-135
35	29호	05권 02호	72년 4월호	예수님의 부활과 나의 믿음	2:102-107
36	29호	05권 02호	72년 4월호	성서의 결혼관	2:294-297
37	29호	05권 02호	72년 4월호	우리의 주장	3:3349-350

번호	통권	호수	년 월 호	제목	KIATS 전집페이지
38	30호	05권 03호	72년 6월호	화목하게 하는자	2:394-396
39	30호	05권 03호	72년 6월호	순교자 주기철 목사님	3:45-52
40	31호	05권 04호	72년 8월호	역사를 담당하는 사람	3:16-27
41	32호	05권 05호	72년 10월호	예수님의 결별기도	1:343-350
42	32호	05권 05호	72년 10월호	인생은 모순인가 조화인가	2:545-547
43	33호	05권 06호	72년 12월호	회개	2:548
44	33호	05권 06호	72년 12월호	현실주의와 이상주의	2:232-243
45	33호	05권 06호	72년 12월호	크리스마스를 맞이하면서	3:179-183
46	34호	06권 01호	73년 2월호	기도하자(1)	2:91-101
47	34호	06권 01호	73년 2월호	처음으로 참석하여	3:332-337
48	34호	06권 01호	73년 2월호	한국 기독의사회 제8회 총회를 보고	2:346-349
49	35호	06권 02호	73년 4월호	주님의 부활을 보지 못하고 믿는자의 복	1:355-359
50	35호	06권 02호	73년 4월호	기도하자(2)	2:91-101
51	35호	06권 02호	73년 4월호	정상	2:522-524
52	35호	06권 02호	73년 4월호	모든 것을 그만두고 부산으로 돌아왔다	3:367-369
53	36호	06권 03호	73년 6월호	복음에 합당한 생활	2:152-154
54	37호	06권 04호	73년 8월호	그리스도의 재림을 기다린다	2:146-149
55	37호	06권 04호	73년 8월호	새 시대를 향한 참다운 봉사	2:360-370
56	38호	06권 05호	73년 10월호	바울의 자연관을 연상하면서	1:394-397
57	38호	06권 05호	73년 10월호	진리와 자유	1:286-288
58	38호	06권 05호	73년 10월호	불치병과 의사	2:324-327
59	39호	06권 06호	73년 12월호	73년을 보내고 74년을 맞이하면서	3:77-79
60	39호	06권 06호	73년 12월호	성탄절을 맞이하여	3:189-191
61	39호	06권 06호	73년 12월호	감사절의 느낌	3:161-164
62	40호	07권 01호	74년 2월호	인격의 주체성	2:68-73
63	40호	07권 01호	74년 2월호	영혼과 몸의 보전	2:107-109
64	41호	07권 02호	74년 4월호	부활 신앙과 사명	2:114-118
65	41호	07권 02호	74년 4월호	3·1절	3:89-93
66	42호	07권 03호	74년 6월호	욥기의 교훈	1:49-60
67	42호	07권 03호	74년 6월호	가정의 달	3:134-137
68	42호	07권 03호	74년 6월호	ㅅㅎ선생님에게	3:398-399
69	43호	07권 04호	74년 8월호	8·15의 소감	3:149-152
70	43호	07권 04호	74년 8월호	유물론자에게 전하고 싶은 요한의 사랑의 철학	2:466-477
71	44호	07권 05호	74년 10월호	산상수훈 2(율법과 복음)	1:161-177
72	44호	07권 05호	74년 10월호	엑스폴로 74를 다녀와서	3:338-340
73	45호	07권 06호	74년 12월호	1974년 성탄절을 맞으면서	3:192-199

〈부산모임〉 전체 목차

번호	통권	호수	년 월 호	제목	KIATS 전집페이지
74	45호	07권 06호	74년 12월호	복음으로서 본 산상의 수훈(2)	1:178-188
75	46호	08권 01호	75년 2월호	복음으로서 본 산상의 수훈(3)	1:189-203
76	47호	08권 02호	75년 4월호	진실과 종교의식	2:217-218
77	47호	08권 02호	75년 4월호	종교적 위선에 대한권고	1:204-217
78	48호	08권 03호	75년 6월호	때와 시기(하나님의 경륜과 섭리)	2:142-145
79	48호	08권 03호	75년 6월호	신앙생활의 요점	1:218-231
80	49호	08권 04호	75년 8월호	여름모임의 뜻(1975년)	3:353-356
81	49호	08권 04호	75년 8월호	에스겔서의 교훈	1:96-102
82	49호	08권 04호	75년 8월호	하나님이 요구하시는 선	1:103-106
83	50호	08권 05호	75년 10월호	사고와 소감	3:400-404
84	50호	08권 05호	75년 10월호	나훔의 예언	1:107-111
85	50호	08권 05호	75년 10월호	하나님이냐 맘몬이냐	1:236-238
86	51호	08권 06호	75년 12월호	75년 성탄절을 맞으면서	3:200-201
87	51호	08권 06호	75년 12월호	생명과 사랑	2:478-493
88	51호	08권 06호	75년 12월호	학개와 그 예언	1:126-132
89	51호	08권 06호	75년 12월호	하박국의 예언	1:112-119
90	51호	08권 06호	75년 12월호	스바냐의 예언	1:120-125
91	52호	09권 01호	76년 2월호	예수님의 생애	1:251-256
92	52호	09권 01호	76년 2월호	스가랴의 예언	1:133-145
93	52호	09권 01호	76년 2월호	말라기와 그 예언	1:146-151
94	53호	09권 02호	76년 4월호	예수님 죽음의 뜻	2:84-85
95	53호	09권 02호	76년 4월호	부활절 소감	3:124-125
96	54호	09권 03호	76년 7월호	8·15와 나	3:156-160
97	54호	09권 03호	76년 7월호	6·25와 나	3:142-146
98	54호	09권 03호	76년 7월호	부산복음병원장직을 물러나면서	3:370-372
99	55호	09권 04호	76년 9월호	선지자 엘리야	1:74-83
100	56호	09권 05호	76년 12월호	감사절에 드리는 감사	3:165-166
101	57호	10권 01호	77년 2월호	1977년 새해의 느낌	3:80-82
102	58호	10권 02호	77년 4월호	부활절 소감과 기원	3:121-123
103	58호	10권 02호	77년 4월호	문둥이와 예수님	2:380-384
104	59호	10권 03호	77년 6월호	기독 청년의 윤리	2:268-276
105	59호	10권 03호	77년 6월호	나의 생애와 확신	3:287-295
106	62호	10권 06호	77년 11월호	여름 모임을 마치고	3:357
107	62호	10권 06호	77년 11월호	하나님을 찬양하는 일	1:289-291
108	63호	11권 01호	78년 2월호	평화의 복음	2:430-439
109	63호	11권 01호	78년 2월호	미국을 다녀온 소감(1)	3:296-304
110	64호	11권 02호	78년 4월호	예수님의 고난과 부활	2:119-128
111	64호	11권 02호	78년 4월호	미국을 다녀온 소감(2)	3:305-312
112	65호	11권 03호	78년 6월호	축절	3:72-76

번호	통권	호수	년 월 호	제목	KIATS 전집페이지
113	65호	11권 03호	78년 6월호	미국을 다녀온 소감(3)	3:313-321
114	66호	11권 04호	78년 9월호	1978년 여름모임 소감	3:358-362
115	67호	11권 05호	78년 11월호	그리스도인의 생활윤리	1:398-407
116	68호	11권 06호	78년 12월호	성령의 능력	1:361-374
117	69호	12권 01호	79년 2월호	희망과 확신	1:375-385
118	70호	12권 02호	79년 4월호	부활절에 즈음하여	3:116-120
119	70호	12권 02호	79년 4월호	승리의 개가	1:386-393
120	71호	12권 03호	79년 6월호	크리스천의 가정 교육	2:302-309
121	72호	12권 04호	79년 8월호	평화에 관한 일(3)	2:415-429
122	73호	12권 05호	79년 10월호	인생과 신앙	2:538-544
123	73호	12권 05호	79년 10월호	징조와 표적	2:136-139
124	73호	12권 05호	79년 10월호	성도의 생활 원리	1:408-416
125	73호	12권 05호	79년 10월호	라몬 막사이사이 상을 받으면서	3:341-344
126	74호	12권 06호	79년 12월호	복음 간호전문대학장직을 떠나면서	3:373-381
127	74호	12권 06호	79년 12월호	예수님의 사명	2:22-25
128	75호	13권 01호	80년 2월호	1980년을 맞이하면서	3:83-85
129	75호	13권 01호	80년 2월호	기독의사로서 본 죽음	2:311-323
130	75호	13권 01호	80년 2월호	병원 전도	2:328-336
131	76호	13권 02호	80년 4월호	성공적 생활을 위하여	2:525-537
132	76호	13권 02호	80년 4월호	부활절과 새 창조	3:128-129
133	76호	13권 02호	80년 4월호	3·1절	3:94-96
134	77호	13권 03호	80년 6월호	육적 생명과 영적 생명	1:258-271
135	78호	13권 04호	80년 9월호	교회의 분열을 우려한다	3:345-347
136	78호	13권 04호	80년 9월호	세 번째 미국 방문	3:322-331
137	78호	13권 04호	80년 9월호	주를 향한 등불을 켜라	2:252-261
138	79호	13권 05호	80년 12월호	인생과 신앙	2:538-544
139	79호	13권 05호	80년 12월호	추수감사절의 소감	3:167-173
140	79호	13권 05호	80년 12월호	성탄절 소감	3:177-178
141	80호	14권 01호	81년 2,4월호	1981년 새해의 소감	3:86-88
142	80호	14권 01호	81년 2,4월호	평화와 주님	2:440-442
143	80호	14권 01호	81년 2,4월호	부활신앙	3:97-99
144	81호	14권 02호	81년 6월호	이 사람을 보라	1:351-354
145	81호	14권 02호	81년 6월호	죽을뻔 했다가 살아난 사람	2:155-157
146	82호	14권 03호	81년 8월호	인간 윤리	2:508-512
147	83호	14권 04호	81년 10,12월호	1981년 8월 15일의 소감	3:153-155
148	83호	14권 04호	81년 10,12월호	예수 그리스도의 성탄절에 즈음하여	3:202-207
149	83호	14권 04호	81년 10,12월호	송년사	3:212-214
150	84호	15권 01호	82년 2월호	성령론	2:159-168

〈부산모임〉 전체 목차

번호	통권	호수	년 월 호	제목	KIATS 전집페이지
151	84호	15권 01호	82년 2월호	성령님과 나	2:169-172
152	85호	15권 02호	82년 4월호	부활절	3:130-133
153	85호	15권 02호	82년 4월호	삶과 종교	2:203-211
154	86호	15권 03호	82년 6월호	만남	2:61-67
155	86호	15권 03호	82년 6월호	내 이웃은 누구인가	2:377-379
156	86호	15권 03호	82년 6월호	박석헌 선생님의 쾌유를 축하하면서	3:405-406
157	87호	15권 04호	82년 8월호	예수님의 결별유훈(1)	1:292-297
158	88호	15권 05호	82년 10월호	예수님의 결별유훈(2)	1:298-305
159	89호	15권 06호	82년 12월호	송구영신	3:215-216
160	89호	15권 06호	82년 12월호	예수님의 결별유훈(3)	1:306-309
161	90호	16권 01호	83년 2월호	예수님의 결별유훈(4)	1:310-316
162	91호	16권 02호	83년 4월호	예수님의 결별유훈(5)	1:317-326
163	92호	16권 03호	83년 6월호	예수님의 결별유훈(6)	1:327-333
164	93호	16권 04호	83년 8월호	예수님의 결별유훈(7)	1:334-342
165	94호	16권 05호	83년 10월호	요한계시록 연구	1:422-456
166	95호	16권 06호	83년 12월호	너희 원수를 사랑하며 너희를 핍박하는 자를 위하여 기도하라	1:232-245
167	96호	17권 01호	84년 2월호	자기 인격의 완성의 길	2:74-76
168	96호	17권 01호	84년 2월호	예수님의 인격	2:47-60
169	97호	17권 02호	84년 4월호	부활절과 예수님의 인격	2:108-110
170	97호	17권 02호	84년 4월호	한국선교 100주년을 기념의료 선교의 회고와 전망	2:350-352
171	98호	17권 03호	84년 6월호	선교 100주년을 맞이하여/ 의료선교의 전망	2:353-359
172	99호	17권 04호	84년 8월호	이 세대를 구원하시는 주 예수 그리스도	2:9-21
173	100호	17권 05호	84년 10월호	〈부산모임〉지 100호를 내면서	3:363-364
174	101호	17권 06호	84년 12월호	주님 안에서의 사귐	1:418-420
175	102호	18권 01호	85년 2월호	평화에 관한일(2)	2:405-414
176	102호	18권 01호	85년 2월호	신앙고백과 신앙생활	3:10-12
177	103호	18권 02호	85년 4월호	너희는 먼저 그의 나라와 그의 의를 구하라 그리하면 이 모든 것을 더하시리라	1:239-245
178	104호	18권 03호	85년 6월호	8·15에서 6·25까지의 평양 산정현교회	3:53-60
179	105호	18권 04호	85년 8월호	역사의 원점	3:28-32
180	105호	18권 04호	85년 8월호	교사의 모범이신 예수	2:250-257
181	105호	18권 04호	85년 8월호	지도자론	2:245-249
182	106호	18권 05호	85년 10월호	단군전 건립을 반대한다	3:61-63
183	106호	18권 05호	85년 10월호	사회 봉사의 참 뜻	2:371-376

번호	통권	호수	년 월 호	제목	KIATS 전집페이지
184	107호	18권 06호	85년 12월호	기독의사의 교육연구의 윤리면에서	2:337-343
185	108호	19권 01호	86년 2월호	역사의 주님 예수 그리스도	2:35-45
186	108호	19권 01호	86년 2월호	청년들의 신앙생활	2:277-281
187	109호	19권 02호	86년 4월호	예수님의 부활체에 대하여	2:129-131
188	109호	19권 02호	86년 4월호	그리스도인의 순결	2:298-301
189	110호	19권 03호	86년 6월호	성령에 관한 고찰	2:173-181
190	111호	19권 04호	86년 8월호	성령의 구원사역에 있어서 성도들의 역할	2:182-194
191	112호	19권 05호	86년 10월호	악령을 이기기 위한 새 계명	2:565-566
192	112호	19권 05호	86년 10월호	극기를 연습하자	2:549-551
193	113호	19권 06호	86년 12월호	우리들	2:495-497
194	113호	19권 06호	86년 12월호	1986년 크리스마스를 맞이하면서	3:184-188
195	113호	19권 06호	86년 12월호	공동체적 삶	2:498-500
196	114호	20권 01호	87년 1월호	송구 영신의 성구	3:211
197	114호	20권 01호	87년 2월호	여호와를 찬양하라(1)	1:16-17
198	114호	20권 01호	87년 2월호	여호와를 찬양하라(2)	1:18-28
199	115호	20권 02호	87년 4월호	부활절 소감	3:126-127
200	115호	20권 03호	87년 5월호	대학생 그리스도인으로서의 생활	2:282-292
201	115호	20권 03호	87년 6월호	여호와를 찬양하라(3)	1:29-36
202	116호	20권 03호	87년 6월호	1987년 어린이날 소감	3:138-141
203	116호	20권 03호	87년 6월호	여호와를 찬양하라(4)	1:37-47
204	117호	20권 04호	87년 8월호	우리는 주 안에서의 평화공동체	2:501-507
205	118호	20권 05호	87년 10월호	사람의 생명	2:513-521
206	119호	20권 06호	87년 12월호	예수 그리스도는 나(우리)의 구주	2:26-34
207	120호	21권 01호	88년 2월호	87년도 크리스마스의 나의 소감	3:208-210
208	121호	21권 02호	88년 4월호	세월을 아끼라 때가 악하니라	2:140-141
209	121호	21권 02호	88년 4월호	성서적 면에서 본 인권	2:552-564
210	122호	21권 03호	88년 6월호	6월(보훈의 달)에 생각한다	3:147-148
211	122호	21권 03호	88년 6월호	하나님은 사랑이다	3:261-286
212	124호	21권 05호	88년 10,12월호	종간사	3:365-366
213	124호	21권 05호	88년 10,12월호	1988년 감사절에 즈음하여	3:174-176
214	124호	21권 05호	88년 10,12월호	예수님의 생애와 나의 회고	3:218-243

〈부산모임〉 전체 목차

번호	통권	호수	년 월 호	제목	KIATS 전집페이지
1	26호	4권 4호	71년 10월호	내가 아는 장기려 박사(함석헌)	3:408-411
2	26호	4권 4호	71년 10월호	장기려님을 생각하면서(송두용)	3:412-417
3	26호	4권 4호	71년 10월호	장기려 박사님의 회갑을 축하함(손정균)	3:418-419
4	26호	4권 4호	71년 10월호	편지1(김애은)	3:420-423
5	26호	4권 4호	71년 10월호	편지2(고봉수)	3:424-425
6	26호	4권 4호	71년 10월호	편지3(김영옥)	3:426-427
7	26호	4권 4호	71년 10월호	편지4(임정택)	3:428
8	26호	4권 4호	71년 10월호	편지5(김인빈)	3:429-430
9	26호	4권 4호	71년 10월호	편지6(김재명)	3:431
10	26호	4권 4호	71년 10월호	편지7(조순명)	3:432